HISTOIRE UNIVERSELLE

PAR

AGRIPPA D'AUBIGNÉ

IMPRIMERIE DAUPELEY-GOUVERNEUR

A NOGENT-LE-ROTROU.

HISTOIRE
UNIVERSELLE

PAR

AGRIPPA D'AUBIGNÉ

ÉDITION PUBLIÉE POUR LA SOCIÉTÉ DE L'HISTOIRE DE FRANCE

PAR

Le Baron Alphonse DE RUBLE

TOME PREMIER

1553-1559

A PARIS
LIBRAIRIE RENOUARD
H. LAURENS, SUCCESSEUR
LIBRAIRE DE LA SOCIÉTÉ DE L'HISTOIRE DE FRANCE
RUE DE TOURNON, N° 6

M DCCC LXXXVI

EXTRAIT DU RÈGLEMENT.

Art. 14. — Le Conseil désigne les ouvrages à publier, et choisit les personnes les plus capables d'en préparer et d'en suivre la publication.

Il nomme, pour chaque ouvrage à publier, un Commissaire responsable, chargé d'en surveiller l'exécution.

Le nom de l'éditeur sera placé à la tête de chaque volume.

Aucun volume ne pourra paraître sous le nom de la Société sans l'autorisation du Conseil, et s'il n'est accompagné d'une déclaration du Commissaire responsable, portant que le travail lui a paru mériter d'être publié.

Le Commissaire responsable soussigné déclare que le tome Ier de l'édition de l'Histoire universelle d'Agrippa d'Aubigné *préparée par* M. le Baron Alphonse de Ruble *lui a paru digne d'être publié par la* Société de l'Histoire de France.

Fait à Paris, le 15 novembre 1886.

Signé : Lud. LALANNE.

Certifié :

Le Secrétaire de la Société de l'Histoire de France,

A. DE BOISLISLE.

PRÉFACE.

Ayant assez long temps appréhendé la pesanteur de l'histoire et redouté ce labeur pour les rigoureuses loix qui lui sont imposées, après avoir considéré à combien de sorte d'esprits doit satisfaire celui qui expose son talent sur un eschaffaut si eslevé, où il a pour spectateur l'univers, autant de juges que de lecteurs; desquels les uns cerchent un langage affetté qu'ils appellent fleuri, les autres le concis, tout hérissé de poinctes; quelques uns s'attachent à la cadence des périodes, ne veulent pas qu'elles entrecouppent l'haleine du lecteur pour estre trop courtes ni aussi que, pour estre trop longues, elles amusent les esprits à démesler la construction des paroles quand il faut trier celle des affaires. Les moins judicieux désirent des phrases poétiques et molles parmi les roides et masles discours. Il y en a qui se gorgent de lettres et de harangues, d'autres qui s'en dégoustent et donnent du pouce au feuillet pour aller cercher les combats. Enfin, parmi les esprits de tant de sortes, il s'en trouve qui aiment mieux un historien pathétique et faux, qu'un astorge[1] *et véritable, amateurs des panégyrics qui n'ont d'histoire que le nom.*

N'estant possible de plaire à tous à la fois, j'ai estimé

---

1. *Astorge,* ἄστοργος, insensible.

qu'il se falloit régler aux meilleurs et n'attendre pour juges œquanimes[1] de ma louange que ceux qui l'ont méritée pour eux. Et, si quelqu'un reproche à mon histoire qu'elle n'a pas le langage assez courtisan, elle respondra ce que fit la Sostrate[2] de Plaute, à laquelle son mari alléguant pour vice qu'elle n'estoit pas assez complaisante et cageoleuse : « Je suis, dit-elle, matrone et femme de bien; ce que vous demandez est le propre des filles de joye. » Laissans donc ces fleurs aux poésies amoureuses, rendons vénérable nostre genre d'escrire, puisqu'il a de commun avec le théologien d'instruire l'homme à bien faire et non à bien causer; estendans nos rameaux, jadis beaux de fleurs inutiles, et maintenant riches de fruicts savoureux, moins agréables, pource qu'ils ne monstrent point de feuilles, tant ils sont rangez près à près.

Certes, en voyant les livres monstrueux qui courent, sales de flatteries impudentes, de louanges prophétiques, de mesdisances affectées, d'abus en la recerche des conseils, d'ignorance en la description des succès, soit pour les termes d'escolier ou pour n'avoir rien veu en soldat; voyant mettre sans honte le nom d'histoire sur le frontispice d'un ouvrage dans lequel, la porte passée, vous ne trouvez que des enfileures de mémoires, receus de tous venants, dictez par leurs intérests; la recerche des actions particulières, indignes de lumière publique : et y voyez traitter avec nonchalance ou du

---

1. *Æquanime*, modéré, impartial.
2. Cleostrata, et non Sostrate. Voyez Plaute, *Casina,* acte III, scène III :

STALINUS.
Vitium tibi istud maxumum 'st blanda es parum.
CLEOSTRATA.
Non matronarum partum 'st, sed meretricum
Viris alienis, mi vir, subblandirier.

tout oublier les génerailles, desquelles l'histoire doit prendre ses mouvemens et mutations. Ayant veu, mesmes en celui à la diligence et labeur duquel nous devons tous, un livre entier pour assiéger une abbaye par deux compagnies, et le mesme oublier une bataille, qui a eu de commun avec Jules Cæsar et le roi François une desfaite des Suisses indomptez[1], *quoique les batailles soyent les arrests du ciel, qui changent l'estre des grands affaires : voyant des narrations reprises par trois fois ; faire mourir un prince plus d'un coup et en divers lieux. Mais au delà de tous ces péchez (qui seroyent encore véniels, comme l'on dit) ayant rencontré la prévarication achetée, comme nous ferons voir en quelque endroit (servitude que nous avons reprochée en face à son auteur*[2], *et qu'il nous a confessée avec larmes) : sur toutes ces connoissances j'ai fait courage de colère, et mon estat de remplacer les desfauts de la suffisance par l'effort de ma fidélité. C'est ce que chacun proteste à son commencement. Chacun se vante de liberté, de fouler aux pieds sa passion. Et tel qui monstre sa teste tondue, sa plume et sa conscience venduës dès son commencement. Or, puisqu'il a fallu toucher à regret les desfauts de Poupelinière, il en faut dire avec plaisir les vertus, n'ayant*

---

1. Combat livré par Montbrun à Chastillon, près de Die (fin mai 1575), contre vingt-deux enseignes de Suisses (*Hist. univ.*, seconde partie, liv. II, chap. x). D'Aubigné fait allusion à ce combat dans les *Tragiques* (liv. *les Fers*) :

> Ainsy vois-je un combat de plus de dix contre un,
> Les Suisses vaincus de la main de Montbrun :
> Montbrun, qui n'a receu du temps et de l'histoire
> Que Cæsar et François, compagnons de victoire.
>
> (*D'Aubigné*, édit. Réaume et Caussade, t. IV, p. 207.)

2. Voyez plus loin, liv. V, ch. iv. Il s'agit de Lancelot Voisin de la Popelinière. Sur la condamnation de cet historien, voyez une note à la fin du volume.

connu en mon demi siècle, au jugement des plus doctes, depuis du Haillan[1], *que deux qui ayent mérité le nom d'historiens, savoir lui et M. de Thou*[2]. *Le premier a porté le faix et les frais des recerches de tous costez, sans avoir devant les yeux un corps d'histoire qui le relevast aux deffauts, ce que M. de Thou ni moi ne pouvons soustenir. A cet exercice il a despendu non seulement les bienfaits de la roine-mère*[3], *mais encore son patrimoine entier, qui n'estoit pas méprisable; et puis il a esté abandonné après avoir jeté la pierre qu'il eust bien désiré et ne pouvoit r'appeler. Son labeur est sans pareil, son langage bien françois, qui sent ensemble l'homme de lettre et l'homme de guerre, comme il s'est signalé et monstré tel en trois actions dignes de lumière. Il estoit de grande lecture, l'abondance de laquelle l'a porté à trop de conférence des choses anciennes aux présentes, ce que plusieurs désirent seulement en une leçon publique. J'ai encore à dire de lui qu'on lui donna*

1. Bernard de Girard, sieur du Haillan, né à Bordeaux, en 1535, historiographe de France en 1571, mort à Paris le 23 novembre 1610. Il a laissé une *Histoire des rois de France*, 1576, in-fol., continuée jusqu'à la fin du règne de Henri IV, 1615 et 1627, 2 vol. in-folio; une *Histoire des comtes et ducs d'Anjou*, 1572 et 1580; *De l'estat et succès des affaires de France*, 1595; et plusieurs autres ouvrages. On conserve dans le f. fr., vol. 6911 à 6914, onze lettres de du Haillan adressées à divers membres de la maison de Noailles.

2. Jacques-Auguste de Thou, magistrat et historien, naquit à Paris, le 8 octobre 1553. Il avait reçu les quatre ordres mineurs lorsqu'il fut relevé de ses engagements et se maria. Présenté à Henri IV, il prépara son entrée à Paris (22 mars 1594). Nommé président à mortier (1595), il s'opposa à la réception du concile de Trente en France. Il mourut à Paris le 7 mai 1617.

3. La Popelinière nous apprend que du Haillan reçut de Henri III des gages annuels de 1,200 écus et le titre de conseiller au conseil privé (*Histoire nouvelle des François*, livre I, p. 375, d'après Bayle) par la protection du chancelier Chiverny.

de mauvais commissaires pour chastier son livre[1], *qui laissèrent passer les choses qui devoient estre relevées et presque par tout le corrigèrent injustement.*

Quand à M. de Thou, plein de vie et d'honneur, s'il y a en son œuvre excellent quelque chose à désirer autrement, c'est ce qu'il a pris du premier sans l'examiner, comme vous verrez en son lieu. Plusieurs ont pour désagréable la trop ennuyeuse recerche des hommes de lettres de son temps. Les capitaines se plaignent d'y estre mal partagez; qu'il ne falloit rendre cet honneur qu'aux Scaligers[2], *aux Turnèbes*[3] *et gens de telle marque, et non à une autre classe de plus obscure condition. On y reprend encore quelques affectations contre la maison de Lorraine, et puis un changement à sa première édition*[4], *qui monstre ou*

---

1. Bayle, art. *du Haillan*, a réuni de nombreuses notes sur les critiques auxquelles fut soumise l'histoire de du Haillan. Voyez aussi Sorel, *Bibliothèque française*, p. 373 et suivantes.

2. Jules-César Scaliger, célèbre érudit, né le 23 avril 1484, mort le 21 octobre 1558. Son fils, Joseph-Juste, né à Agen, le 4 août 1540, mort à Leyde, le 21 janvier 1609, s'adonna à l'étude des langues. Ses œuvres forment une bibliothèque entière. M. Tamizey de Larroque a publié en 1881, en un volume in-8°, un recueil de lettres françaises de Scaliger, avec de nombreuses notes où se trouvent énumérés les travaux précédemment publiés sur cet illustre savant.

3. Adrien Turnèbe, né en 1521, aux Andelys, professeur au collège de France à quarante-trois ans, mourut le 12 juin 1565. Il a laissé de nombreux ouvrages. Montaigne le juge ainsi : « Tur-« nebus, qui n'ayant faict autre profession que de lettres, en « laquelle c'estoit à mon opinion le plus grand homme qui feust « il y a mille ans » (*Essais*, liv. I, ch. XXIV); et plus loin : « Tur-« nebus sçavoit plus et sçavoit mieux ce qu'il sçavoit qu'homme « qui feust de son siecle ni loing au delà. » (*Ibid.*, liv. II, ch. XVII.)

4. Les premières éditions de l'*Histoire universelle* de de Thou n'avaient été imprimées qu'avec des suppressions. En 1633, un Anglais, Samuel Buckley, publia une édition complète avec

précipitation ou foiblesse de courage. Nous lui avons remonstré la longueur des harangues, entre autres celle de la Renaudie[1], *choisi pour soldat déterminé; et il lui fait faire, pour encourager ses gens de guerre, une concion des affaires d'entre les familles des Valois, de Bourbon et Lorraine, avec une longueur qui n'est pas du mestier. Il s'est deffendu sur le naturel de la Renaudie, qui aimoit tels discours. Et certes ce qui m'a fait chiche de harangues, c'est que nous n'oserions affermer qu'il n'y ait rien du nostre; ne pouvans en cet endroit nous souvenir que de la sentence de Senèque,* Quis unquam ab historico juratores exegit[2]? *Il a souffert d'autres repréhensions plus aigres et plus injustes par les grands, que les Jésuistes animoyent contre lui. Tout cela sont petits poreaux peu apparens en une face digne de tant d'amour et d'honneur, et n'empeschent point qu'il ne faille laisser ici à la mémoire ce qu'il m'a fallu soustenir dans le cabinet du roi, plein de princes, cardinaux et Jésuites qui lui dressoyent un inique procès*[3]; *c'est que la France n'a jamais produit un esprit puissant comme cettui-là, pour opposer aux étrangers, et sur tout aux Allemans, nous reprochans qu'il sort bien des François quelque chose subtile et délicate, mais jamais d'œuvre où il paroisse force pour supporter un labeur, équanimité pour estre*

---

les retranchements et les variantes (7 vol. in-fol.). La traduction de Le Mascrier, Le Beau et Desfontaines (1734, 16 vol. in-4°) ne contient pas les passages supprimés. La seconde traduction (La Haye, chez Scheurleer, 1740, 11 vol. in-4°) est plus complète.

1. Cette harangue est imprimée dans le t. II de de Thou, p. 754, édit. de 1740.

2. Sénèque, *Ludus Marci Claudii Cæsaris seu Apokolokintosis*, cap. I.

3. Sur les tribulations de de Thou à l'occasion de son *Histoire universelle*, voyez une note à l'*Appendice*.

pareil à soi-mesme, ni un puissant et solide jugement. Toutes ces choses sont tellement accomplies en cet auteur sans pareil, que nous requérons maintenant en eux ce qu'eux autrefois en nous. En lui vous trouverez un soin encor plus général qu'en Sleidan[1], *les agréables recerches de Guichardin*[2], *et les merveilleuses lumières de Machiavel. Vous trouverez qu'il a mis le nez aux conseils plus avant que les sieurs du Bélai*[3] *et de Commines, lesquels je nomme tous pour les perles de nostre aage. Je ne mets point l'Inventaire de Serres*[4]

1. Jean Philipson, dit Sleidan, né à Sleiden, en 1506, mourut à Strasbourg, le 31 octobre 1556. Venu à Paris, il fut recommandé à François Ier qui le nomma son interprète. On a de lui un grand nombre d'ouvrages historiques. Le plus remarquable est : *De statu religionis et Reipublicæ, Carolo Quinto Cæsare, Commentarii*, 1555, in-folio, traduit en français par Le Courrayer (1667, 3 vol. in-4°), et en plusieurs autres langues.

2. François Guichardin naquit à Florence, le 6 mars 1482, et y mourut le 22 mai 1540. Il a laissé une *Histoire d'Italie*, publiée en 1561. La traduction française (1738, 3 vol. in-4°) a été reproduite par M. Buchon dans le *Panthéon littéraire*.

3. Guillaume du Bellay, seigneur de Langey, né au château de Glatigny, près de Montmirail (Sarthe), en 1491, mort à Symphorien, le 9 janvier 1543. Il avait écrit des Mémoires très étendus, divisés en neuf livres, dont la plus grande partie se perdit. Son frère, Martin du Bellay, s'efforça d'y suppléer. Les Mémoires des deux frères du Bellay ont été publiés en 1569 (in-folio). Montaigne leur reproche trop de partialité en faveur de François Ier (*Essais*, livre II, chap. x). Ils constituent, avec les *Commentaires de Monluc*, notre meilleure source d'information sur la première moitié du xvie siècle.

4. Jean de Serres, historien protestant, né vers 1540, historiographe de Henri IV en 1597, mort à Genève, le 30 mai 1598. Il a laissé : 1° *Commentarii de statu religionis reipublicæ in regno Galliæ*, in-8°, 1571-1590, 5 vol. in-8°, plusieurs fois réimprimé; 2° *Inventaire général de l'histoire de France*, 1597, in-12, plusieurs fois réimprimé et continué in-8° et in-fol. Barbier lui attribue aussi le *Recueil des choses mémorables advenues en France sous*

8   PRÉFACE.

en ce rang, quoique docte et éloquent, puis qu'il s'est contenté du labeur et de l'honneur que porte l'Inventaire. Pour tous les autres qui ont escrit, ils sont recusables, comme s'estans monstrez parties, et sur tout Mercure Gallo-belgique[1], et quelques uns de nos ministres, qui de bons théologiens se sont faicts mauvais historiographes. Et n'y a pas un de ceux-là qui ne se soit monstré aussi passionné que Paul Jove[2]; tousjours en protestant contre la passion. En attendant que plusieurs autres content mes fautes, je ne protesterai pas d'avantage; car voici Rhodes et le saut[3], pour n'ennuyer le lecteur de sédules quand il faut payer contant.

Je commence mon œuvre à la naissance de Henri quatriesme, justement surnommé le Grand; il n'est dédié à aucun qu'à la postérité[4]. Mon dessein s'estend autant que ma vie et mon pouvoir. Je ne m'excuserai point par crainte ni par espérance, plus empesché à

le règne de..... (dit *Histoire des cinq rois*), in-8°, 1595 et 1599. M. Dardier a publié en 1883 dans la *Revue historique* une savante étude sur Jean de Serres.

1. *Le Mercure françois ou suite de l'histoire de la paix commençant à l'année* 1605 *pour suite du septenair de Cayet* (par J. et Est. Richer). Les premiers volumes parurent dans le format in-8° en 1611. Le *Septenair* de Cayet est la *Chronologie septenaire* qui avait paru en 1608. La *Chronologie novenaire* du même auteur avait paru l'année précédente. Ces trois ouvrages réunis embrassent le règne de Henri IV en entier et poursuivent leur récit au delà.

2. Paul Jove, historien, né à Côme, le 19 avril 1483. Protégé par Léon X, il écrivit un grand nombre d'ouvrages dont les plus célèbres sont les *Vies des hommes illustres,* in-fol., 1549, une *Vie de Léon X,* 1548, in-fol., et une *Histoire de son temps de* 1494 *à* 1547, in-fol., 1552, traduite en français, par Denis Sauvage, 1581, 2 vol. in-folio. Il mourut à Florence, en 1552.

3. *Voici Rhodes et le saut,* voici l'heure d'en finir. Cette expression a été employée par Rabelais.

4. L'édition originale, comme celle de 1626, est dédiée à la postérité.

chastier l'excez de ma liberté qu'à me guérir du flatteur. Nourri aux pieds de mon Roi, desquels je faisois mon chevet en toutes les saisons de ses travaux; quelque temps eslevé en son sein, et sans compagnon en privauté, et lors plein des franchises et sévéritez de mon village, quelquesfois esloigné de sa faveur et de sa cour, et lors si ferme en mes fidélitez, que, mesme au temps de ma disgrâce, il m'a fié ses plus dangereux secrets, j'ai reçu de lui autant de biens qu'il m'en faloit pour durer, et non pour m'eslever. Et quand je me suis veu croisé par mes inférieurs, et par ceux mesmes qui sous mon nom estoyent entrez à son service, je me suis payé en disant : « Eux et moi avons bien servi ; eux à la fantaisie du maistre, et moi à la mienne, qui me sert de contentement. »

Les imprimeurs sont curieux de représenter en taille douce les auteurs aux premières pages de leurs livres. Tel soin est inutile, car il ne profite point au lecteur de voir le visage et les linéamens de celui qui l'enseigne, mais bien ceux de l'âme, pour recevoir les jugemens des choses avec le trébuchet en la main. Donc, en la place de mon portraict, je demande à mon lecteur la patience d'un petit conte, avec promesse que, hors la préface, il n'aura plus de moi ces privautez. C'est qu'en l'an 1577 le Roi, ayant pris entre la forest de Thouvoye[1] et le Parc, un grand cerf qui, au lieu d'une des branches de sa teste, avoit son endoiller retroussé en la meule[2] en forme d'un vase ; à l'autre ramure on pouvoit dire qu'il portoit dixhuict mal-semé[3]. Il s'eschauffa longtemps à louer cette teste,

---

1. Touvois dans la Loire-Inférieure.
2. La *meule* est la bosse d'où sort la ramure du cerf.
3. On dit que les andouillers du cerf sont *mal semés* quand leur nombre n'est pas égal de chaque côté.

à la considérer bien brunie, bien perlée, et à délibérer de l'envoyer jusques en Gascongne. Et puis, en retournant au Parc pour faire la curée, il me disoit que cette rencontre devoit estre en son histoire; et, me conviant à l'escrire, je lui respondis trop fièrement (comme non content des actions passées) : « Sire, commencez de faire et je commencerai d'escrire. » Je vous donne cet eschantillon pour garentir les loüanges non communes, que ce prince, mené à la vertu par la nécessité, comme vous verrez, a receu de ses faicts et non de mes paroles, de son histoire et non de moi; en qui vous ne verrez ni digressions ni exclamations, n'estant mon mestier que d'escrire sans juger des actions, comme les prœmisses d'un argument, duquel celui qui lit amasse la judicieuse conclusion.

Sur ces gages acceptez la peinture d'un temps calamiteux, plein d'ambitieux desseins, de fidélitez et infidélitez remarquables, de prudences et témèritez, de succez heureux ou malheureux, de vertus relevées et d'infâmes laschetez, de mutations tant inespérées qu'aisément vous tirerez de ces narrations le vrai fruict de toute l'histoire, qui est de connoistre en la folie et foiblesse des hommes le jugement et la force de Dieu. Nous tirons un prince du berceau encourtiné[1] *d'espines, d'elles armé et picqué tout ensemble, comme une fleur qui a langui long temps dans un hallier d'horties et de serpens. Son matin n'a veu le soleil qu'entre les nuées qui l'ont noyée en l'espanoüissant. Son midi a esté effroyable de tonnerres et d'orages sans repos. Sa soirée plus douce nous a donné loisir de pendre nos habillemens moüillez devant l'autel du Dieu de paix. Quant à la nuict qui lui a fermé les yeux d'une façon aussi peu commune que sa vie, nous la laissons sous le rideau,*

---

1. *Encourtiner*, tapisser, garnir de courtines.

jusques à l'heure d'en parler. Les deux racines de ce laurier lui furent arrachées dès son printemps. Ce navire n'eut point plustost appareillé, que ses boursets[1] *et pavillons n'ayent esté embrasez par le foudre; souvent mis sur le cousté par la première houlle, et par la seconde relevé. Quand nous considérons la florissante vie d'un Alexandre, nous le voyons avancé par les avantages de Philippes, né dans les armes victorieuses, n'avoir eu affaire qu'à se laisser dériver au courant et à la favorable marée de sa prospérité. Ce conquérant du sien propre, fils d'un père duquel la vie estoit précaire, eslevé aux pieds des Valois, qui tenoyent sur sa teste un sceptre défavorable, n'ayant à ses costez proches que condamnez ou ennemis; et, quand il a peu estre nourri entre les bras des siens, il n'a rien eu si familier que les desroutes et pauvretez; de là jetté dans les massacres de ses domestiques et partisans. Et, pour dernière preuve d'une vertu bien opprimée, juge la postérité quelle espérance à lui, quelle croyance de lui pouvoit donner la prison dure et honteuse d'une vrayement belle-mère*[2], *qui, pour vestir la prudence et le courage des hommes, avoit despouillé les craintes et les storges*[3], *communes a son sexe, n'ayant rien de médiocre en vices ni en vertus; qui nourrissoit ses propres enfans de façon qu'ils deussent tousjours emprunter d'elle la conduite et la puissance, et elle d'eux le nom et le sceau. Elle ne lui laissa voir le jour qu'autant qu'il en falloit pour efféminer son courage par les délices, et les desseins martiaux par amou-*

---

1. *Bourset,* terme de pêche; corps flottant qui sert à tirer un des bouts du filet.
2. Allusion aux efforts de Catherine de Médicis, belle-mère de Henri de Navarre, pour le retenir dans sa dépendance.
3. *Storge,* passion.

reuses vanitez. Si quelqu'un estoit capable de dire un mot à l'oreille à ce prince, lui monstrer un tableau de ses obligations naturelles, de ses devoirs envers amis et ennemis, et du péril qui le menaçoit à la première aube de sa vertu, cettui-là estoit promptement et curieusement chassé. Et la Roine, qui se vantoit qu'il n'y avoit maison de dix mille livres de rente en France où elle n'eust un serviteur, ne laissoit coucher à la chambre de son gendre aucun homme de marque qui ne respondist de sa personne. Les chefs et soldats de ses gardes, au lieu de gardes estoient geôliers. Je ne descri point ces choses en apprentif, mais comme ayant esté choisi de Dieu pour instrument de la liberté de mon prince, qui avoit un temps le cœur grillé comme sa chambre, jusques à estre contraint par l'infidélité d'un sien compagnon en fortune, et par les confesseurs, de déceler à la Roine les premiers qui lui désillèrent les yeux et lui osèrent parler d'eschapper[1]. *Mais l'exemple des morts pour cause n'effraya point les courages qui avoyent voüé leurs vies au salut de leur maistre. Bienheureux le prince à qui Dieu donnera de ces cœurs vrayement françois. Nous garderons à vous faire voir ces choses plus au long en leur place. S'il se void quelque condition semblable en la succession d'Henri le Grand, le sceau du respect nous ferme la bouche; et l'amour, nous ouvrant les yeux, nous fait voir comment ces courages royaux, par une vigueur et nature outre le commun, brisent, quand Dieu le permet, tous ces obstacles, lors que le sang s'accorde avec le sens. Les romans et quelques histoires nous ont dépeint des princes nourris par des bergers, et quelques uns par les bestes; et ces vertus opprimées n'ont pas*

1. Sur la fuite du roi de Navarre de la cour (5 février 1576), voyez la seconde partie de l'*Histoire universelle,* livre II, chap. xx.

failli d'esclater en leur temps. Ceux-là ont dompté les monstres, en nous apprenant que les berceaux qui donnent des jalousies parsèment de trophées leur tombeau. Il falloit donc de la générosité pour desmesler les ruses du monde, et puis que le ciel s'employast à vaincre les malices des démons, armez d'amours et de beautés, qui l'attaquoyent par la partie la plus tendre, et dont se deulent[1] *le plus souvent les courages les plus eslevez. Il a fallu mesmes que ce prince se soit caché dans ses vices ou au moins dans une vie enfantine (dure, feinte aux grands courages et aux grands esprits) pour de là eschapper aux grandes choses, avec un cœur reprenant sa force pour les entreprendre, un esprit reprenant sa vigueur pour les diriger, et un corps r'afermi à supporter les labeurs.*

Avant la couronne de France escheuë, il a eu quatre personnes à soustenir : celle de Henri, celle du roi de Navarre, puis après du successeur de la couronne, et enfin du protecteur des églises réformées. Pour la première, il lui a falu la discrétion de confier Henri à qui aimoit Henri, c'est à dire sa personne; mais à ceux-là refuser bien souvent les choses deuës à ses subjects, pour ne violer ce qu'ils appellent leur foy. Mais il y avoit bien plus de peine à concilier les deux autres qualitez, car ceux qui suivoyent le successeur blessoyent les nécessitez présentes pour les espérances esloignées, vouloyent respecter et mesnager ce qui accabloit le parti. Les derniers au contraire, en quelque façon compagnons de leur maistre, fouloyent aux pieds les intérests esloignés pour les nécessitez de plus près. Là dessus manquans les nerfs de la guerre, il les faloit tirer d'un corps à conserver. Il est vrai que les derniers estoyent si utiles serviteurs, qu'ayans pour solde

---

1. Se *deulent* pour se *doulent*.

leur passion et leur nécessité, ils portoyent quelquesfois les fardeaux que leur prince abandonnoit et contribuoyent aux victoires par leurs propres mouvemens. Mais, à ces maladies complicites, où les médecines des unes estoyent poison aux autres, il faloit l'entendement et l'heur d'un Auguste, pour joindre ces extrémitez. Les judicieux remarquent en ce roi plus de mérite pour avoir foulé aux pieds les passions du dedans, ennemies de ses affaires, caché la pauvreté, démeslé les mutineries domestiques, satisfaict aux mescontentemens des siens, calmé l'esmeute des peuples abusez, desquels le propre est d'attribuer à soi l'heur des succez, les desfauts[1] aux princes, dissipé les parties qui naissoyent en son parti, que d'avoir passé sur le ventre des grosses troupes, et desfait les armes qui l'ont affronté. J'ai veu qu'ayans mangé à la suitte de ce chef la moitié de nos équipages, la promesse d'une bataille nous faisoit encores partager le reste; et certes non sans quelque raison, car il nous donnoit pour monnoye ce qui estoit le soulas de ses labeurs. Encor en sa paix, ce cœur nourri de victoires a voulu vaincre l'antiquité en marque de sa mémoire, et tous siècles en félicitez. Toutes ces choses, couronnées de tranquillité, ont dissipé le monde et l'enfer, pour me donner ce digne sujet de mon agréable peine, duquel, comme autresfois, j'ai desdaigné la bassesse; maintenant j'en redoute l'eslévation.

Voilà en petit le tableau que je vous promets en grandeur. Et pource qu'un prince belliqueux, par exemples, par émulations, et plus par contagion d'affaires, esbranle tout ce qui atteint sa renommée, ou comme un astre incline par aspects le reste de l'univers, j'ai osé généraliser mon histoire, m'attachant

1. Les insuccès.

avec expressitude[1] *aux choses plus proches de temps et de lieu, aux esloignées plus légèrement. Me soit en cela autant permis qu'aux peintres qui n'oublient aucune proportion ni symmétrie dans le cœur de leurs tableaux, et tracent dedans les bords les rapports et circonstances à petits traits non mesurez. J'ai eu quelque avantage naturel à mon entreprise, n'ayant pris les armes qu'un an avant qu'elles fussent permises à mon roi; parvenu par les petites charges aux subalternes quand il a eu les souveraines, et mesmes ayant administré celles qu'on met en la place des yeux aux batailles, grands combats et sièges de remarque; honoré de lui entre trois ou quatre pour l'accompagner au placement des armées, aux reconnoissances ou aux piquets des tranchées; au temps de son repos admis en ses conseils, dépesché aux plus chatoüilleuses négociations. Si quelqu'un sent ces discours à la vanterie, je le prie de considérer que mon livre veut aller au chevet des rois, et je lui donne ses plus beaux habits, de peur que l'huissier ne lui ferme la porte. Si, depuis la grande tranquillité de la France, j'ai esté moins souvent près de sa Majesté, ça esté aux saisons où le repos de Capue ne demande que la plume des flatteurs. Ainsi véritable tesmoin des yeux et des oreilles, j'escrits de la main qui a quelque petite part aux exploicts, depuis les serpens qui ont servi de simois*[2] *à ce berceau, en passant par les monstres abatus en la fleur de la jeunesse, jusques aux derniers labeurs et aux hydres renaissantes, desquelles nostre Alcide trouva la jointure et le desfaut mortel en la division; espérant planter deux colomnes sur ce tombeau, non de tuffe venteuse que la lune et l'hyver puissent geler,*

---

1. *Expressitude,* insistance.
2. *Simois,* lange.

mais d'un marbre de vérité, de qui le temps ne void la fin. Je laisse aux miens, s'ils en sont dignes, l'honneur de couronner ces pilliers par un arc triomphal sacré à la postérité, leur donnant pour loi celle que je pren pour moi-mesme : c'est qu'en cerchant la gloire de ce précieux instrument, ils ayent pour but principal celle du bras qui l'a desployé, employé et ployé quand il lui a pleu. Car toutes les loüanges qu'on donne aux princes sont hors d'œuvre et mal assises, si elles n'ont pour fueille et fondement celle du Dieu vivant, à qui seul appartient honneur et empire à l'éternité[1].

1. M. Réaume observe que ces derniers mots rappellent le début de l'oraison funèbre de la reine d'Angleterre de Bossuet : « Celui qui règne dans les cieux et de qui relèvent tous les « empires, à qui seul appartient la gloire, la majesté et la « dépendance..... » (*Étude sur d'Aubigné,* p. 226.)

L'IMPRIMEUR AU LECTEUR[1].

M'estant permis d'employer ce fueillet, j'ai estimé à propos de rendre compte au lecteur de la disposition suivie en cet œuvre, car c'est une des parties, avec les matières non ouïes ci-devant, par lesquelles nostre autheur se rend recommandable. Il fait trois tomes[2] de ses histoires ; le premier, des guerres qui ont esté menées par Louis de Bourbon et l'admiral de Chastillon, cette première partie moins agréable, pource que, selon sa promesse, elle se sent de l'abrégé, hors mis en la description des batailles. Le second tome entre un peu devant la S. Barthélemy, et achève aux premiers exploits apparens de la Ligue, où commence le troisiesme pour se reposer au grand repos de la France, quand Henri le Grand s'est veu paisible roi. Le dernier donnera plus de contentement, pour y estre les affaires plus diligemment exprimées, pource que l'autheur estoit parvenu à plus de connoissance et d'authorité. Chacun de ses livres finit par une fin de guerre, ayant pour sa borne un édit de paix, ou chose équipolente. Et, lors que les guerres sont avancées à la conclusion d'un traitté, nostre histoire prent l'essort, premièrement par un chapitre qui lie les affaires de France avec ses quatre voisins, et puis court en quatre autres les quatre parts du monde, gardant le dernier pour les conditions de la paix, avec telle proportion que, qui voudroit prendre par collomnes tous les chapitres avant

1. Il n'est pas douteux que l'épître de l'*Imprimeur au lecteur* ne soit de d'Aubigné lui-même. Voir Réaume, *Étude sur d'Aubigné*, p. 97.

2. Nous reproduirons cette division sous la forme de 1re, 2e et 3e partie.

le dernier de chaque livre, trouveroit en sa main une histoire de tout le septentrion en bonne forme ; de celui qui précède une de l'occident, et ainsi des autres deux[1]. Telle observation a peu rendre en ordre des choses bien désordonnées ; et eussions peu nous passer de l'indice, si tous esprits eussent esté capables de distinguer.

Encore veux-je tirer quelque gré de ceux à qui l'ouvrage plaira, pour avoir aidé, selon mon petit pouvoir, à r'encourager l'autheur à sa besongne, abandonnée pour les raisons que je desduirai. Il y a quinze ans que le roi Henri le Grand fut induit par un Jésuite de deffendre à M. d'Aubigné le travail de l'histoire. M. le cardinal du Perron[2] au contraire poussa sa Majesté à permettre et puis à commander expressément la poursuitte de ce labeur, en usant de ces termes : qu'il ne connoissoit aucun autre qui pust fournir aux parties nécessaires pour un tel ouvrage, si bien que le roi en veint à promettre une somme raisonnable pour faire un voyage aux lieux esloignez, voir les places, desquelles le sit a contribué aux succez des sièges et combats, afin de mettre le plan au lieu des descriptions faites inutilement, et qui ne représentent point comme l'optique. Ces promesses, estant différées et mal sollicitées par un esprit bandé ailleurs, furent rendues vaines par la desplorable mort de ce grand Roi, si bien que depuis il ne s'adonnoit qu'à polir plusieurs livres plus agréables et moins laborieux, nous disant

---

1. La régularité excessive de ce plan fait craindre que l'auteur n'ait quelquefois sacrifié les proportions et les divisions de son récit à une classification préconçue. Voyez Réaume, *Étude hist. et litt. sur d'Aubigné*, p. 208 et suiv.

2. Jacques Davy, cardinal du Perron, né à Saint-Lô en 1556, fils d'un protestant, fut protégé par le poète Desportes et placé comme lecteur auprès de Henri III. Évêque d'Évreux en 1591, il convertit le roi et fut envoyé en ambassade à Rome. Il mourut en 1618. Ses œuvres de controverse et de littérature ont été imprimées en 3 vol. in-fol. en 1622. Ses dépêches diplomatiques ont été réimprimées en 1629 et en 1633. M. l'abbé Feret a publié en 1877 une *Étude historique sur le cardinal du Perron*, in-8°, chez Didier.

quelquesfois que nous le ferions devenir d'un balot cheval de charrette. Enfin il s'est rangé à ce mestier moins plaisant et qui a plus d'utilité. Et pource que le dessein est trop glorieux pour estre sans envie, j'ai un mot à dire sur le coup de dent que lui ont donné ses rivaux, en tenant le mulet[1] à la porte du temple de mémoire. C'est, d'autant que l'autheur se trouve soi-mesme à tous les coups en son chemin, ils ont dit que l'histoire est vrayement sienne, pource qu'elle est de lui principalement[2]. Je respons, apologue[3] de mon Mœcène, qu'ayant commencé son premier siège dans Orléans (1562), et pourtant esté soldat 54 ans, capitaine 50, mestre de camp 44, et mareschal de camp 32 années[4], à compter dès[5] l'an M. DC. XVI, datte de la première impression[6], il auroit esté trop lasche ou trop malheureux, s'il n'avoit à respondre en son nom de plusieurs exploicts, je dis en son nom pource que là où il a peu le faire sous quelque qualité, comme d'escuyer du Roi, enseigne ou lieutenant de compagnie, ou sous le mot vague de quelqu'un, et cela aux plus hazardeux traits de sa jeunesse, il a laissé cette connoissance à ses plus proches et familiers, la desrobant au reste de ses lecteurs ; ce que, où il a eu tiltre de chef et s'est trouvé responsable des gestions, il n'a peu ni deu faire, et ne l'a voulu aux négociations qui cèdent aux coups d'espée en vanité. On lui avoit demandé permission de noter les endroits où il a desguisé son nom par la marque qui est un *Aleph*[7] ; il la refusa, en quoi on

1. *Tenir* ou *garder le mulet*, faire le pied de grue.
2. Ce passage répond à des critiques qui avaient reproché à d'Aubigné de trop se mettre lui-même en scène dans certains chapitres et d'avoir plutôt composé des Mémoires personnels qu'une Histoire universelle.
3. *Apologue*, apologiste.
4. Ce membre de phrase, jusqu'à *il auroit*, manque à l'édition de 1616.
5. Le sens exigerait *jusqu'à l'an* 1616 au lieu de *dès l'an* 1616.
6. L'édition originale de l'*Histoire universelle* est datée de 1616 et forme 3 volumes in-folio imprimés à Maillé par Jean Moussat. Voyez la *Notice bibliographique*.
7. *Aleph*, première lettre de l'alphabet hébreu.

lui a désobéi à la seconde édition [1] presque partout. Je l'ai pourtant ouy deffendant les Commentaires de Cæsar et ceux de Monluc[2]; alléguant que le plaisir de dire est juste après la peine et le péril des actions, et que la modestie d'un courtisan, pesant et froid, est ordinairement secouée par la teste gaillarde d'un soldat. Il adjoustoit qu'estre exact à conter ses actions estoit vanité, n'oser produire son nom une immodeste modestie et une trop vaine et lasche discrétion. Je tire mon lecteur par la cappe pour lui dire encor un mot, et le prier d'apporter à la lecture de ce livre l'ordre que tiennent ceux qui savent lire comme il faut, c'est de commencer par l'application de ce qu'on appelle *l'Errata*, et avec une plume diligente corriger par tous les endroits. Excusez judicieusement les fautes de l'imprimeur en un temps où nous trouvons telle différence entre les véritez et les vanitez, qu'il y a entre les orangers, poncires[3] et mirthes, et autres plantes excellentes que l'on retire dans les caves durant l'hyver, et les cigues et horties qui fleurissent tousjours et ne craignent point la persécution de l'hyver. Et encor je desroberai de mon auteur la comparaison des chevaux d'Espagne, lesquels, depuis que l'Inquisition en a pris cognoissance [4], on desrobe par les monts Pyrénées, non sans dommage que les rochers leur font. Ainsi en prend-il des œuvres, qu'on eschappe entre les pointes des rochers. Mais les chevaux et les escrits ne laissent pas d'estre de grand prix envers ceux qui les cognoissent et les estiment dignement. Je vous ferai encore présent de deux

---

1. Dans la première édition, l'imprimeur parle à la première personne.
2. Les *Commentaires* de Blaise de Monluc avaient été publiés à Bordeaux en 1592 pour la première fois et plusieurs fois réimprimés du vivant de d'Aubigné.
3. *Poncire*, citronnier d'Assyrie.
4. Au XVIe siècle, les chevaux d'Espagne passaient pour être supérieurs aux chevaux de France. Philippe II accordait difficilement l'autorisation d'en exporter. La correspondance des ambassadeurs à Madrid est pleine de demandes de cette nature. Voyez notamment les *Négociations sous François II* de M. Louis Paris, p. 253 et 424.

sonnets, lesquels sont alléguez et non exprimez en son histoire, pour n'avoir voulu desguiser sa prose des mignardises du passé, et aussi qu'il les soupçonnoit de sentir la vieille poësie et le jeune poëte en mesme temps. Ils sont touchez à la sortie de Monsieur et du roi de Navarre au second tome; le premier donné quelque temps auparavant au roi Charles, fit soupçonner à la cour nostre autheur, qui, voyant les sanglans conseils près à esclore, escrivit ainsi :

SONNET.

L'Ægypte fut stérile, et fut neuf ans sans eau,
Quand Buzire, incité du malheureux Thrasie
D'offrir à Jupiter ses hostes en hostie,
Paya le conseiller de son conseil nouveau[1]*.*

Sous Assuere Aman a filé son cordeau,
Comme l'autre fit voir à l'Égypte la pluye,
L'autheur de Monfaucon[2] *sa potence a bastie,*
Et Pérille esprouva le premier son taureau[3]*.*

Sire, vostre France est tant sèche et tant stérile ;
Elle nourrit près vous mains Thrasie et Pérille ;
Thrasies en conseil, qui n'ont pas telle fin ;
Ils offrent aux faux Dieux le plus cher sang de France.
Hé ! punissez de feu ces boutefeux, afin
Que l'artisan de mort en gouste la science.

1. Busiris, roi d'Égypte, poussé par l'augure Thrasius à multiplier les sacrifices humains pour avoir de la pluie, condamna Thrasius lui-même à être la première victime de son conseil.
2. Pierre de la Brosse, bourgeois de Tours, barbier et chirurgien de saint Louis, favori et chambellan de Philippe le Hardi, avait fait élever le gibet de Montfaucon. En 1277, La Brosse, reconnu coupable de plusieurs crimes, fut pendu à ce même gibet. La même fin attendit, comme on sait, Enguerrand de Marigny, surintendant des finances sous Philippe le Bel. Il avait fait réparer et compléter le gibet de Montfaucon, où il fut supplicié en 1315.
3. Pérille, inventeur du taureau d'airain du tyran Phalaris.

L'autre fut donné pour estrènes et pour ame d'un bouquet portant emblesme.

SONNET.

J'estrénerai mon Roi de trois sortes de vers;
Un pasle, un vif, un brun; nul des trois ne s'estonne;
Mais plus doux et plus fort, et plus beau rebourgeonne
Au vent et au soleil, et au froid des hyvers.

Moins que ce verd encor se flestriront mes vers
Pour un Roi, qui de paix ses sujets environne,
Qui vainqueur establit par le fer sa couronne,
Ou qui avec l'Estat met sa vie à l'envers.

Sage, brave, constant, mon prince, fai ton conte
De régner, vivre ou bien ne survivre à ta honte.
Si tu donne la paix, je te donne l'olive;

Si tu vaincs, saches qui, le laurier vient après;
Si tu meurs, le ciprès couronne l'ame vive;
Sinon rends tout, olive et laurier et ciprès.

LES HISTOIRES
DU
SIEUR D'AUBIGNÉ

LIVRE PREMIER.

Chapitre I.

De l'an nommé Jubilé 1550 et de la naissance d'Henri le Grand.

A[1] la moitié du siècle seizième, an natal du livre et de l'autheur, je signalerai le premier point de ma carrière par le Jubilé, lequel autresfois estant séculaire, fut réduit par Clément sixième[2] au terme et à l'imitation des Juifs, comme depuis d'autres papes l'ont encores abrégé à leur plaisir.

Du mariage fait en ce temps entre Anthoine de

---

1. L'édition de 1616 commence ainsi : « Henri, fils d'Antoine « de Bourbon et de Jeanne d'Albret, né à Pau en Béarn, le 12 de « décembre 1553, fust osté du gouvernement du père et de la « mère par le grand père, *Henri d'Albret*..... » Voyez la suite au second alinéa.

2. Clément VI accorda en 1343, à la demande des Romains, dit l'*Art de vérifier les dates,* pour la cinquantième année, l'indulgence que Boniface VIII avait établie pour la centième.

Bourbon et Jeanne d'Albret[1], nasquit, l'an 1553, le 12 de décembre, à Pau en Béarn, Henri, qui depuis acquit le surnom de Grand, seconde marque plus splendide que la première, perpétuelle colomne qui esclaire à mon labeur. Ce prince, dès le berceau, fut osté au père et à la mère par le grand-père, Henri d'Albret[3], qui voulut faire nourrir cest enfant à sa poste[4], reprochant à sa fille et à son gendre que, par les délicatesses françoises, ils avoyent perdu plusieurs de leurs enfans. Et, de fait, il l'esleva à la béarnoise, c'est-à-dire pieds nuds et teste nue, bien souvent avec aussi peu de curiosité[5] que l'on nourrit les enfans des païsans. Ceste bizarre résolution succédant[6] forma un corps auquel le froid et le chaud, les labeurs immodérés et touttes sortes de peines n'ont peu apporter d'altération ; en cela s'accordant sa nourriture à sa condition, comme Dieu voulant dès ce temps préparer un seur remède et un ferme coin d'acier aux nœuds serrés de nos dures calamités[7].

Durant le berceau de ce prince, l'Europe, comme ayant lors pour ascendant un astre[8] ignée et belliqueux, fut esmeuë et réchauffée de toutes parts par diverses

---

1. Le mariage d'Antoine de Bourbon et de Jeanne d'Albret fut célébré à Moulins, en présence de Henri II, le 20 octobre 1548.

2. Voyez à l'*Appendice* une note sur la date de la naissance de Henri de Béarn.

3. Henri d'Albret, roi de Navarre. Voyez à l'*Appendice* une note sur ce prince.

4. *A sa poste*, à sa volonté.

5. *Curiosité*, recherche.

6. *Succédant*, réussissant.

7. D'Aubigné, dans ce passage, paraît avoir suivi le récit de Palma Cayet (*Chronol. novenaire*, édit. Buchon, p. 173).

8. Var. de l'édit. de 1616 : « ... *un astre* martial *fut esmeue*... »

guerres, desquelles il m'est nécessaire de toucher légèrement les causes, sans sortir des bornes de l'abrégé et des promesses faictes à mon lecteur ; meslant les coureurs de mon discours dans la retraitte de Sleidan, autheur auquel je renvoye tous ceux qui voudront cercher plus expressément l'origine des matières proposées en ce livre, autheur qui n'a esté assez leu ni assez estimé en ce siècle, duquel les labeurs sentent un esprit général, duquel les passions ne s'employent que contre le vice, duquel la diligence ne s'attache à aucune chose indigne, et de qui la grandeur ne mesprise rien de convenable à l'instruction : loix de l'histoire, qui m'ont donné goust de lui, m'ont dégousté de plusieurs autres[1] pour les avoir enfraintes, et que je prens pour reigles à observer selon mon possible. J'adresse donc à Sleidan les lecteurs plus curieux, principalement pour ce qui dépend des empires d'Allemagne et de Constantinople, les deux roues principales de nostre univers.

Chapitre II.

Estat des Allemagnes.

Pour ne renvoyer point par nécessité mon lecteur, cercher tous les principes nécessaires à l'intelligence chez les autres, je désire qu'il sçache des quatre contrées contigues à la France par ce chapitre et les trois suivants ce qui s'ensuit.

---

1. Var. de l'édit. de 1616 : « ..... *autres*. C'est là que j'adresse « le lecteur curieux, principalement pour les affaires des *em-* « *pires*..... »

Tous les historiens[1] non passionnés sont d'accord, qu'unze cens ans après Jésus-Christ, la religion des Vaudois, comme nous dirons particulièrement au deuxième livre[2], commença de secouer la doctrine et l'authorité des papes, comme firent après eux les Albigeois, lesquels dissipés s'espandirent en Angleterre, en Bohême, en Allemagne et autres lieux. Ceste créance, relevée par Wiclef[3], par Jean Hus[4], par Hierosme de Prague[5] et Luther, s'est maintenue doucement jusques lors qu'estant accreue et soustenue par les princes de Bohême, on vint aux armes sous Zisca[6]. Et puis les Allemans, se trouvans[7] des disputes aux guerres, firent la ligue de Smalcalde[8]. Luther estant mort[9], l'empereur Charles-Quint se rallia avec le pape, et, après avoir fait quelques ordonnances pacifiques, promis le concile, qui depuis fut à Trente, se mit aux armes[10]. Or, quoi que les rois de France et d'Angleterre favo-

---

1. La suite de ce chapitre constitue le chap. III dans l'édition de 1616.
2. Voir le chap. VI du livre II.
3. Jean de Wiclef, hérésiarque, né en 1324, dans le comté d'York, mourut en 1387.
4. Jean Huss, hérésiarque, né à Huss, en Bohême, vers 1393, recteur de l'Université de Prague, sectateur des doctrines de Wiclef, fut brûlé à Constance le 15 juillet 1415.
5. Jérôme de Prague, disciple de Jean Huss, né à Prague, vers 1378, fut brûlé comme hérétique à Constance, le 30 mai 1416.
6. Jean Ziska, chef des Hussites.
7. Peut-être faut-il lire *se tournans*.
8. Smalcade, ville murée de la Hesse électorale, célèbre par la ligue conclue, le 31 décembre 1530, entre neuf princes protestants et onze villes contre Charles-Quint et les États catholiques.
9. Luther mourut à Eisleben en Saxe, le 18 février 1546.
10. En 1546, Charles-Quint marcha contre la ligue de Smalcade, aidé de Maurice de Saxe.

risassent les Allemans, il les surmonta, marchant à pied de plomb contre leurs divisions et imprudences, prit en combat le duc de Saxe, fit venir vers soi sous sauf-conduit le Lantgrave de Hesse[1] et le retint prisonnier, se couvrant d'un mot allemand ambigu[2]; asçavoir, parlant d'entrer en prison pour le contentement de l'empereur, on fit passer *einig* pour *ewig*, l'un des termes signifiant *seule*, l'autre *perpétuelle*. Après ces victoires, il osta la liberté de la religion par toute l'Allemagne, horsmis à ceux de Magdebourg et à ceux qui se rallièrent à eux. Et lors, ayant nouvelles de Paul mort[3] et de Jules créé[4], donne premièrement ordre de fortifier la faction des Gonsagues en Italie[5], et sur les autres offres du pape nouveau, assemble une diette à Ausbourg[6] pour tirer le plus grand consentement des princes qu'il pourroit à reprendre la guerre contre les protestans.

1. Philippe le Magnanime, landgrave de Hesse, né à Marbourg, le 13 novembre 1504, fut fait prisonnier par Charles-Quint après la bataille de Mühlberg (avril 1547) et emmené à Mayence où il fut détenu pendant cinq ans.
2. Le passage qui suit, jusqu'à *Après ces victoires,* manque à l'édition de 1616.
3. Paul III, né en 1476, pape de 1534 à 1549.
4. Jules III, né en 1487, pape de 1550 à 1555.
5. Ferdinand de Gonzague, né en 1506, mort en 1557, capitaine au service de l'empereur, était le chef du parti espagnol en Italie.
6. Augsbourg en Souabe. En 1548, Charles-Quint présenta à la diète l'*Intérim d'Augsbourg,* sorte de concordat entre les deux religions. Il y eut une autre diète à Augsbourg en 1550. Pendant la durée de cette assemblée, le roi envoya Charles de Marillac en mission auprès de Charles-Quint. La correspondance de cet ambassadeur est conservée en copie dans le f. fr., vol. 15917, et dans la coll. Brienne, vol. 89.

Maurice[1], cousin du duc de Saxe[2], autant plein de ruse que ses compagnons de simple probité, et donnant exemple à plusieurs de faire leurs affaires particulières et profiter à la ruine de leur parti, voulut faire trouver bon qu'il saisist les estats et terres de son cousin, comme pour les lui garder. D'un artifice semblable, il s'offrit à estre chef du siège de Magdebourg[3], se gardant telle créance au dedans que, parmi beaucoup de maux qu'endura ceste République, plusieurs combats de divers succès et négociations, il mesnagea parmi eux l'espérance qu'il feroit de leur parti. Et ceste attente ne fut point estouffée entre ceux de Magdebourg, mesmes à leur prise et reddition, où il jetta les fondements de la guerre. Durant le siège, l'empereur tint encores les estats à Nuremberg[4], où Maurice fit paroistre par ses requestes qu'il se vouloit conserver et le nom et la créance des protestans, ne laissant

1. Maurice, né à Freiberg, le 21 mars 1521, électeur de Saxe, le 4 juillet 1547, mort le 11 juillet 1553. D'abord l'allié de Charles-Quint, il l'abandonna et essaya de le faire prisonnier. Mais, trahi par ses soldats à Inspruck, il ne put réussir dans son entreprise. On a prétendu qu'il fut satisfait de ne pas s'être emparé de Charles-Quint : « Je n'ai pas encore, aurait-il dit, de cage « pour y enfermer un oiseau de cette grandeur. » Ce personnage a été l'objet de plusieurs études historiques en Allemagne, entre lesquelles nous signalerons celles de Schlenkert (1798, 4 vol. in-8°) et de Largean (1841, 2 vol. in-8°).

2. Var. de l'édit. de 1616 : « ..... *Saxe,* ayant fait par ruse ce « que le Palatin par simplicité et probité et donné *exemple*..... »

3. Magdebourg, dans la Saxe prussienne, assiégé en 1550 par Maurice de Saxe.

4. La diète d'Augsbourg n'avait pu prononcer sur toutes les affaires qui lui avaient été soumises. Des commissaires particuliers, choisis par l'empereur, s'assemblèrent à Nuremberg, le 1er avril 1551.

pas de prendre la ville en décembre 1551, et avec elle les serments de ses confédérés, et leur consentement de traicter avec le roi une association qui fut conclue à Champbourg[1].

Dès lors, Maurice enfloit ses troupes au lieu de les congédier, comme désiroit l'empereur. Appellé pour aller en cour, s'excusoit que sa présence estoit nécessaire à réprimer les excès de ses bandes, ausquelles lui-mesme laschoit la bride contre les ecclésiastiques. Et puis ayant pressé, autant que les affaires de France s'avançoyent, la liberté du lantgrave, son beau-père, prenant pour particulière cause de ses armes la proximité du prisonnier, et la religion pour générale, après des finesses[2] que plusieurs cercheroyent plustost en Espagne et en Italie qu'en Allemagne ; en fin, armes descouvertes, marcha droit vers l'empereur, qui de son costé donnoit rendés-vous à ses troupes à Reute, au pied des Alpes, où furent les efforts de Maurice. Là s'estoit approché l'empereur du concile de Trente, duquel nous reprendrons le propos, tousjours rompu par les meffiances des protestans, ausquels on ne pouvoit donner sauf-conduit suffisant, sur l'exemple du concile de Constance[3] et le canon qui rendoit de nulle valeur toute foy promise aux hérétiques.

---

1. Traité de confédération entre Henri II, Maurice, électeur de Saxe, et autres princes ses alliés, contre Charles-Quint, fait à Chambord, en janvier 1552. Ce traité est réimprimé par Isambert (*Recueil des anc. lois,* t. XIII, p. 248).

2. Var. de l'édit. de 1616 : « ..... *finesses* que plusieurs ne « cherchoyent point en *Allemagne.* »

3. Le concile de Constance fut ouvert en novembre 1414 et clos au mois d'avril 1418. Jacques Lenfant en a écrit l'histoire. Amsterdam, 1714, 2 vol. in-4°.

Les factions d'Italie, le désir du pape pour approcher ce concile à Boulongne, les protestations de nullité du costé de France[1] rompoyent les commencements d'une assemblée redoubtée de plus grands, consentie de plusieurs médiocres. A ces dilations servit aussi la mort du cardinal Crescence[2], légat et président, abbatu[3] et rendu maniaque par la frayeur d'un chien noir qui lui apparut au commencement de sa maladie, et n'abandonna son lict que jusques au point de la mort.

Il[4] faut ramasser de la Flandre que la princesse Marguerite[5], en apparence, adoucissoit l'inquisition, et par une rigueur cachée y establissoit la domination de l'empereur. Il faut prendre le branle que nous suivrons de l'orient vers le midi.

Chapitre III.

La face de l'Italie[6].

Pour l'Italie, qui prend ici le second rang, nous

1. Var. de l'édit. de 1616 : « ... *France*. Toutes ces choses rom-« poyent les commencemens du concile ; à quoy *servit aussi...* »
2. Le cardinal Crescence, légat du pape, mourut pendant le concile de Trente. De Thou a recueilli la singulière histoire racontée ici par d'Aubigné (1740, t. II, p. 46).
3. Var. de l'édit. de 1616 : « ..... abattu de la frayeur..... ne « disparut point jusques à sa *mort.* »
4. Var. de l'édit. de 1616 : « Nous passerons par la Flandre, « où Marguerite adoucissoit l'inquisition et establissoit par une « rigueur cachée les affaires de l'empereur, et verrons sommai-« rement comme quoi se portoit l'Angleterre. »
5. D'Aubigné anticipe ici sur les événements. Marguerite de Parme n'était pas encore gouvernante des Pays-Bas. Cette charge était remplie par la reine de Hongrie, Marie d'Autriche.
6. Ce chapitre porte le n° II dans l'édition de 1616.

trouvons que le pape Jule troisiesme, successeur de Paul, au commencement de son pontificat, fit belles et grandes promesses de travailler à la paix publique, à mettre en train le concile de Trente, du transport duquel il avoit esté cause, comme nous ferons voir.

On a escrit de ce pape comment, à son entrée, il donna son chapeau rouge à un nommé Innocent[1], receu en sa maison, pource qu'une singesse l'ayant trouvé à la porte fort garni de poux, le print en amitié; il fut faict son gouverneur, et de là estant agréable à son maître pour autres considérations[2], il entra en grand crédit et fut nommé à Rome le cardinal de la singesse. Le collège des cardinaux lui alla reprocher ceste action en corps, portant la parole Charles, cardinal de Bourbon[3], comme ce prince estant prisonnier entre mes mains, l'a compté franchement. A telles remonstrances Jules répliqua : « Quels mérites avez vous plus trouvé « en moi pour me faire prince de la chrestienté, que « moi en Innocent, pour le faire cardinal. » Il trouva l'Italie agitée de diverses factions. La plus apparente pour lors estoit celle des Gonsagues contre les Farnaises[4], ausquels il restitua à son commencement

---

1. Innocent de Monti, créé cardinal en 1550, mort en 1557.
2. Var. de l'édit. de 1616 : « ..... *considérations*, ce fut lui qui « fust nommé le cardinal de la singesse; ce qu'estant reproché « à Jules par Charles, cardinal de Bourbon, comme il m'a « asseuré, estant prisonnier entre mes mains, il *répliqua*..... »
3. Charles de Bourbon, frère cadet d'Antoine de Bourbon et oncle de Henri IV, né en 1523, archevêque de Rouen, proclamé roi par la Ligue en 1589, mourut en prison en 1590. On voit par ce passage que d'Aubigné avait été chargé de sa garde pendant quelque temps.
4. Paul III appartenait à la maison Farnèse.

Parme, rappelant d'exil Ascagne Columne[1] en mesme temps. Mais depuis, Octave[2] s'estant jetté entre les bras du roi, le pape se prépara de reprendre en ses mains ceste principauté, comme de longue main débatue pour estre du domaine qu'ils appellent de Saint-Pierre. En mesme peine estoit le comte de la Mirandole[3], de plus long temps soubs la protection du roi. Gonzague, coulpable de la mort de Louys Farnaise[4], s'appuya de l'empereur, fut commis aux charges d'Italie, bloque Parme pour la contraindre à capituler. Nous nous contenterons de ceste souvenance pour là attacher la guerre de ce costé, quand nous serons à son point[5].

1. Ascanio Colonna, duc de Paliano, connétable du royaume de Naples, mort le 24 mars 1557.
2. Octave Farnèse, fils de Pierre-Louis Farnèse, était le second duc de Parme et de Plaisance. Il s'allia à Henri II, contre l'empereur. Mais le mariage qu'il contracta avec Marguerite, fille naturelle de Charles-Quint, le rapprocha de la maison d'Autriche. Il mourut le 18 septembre 1585, à l'âge de soixante ans.
3. Louis Pic, seigneur de la Mirandole, fils de Galéas Pic, du parti français, mort en 1564. Sa généalogie a été publiée par Chazot de Nantigny, t. II, p. 378, et dans le grand recueil de Litta.
4. Louis Farnèse, fils d'Alexandre Farnèse, qui fut plus tard pape, sous le nom de Paul III, naquit vers 1490. Établi à Plaisance dès 1545, il exaspéra la noblesse par ses vexations et sa tyrannie. Trente-sept conjurés se rendirent auprès de lui sous prétexte de lui faire agréer leurs hommages, et l'un d'eux, Jean Anguissola, le tua d'un coup de poignard le 10 septembre 1547. Les *Mémoires* de Ribier contiennent (t. I, p. 67) un récit détaillé de cet assassinat.
5. D'Aubigné ne dit pas un mot, ici ni dans les chapitres suivants, des causes de la reprise de la guerre de 1552. C'est à son éditeur de combler cette lacune qui rend les chapitres suivants peu intelligibles. Après la mort de Louis Farnèse, son fils Octave ne put obtenir que le duché de Parme. Le grand-père d'Octave, Paul III, voulut le déposséder. Octave résista, et, pour trouver un

Chapitre IV[1].

Des affaires de l'Espagne.

Nous avons fort peu de choses à dire de l'Espagne, pource qu'elle a reposé en soi, troublant les autres nations, ayant, Ferdinand[2], par ses ruses, tousjours engagé les princes ses voisins à ses affaires en incommodant les leurs, et pris le nom de la religion pour s'augmenter, comme quand il appella Henri VII et les forces d'Angleterre pour conquérir l'Aquitaine[3]. Mais, quand il eut pris une querelle d'alleman avec Jean d'Albret, roy de Navarre[4], sur le refus du passage en

appui contre le pape et l'empereur réunis, conclut une alliance avec le roi de France. Le traité fut signé le 27 mai 1551 par les soins de Horace Farnèse, frère naturel d'Octave et duc de Castro. L'empereur s'était déjà emparé de Plaisance. Son lieutenant, Fernand de Gonzague, envahit les États de Parme en juin 1551. Après la mort de Paul III, la guerre fut vigoureusement soutenue par Jules III. Déjà Henri II l'avait déclarée à l'empereur et au pape. Il envoya successivement Paule de Thermes, Pierre Strozzi et le maréchal de Brissac en Italie. Le 29 avril 1552, le cardinal de Tournon négocia à Rome une trêve de deux ans entre le pape, le roi de France et le duc Octave; mais les hostilités continuèrent dans le nord de la France entre l'empereur et le roi. On peut consulter, sur l'origine de cette guerre, trois importants mémoires diplomatiques, le premier conservé dans le fonds français, vol. 3108, f. 21; les deux autres dans le vol. 3125, f. 28 et 35.

1. Ce chapitre porte le numéro V dans l'édition de 1616.
2. Ferdinand V, dit le Catholique, né en 1452, mort en 1516, grand-père de Charles-Quint.
3. Henri VII, roi d'Angleterre en 1485, mort en 1509.
4. En 1512, pendant la guerre de Louis XII et des Anglais, Ferdinand le Catholique déclara la guerre à la France et demanda

France pour emporter Pampelone et ce qui en dépendoit, il renvoya les Anglois pour n'avoir ces fascheux compagnons de conqueste ; et, pour bien récompenser Louys XII, roi de France, de ce qu'il avoit abandonné Jean d'Albret, qui s'estoit ruiné pour le respect de la France, il se fit compagnon des François à la conqueste de Naples[1] et partagea comme le lion avec l'asne. Nous avons encor à dire que Charles Quint, neveu[2] de Ferdinand et son successeur, qui avoit esté esleu roi des Romains par la recommandation de Maximilian premier[3], appellé roi catholique, trouva le roi François[4] plus sensible que Louys. Car, aux premiers traictez d'entr'eux, il mit en avant la restitution de la Navarre à Jean d'Albret ; ce qu'estant trop différé, et Charles estant allé aux affaires d'Allemagne et d'Italie, le roi fit attaquer la Navarre,

à Jean d'Albret l'autorisation de traverser ses États avec son armée. Jean d'Albret, allié fidèle de la France, refusa. Le duc d'Albe mit alors le siège devant Pampelune, au nom d'une prétendue bulle de Jules II, et prit la ville après trois jours d'attaque. La bulle de Jules II était un document supposé. La restitution de la Navarre espagnole devint, depuis 1512 jusqu'à la mort d'Antoine de Bourbon, le rêve de la maison d'Albret, et donna lieu à de longues négociations que nous avons essayé d'exposer dans *Le mariage de Jeanne d'Albret* et dans *Antoine de Bourbon et Jeanne d'Albret*. Les événements de 1512 ont été racontés, au point de vue français, dans les *Mémoires sur la Navarre* de Galland, au point de vue espagnol, dans l'*Historia de la conquista de Navarra* de Correa, 1513, in-fol.

1. Traité de Grenade, 11 novembre 1500, entre Louis XII, Ferdinand le Catholique et Isabelle de Castille, imprimé par Dumont, *Corps diplomatique*, t. III, partie II, p. 444.

2. *Petit-fils* de Ferdinand et non pas son *neveu*.

3. Maximilien Ier, né en 1459, empereur d'Allemagne en 1493, mort en 1519.

4. François Ier.

assiéger et prendre Pampelone par le duc d'Asparot[1]. Là estoit capitaine Ignace Loyola[2], lequel n'ayant pas esté heureux de l'espée, changea de robe et de profession, fut autheur de la secte des jésuites dont on parlera en son lieu. Deux ans après, Charles Quint mit sur pieds une grande armée et vint à Pampelone ; et puis, comme Pampelone avoit esté prise par la lascheté du capitaine espagnol, il prit Fontarabie par celle du gouverneur françois[3] ; et, sans les empeschements de l'hyver et l'argent qui lui manqua, il eust enfoncé jusques en Aquitaine. Depuis ce temps, l'Espagne fut spectatrice des misères d'autrui, employa ses gens de guerre aux conquestes eslongnées, comme il apparoistra, quand nous traiterons à la fin de chaque livre des affaires des Indes. Or, pource que ce sont les Portugais, qui ont avec plus de labeur, d'humanité et de mérite, travaillé à ceste conqueste, nous réserverons de parler d'eux aux mesmes occasions.

1. André de Foix, seigneur de Lesparre, que d'Aubigné appelle duc d'Asparros, était frère de Odet de Foix de Lautrec et de Thomas de Foix de Lescun, tous deux maréchaux de France, et de la comtesse de Châteaubriand (Brantôme, t. III, p. 54).
2. Ignace de Loyola, né en 1461, soldat et capitaine, fondateur de la compagnie de Jésus, le 15 août 1534, élu général de l'ordre le jour de Pâques de l'année 1541, mourut le 28 juillet 1556. D'Aubigné en parle avec plus de détail dans le chap. xxiv du livre III.
3. Fontarabie était défendue par don Pedro de Navarre, neveu du connétable de Navarre, don Louis de Beaumont, comte de Lérins, et par le capitaine Franget, lieutenant de la compagnie du maréchal de Chastillon. La ville fut très mal défendue et se rendit après un semblant de résistance. Pedro de Navarre se retira en Espagne. Franget, arrêté d'après les ordres de Lautrec, fut conduit à Lyon, jugé et condamné à la dégradation. Du Bellay (liv. II) et Blaise de Monluc (t. I, p. 64) ont raconté la prise de Fontarabie. André Favyn a donné le récit du procès de Franget (*Hist. de Navarre*, liv. XII, p. 731 et suiv.).

Chapitre V[1].

Des affaires d'Angleterre.

Henri VIII[2], roi d'Angleterre, fut remarquable pour avoir osé priver le pape de la puissance qu'il avoit en son royaume, et du tribut institué par Ina[3], ce que quelques-uns réputèrent à piété[4]; mais bien tost après, il se réconcilia au siège de Rome. La principale cause fut pour pouvoir répudier Catherine d'Arragon[5], tante de l'empereur Charles Quint, puis espouser Anne de Boulen[6], mère d'Élisabeth[7]. La crainte d'offenser l'empereur lui fit long-temps practiquer le consentement du pape[8], lors prisonnier de la prise de

---

1. Ce chapitre porte le n° IV dans l'édition de 1616.
2. Henri VIII, fils de Henri VII et d'Élisabeth d'Yorck, né en 1491, roi d'Angleterre en 1509.
3. Inas, roi anglo-saxon de Wessex (689-726), visita Rome en 726 et imposa à ses sujets un impôt d'un penny par feu, dit denier de saint Pierre, pour l'entretien d'un séminaire anglais à Rome.
4. Var. de l'édit. de 1616 : « ... *à piété*, bien que *la principale*... »
5. Catherine d'Aragon, fille de Ferdinand le Catholique et d'Isabelle de Castille, née en 1483, épousa, en 1501, le fils ainé de Henri VII, Arthur, prince de Galles. Devenue veuve, elle épousa le second fils de Henri VII, qui devint plus tard Henri VIII.
6. Anne Boleyn, née vers 1500, fille de Thomas Boleyn, accompagna Marie d'Angleterre à la cour de Louis XII, inspira une vive passion à Henri VIII et le poussa à divorcer avec Catherine d'Aragon. L'opposition du pape à l'acte de divorce jeta dans les bras de la réforme le roi, qui y entraîna l'Angleterre entière. Devenue reine en 1533, Anne Boleyn ne jouit pas longtemps de la couronne. Elle fut supplantée par Jeanne Seymour, accusée d'adultère et d'inceste, condamnée à mort et exécutée en 1536.
7. Élisabeth, née en 1533, reine d'Angleterre en 1558, morte en 1603.
8. Jules de Médicis, pape en 1523, sous le nom de Clément VII, mourut en 1534.

Rome[1], et la crainte du prisonnier et de la mesme offense empescha le consentement[2], ce qui fit recourir Henri en l'amitié du roi[3] et aux consultations de la Sorbonne. Ceste faculté approuva le divorce[4]; mais depuis, estans les Anglois en guerre contre les Escossois, ceux-ci favorisez du roi, et les dissentions pour le voisinage du Boulonnois[5] ayant mis en mauvais mes-

1. Clément VII s'étant fait l'allié de la France, Charles-Quint lança contre les États romains les bandes du connétable de Bourbon. Rome fut prise le 6 mai 1527 et pillée, le pape et les cardinaux rançonnés. L'historien Jacques Bonaparte, ancêtre, dit-on, des Napoléons, a écrit un récit détaillé *du Sac de Rome*, qui, traduit par le prince Napoléon Louis, a été publié dans le *Panthéon littéraire*, par M. Buchon. Brantôme aussi s'est étendu sur le même sujet (t. I, p. 249, 267 et suiv.).

2. D'Aubigné insinue ici que, Catherine d'Aragon étant la tante de Charles-Quint, la crainte du pape d'indisposer l'empereur encore une fois l'empêcha de donner son consentement au divorce de Henri VIII.

3. François Ier servit d'intermédiaire à Henri VIII auprès du pape et, pendant plusieurs années, ne cessa de le solliciter en faveur de son allié. Une partie de sa correspondance, à ce sujet, avec J. de Dinteville, ambassadeur à Londres, et Fr. de Dinteville, évêque d'Auxerre et ambassadeur de France à Rome, a été publiée par Camusat dans ses *Mélanges hist.*, in-8°, Troyes, 1644.

4. Le 3 juillet 1530, sur les conclusions de Noël Beda, docteur en théologie, la Sorbonne rendit une décision qui déclarait contraire au droit naturel et divin le mariage entre beaux-frères. Cet arrêt frappait de nullité le mariage de Henri VIII avec Catherine d'Aragon (Crevier, *Hist. de l'Université*, t. V, p. 271). Il est juste de dire que l'existence de cet arrêt a été contestée par divers auteurs (*ibid.*).

5. La ville de Boulogne fut rendue le 14 septembre 1544 au roi d'Angleterre par Jacques de Coucy, s. de Vervins, gendre du maréchal de Biez. Cinq ans après, le 21 juin 1549, Vervins fut condamné à mort et décapité à Paris le 1er juillet. Sa mémoire fut réhabilitée par lettres patentes de Henri III en septembre 1575. Le procès avait été instruit par Michel de l'Hospital. Les infor-

nage les Anglois et les François, joinct qu'en mesme temps mourut Catherine la répudiée, et par sa mort sembla emporter l'occasion d'offense à l'empereur, Henri, sur ceste bien-séance, traicta amitié avec lui, et par mesme moyen ne se voulut rendre irréconciliable au pape, se rendit ennemi des protestans, les persécuta par mort, fit trancher la teste à Anne sa femme. Les causes de sa mort incognues, sa confession sur l'eschaffaut apporta grand regret de la roine et haine contre le prince. Depuis Henri, mourant l'an 1547, mesme année que le roi François, mais au commencement[1], laissa Édouard, aagé de neuf ans[2], lui donnant seize curateurs, toutesfois le duc de Sommerset pour le principal[3], et substitua à son fils pour héritiers du royaume premièrement Marie[4], qu'il avoit dejettée comme fille de Catherine répudiée, et après Élizabeth, fille de Anne de Boulen. Ces tuteurs du royaume entrèrent facilement en guerre contre les Escossois ; ausquels le roi, qui auparavant estoit sur le

---

mations sont conservées dans la coll. Dupuy, vol. 474 et 38, coll. Bouhier, vol. 59, et ailleurs. Les pièces principales ont été imprimées et forment un in-8° de 84 pages, dont il se rencontre un exemplaire dans la coll. Fontanieu, vol. 662. — Le P. Griffet a savamment discuté les charges qui pèsent sur la mémoire de Vervins dans une dissertation spéciale imprimée au t. IX, p. 906, de l'*Histoire de France* du P. Daniel. — Du Bellay (*Mémoires,* liv. X) est celui des historiens du temps qui a raconté avec le plus de détails le siège de Boulogne.

1. Henri VIII mourut le 28 janvier 1547.
2. Édouard VI, fils de Henri VIII et de Jeanne Seymour, né en 1537, roi d'Angleterre, le 28 janvier 1547.
3. Édouard Seymour, duc de Somerset, frère de Jeanne Seymour, condamné et décapité à Tower Hill en 1552.
4. Marie Tudor, née en 1515, reine d'Angleterre en 1553, morte en 1558.

point de traicter amitié avec l'Anglois, prestant secours, s'embrasèrent facilement les guerres d'Escosse[1], où, après la mort de Jaques, ne demeura qu'une pupille[2]. Sous tel gouvernement les factions s'eschauffèrent, les ecclésiastiques s'estans bandés contre le mariage d'Angleterre en haine de la religion.

Nous lairrons le lecteur curieux à en esplucher les particularités aux histoires expresses de ces temps-là, et nous contenterons de dire qu'en nostre demi siècle, il y eut paix conclue entre le roi et l'Anglois, par laquelle Boulongne rendue au roi, il retira ses forces d'Escosse[3]. Ceste paix, aussi bien que celle d'Allemagne, ne servit que pour prendre haleine, pource qu'Édouard, qui avoit suivi le décret de son père touchant la religion, mourut en l'an 1553[4], cassant le testament de Henri, rejettant Marie et substituant Jeanne de Suffolc[5], sa cousine. Mais les milors fugi-

---

1. Jacques V, fils de Jacques IV, roi d'Écosse en 1513, épousa successivement Madeleine de France, fille de François Ier, et Marie de Lorraine, fille de Claude de Guise. Il mourut en 1542.
2. Marie Stuart, fille de Jacques V et de Marie de Lorraine, née le 5 décembre 1542, ayant été promise au dauphin François II et conduite en France en 1548, Henri II commença à guerroyer en faveur de sa belle-fille contre le parti anglican qui convoitait l'Écosse. La guerre, mollement conduite sous Marie Tudor, prit une grande vivacité à l'avènement d'Élisabeth.
3. Le 25 août 1549, la ville de Boulogne fut surprise par le connétable de Montmorency (*Mémoires* de Vincent Carloix, liv. III, ch. xxi). Le 24 mars 1550, le traité d'Outreau rétablit la paix entre les rois de France et d'Angleterre et consacra la reprise de Boulogne par le connétable. Le 15 mai de la même année, Henri II y fit son entrée.
4. Édouard VI mourut le 6 juillet 1553.
5. Jane Grey, née en 1537, proclamée reine après la mort d'Édouard VI, fut la rivale de Marie Tudor. Vaincue et empri-

tifs du royaume, ralliés après sa mort, se liguèrent pour Marie : le comte de Northombelland pour Jeanne ; lequel, abandonné et quitté des siens, fut pris, eut la teste tranchée avec son fils et sa fille[1]. Marie déclarée roine, et le procès de Jeanne faict en partie sur le point de la religion, la pureté de sa vie, la façon de sa mort, ses derniers propos, plus graves qu'on ne pouvoit espérer de sa jeunesse, comme ils sont représentés aux livres exprès pour ceste matière, rendirent odieux le règne de Marie. Le cardinal Polus[2], son cousin, fut habile, et bien à propos pour elle, à voyager en Angleterre en tiltre de légat. Passant par la Flandre, fit le mariage de Philippe d'Autriche[3] avec la roine d'Angleterre ; puis, ayant entièrement changé la religion avec un merveilleux artifice, labeur et rudes persécutions, fit, comme nous dirons, déclarer la guerre au roi, despescher contre lui neuf mille hommes de pied et quinze cents chevaux, faire une descente en Bretagne, laquelle ne succéda pas bien[4].

---

sonnée à la tour de Londres, elle fut, après la révolte de Wyat, décapitée à l'âge de dix-sept ans, le 12 février 1554. Ses lettres ont été publiées par M. Frère.

1. John Dudley, duc de Northumberland et comte de Warwick, né en 1502, favori d'Édouard VI, était celui qui lui avait persuadé de déshériter Marie Tudor et d'élever Jane Grey au trône. Arrêté par l'ordre de la reine, il fut exécuté à la tour de Londres en juillet 1564.

2. Renaud Pole, dit Polus, né en 1500, cardinal et légat apostolique en Angleterre, adversaire de Henri VIII, devint sous Marie Tudor archevêque de Cantorbéry et président du conseil royal. Il mourut en 1558. Il a laissé le renom d'un habile homme d'État et d'un grand théologien.

3. Philippe II, fils de Charles-Quint et roi d'Espagne, épousa Marie Tudor le 25 juillet 1554 à Winchester.

4. L'expédition de Marie Tudor contre les côtes de Bretagne

Nous dirons encor que le roi Henri II, pour se garder quelque part d'alliance en l'isle d'Albion, maria François[1], son aisné, avec Marie Stuart[2], fille de Jaques VIII, roi d'Escosse, et de Marie de Lorraine[3]. Et encor faut que je m'avance à l'autre grand changement par les morts de la roine Marie et du cardinal Polus, avec lesquels mourut l'authorité du pape en Angleterre; et print vie la religion réformée sous le sceptre d'Élizabeth, fille du roi Henri VIII et d'Anne de Boulen, laquelle fut menée de la prison au palais, et de l'eschafaud au throsne[4].

Chapitre VI.

Abrégé des premières guerres entre le roy Henri II et l'empereur Charles Quint[5].

Au milieu de telles bordures, la France ne respirant

eut lieu au commencement de l'année 1558. Parti de Portsmouth à la tête d'une flotte de 140 voiles, l'amiral anglais, au lieu de se diriger sur Brest, fit une descente dans le voisinage du Conquet et perdit du temps à piller les villages de la côte. Les officiers du roi, avertis de sa descente, fortifièrent si bien Brest que les Anglais ne purent entamer la ville (Lingard, 1834, t. VII, p. 368).

1. François de Valois, dauphin de France, né le 19 janvier 1544, plus tard François II.

2. Il épousa Marie Stuart le 24 avril 1558. Voir le *Discours du grand et magnifique triomphe...* dans les *Archives curieuses* de Cimber et Danjou, t. III.

3. Marie de Lorraine, fille de Claude de Lorraine, premier duc de Guise, et d'Antoinette de Bourbon, née en 1515, devint régente d'Écosse en 1542 et mourut le 10 juin 1560.

4. Élisabeth, pendant la durée du règne de Marie Tudor, avait été emprisonnée dans les châteaux de Woodstock et de Hatfield et menacée du sort de Jane Grey. L'histoire de cette partie de sa vie a été racontée par M. Wiesener, *La jeunesse d'Élisabeth*, in-8°, 1878.

5. Ce chapitre et le suivant ont été inspirés par les *Commen-*

que guerre, le roi, pour commencer la noise à son profit, sous couleur[1] de secourir les protestans d'Allemagne, s'estoit saisi, par la ruse de son connestable, des villes de Mets, Toul et Verdun[2], commençoit à mugueter Strasbourg. Et, en mesme temps, la roine de Hongrie, sœur de l'empereur, ayant ramassé tout ce qu'elle put des Pays-Bas, vint prendre et fortifier Stenai, brusla force villes et bourgades vers la Champagne, contraignit le roi de tourner bride, joint aussi que les princes allemans avoyent cogneu ses desmarches. Et d'ailleurs ayant heureusement commencé leur guerre, chassé l'empereur Charles Quint d'Inspruch[3], la mutinerie de leurs soldats et les soupçons d'Albert de Brandebourg[4] firent penser Maurice à faire trêves et traicter les commencements de la paix avec ceux de la guerre.

Le roi employa son armée à prendre Roc de Marts[5],

---

taires des guerres en la Gaule-Bélgique de François de Rabutin (1555, 1559, 1574, in-4° et in-8°), qui ont été reproduits dans les grandes collections sur l'histoire de France.

1. Ce chapitre commence ainsi dans l'édition de 1616 : « La guerre d'entre l'empereur Charles-Quint et Henri II, roi de France, commença à s'eschauffer et parut ouvertement le mauvais mesnage d'entre des deux princes quand le Roi, *sous couleur...* »

2. Le connétable de Montmorency se présenta devant Metz et s'empara de la ville le 10 avril 1552. Le roi entra dans Toul le 13 avril et le 18 à Metz. Le 12 juin, l'armée française occupa Verdun. Voir les *Mémoires* de Vincent Carloix, édit. Buchon, p. 547.

3. L'empereur s'enfuit d'Inspruck en Carinthie le 19 mai 1552.

4. Albert de Brandebourg, grand maître de l'ordre Teutonique, fut le premier duc de Prusse. Il mourut en 1558.

5. Roc-de-Mars, place forte située entre Thionville et Trèves, fut emportée par les soldats et pillée. Le capitaine La Prade

Damviliers, Ivoi, Montmedi et autres places[1], puis Bouillon pour le mareschal de Sedan[2], toutes par capitulation, hors mis Cimai[3], du pillage duquel il contenta ses gens de guerre. D'autre costé, le duc de Nevers[4] print Vireton heureusement et sagement, n'ayant plus que deux coups de canon à tirer. Le roi, ayant advis que le marquis Albert, mescontent du payement, vouloit quitter son service, en fut asseuré par Reisberg, qui lui amena son régiment; mais encor plus

reçut le commandement de la ville. — Damvilliers soutint un siège assez long et finit par succomber. Marcy commandait dans la place. Coligny reçut tout le butin en don, et Villefranche, capitaine d'infanterie, fut nommé gouverneur de la ville (de Thou, 1740, t. II, p. 70).

1. Ivoy était commandé par un capitaine impérial, nommé Sainte-Marie. Le connétable de Montmorency l'assiégea le 22 juin 1552. Le comte de Mansfeld, gouverneur de la province, qui s'y était enfermé, fut abandonné de ses Allemands et obligé de se rendre, « avant même, selon ses propres paroles, que d'avoir « vu l'ennemi. » Fait prisonnier, il fut envoyé à Vincennes. — Montmédy, commandé par le même Sainte-Marie, capitula peu après. Le gouvernement de la place fut donné au capitaine Baron.

2. Robert de la Marck, maréchal de France, prince de Sedan, né en 1492, s'empara lui-même, après plusieurs jours de siège, de la ville de Bouillon, dont l'empereur avait dépouillé la maison de la Marck depuis plus de trente ans (1553). Fait prisonnier peu après et enfermé au fort de l'Écluse, il y fut retenu pendant plusieurs années. A peine sorti, il expira dans de violentes convulsions. On supposa qu'il était mort empoisonné (1556).

3. Chimay, dans les Ardennes, fut pris vers les premiers jours de juillet 1552. Pendant le pillage, une centaine de soldats périrent victimes de l'explosion d'un magasin à poudre (Rabutin, *Commentaires*, liv. IV).

4. François Ier de Clèves, duc de Nevers, né le 2 septembre 1516, était fils de Charles de Clèves. Il devint gouverneur de Champagne sous Henri II et mourut le 12 février 1562.

par la deffaite du duc d'Aumale[1], qu'Albert mena prisonnier à son maistre[2] pour premiers gages de sa reconciliation, ayant desfait ses troupes, deux cents gentilshommes morts sur la place, et parmi ceux là le sieur de Rohan[3], qui signala sa mort d'une extrême valeur et par elle laissa beaucoup de regrets.

Les gens de la roine de Hongrie, durant ce passetemps, marchandèrent la Fere, bruslèrent Roye, Noyon, Nesle, Chaunis, Folembrai et tout le pays d'alentour[4], et prirent Hesdin par composition, que tost après recouvra le duc de Vendosme[5], ayant amené

1. Claude de Lorraine, duc d'Aumale, deuxième fils de Claude de Lorraine, premier duc de Guise, tué au siège de la Rochelle en 1573.

2. Le 28 octobre 1552, le duc d'Aumale s'étant avancé jusqu'au haut d'une montagne, appelée la Croix-du-Moustier, sur les bords du Madon, en Lorraine, le marquis Albert de Brandebourg l'assaillit à l'improviste avec des forces supérieures et le mit en déroute. La compagnie du duc resta presque en entier sur le champ de bataille. (Rabutin, *Commentaires*, liv. IV. — Carloix, *Mémoires sur Vieilleville*, liv. V, ch. v. — Brantôme, t. IV, p. 281, édit. de la Soc. de l'Hist. de France.)

3. René de Rohan, pupille de Marguerite d'Angoulême, épousa Isabeau d'Albret, sœur de Henri d'Albret, roi de Navarre (16 août 1534). Il reçut une compagnie d'ordonnances en 1551. Fait prisonnier à la suite du duc d'Aumale dans la fatale rencontre du 28 octobre 1552, il fut tué d'un coup de pistolet par des soldats allemands qui se disputaient la possession d'un aussi riche prisonnier (Rabutin, *Commentaires*, liv. IV).

4. Les impériaux, commandés par Antoine de Croy, comte de Rœux, brûlèrent Noyon, Nesle, Chauny, Roye et Folembray, au commencement de 1552. Le même capitaine, par les ordres de la reine Marie de Hongrie, à la tête de quarante compagnies et de deux mille chevaux, s'empara de Hesdin.

5. Antoine de Bourbon, duc de Vendôme, né en 1518, épousa, en 1548, Jeanne d'Albret, devint lieutenant général du royaume pendant les deux premières années du règne de Charles IX, et mourut le 17 novembre 1562, d'une blessure reçue au siège de

les forces du roi en Picardie[1]. Cependant l'empereur assiégeoit Metz[2], où le duc de Guise, ayant pour soldats le prince de Condé[3] et des plus grands seigneurs du royaume, fit heureusement. Il ne réussit pas si bien à d'Essé[4] ni à Mommorenci[5], fils aisné du con-

Rouen. Nous aurons l'occasion de reparler de ce prince. Il nous suffira de dire pour le moment que sa conduite, pendant les guerres de la France, dans la première moitié du règne de Henri II, a été justement louée par tous les contemporains.

1. Le 19 décembre 1552, le duc de Vendôme reprit Hesdin aux impériaux. Le fils du comte de Rœux commandait dans la ville. Il consentit à capituler sans avoir égard, dit de Thou, aux terribles paroles de son père qui, en lui confiant cette place, l'avait menacé de le tuer s'il la rendait à quelques conditions que ce fût (de Thou, 1740, t. II, p. 131). Nous avons publié, dans le tome I de *Antoine de Bourbon et Jeanne d'Albret*, p. 338, une curieuse lettre du duc d'Albuquerque sur la retraite de l'empereur après la prise de Hesdin.

2. Le 19 octobre 1552, le duc d'Albe et le marquis de Marignan vinrent assiéger Metz ; le 20 novembre, l'empereur arriva au camp. A la suite de plusieurs faits de guerre, qui mirent en relief le génie militaire du duc de Guise, les ennemis se retirèrent le 1er janvier 1553. Les vol. 57 et 58 et 345 de la coll. Clairembault, 271 et 272 de la coll. Fontanieu et 20459 du fonds français contiennent des recueils de pièces sur ce siège mémorable, dont Bertrand de Salignac a écrit un récit détaillé qui a été publié dans les grandes collections sur l'histoire de France et réimprimé avec un plan et des notes par M. Chabert, en 1856.

3. Louis de Bourbon, premier du nom, prince de Condé, né le 7 mai 1530, tué à Jarnac, le 13 mars 1569.

4. André de Montalembert, seigneur d'Essé, né en 1483, s'était rendu fameux dans les guerres d'Écosse. Lorsqu'on le rappela du Poitou pour prendre un commandement au siège de Térouanne, il sortait d'une longue maladie. Aussi, dit-il, en partant, qu'il était heureux qu'on l'eût tiré de son lit de douleur pour entrer dans le lit d'honneur, où, sans languir, il pourrait mourir avec gloire. Il fut, en effet, tué le 12 juin 1553 (Jean de Beauqué, *Hist. de la guerre d'Écosse*, publ. en 1862 par M. de Montalembert).

5. François de Montmorency, fils d'Anne de Montmorency, né

nestable[1], qui furent pris dans Thérouane[2] après avoir soustenu quelque assaut. Sur le bransle de la capitulation, la garnison fut mise en pièces par les Bourguignons, quelques uns sauvés par les Espagnols. D'Essé y mourut et demeurèrent prisonniers Martigues[3], Dampierre[4], Losses[5], Ouarti[6] et autres hommes de nom.

le 17 juillet 1530, mort le 15 mai 1579. Il épousa, le 3 mai 1557, Diane de France, fille naturelle de Henri II. Nous avons publié dans les *Mémoires de la Société de l'histoire de Paris* (t. VI) une étude sur la vie de ce seigneur.

1. Anne de Montmorency, premier duc de ce nom, né le 15 mars 1492, se distingua à la bataille de Marignan, en 1515, et à celle de Pavie, en 1525. Nommé connétable en 1538, il tint la première place pendant les règnes de François Ier, Henri II et Charles IX. Il mourut d'une blessure reçue à la bataille de Saint-Denis, le 12 novembre 1567. Son rôle durant la première partie de sa vie a été raconté dans une savante étude par M. Decrue, *Anne de Montmorency,* in-8°, 1885.

2. La ville de Térouanne avait été assiégée par les impériaux au mois de novembre 1551 (lettre d'Antoine de Bourbon au duc de Guise, du 21 novembre 1551 ; f. fr., vol. 20470, f. 85). Le siège, poursuivi avec des alternatives diverses (lettre du même, du 10 mai 1552 ; f. fr., vol. 3131, f. 108), aboutit enfin le 20 juin 1553. La ville fut prise, saccagée et détruite (lettre du même au duc de Guise ; f. fr., vol. 20642, f. 131).

3. Charles de Luxembourg, vicomte de Martigues, frère de Sébastien de Luxembourg, marquis de Baugé, fait prisonnier à Hesdin, le 18 juillet 1553, mourut peu après de ses blessures.

4. Dampierre, capitaine français, fait prisonnier à Térouanne. Il fut tué à Hesdin, le 18 juillet 1553, par l'explosion des mines qu'on fit jouer lors du sac de la ville.

5. Jean de Beaulieu, seigneur de Losses, capitaine français, plus tard maréchal de camp, devint gouverneur du prince de Béarn après la retraite de Jeanne d'Albret de la cour, en 1562, mort en janvier 1576.

6. Warty, capitaine français, pendant le siège, dit de Thou, sauva la vie à François de Montmorency (de Thou, 1748, t. II, p. 157).

De Thérouane, qui fut rasée, les Impériaux retournèrent à Hesdin, sous le commandement du prince de Piémont[1]. Le duc de Bouillon[2], qui s'estoit jetté dedans après avoir perdu partie de ses hommes dans les mines, parlementant, fut surpris; et demeurèrent prisonniers avec lui le comte de Villars[3], Riou[4], gouverneur, Prie[5] et autres. Dedans mourut le vicomte de Martigues, qui, avec beaucoup de dextérité et résolution, s'y estoit jetté au sortir de la prison de Thérouane avec vingt gentilshommes ou capitaines de marque. Là dedans fut tué Horace Farnèse, duc de Castro[6], perte bien sensible aux François. La félicité tourna le dos aux Impériaux par ceste mort, et puis par une rencontre dessignée[7] du connestable, qui, les ayant attirés avec plusieurs petites troupes dans quatre ou cinq embuscades, les eschauffa si à propos qu'ils vindrent jusques à la dernière, où le prince de Condé les ramena, meslé une lieue et demie, leur tua huit

1. Emmanuel Philibert de Savoie prit Hesdin le 18 juillet 1553.
2. Robert de la Marck, duc de Bouillon, que d'Aubigné a désigné plus haut sous le titre de maréchal de Sedan.
3. Claude de Savoie, comte de Tende et de Villars, né le 17 mars 1507, mort le 6 avril 1566, beau-frère du connétable de Montmorency.
4. Rioux Lobé, capitaine français.
5. Le sieur de Prie, capitaine français, d'une maison noble du Nivernais. Brantôme cite un Aymar de Prie, grand maître des arbalétriers de France (t. II, p. 297).
6. Horace Farnèse, fils naturel de Pierre Farnèse, duc de Castro, épousa Diane d'Angoulême, fille naturelle de Henri II, le 13 février 1553, et fut tué d'un coup d'arquebuse le 18 juillet.
7. A la fin de juillet 1553, Anne de Montmorency, accompagné de Louis de Bourbon Condé et du maréchal de Saint-André, battit les impériaux près de Dourlens (Somme).

cents hommes, entre ceux là le prince d'Espinoi[1], amena cinquante prisonniers, et de ce nombre le duc d'Ascot[2]. Les ennemis avoyent pris ès premières charges le jeune Canaple[3] et la Roche Guyon[4].

L'armée des François, redressée en Picardie, se fit voir devant Bapausme et Cambrai, et de là, après avoir pris et traicté rudement quelque bicocque, les deux armées se virent à un fort que les Impériaux avoyent basti auprès du Quesnoi[5]. Ce fort empescha la bataille et fit que l'armée françoise se retira après quelques légères charges, puis se départit en trois; le connestable en emmena le tiers vers Cressi, le prince de lá Roche-sur-Yon[6] une autre partie vers Saint Quentin, le reste alla vers Mésières sous le duc de Nevers. Le premier ne trouva rien qui résistast, et prit tous les chasteaux et forts que l'empereur avoit vers les Ardennes, hors mis Bohain[7]. Le prince de la Roche-

1. Charles, prince d'Épinoy, de l'illustre maison de Melun.
2. Philippes de Croy, duc d'Arschot.
3. Jean de Créquy, seigneur de Canaples, petit-neveu d'Antoine de Créquy de Pontdormi, cité par Brantôme pour sa force herculéenne (Brantôme, t. III, p. 71).
4. Henri de Silly, seigneur de la Roche-Guyon, époux d'Antoinette de Pons.
5. Cette rencontre eut lieu près de Valenciennes. Le seigneur de Genlis, gentilhomme de Bourgogne, et le capitaine Ferguères, lieutenant de la cornette de René d'Anglure de Givry, restèrent sur le champ de bataille.
6. Charles de Bourbon, prince de la Roche-sur-Yon, frère du duc de Montpensier, lieutenant du roi à Orléans, gouverneur de Charles IX, mort le 10 octobre 1565. Il avait épousé Philippe de Montespedon, veuve du maréchal de Montéjean.
7. L'édition de 1626 porte *Balue*; il s'agit de Bohain que le duc de Nevers prit peu après (*Mémoires de Tavannes*, édit. Petitot, t. II, p. 123).

sur-Yon alla brusler en Artois. Le duc de Nevers prit Horsimon[1], d'où le gouverneur et la pluspart se sauvèrent par une poterne, Beaurin[2] par composition, Agimont d'emblée, et d'effroi Chasteau-Thierri. Puis le connestable entreprit Mariembourg et l'eut par composition[3], Bouvine par assaut[4], où tout fut mis au fil de l'espée. Les deux armées, joinctes ensemble, traictèrent fort rudement toutes les bicocques que l'empereur avoit semées en leur chemin. Dinan eschappa cette fureur par la miséricorde du roi ; il arriva aussi que le prince de la Roche-sur-Yon fit une heureuse charge entre Arras et Bapaume et mit en fuite Horsimont, qui muguetoit son armée, et en envoya au roi deux drapeaux de cavalerie.

Chapitre VII.

Bataille de Renti et ravitaillement de Mariembourg[5].

L'empereur ayant sceu que le roi, au partir de

1. Colas Loys, lieutenant de Barson, commandait la place de Horsimont et capitula le 19 juin 1554.
2. Baurin, château dans le pays de Liège, se rendit quelques jours après Horsimont.
3. La ville de Mariembourg avait été prise par les Impériaux au commencement de la guerre. Elle fut reprise par le connétable de Montmorency le 28 juin 1553. On conserve dans le fonds français (vol. 3147, f. 84) une copie de l'acte de capitulation.
4. Le duc de Nevers fit demander aux habitants de Bouvines s'ils voulaient s'abstenir de prendre part à la guerre en faveur des impériaux. Ils répondirent que, « si on leur vouloit donner « le cœur et le foie du roi et du duc de Nevers, ils le feraient cuire « et le mangeraient avec plaisir. » La ville fut livrée au pillage et les habitants massacrés (juillet 1553). (De Thou, t. II, p. 253.)
5. Outre les *Commentaires* de Bussy-Rabutin (liv. VI) et de de

Dinan[1], faisoit mine d'assiéger Namur, redressa son armée, où il eut pour lieutenant le prince de Savoye, et, suivant celle du roi de logis en logis, les deux armées enfin s'affrontèrent à Renti, assiégé par le roi[2]. L'empereur, contre l'advis de son conseil, se vint camper à une canonnade du siège. Le roi fit prendre place de bataille de l'autre costé du costau à un petit ruisseau qui fait le marescage de Renti. Au deçà, il y avoit un bois où l'empereur print envie de loger quelques pièces qu'il faisoit mener sur quatre roues, pource que de là il pouvoit empescher qu'on ne se mist en bataille pour aller à l'assaut. Il essaye du commencement d'emporter ce logis de nuict; mais le duc de Guise, qui avoit préveu cest avantage, y avoit sur le ventre trois cents harquebusiers choisis qui firent desmordre les entrepreneurs. Ce que l'empereur, par surprise n'avoit peu, il l'essaïa de haute lutte, voiant que ce chasteau s'en alloit en poudre de la batterie de dix jours. Et pourtant il choisit en son armée cinq mille hommes de pied, des meilleurs, qu'il

---

Thou, son guide ordinaire, d'Aubigné a utilisé dans ce chapitre quatre lettres écrites par Bernard de Salignac au cardinal de Ferrare, du 12 juillet 1554 au 19 septembre de la même année, imprimées en un vol. in-4° en 1554. Ce volume, fort rare, n'a jamais été réimprimé. On trouve seulement dans les *Mémoires* de Guillaume de Tavannes (édit. Petitot, p. 240) une partie de la quatrième lettre.

1. Le 13 juillet 1554.
2. La bataille de Renty fut livrée le 13 août 1554. Le duc de Guise commandait le corps principal, et le duc de Nemours les chevau-légers. L'armée française commençait à fléchir quand Coligny rétablit la victoire. Plus tard, le duc de Guise voulut lui disputer sa gloire; ce fut une des causes de leur rivalité (Brantôme, t. VI, p. 22).

fit mener par don Ferrand de Gonzague, soustenir par le duc de Savoye avec la cavallerie légère. De l'autre costé faisoit marcher le comte Jean de Nassau[1] et le mareschal de Clèves[2], qui avoyent encor à leurs ailes le comte de Wilvenfort[3] avec deux mille reistres. Tout cela faisoit cinq mille hommes de pied et huit cents chevaux. A la démarche de ceux-ci, le duc de Guise fit quitter le bois à ses trois cents harquebusiers après l'avoir un peu disputé. Et cependant le roi, assisté de son connestable, mettoit son armée en bataille en une plaine qui le contraignoit, pour estre estroicte, de faire marcher ses bataillons un à un; les François les premiers, les Allemans, puis les Suisses et les régiments de cavallerie, comme ils arrivoyent, prenoyent place. Le duc de Guise estoit avancé jusques à la pente, du costau, aiant devant lui la cavallerie du duc de Nemours[4], dans la pente le duc d'Aumale avec son régiment. Dom Ferrand, assisté des meilleurs capitaines de gens de pied, donna de fort bonne grâce dans le bois, ayant à sa teste cent rondaches et

1. Jean de Nassau, fondateur des ligues de Nassau-Siegen.
2. Martin Rossen, maréchal de Clèves, avait servi sous François Ier en 1542. Il passa au service de l'empereur et mourut d'une maladie épidémique à Anvers, en 1555.
3. Il se nommait Vulenfort. Brantôme le nomme Vulfenfort et le cite pour sa forfanterie (t. IV, p. 195).
4. Jacques de Savoie, fils de Philippe de Savoie, duc de Nemours, et de Charlotte d'Orléans, né le 12 octobre 1531 à Vauluisant, mort à Annecy le 15 juin 1585. C'était le plus brillant cavalier de la cour. Il séduisit Françoise de Rohan, propre nièce de Jeanne d'Albret, refusa de l'épouser et se maria, le 5 mai 1566, avec Anne d'Este, veuve du duc François de Guise. Nous avons consacré une étude à la vie de ce seigneur (*Le duc de Nemours et Mlle de Rohan*).

plus, qui pour piafe avoyent les bras nuds jusques au coude. Il ne peut, dans la fumée des siens et des ennemis et dans l'espesseur du bois, reconoistre combien grande troupe lui faisoit place. Dont jugeant que ce bois fust un logis de l'avant garde et que les premiers prinssent effroi devant lui, il despesche à l'empereur, lui mande que l'armée laschoit le pied. Sur ceste chaleur de foye[1], l'empereur marche, et dom Ferrand, ayant placé ses huit pièces en deux lieues, receut la charge du duc de Nemours, que la cavalerie du duc de Savoye rompit tout à faict. Sur cest avantage, toute l'armée impériale cria victoire quand le duc de Guise, ralliant Thavanes[2], le fit donner et redonner aux Allemans devant lui; il fut renforcé du duc d'Aumale, renversa ces victorieux. En mesme temps, le duc de Nevers passa sur le ventre de l'infanterie, qui n'avoit daigné se contenter du bois, et de ce coup furent emportés dix-sept enseignes de gens de pied, cinq drapeaux de cavallerie et les quatre pièces les plus avancées[3]. Ce qui fut très remarquable, c'est que l'em-

1. *Chaleur de foie,* ardeur, emportement.
2. Gaspard de Saulx de Tavannes, né à Dijon, en mars 1509, l'un des capitaines les plus célèbres du xvie siècle, se couvrit de gloire à la bataille de Renty et reçut de la propre main du roi, à la fin même du combat, le collier de l'ordre de Saint-Michel. Il devint un des chefs du parti catholique, se signala à la Saint-Barthélemy et mourut au château de Sully le 19 juin 1573. Il a laissé des mémoires que son fils a continués et qui sont une des meilleures sources d'information pour l'histoire du xvie siècle (in-folio, sans date). Ils ont été réimprimés dans toutes les grandes collections sur l'histoire de France.
3. La bataille de Renty est très bien racontée dans les *Commentaires* de Rabutin (p. 620, édit. Buchon) et surtout dans la quatrième lettre de Bernard de Salignac, in-4°, 1554.

pereur, ne s'estonnant de voir la teste et la fleur de son armée rompue, retira, à la faveur de son artillerie, ses gens en tel ordre qu'ils trouvèrent un retranchement faict à la fumée du combat, si à propos que le reste de la journée ne se passa plus qu'en canonnades d'une part et d'autre, et que l'armée du roi, non pourveue pour demeurer comme estoit l'autre, fut contrainte de quitter Renti et se vit, de là à peu de jours, licentiée vers les frontières[1]; où le duc de Nevers avituailla Mariembourg[2] par deux fois, la dernière au nez de l'ennemi, où l'admiral surmonta beaucoup de difficultés avec peu d'effect et d'utilité[3].

Chapitre VIII.

Seconde assemblée d'Ausbourg. Paix d'Allemagne et retraicte de l'empereur.

Durant que ces deux grands princes estoyent accrochés l'un à l'autre, les Allemans touchèrent à la main

---

1. Malgré la victoire de Renty, le roi battit en retraite le 15 août et se retira à Compiègne. Les Suisses et la plupart des compagnies furent licenciés le 27. Charles-Quint quitta l'armée le 17 et se retira à Saint-Omer (Gachard, *Retraite et mort de Charles-Quint*, introd., p. 56).
2. Il n'est point fait mention d'un siège de Mariembourg après la bataille de Renty. Nous croyons que d'Aubigné se trompe et que le ravitaillement de cette place par le duc de Nevers est applicable au siège de 1551.
3. Aussitôt après la bataille de Renty, Coligny revint à la cour, puis auprès du duc de Vendôme, chef de l'armée. Bientôt il tomba malade et se retira à Châtillon-sur-Loing (Delaborde, *Gaspard de Coligny*, t. I, p. 133).

et firent une seconde assemblée à Ausbourg ou, selon quelques uns, à Passau, où, après plusieurs disputes, les deux religions, toute autre forclose, demeurèrent establies entre toutes les souverainetés et villes principales d'Allemagne. Et fut lors publiée la confession d'Ausbourg[1]. Cette journée fut le nœud de la paix d'Allemagne qui a duré jusques aujourd'hui. Et lors très à propos le vieil empereur Charles, chargé d'ans et de maladie, couronné d'honneur, voulut donner borne à ses gloires et à ses labeurs, quand, en une journée publique en Flandres, il déposa ses couronnes sur la teste de son fils Philippe[2], instruict par lui six sepmaines durant des affaires de la chrestienté ; print congé des princes et des troupes avec notables cérémonies pour se retirer à Just, en Castille[3], en la sollitude et au repos ; là où il s'achemina sur la fin d'aoust, au grand regret de ceux qui, ayans servi sous lui, avoyent espéré par lui. Et se souvenant que la couronne impériale lui avoit esté apprestée par le grand

1. La confession d'Augsbourg, exposé de la doctrine protestante rédigé par Melanchthon et lu le 25 juin 1530 à la diète d'Augsbourg, fut la base d'une déclaration définitive de l'église germanique, qui, préparée à Passau, fut adoptée le 25 septembre 1555 à Augsbourg.

2. L'abdication de Charles-Quint eut lieu le 25 octobre 1556. M. Gachard a raconté avec détails ce grand événement (*Retraite et mort de Charles-Quint,* introd., p. 80). — Cf. f. fr., vol. 3138, f. 37, et 3146, f. 12.

3. Charles-Quint se retira au monastère de Saint-Just le 24 février 1557 et y mourut le 21 septembre 1558. Ses dernières années ont été l'objet de deux études ; l'une de M. Mignet, *Charles-Quint au monastère de Saint-Just,* un vol. in-8° et in-12 ; l'autre, beaucoup plus complète, est l'ouvrage de M. Gachard dont nous parlons dans la note précédente.

père du prince d'Orenge¹, voulut par son petit-fils la renvoyer aux électeurs².

Chapitre IX.

*Guerres d'Italie, premièrement entre le roi et l'empereur, et puis entre l'empereur et le pape, secouru des François*³.

L'empereur, après la mort du pape Jule⁴, laissa les affaires d'Italie en l'estat qui s'ensuit. Marcel esleu fut empoisonné le 22, jour de son élection, pource qu'il vouloit réformer l'Église⁵. Ainsi l'ont escript devant nous les Italiens, remarquans qu'en ce dessein il avoit commencé par ne changer point son nom. En sa place⁶

1. Le grand-père du prince d'Orange était Jean, comte de Nassau, mort en 1516. Celui qui aida Charles-Quint à parvenir à l'empire est Henri de Nassau, oncle du prince d'Orange, né en 1483, mort en 1538.
2. Charles-Quint envoya à Francfort le prince d'Orange, Selden et Heller. Ceux-ci renoncèrent en son nom à la dignité impériale en faveur de Ferdinand (12 septembre 1556, lettre de Charles-Quint à son frère Ferdinand; Lanz, *Correspondance de Charles-Quint*, t. III, p. 710).
3. Ce chapitre a été écrit d'après les *Commentaires de Monluc* et surtout d'après les *Mémoires de Boyvin du Villars*, in-4°, 1607, ouvrage complété plus tard par Malingre. Ces *Mémoires* ont été reproduits dans toutes les grandes collections sur l'histoire de France.
4. Jean Maria del Monte, né à Arezzo, le 10 septembre 1487, élu pape sous le nom de Jules III, le 10 novembre 1549, mort le 23 mars 1555.
5. Marcel Cervin, né le 6 mai 1501, élu pape le 10 avril 1555, mort d'apoplexie le dernier jour du même mois. Le récit de son empoisonnement n'a aucun fondement.
6. Var. de l'édit. de 1616 : « ..... *l'église* et avoit commencé en « ne changeant point son nom. *En sa place.....* »

fut choisi le cardinal Caraffe, nommé Paul quatriesme[1].

Le mareschal de Brissac[2], en ce temps là, avoit pris Yvrée[3], Biesle, Crépaicuore, fortifié San Iago. En après ayant, par l'entreprise de Salvoison, surpris la ville de Cazal, prit par composition le chasteau sur le comte de Ladron. D'ailleurs il estoit arrivé, quatre ou cinq ans auparavant, que les Siénois[4], secourus des comtes de Petillane[5] et de Saincte Fior[6], avoyent

1. Paul Caraffa, né le 28 juin 1476, élu pape le 23 mai 1555, sous le nom de Paul IV, mort le 18 août 1559. On trouve de curieux détails sur le conclave d'où sortit son élection dans un mémoire rétrospectif du cardinal du Bellay, daté du 18 octobre 1556, et dans les lettres qui suivent (f. fr., vol. 3142, f. 41 et suiv.).

2. Charles de Cossé, comte de Brissac, né en 1505, nommé maréchal de France et lieutenant du roi en Piémont après la mort du prince de Melfe, gouverna le nord de l'Italie pendant le règne de Henri II. En 1560, Brissac fut remplacé en Piémont par le maréchal de Bordillon et reçut le gouvernement de la Picardie. Il mourut en 1563. Boyvin du Villars, l'annaliste que nous avons signalé plus haut, était son secrétaire. On conserve, dans les volumes 20523 et suiv. du f. fr., de nombreux recueils de la correspondance du maréchal de Brissac avec le roi et les ministres du roi pendant la durée de son gouvernement en Italie.

3. La ville d'Ivrée fut prise le 29 décembre 1554, et les autres villes dans le même temps.

4. La révolte des Siennois contre l'empereur est racontée dans une chronique traduite et publiée par M. le duc de Dino. Ce fut le 5 août 1552 que les Espagnols sortirent de Sienne. Peu de jours après, Louis de Saint-Gelais de Lansac prit possession de la ville au nom du roi de France (duc de Dino, *Chroniques siennoises*, 1846, in-8°). On conserve dans le fonds français, vol. 3112, f. 1, une copie, datée du 20 janvier 1552 (1553), du traité conclu entre Henri II et la république de Sienne. Les Florentins réussirent à se maintenir quelques jours aux environs de Sienne et ne furent expulsés qu'au mois de juin (lettre de la république de Sienne au roi, du 21 juin; f. fr., vol. 20455, f. 201).

5. Nicolas ou Charles des Ursins, comte de Pitigliano.

6. Mario Sforce de Santa Fiore, comte de Valmontone, descen-

secoué le joug des Florentins et Espagnols, et depuis avoyent attiré les forces françoises, qui là secoururent à propos à la grande entreprise du marquis de Marignan[1]. En suite de cela, les François assiégèrent sous Strossi[2] Civitelle en vain[3], prindrent Fossan par force, et depuis ledit Strossi deffaict là auprès le 2 d'aoust 1554[4]. Les Florentins regagnèrent Fossan, et, ayans

dant des anciens ducs de Milan, était lieutenant du roi en Siennois. Au siège de Civitella, il eut un cheval tué sous lui et fut fait prisonnier par Alexandre Pologier (1554; de Thou, t. II, p. 281). Son frère aîné, le comte de Santa-Fiore, capitaine florentin, lui persuada de s'attacher au service de Cosme Ier (Chaz. de Nantigny, *Généal. hist.*, t. II, p. 227).

1. Jean-Jacques Medicino, marquis de Marignan, frère du pape Pie IV, aventurier italien, capitaine au service de l'empereur, mort à Milan, le 8 novembre 1555 (Chaz. de Nantigny, *Généal. hist.*, t. II, p. 234).

2. Pierre Strozzi, né en 1500, parent de Catherine de Médicis, vint en France en 1536, et devint colonel général de l'infanterie italienne (1547). En 1554, il fut nommé lieutenant de roi à Sienne (ses pouvoirs sont conservés dans le f. fr., vol. 3143, f. 21). Il fut sur sa demande remplacé par Blaise de Monluc (les pouvoirs de Monluc sont conservés dans la coll. Clairembault, vol. 293, f. 393). Brantôme a parlé avec éloges des talents militaires de Strozzi (t. II, p. 239). Il possédait une instruction rare et avait traduit en grec les Commentaires de César. Il fut tué le 20 juin 1558, dans la tranchée, au siège de Thionville.

3. Le siège de Civitella et la prise de Fossano par Pierre Strozzi sont racontés par de Thou (t. II, p. 231).

4. Strozzi fut battu à Marciano le 2 août 1554, par le marquis de Marignan. Du Villars dit que le lieutenant du comte de Mirandole trahit l'armée française (*Mémoires,* édit. Buchon, p. 647). On conserve dans la collection Dupuy (vol. 500, f. 34) un important récit inédit de cette bataille qui contient une apologie de la conduite de Strozzi. Cf. la lettre du marquis de Marignan à Charles-Quint (*Épistres des princes* de Ruscelli, trad. par Belleforest, 1572, f. 163) et celles des cardinaux Farnèse et du Bellay (f. fr., vol. 20442, f. 13, et 20447, f. 141).

nettoyé le Siénois des bicocques qui favorisoyent la capitale, elle[1] fut assiégée par le marquis de Marignan [2] et rendue sous articles fort avantageux[3]. Les partisans de France se retirèrent à Montalcino[4]. De cette marée, le marquis emporta Sateano et Portohercole[5], quoi que bien défendu et secouru, place importante, et qui correspondoit aux affaires de Corse, où Thermes[6] avoit pris Saint Florent et Boniface[7], laissé Jordan Ursino qui y commandoit pour le roi.

1. *Elle,* la ville de Sienne.
2. Le siège de Sienne est raconté avec détails dans les *Commentaires* de Monluc, t. I, p. 451 et suiv., dans les *Memorie di Siena* de Pecci (1760, 4 vol. in-4º), et dans les *Épistres des Princes* de Ruscelli, trad. par Belleforest, 1572, f. 150 et suiv. Les documents inédits sont innombrables. Nous citerons seulement un gros recueil de la correspondance du cardinal du Bellay, du 18 mai 1553 au 20 mars 1554 (1555) conservé dans le f. fr., vol. 20447.
3. Les négociations pour la capitulation de Sienne commencèrent le 8 avril. L'acte fut signé le 17 avril et est imprimé dans les *Memorie di Siena* de Pecci (t. IV, p. 218). L'armée française sortit de la ville le 21 avril. Voyez les *Commentaires de Monluc,* t. II, p. 90 et suivantes.
4. Cette retraite des Siennois à Montalcino est racontée dans les *Commentaires de Monluc,* t. II, p. 101 et suivantes. Ils y fondèrent, sous le commandement d'un des héros de l'indépendance nationale, Mario Bandini, capitaine du peuple, un gouvernement qui dura jusqu'à la paix de Câteau-Cambrésis. Voyez les beaux récits de Pecci, *Memorie di Siena,* t. IV, p. 233 et suivantes. On conserve dans le vol. 3151 du f. fr. une suite de pièces sur l'existence éphémère de la république de Montalcino.
5. Dans le courant de juin 1554.
6. Paule de la Barthe, seigneur de Thermes, né à Couserans en Ariège en 1482, fit ses premières armes en Italie, fut fait prisonnier à la bataille de Cérisoles (1544), combattit en Écosse (1549), devint maréchal de France en 1557, perdit contre le comte d'Egmont la bataille de Gravelines (13 juillet 1559) et mourut à Paris le 6 mai 1562.
7. Pendant l'automne de 1553.

Il arriva en ce temps là que Fernand Gonzague[1] et le marquis de Marignan, l'un mescontent de l'empereur, l'autre du duc d'Alve[2], qui commandoit en Italie, se retirèrent en leurs maisons. Le duc d'Alve, réconcilié, releva la guerre en Piémont, ayant près de 30,000 hommes et 30 pièces d'artillerie. Le maréchal de Brissac avoit pour le roi en ce païs là environ 12,000 hommes. Les premiers effects de l'armée du duc d'Alve furent de prendre Fracinet[3], où il mit tout au fil de l'épée ou aux galères, envitailla Ulpian[4] et assiégea San Iago, qu'il quitta avec grande perte à la venue des ducs d'Aumale, d'Anguien[5], de Nevers, de Nemours, prince

---

1. Ferdinand de Gonzague, comte de Guastalla, né le 28 janvier 1506, frère puiné du duc Frédéric de Mantoue, gouverneur du Milanais après la mort du marquis du Guast, mourut à Bruxelles, le 15 novembre 1557.

2. Ferdinand Alvarez de Tolède, duc d'Albe, né en 1508, prit part depuis 1527 à toutes les guerres de l'Espagne, conclut le traité de Câteau-Cambrésis et épousa au nom de Philippe II la princesse Élizabeth de Valois, fille de Henri II. Gouverneur des Pays-Bas pendant la guerre de l'indépendance, il usa son génie cruel à réduire ces provinces et se retira en Espagne à la fin de 1573, sans avoir pu rétablir la domination de son maître. Il mourut disgracié le 12 janvier 1583. Sa vie a été l'objet de plusieurs études historiques. Sa correspondance pendant l'année 1568 a été publiée par M. Gachard, in-8°, 1850.

3. Le duc d'Albe, feignant une marche sur Casal, s'empara de Frassineto sur le Pô, à la fin de juillet 1555.

4. Ravitaillement de Vulpiano par le duc d'Albe, août 1555.

5. François d'Enghien, de la branche de Vendôme, né le 23 septembre 1519, fit ses premières armes en 1542, en Luxembourg, auprès du duc d'Orléans. Il succéda à Boutières dans la charge de gouverneur de Piémont (26 décembre 1543) et gagna la bataille de Cerisoles (14 avril 1544). (Voir sur cette bataille les *Commentaires* de Monluc, t. I, p. 257.) Il fut tué, le 25 février 1546, d'un coffre que, par accident, à la Roche-Guyon, dans une fête, on

de Condé, et le vidame de Chartres¹. Ceux-ci, ayans fait 25,000 hommes, assiégèrent Ulpian, desfirent Emanuel de la Lune², qui venoit pour se jeter dedans, et, après grande batterie, assaut donné, où les deux princes de Condé et d'Anguien furent, la ville fut prise avec le nepveu du duc d'Alve³, traicté comme son oncle avoit fait ceux de Fracinet, Ulpian demantelé⁴. Ils laissèrent derrière le Pont d'Esture⁵, emportèrent par composition Montcalvo⁶.

Là l'hyver sépara les armées, et sur l'adieu se fit la journée de quatre François contre autant d'Espagnols : d'une part, le duc de Nemours, Vassé⁷, Ma-

jeta sur sa tête. Sur les circonstances de sa mort, voyez Brantôme, t. III, p. 220.

1. François de Vendôme, vidame de Chartres, le dernier de la maison des anciens comtes de Vendôme. Il était fort attaché aux Guises et très hostile au maréchal de Brissac avec lequel il servait en Piémont. Du Villars l'accuse d'avoir fait assassiner le baron de Chepy que Brissac lui préférait (du Villars, 1710, p. 778). Sous François II, Brissac s'étant réconcilié avec les Guises, le vidame de Chartres se brouilla avec eux et s'attacha au prince de Condé. Il devint un des principaux capitaines du parti réformé, fut emprisonné après la conspiration d'Amboise et mourut peu après sa mise en liberté, vers le 7 décembre 1560. Voyez les *Mémoires de Castelnau*, in-fol., t. I, p. 45, 64, 291, 463 et suiv.

2. Emmanuel della Luna, capitaine impérial, fils de Juan della Luna, gouverneur de Milan.

3. César de Tolède, neveu du duc d'Albe, fut tué à Vulpiano.

4. Vulpiano fut assiégé par l'armée française à la fin d'août 1555. Après la défaite d'Emmanuel della Luna, que le duc d'Albe avait envoyé avec six cents mousquetaires, la ville capitula le 20 septembre.

5. Ponte Stura, sur le Pô.

6. Jacques de Salvoison, gouverneur de Casal, escalada les murs de Montecalvo pendant la nuit et s'empara de la ville le 7 octobre 1555.

7. D'après de Thou (t. II, p. 338), c'était M. de Classé, fils

nez[1] et Moncha[2]; de l'autre, les marquis de Pescaire[3] et de Malespine[4], dom Albe[5] et le comte Caraffe[6], nepveu du pape. Vassé et Manez y moururent, et le nepveu percé, armes et corps, d'un coup de lance[7]. Paul IV entra quelque temps après en soupçon contre les Collini[8] et Ursini[9], familles partisanes de l'empereur, car les Caraphes et ceux de Melphes[10] se disoient amis de France. Sur ce soupçon, il désarma les impériaux lorsqu'ils commençoyent à remuer, mit prisonniers les

aîné d'Antoine Grognet de Vassé. Brantôme confirme cette attribution (t. IV, p. 173). Vassé fut tué par le marquis de Malespine.

1. Gaspard de Rolliers, seigneur de Manès, lieutenant de la Roche-Posay.

2. Bertrand Raimbaud de Siniane, de la Moncha, enseigne du s. de Pivars (Brantôme, t. IV, p. 173).

3. François-Ferdinand d'Avalos, marquis del Vasto et de Pescaire, grand chambellan du royaume de Naples, vice-roi de Sicile et chevalier de la Toison d'or, mort en 1571.

4. Marquis de Malespina.

5. Le s. d'Alava, d'après de Thou. D'Aubigné et Brantôme écrivent *d'Albe* (IV, 173).

6. Le comte Caraffa, neveu du pape Paul IV, fut tué dans ce duel par Moncha (Brantôme, IV, 173).

7. Ce combat est raconté par Brantôme, t. IV, p. 173. M. Lalanne a publié à la fin du même volume (p. 407) une relation espagnole due à Diego de Fuentès. Les deux récits offrent d'assez graves différences que Brantôme a signalées, p. 174. D'Aubigné a suivi la version de de Thou (t. II, p. 338).

8. Collini, famille florentine, qui a plus tard donné naissance à des savants.

9. Orsini, famille vénitienne, célèbre dans les guerres d'Italie par sa rivalité avec la famille Colonna. Plusieurs branches de cette maison, fixées à l'étranger, ont porté le nom de des Ursins.

10. Le titre de prince de Melphe appartenait à la maison de Caracciolo, dont le chef, Joan Caracciolo, avait été, en 1544 et 1545, maréchal de France et gouverneur du Piémont (voyez les *Commentaires* de Monluc, t. I, p. 326, note).

principaux. Ces familles esmeues coururent au secours de l'empereur, par le commandement duquel le duc d'Alve et les Florentins blocquèrent Rome [1].

Le pape pressé envoya le cardinal Caraffe au roi, et par lui l'espée sacrée, le conjurant à la défense de l'Église, comme son fils aisné. Or, pour ce que le traicté de la paix estoit fort avancé et tresves accordées, les advis furent divers à la cour ; et ceux de Mommoranci et l'admiral de Chastillon insistoient à garder la foi à l'empereur, disans là dessus ce qui se peut dire de la foi publique. Ceux de Lorraine [2] au contraire prétendoyent cause de rupture, et poussoyent à la deffence du pape, avec les spécieuses raisons de cette puissance qui peut disposer de tout serment. Ceux-ci gagnèrent. Et fut despesché le duc de Guise avec une armée de 16,000 hommes [3] ; et cependant fut mandé à Pierre Strossi, maréchal de France (par la mort de celui de Sedan [4]), qu'il se jettast dans Rome.

1. Le duc d'Albe, à la tête d'une armée espagnole, s'approcha de la ville de Rome en août 1556. Le 26, il tenta un assaut qui échoua (de Thou, t. II, p. 487). Pendant toute la durée de la campagne, il n'eut d'autres succès que des succès de pillage. Cette guerre est racontée par Blaise de Monluc dans ses *Commentaires* (t. II, p. 162 et suiv.).

2. Les mots *ceux de Lorraine* désignent les seigneurs de la maison de Guise.

3. L'expédition du duc de Guise en Italie avait pour but principal de conquérir le royaume de Naples dont le pape avait promis l'investiture à un des fils de Henri II. Guise partit au commencement de 1557. Une copie de l'état de son armée est conservée dans le f. fr., vol. 3125, fol. 85. Il arriva à Rome le 4 mars 1557 (*Mémoires de Ribier*, t. II, p. 678). Voyez sur cette campagne les *Mémoires-journaux* du duc de Guise dans la collection Michaud, p. 326 et suiv.

4. Strozzi fut nommé maréchal de France en 1554.

Le duc d'Alve avoit desjà pris Anagni, Palestrina, Segova, Tivoli[1] et autres petites places, et de plus ayant contrainct Rome à la deffense des murailles, prit Ostie[2], reprise depuis par Strossi et Monluc[3]. Le duc de Guise gaigna en son chemin Campli, assiégea en vain Civitelle[4]. Le duc de Paliane et Strossi joignirent leurs forces, ayans auparavant emporté d'assaut Monfort et autres places commodes[5]. A sa venue, les amis

1. En septembre 1556. Voir les *Commentaires* de Blaise de Monluc, t. II, p. 170, et de Thou, t. II, p. 423.

2. Le duc d'Albe assiégea Ostie dans les premiers jours de novembre 1556, prit la ville d'emblée et bloqua la garnison dans la citadelle. Le 17 novembre, le capitaine de la place, Horace da lo Sbirro, capitula et signa avec le duc d'Albe une trêve, négociée par l'entremise du cardinal Santa-Fiore, qui devait durer jusqu'au 29 novembre. (*Commentaires de Monluc,* t. II, p. 189. — De Thou, t. II, p. 430 et 431.)

3. Blaise de Monluc, né vers 1502, prit les armes à dix-sept ans, assista successivement à la bataille de Pavie, à l'expédition de Naples en 1527, à la défense de Marseille en 1536, au siège de Perpignan en 1542, à la bataille de Cerisoles en 1544, défendit Vienne contre le marquis de Marignan en 1554 et 1555 et gouverna la Guyenne pendant presque toute la durée du règne de Charles IX. Il mourut maréchal de France en 1577. Blaise de Monluc, à l'imitation de César, a écrit des *Commentaires,* qui, publiés pour la première fois en 1572 et souvent réimprimés depuis, ont été l'objet d'une édition critique publiée par la Société de l'histoire de France de 1864 à 1872.

4. Le duc de Guise prit la ville de Campli entre le 17 et le 20 avril 1557, malgré la défense du capitaine Charles Soffredo. Il échoua devant Civitella, que le duc d'Albe vint secourir en personne, et s'éloigna le 15 mai (de Thou, t. II, p. 460).

5. Jean Caraffa, comte de Montorio et duc de Paliane, neveu de Paul IV, frère du cardinal Caraffa. Après la mort du pape, les deux frères, déjà exilés du vivant de leur oncle, furent condamnés à mort et exécutés pour leurs innombrables crimes. On conserve dans la collection Dupuy (vol. 697) et dans le fonds

du pape se rallièrent à lui. Le duc de Paliane se jetta dans Rome ; les gens du pape après Ostie regagnèrent Ginestra, Tusculo, Marino, Palezane, San Angelo, San Polo, tout cela d'effroi, et par assaut Vicovaro[1], où tout fut passé au fil de l'épée. Le duc de Guise renvoya en Piémont le maréchal de Brissac, lequel, puis après, fut commandé de renvoyer les Suisses en France ; et lui, pour la desfaveur que sentent ordinairement les esloignés de la cour, destitué de finances et ennuyé de la mort de Salvoison[2], diligent, subtil et hasardeux capitaine, laissa les affaires aller de mal en pis. En mesme temps, le duc d'Alve, sous couleur d'une tresve, de laquelle le cardinal Caraffe[3] l'avoit amusé, l'esloigna des affaires de Rome et retira ses forces. Toutes ces choses donnèrent à celles de Piedmont le branle que vous verrez à la première occasion[4].

français (vol. 3118) deux recueils de pièces intéressant le duc de Paliane.

1. A la prise de cette place, les Gascons et les Suisses se rendirent coupables d'actes de pillage que le duc de Paliane, d'après de Thou, ne put arrêter (de Thou, t. II, p. 436).

2. Jacques de Salvoison, originaire du Périgord, d'abord étudiant à l'université de Toulouse, puis homme d'armes, servit en Écosse sous les ordres du sire d'Essé, suivit en Italie le maréchal de Brissac, s'empara de Casal et en devint gouverneur (mars 1555). Le 7 octobre 1555, il escalada les murs de Montecalvo et s'en empara. Il mourut d'une pleurésie. Brantôme a écrit son éloge (t. IV, p. 97, édit. de la Société de l'histoire de France).

3. Charles Caraffa, seigneur napolitain, frère du duc de Paliane, capitaine au service de l'empereur, puis du roi de France. En 1555, il se fit recevoir chevalier de Malte et fut créé cardinal par son oncle, le pape Paul IV. Pie IV, après son avènement, en 1561, le fit arrêter, condamner à mort et exécuter. Voyez, p. 41, note 5, la note consacrée au duc de Paliane. M. Georges Duruy a publié en 1882 une savante étude sur le cardinal Caraffa.

4. Les documents sur l'expédition du duc de Guise en Italie

LIVRE PREMIER, CHAP. X.   65

Voilà pour l'Italie jusques à l'an 558, que le roi ayant rappellé le duc de Guise, le pape fit paix et le duc s'en revint par mer avec partie de son armée, et envoya sous le duc d'Aumale le reste par terre[1].

Chapitre X.

Siège et bataille de Saint-Quentin, sa prise et autres exploits[2].

D'autre costé l'admiral, qui avoit esté le plus contraire à la rupture de la tresve, fut pourtant le premier qui la rompit par l'essai de Douai et la prise de

---

sont très nombreux. Nous citerons seulement, outre les mémoires cités plus haut, les *Mémoires* de Claude de la Chastre, imprimés dans l'édition du *Journal de l'Estoile*, de 1744, t. III, p. 3, et réimprimés dans les grandes collections sur l'histoire de France ; un mémoire de l'abbé Garnier publié dans le *Recueil de l'Académie des inscriptions et belles-lettres*, 1779, t. XLIII, p. 508. — Parmi les documents inédits, qui sont innombrables, nous ne citerons que le livre des comptes des dépenses de l'armée, qui est conservé dans le vol. 10395 du fonds français, et un recueil de lettres conservé dans la coll. Moreau, vol. 717.

1. Le duc de Guise, rappelé en France après le désastre de Saint-Quentin, partit de Civita-Vecchia pour la France le 9 septembre 1557 (Lettre du baron de la Garde du 8 septembre ; f. fr., vol. 20463, fol. 97).

2. Sur le siège et la bataille de Saint-Quentin, voyez la *Relation du siège de Saint-Quentin*, composée par Coligny, publiée par Chevalier, *Recueil de mémoires*, 1623, in-4°, p. 120, souvent réimprimée depuis, notamment dans toutes les grandes collections sur l'histoire de France ; les *Mémoires* de Jean de Mergey, publiés en 1644 par Camusat ; les *Mémoires* de Claude de la Chastre ; les *Commentaires* de Pierre de la Place ; *le Siège de Saint-Quentin*, par M. Gamart, in-8°, 1859, ouvrage enrichi de notes et de plans.

Lan en Artois[1]. Et fit cela pour monstrer son obéissance contre les accusations de la duchesse de Valentinois[2], laquelle, portant ceux de Guise[3], empeschoit le roi de sentir la faute commise en ceste infraction; dont le roi faillit à se repentir, quand la roine d'Angleterre[4] lui envoya dénoncer la guerre par un héraut et qu'il vid le roi Philippe sur ses frontières, avec armée assemblée à Civets[5], de 35,000 hommes de pied et 12,000 chevaux, sans 8,000 Anglois qui les joignirent bien tost. Ceste armée fut en peu de jours de 60,000 hommes, là où le connestable, qui dressoit celle du roi à Attigni, ne pouvoit mettre ensemble que 24,000 hommes. L'Espagnol, ayant tourné diverses

1. Sur le rapport d'un prétendu ermite, Coligny essaya d'enlever Douai, le 6 janvier 1557; mais les cris d'une vieille femme firent échouer l'entreprise. De là, il se rendit à Lens, prit la ville, la pilla et la livra aux flammes (janvier 1557) (de Thou, t. II, p. 455).
2. Diane de Poitiers, fille aînée de Jean de Poitiers, seigneur de Saint-Vallier, née en 1499, épousa Louis de Brezé, comte de Maulevrier, devint, après son veuvage, la favorite du second fils de François Ier, depuis Henri II, domina la cour pendant toute la durée du règne de ce prince et mourut dans la retraite, oubliée des courtisans, en 1566. Elle est restée célèbre par son goût pour les arts. Ses lettres ont été publiées par M. Guiffrey, 1866, in-8°.
3. Le duc d'Aumale avait consenti à épouser, en 1547, Louise de Brezé, fille de Louis de Brezé et de Diane de Poitiers. Ce mariage rendit indissoluble l'alliance des Guises et de la favorite de Henri II. Le même fait, d'après Brantôme (t. IV, p. 287), fut la première cause d'inimitié entre le duc de Guise et l'amiral de Coligny, qui avait vivement désapprouvé cette union.
4. Marie Tudor, fille de Henri VIII et de Catherine d'Aragon, née le 18 février 1516, à Greenwich, reine d'Angleterre après la mort d'Édouard, épousa Philippe II le 25 juillet 1554 et mourut le 17 novembre 1558.
5. Givet.

testes aux villes frontières pour donner jalousie à toutes, prit parti d'assiéger Saint-Quentin, qu'il jugea la plus mal pourveue, et la prenoit presque d'emblée, sans que le connestable y jetta son nepveu l'admiral[1]. Contre l'advis de plusieurs, qui le tenoient pour perdu, entra dedans avec 5,000 hommes, trouvant desjà le boulevard du fauxbourg d'Isle pris, et les habitants tous espouvantés. Ceste ville fut si bien assiégée que d'Andelot[2], avec 1,000 hommes choisis, n'y peut entrer, ce qui contraignit le connestable d'entreprendre de jetter dedans une bonne troupe favorisée de ses forces, par le moyen de 4 bateaux qu'il fit porter pour faire planche du costé du marais. De fait, le 10 d'aoust, il s'avança avec 15 pièces d'artillerie, 38 compagnies de gens de pied, et quelques 3,000 chevaux. Il plaça son artillerie jusques à la faire jouer dans le cœur de l'armée espagnole, fit repasser le marais aux Espagnols qui estoyent logés deçà. Il arriva que les bateaux mal accommodés et le passage mal recogneu furent cause de faire noyer plusieurs soldats qu'on faisoit entrer durant les canonnades, si que peu s'estans jetté dedans, d'Andelot, par la faute du guide repoussé et blessé, ne peut pour le coup ce que depuis il recouvra par bateau, et y rentra avec 500 harquebusiers.

1. L'amiral de Coligny entra dans Saint-Quentin le 2 août 1557.
2. François de Coligny, seigneur d'Andelot, frère cadet de l'amiral de Coligny, né le 18 avril 1521, avait subi une longue captivité en Italie pendant les premières années du règne de Henri II. En 1555, par suite de la démission de son frère aîné, il devint colonel général de l'infanterie française. Il fut brutalement destitué par le roi en 1558 à cause de ses opinions religieuses. Voir les documents cités dans le *Bulletin de la Société du Prot. français,* t. III, p. 238.

Donc, à ceste première entreprise, le prince de Piedmont, à la veue du secours, fit passer le comte d'Aiguemont[1] avec 2,000 chevaux, soustenu de deux escadrons de 4,000 hommes, et puis de deux gros bataillons de gens de pied. Ceste gaillarde troupe poussa le duc de Nevers avancé et le prince de Condé, qui soustenoit avec la cavallerie légère, jusques au gros du connestable ; là il se souvint que le lieutenant de sa compagnie de gendarmes, nommé Doignon[2], avoit voulu commencer sa retraitte dès S. Quentin, disant qu'ils estoyent perdus, si ce qu'ils avoyent de pesant marchoit plus oultre. Le connestable, qui n'en avoit fait compte et s'estoit promis de faire un tour de vieux routier, voyant venir la première charge, demanda à Doignon : « Que ferons nous, bon homme ? » Sa response fut : « Je n'en sçai rien ; il y a deux heures « que je le sçavoye bien. » Le prince de Piedmont marchoit à ceste affaire comme à une bataille qu'il pensoit lui estre offerte par les François : mais le comte d'Aiguemont, ayant recogneu la desroute des valets de l'armée royale qu'on avoit fait trop avancer ou trop tard reculer, donna advis à son général, par lequel il eut commandement de faire la charge, ce qu'il fit avec son gros en teste : les ducs de Brunsvich[3] à une main,

1. Lamoral, comte d'Egmont, prince de Gavre, né en 1522, fit ses premières armes au service de Charles-Quint et de Philippe II. Il suivit Guillaume d'Orange lors de la révolte des Pays-Bas contre les Espagnols, fut fait prisonnier à Gand, conduit à Bruxelles et décapité, avec le comte de Horn, le 5 juin 1568. La ville de Bruxelles a élevé une statue à ces deux victimes de la liberté belge sur la place de l'Hôtel-de-Ville. Voir Ortille, *Étude historique sur le comte d'Egmont*, 1853, in-8º.
2. Le seigneur de Doignon, de la famille de Guiot (Marche).
3. Eric, duc de Brunswick-Lunebourg, surnommé le Jeune,

le comte d'Orne[1] à l'autre, les comtes de Mansfeld[2] et de Gueldres[3] les soustenans avec trois mille chevaux. Tout cela donna de telle résolution et en si grande foule que toute finesse fut renversée. Et furent tués en ceste desroute et à la poursuite de six à sept mille, que François qu'Allemans, parmi ceux là le duc d'Anguien, le vicomte de Turenne[4], Saint-Gelais[5] et 300 gentilshommes, la plus part signalés. Entre les chefs prisonniers, le connestable, le duc de Monpensier[6], le

né le 10 août 1528, mort à Padoue en 1584. Il était fils de Eric, surnommé l'Ancien, duc de Brunswick.

1. Philippe de Montmorency-Nivelle, comte de Horn, né en 1522, fit ses premières armes au service de l'empereur et devint gouverneur de la Gueldre. Attaché de bonne heure au prince d'Orange, et jouissant en Belgique d'une influence immense, il devint suspect à Philippe II. Arrêté à Bruxelles en 1567 avec le comte d'Egmont, par ordre du duc d'Albe, il fut décapité le 5 juin 1568. Voyez les beaux récits de Motley, *Hist. de la fond. de la rép. des prov. unies,* trad. Guizot, t. II, p. 334 et suiv.

2. Pierre-Ernest de Mansfeld, né le 20 juillet 1517, capitaine au service de l'empereur et de Philippe II, avait été fait prisonnier à Ivoy en 1552 et était resté captif jusqu'en 1557. Il mourut à Luxembourg le 22 mai 1604.

3. Le comte de Gueldre était le frère de Guillaume de Clèves, qui, après avoir épousé Jeanne d'Albret le 13 juin 1541, avait été forcé par Charles-Quint de rompre ce mariage et de passer au parti impérial (Traité de Venloo, 7 septembre 1543).

4. François de la Tour, troisième du nom, vicomte de Turenne, chevalier de l'Ordre, capitaine des cent gentilshommes de la maison du roi, né le 25 janvier 1526, épousa, en février 1545, Éléonor de Montmorency, fille du connétable, fut blessé à Saint-Quentin et mourut trois jours après, à l'âge de trente-deux ans. Il fut le père du célèbre Henri de la Tour, vicomte de Turenne, duc de Bouillon.

5. Le seigneur de Saint-Gelais était de la maison de Louis de Saint-Gelais de Lansac, négociateur favori de la reine Catherine.

6. Louis de Bourbon, duc de Montpensier, né le 10 juin 1513, mort le 22 septembre 1582 à Champigny.

mareschal Saint-André, le prince de Mantoue [1], le comte de la Rochefoucaut [2], le Rhingrave [3], Bourdillon [4], Saint-Airan [5], Mouy [6] et Monsalez.

Après ceste charge, les gens de pied se résolurent en deux bataillons, mais ceste grosse troupe leur passa sur le ventre. Les drapeaux furent portez au roi Philippes, qui se vint resjouir de sa victoire en son armée. Le duc de Nevers ramassa les pièces et ceux qui se sauvèrent de prison, comme Bourdillon, et, avec le prince de Condé, partagea 600 chevaux des moins estonnés aux frontières. Et envoya ces mauvaises nouvelles au roi ; lequel, ayant veu le grand estonnement de son royaume, notamment de Paris, se servit mesmes

1. Guillaume de Gonzague, troisième duc de Mantoue, né en 1536, mort à Bozzolo le 14 août 1587.
2. François III, comte de la Rochefoucauld, beau-frère du prince de Condé, lieutenant du duc de Guise en 1555, gouverneur de Champagne, assassiné à Paris dans la nuit de la S.-Barthélemy.
3. Jean-Philippe Rhingrave, comte palatin du Rhin, seigneur allemand, servit fidèlement Henri II et Charles IX, et, bien que huguenot, resta fidèle au roi pendant la guerre civile. Il avait épousé Jeanne de Genouilhac, veuve de Charles de Crussol, comte d'Uzès.
4. Imbert de la Platière, seigneur de Bordillon, chevalier de l'ordre du roi, capitaine de cent hommes d'armes, maréchal de camp en 1552, lieutenant général en Piémont en 1559 après la retraite de Brissac, maréchal de France le 22 décembre 1562, mort à Fontainebleau en 1567. On conserve dans le fonds français (vol. 3101) un recueil de lettres sur ses négociations en Allemagne en 1558 et 1559.
5. François de Montmorin, seigneur de Saint-Herem, époux de Jeanne de Joyeuse, gouverneur d'Auvergne. Son fils aîné, Gaspard de Montmorin, fut ce fameux capitaine catholique qui terrorisa longtemps l'Auvergne pendant la guerre civile.
6. Louis de Vaudray, seigneur de Mouy en Beauvoisis, assassiné à Niort en 1569 par Maurevel. Voyez sur Mouy les *Mémoires* de Castelnau, 1731, in-fol., t. I, p. 772.

de la crainte de ses subjets, pour tirer grande somme d'argent, avec lequel, après avoir appelé toute sa noblesse près de soi, il envoya en Suisse faire levée de 14,000 hommes de pied, en Allemagne de quelques régiments [1]; envoya (comme nous avons dit) en Italie à monsieur de Guise, lui manda qu'il apointast à quelque prix que ce fust, pour s'en venir. Cependant le duc de Nevers et le prince de Condé fatiguoyent l'armée qui assiégeoit Saint-Quentin battue d'une batterie générale de 44 pièces.

Les assiégeans, le 22 d'aoust, gaignèrent le fond des fossés par mines, qu'ils rendirent jusques dessous le rempart, puis les firent jouer le 26 du mesme mois. Et, le 27, l'assaut général fut donné par quatre endroits et emporté, quelque diligence qu'y fist l'admiral [2], qui fut pris dedans avec force seigneurs de marque, entre ceux-là d'Andelot, qui trouva moyen de se sauver par dessous une tente, et avec plusieurs dangers arriva à Han [3]. Il fut tué au sac quelques 200 soldats et quelques

---

1. M. Henri Turgeot a publié, dans la *Revue des questions historiques* du 1er octobre 1882, une étude sur les efforts de Henri II, au lendemain de la journée de Saint-Quentin, pour reconstituer les forces du royaume. Cet article est principalement composé d'après la correspondance du général des aides, le sieur d'Elbene, conservée aux Archives nationales (K. 92). Nous citerons aussi une magnifique lettre de Henri II au sire d'Humyères (Orig., f. fr., vol. 3134, fol. 64).

2. Saint-Quentin fut pris le 27 août. Coligny, fait prisonnier par un Espagnol, nommé Francisco Dias, fut conduit au fort de l'Écluse, puis à Gand (Chevalier, *Recueil de Mémoires*, in-4°, 1623, p. 461). La lettre qu'il écrivit au roi, le 30 août, après la prise de la ville, est publiée dans le même recueil, p. 458. Il ne sortit de prison qu'après avoir payé cinquante mille écus de rançon, au commencement de février 1559.

3. Rabutin raconte ainsi la fuite de d'Andelot : « ..... luy aidant

capitaines regrettés. De cest effroi se rendit le Chastelet, et Han[1], ayant enduré 1,200 canonnades, composa. Noyon fut surpris de plain jour par quelque cavalerie habillée à la françoise[2].

Chapitre XI.

Guerre avec l'Anglois, siège et prise de Calais[3].

Le duc de Guise, arrivé avec les forces, fort caressé du roi, fut faict son lieutenant général[4]. En mesme temps, les commencemens de l'armée royale coulèrent

« la grace de Dieu, il se coula par dessoubs les bords d'une tente
« et, de nuit, après avoir sondé divers gués et passages dans les
« marets, trouva moyen de sortir de leurs guets et gardes et de
« se sauver à Han. » (Rabutin, *Guerres de Belgique,* liv. IX.)

1. Le Catelet, défendu par le baron de Salignac, fut pris le 7 septembre 1557 par le capitaine Barbançon. Salignac, accusé de trahison, fut emprisonné à Paris. — Ham, défendue par le capitaine Sépois, capitula le 12 septembre (de Thou, t. II, p. 525 et 526).

2. Noyon, défendu par le baron de Claire, fut pris entre le 15 et le 20 septembre.

3. Outre les mémoires précédemment mentionnés, il faut citer, comme source de l'histoire de la campagne du duc de Guise en 1558, les *Mémoires-journaux* de François de Lorraine, dans la coll. Michaud, les *Mémoires* de Claude de la Chastre, une chronique contenue dans les volumes 5141 et 4738 du f. fr.; un récit publié dans le t. III des *Archives curieuses* de Cimber et Danjou, p. 237, qui paraît être une seconde rédaction de la chronique précédente ; et enfin une très importante lettre du duc de Guise à de Selve, conservée dans le vol. 824 des nouvelles acquisitions du fonds français.

4. Le duc de Guise arriva d'Italie le 20 octobre 1557 à Saint-Germain. Le même jour, sur les instances de la reine, de Diane de Poitiers et du cardinal de Lorraine, il fut nommé lieutenant général du royaume (Bouillé, *Hist. des Guises,* t. I, p. 412).

à Compiègne au duc de Nevers ; force cavalerie légère se joignit au prince de Condé qui deffit quelques compagnies d'Albanois et d'Espagnols près Chauni. Les Allemans et autres estrangers de l'armée du roi Philippe, mescontents pource que le roi Philippe avoit soustrait tous les grands prisonniers du butin de Saint-Quentin, se rendoyent tous les jours au camp du roi. D'autre part le mauvais succès du baron de Polleville[1] au siège de Bourg en Bresse[2], que les François, revenans d'Italie, firent lever honteusement, toutes ces choses, avec l'ordre que le roi donna à son royaume par la tenue des estats[3], lui redonnèrent la campagne, son armée payée d'un million qu'il receut de l'Église.

Le duc de Guise, général, tourne la teste vers Calais, où, avec une diligence extrême, il porta lui-mesmes de ses nouvelles aux fors Nieullai et de Risban, investis et battus en mesme temps[4]. Les premiers furent contraints de boucler pour se sauver à la ville, les autres

1. Nicolas, baron de Polweiler, gentilhomme d'Alsace, colonel au service d'Espagne, gouverneur de Haguenau (Levesque, *Mémoires sur le cardinal Granvelle*, t. I, p. 94).

2. Le baron de Polweiler s'approcha le 14 septembre 1557 de Bourg en Bresse, que défendait le baron Digoine. Le 14 octobre, le capitaine Deschenez fit une vigoureuse sortie et refoula les assiégeants. Cinq jours après, Polweiler décampa pendant la nuit (de Thou, t. II, p. 528).

3. Les états de 1558 sont une assemblée de notables, dont la réunion était justifiée par la guerre. Ils étaient présidés par le cardinal Jehan Bertrand, archevêque de Sens et chancelier ; on décréta un emprunt forcé de trois millions d'écus d'or au denier douze (8 1/3 pour 100). Le clergé offrit le tiers de la somme. Le reste fut réparti entre les villes. (Picot, *Histoire des états généraux*, t. II, p. 4 et suiv.)

4. Le 3 janvier 1558, le duc de Guise s'empara du fort de Nieullay et du Risbank, les deux clefs de Calais.

74 HISTOIRE UNIVERSELLE.

se rendirent. Pareille fut la diligence de d'Andelot, qui hasardeusement se logea entre Calais et les Dunes[1], se couvrit tant avec les mantelets qu'on avoit aportés que de sable meslé de terre et fumier. Ce logement donna moyen de faire baterie au chasteau fort petit, lequel fut emporté du premier assaut, n'ayans eu les Anglois assés de place de combat[2]. Le chasteau pris, les assiégés recogneurent leur perte, le rebatirent de coups de canon, soit pour le regagner, soit pour le rendre inutile, et se retrancher au devant. Mais le François fut opiniastre à soustenir comme diligent à se loger, si bien que les assiégés perdirent espoir, et capitulèrent à la vie pour les soldats, demeurant le gouverneur milord Domfort[3] et 50 autres choisis, prisonniers de guerre.

Comme les Anglois[4] estoient sur la rive attendant

1. D'Andelot creusa entre la ville et le rivage une tranchée qui, aboutissant au fossé dont les Anglais faisaient leur défense principale, fit écouler les eaux dans la mer et donna accès près des murs (de Thou, t. II, p. 251).

2. Le château de Calais fut pris à deux heures du matin, le 8 janvier 1558, sans que les habitants de la ville se fussent aperçus de l'attaque du duc de Guise. Une heure après, les Anglais commencèrent à parlementer. A six heures, le duc et l'armée entrèrent dans la ville qui fut immédiatement pillée. Ces détails, qui contredisent sur plus d'un point le récit de d'Aubigné, sont tirés d'une lettre de Jehan Perdrix, bourgeois de Calais, adressée le même jour au roi d'Espagne (Arch. nat., K. 1488, in-8º).

3. Lord Wentworth. A son retour en Angleterre, il fut accusé de trahison.

4. L'édition de 1626 porte : « A une sortie de ce siège un « Anglois perça d'un coup de lance la teste au duc de Guise, un « peu au dessoubs des yeux, le fer paroissant par derrière. *Comme* « *les Anglois.....* » Or le duc de Guise ne fut pas *balafré* à la prise de Calais, mais au siège de Boulogne en 1545. Dans la révision

l'ordre de l'embarquement, un François, insolent de sa prospérité, demanda à un Anglois : « Et bien, quant « viendrés vous nous oster de Calais ? » La response fut : « Quand vos péchés seront plus grands que les « nostres. »

Chapitre XII.

Siège de Guynes, sa prise, celle de Theonville, et victoire du duc d'Anguien[1].

De Calais, le duc de Guise donna à Guines[2] où commandoit Grai[3]. Les François trouvèrent la ville desgarnie, de laquelle s'estans saisis furent chassés par une brave sortie d'Anglois, se repentans de n'avoir mis le feu. Depuis, le tout regagné avec peu de conduite, le fort fut battu de 36 pièces de canon deux jours durant ; où est à noter que ces 36 canons du dehors démontèrent 60 pièces du dedans, bien que leur logement fust faict à plaisir (tel est l'avantage du large à l'estroict, et du bas au haut). Le 22 du mois, le duc, après avoir fait recognoistre par trois fois la bresche et l'explanader par quelques pionniers, au devant desquels il avoit poussé 120 harquebusiers, fit donner l'assault par les lansquenets, et puis desbanda

---

de son livre, d'Aubigné s'aperçut de l'erreur. L'*Erratum* du tome Ier recommande au lecteur d'effacer ce passage.

1. Comme on le voit par la fin du chapitre, il faut lire *comte d'Egmont* au lieu de *duc d'Enghien*.
2. Le 13 janvier 1558, le duc de Guise parut sous les murs de Guines.
3. Lord Grey fut fait prisonnier à la prise de Guines. Le roi le donna à Strozzi, qui en tira huit mille écus de rançon.

les François conduicts par d'Andelot. Cest assault opiniastré et très bien défendu, principalement par les feux artificiels, fit en fin quitter la basse court aux Anglois et se retirer dans la cuve, où ils se rendirent à vie sauve, et les chefs prisonniers, entre ceux-là Montdragon[1], Espagnol, qui s'estoit sauvé n'aguères de la Bastille. Le fort de Ham, qui restoit seul aux Anglois, estant quitté[2], le roi voulut voir sa conqueste. Cependant le duc de Nevers prit à discrétion le chasteau de Herbemont qui incommodoit la frontière vers les Ardennes. Ceste prise donna commodité au siège de Theonville et arresta les courses des garnisons de Saint-Quentin et Ham, qui avoyent n'aguères deffait la garnison de Nesle en campagne, pris et pillé la ville.

Ce fut sur la fin de mai[3] que le duc de Guise, ayant logé sa cavalerie légère sur le chemin de Luxembourg, le duc de Nevers au delà de l'eau, commença de l'autre costé ses approches et batteries aux deffenses. Et puis, le 5 de juin, ayant battu en batterie, le 9 d'après fit faire une recognoissance de bresche, laquelle n'estant trouvée raisonnable, il eut recours à gagner les fossés de tous costés avec une merveilleuse difficulté aux approches dans les marets. Les assiégés, bien batus à une sortie qu'ils voulurent faire pour envoyer de leurs nouvelles à Luxembourg, en fin travaillés et attaqués fort furieusement de nuict et jour, se ren-

1. Mondragon, capitaine espagnol, mentionné par Brantôme (t. V, p. 323).
2. Le fort de Ham fut pris en janvier par Philibert de Marcilly, seigneur de Cipierre, avec la cornette du duc de Lorraine dont il était lieutenant (de Thou, t. II, p. 554).
3. Le 24 mai, le duc de Guise était à Châlons. Le 4 juin, il arriva sous les murs de Thionville.

dirent le vingt deuxième de juin à composition de quelques armes sans drapeaux[1]. Ce siège fut de grand' perte, et entre autres du maréchal Strossi[2], duquel l'estat fut donné à Thermes, et le gouvernement de Theonville à Vieilleville[3]. De cest effroi fut quitté Arlon[4] et bruslé par les François, qui firent de mesme au chasteau de Rossignol et de Villemont[5]. Il y eut quelque propos d'assiéger Luxembourg ; mais le comte d'Horne receut les François si rudement, qu'ils trouvèrent meilleur de faire couler leurs troupes vers

---

1. Sur la prise de Thionville (22 juin 1558), voyez une relation du temps imprimée dans les *Archives curieuses* de Cimber et Danjou, t. III, p. 266 ; les *Mémoires-journaux* du duc de Guise dans la coll. Michaud et Poujoulat ; les *Mémoires* de Ribier, t. II, p. 747 ; les *Commentaires* de Rabutin, liv. X ; les *Mémoires sur Vieilleville* de Vincent Carloix, liv. VII, chap. xiii, et une étude de M. Abel imprimée en 1851 dans la *Revue d'Austrasie*.

2. Le 20 juin 1558, Strozzi « fut feru d'un coup de harquebu- « zade à croq, un peu plus haut que le tétin gauche penchant dans « le creux de l'estomac, duquel coup il décéda demi-quart d'heure « après..... » (Pièce sur le siège de Thionville, *Arch. cur.*, t. III, p. 269 ; Brantôme, t. II, p. 273.) Il mourut dans des sentiments d'incrédulité rares au xvie siècle (Vincent Carloix, liv. VII, chap. ii ; Brantôme, t. IV, p. 148).

3. François de Scépeaux, seigneur de Vieilleville, comte de Duretal, né en 1510, nommé maréchal de France le 19 décembre 1562, mort au château de Duretal le 1er décembre 1571. Son secrétaire, Vincent Carloix, est l'auteur des *Mémoires sur la vie du maréchal de Vieilleville,* que nous avons souvent cités et qui ont été reproduits dans toutes les grandes collections de mémoires sur l'histoire de France.

4. La ville d'Arlon fut prise par le duc de Guise le 2 juillet 1758 (de Thou, t. II, p. 557).

5. Les châteaux de Rossignol et de Villemont furent pris en février et en mars par le duc de Nevers. D'Aubigné ne parle pas de la prise d'Herbemont, place située dans la forêt des Ardennes, beaucoup plus importante que les précédentes, qui se rendit au duc de Nevers le 6 février.

la Picardie ; où les places d'Artois moins pourveues furent heureusement attaquées par Thermes, qui prit sans grand' peine Berg et Donquerke [1]. Et desjà investissoit Graveline, quand le comte d'Aiguemont, ayant ramassé 15,000 hommes, fit prendre parti de retraicte à Thermes, et le combatit au passage de Graveline demi passé. L'avant garde des François se fit, au commencement, faire place, et pensoit avoir la victoire, quand le comte d'Aiguemont chargea si rudement qu'il mit en fuite toute la cavalerie françoise, l'infanterie voulant bien faire viste hausser les picques à leurs Allemans [2]. Ainsi la victoire demeura entière au comte, où furent pris Thermes, Senerpont [3], Annebaut [4], Villebon [5] et Morvilliers [6].

1. Le maréchal de Thermes arriva sous les murs de Dunkerque le 2 juillet 1558. Quatre jours après, la ville fut prise d'assaut. — Berck tomba au pouvoir du maréchal un peu après (de Thou, t. II, p. 516 et 575).

2. Le 13 juillet 1558, le maréchal de Thermes livra bataille aux Espagnols dans les environs de Gravelines et fut battu. Quand la cavalerie « haussait les piques, » c'était signe qu'elle ne voulait plus combattre.

3. Jean de Monchi, seigneur de Senarpont, capitaine de Corbie, plus tard lieutenant du roi en Picardie.

4. Jean, baron d'Annebaut, fils de l'amiral Claude d'Annebaut, avait assisté à la bataille de Cerisoles ; il mourut des blessures qu'il avait reçues à la bataille de Dreux, le 19 décembre 1562.

5. Jean d'Estouteville, seigneur de Villebon, successivement prévôt de Paris, bailli de Rouen, gouverneur de Térouanne, lieutenant général en Picardie, surnommé le capitaine Boutefeu. A la suite d'un festin à Rouen, en 1563, le maréchal de Vieilleville eut une querelle avec lui et lui coupa un bras. On trouve dans les *Mémoires* de Vincent Carloix (liv. IX, chap. x et suiv.) le curieux récit de ce combat et de ses suites. Villebon mourut à Rouen avant le 29 avril 1566.

6. Louis de Launoy, seigneur de Morvillier, capitaine hugue-

Chapitre XIII.

Les affaires des voisins. Toutes les guerres se terminent en paix.

Pour remédier à ce malheur, le reste de l'armée, fortifiée du duc de Saxe[1], qui amena 2,000 chevaux et 3,000 hommes de pied, s'avança vers la Picardie, et fit monstre générale en la présence du roi à Pierrepont, l'autre fit le semblable près Dourlans[2]. Les contenances de l'un et de l'autre servirent à échauffer le traitté de paix, pour laquelle desjà le cardinal de Lorraine[3] avoit fait quelque voyage, si bien que le grand pourparler se fit à l'abbaye de Cercam aux frontières de Picardie ; où se trouva le connestable et auquel pour cest effect on donna quelque congé sur sa foi. En ce voyage, il coucha avec le roi ; à lui on adjoignit

not, n'était point parent du chancelier. Il devint plus tard capitaine de cinquante hommes, gouverneur de Boulogne, lieutenant du prince de Condé à Rouen Il a laissé une sorte de mémoire apologétique de sa conduite en 1562, qui est imprimé dans les *Mémoires de Condé*, t. V, p. 246.

1. L'édition originale porte *Guillaume de Saxe*. Il s'agit de Jean-Guillaume, duc de Saxe-Weimar, troisième fils de l'électeur Jean-Frédéric, né le 3 mars 1530, mort le 2 mars 1573.

2. Le roi, accompagné du Dauphin et suivi de cent gentilshommes, passa les troupes en revue, le 8 août 1558, à Pierrepont. L'état et la description de l'armée sont contenus dans une pièce du temps (F. fr., vol. 6617, fol. 27).

3. Charles de Lorraine, cardinal de Lorraine, frère du duc de Guise, né à Joinville le 17 février 1524, archevêque de Reims, célèbre par le grand rôle qu'il joua pendant les règnes de Henri II, de François II et de Charles IX, et au concile de Trente. Il mourut à Avignon le 26 décembre 1574.

le mareschal de Saint-André, et plusieurs autres. De l'autre costé estoit dom Fernand de Tolède, duc d'Alve, le prince d'Aurange [1] et autres.

Durant l'abouchement [2], nous ferons un sommaire des affaires plus esloignées, et lairrons le cœur de nostre tableau en cest estat.

1 [3]. Qu'en l'Allemagne la nouvelle puissance du roi Philippe, le mauvais accord de plusieurs testes souffrent de bon cœur la mesme chose.

2. Que la guerre d'Italie, par les grandes despenses et intérests des princes, s'accoise [4]; que les affaires du pape et ses craintes, les mescontentements du duc de Florence, le désir de les asseurer, les craintes mutuelles de tous les autres consentent à l'acheminement de ceste paix.

---

1. Guillaume de Nassau, dit le Taciturne, né au château de Dillenburg en 1533, fut élevé à la cour de Charles-Quint, servit Philippe II contre la France, et, dès les premières années du règne de Charles IX, fut porté à la tête du parti national dans les Pays-Bas. Dès ce jour, sa vie entière fut remplie par une lutte héroïque contre les lieutenants du roi d'Espagne. Il fut assassiné à Delft, le 10 juillet 1584, par Balthazar Gérard, meurtrier soudoyé par Philippe II. M. Gachard a publié la correspondance de ce grand homme, 1847, 6 vol. in-8°.

2. Voici les principales dates des conférences de Cercamp et de Câteau-Cambrésis. — Le 6 octobre, Henri II désigne ses plénipotentiaires. — Le 12 octobre, les députés français, espagnols et anglais se réunissent à Cercamp. — Le 1er décembre, les conférences sont interrompues à la nouvelle de la mort de Marie Tudor. — Elles sont reprises en février 1559 à Câteau-Cambrésis. — Le 12 mars, les représentants de Henri II signent un accord préliminaire avec l'Angleterre. — Le 2 et le 3 avril, signature du traité de paix entre les trois rois.

3. Les quatre articles de ce sommaire sont présentés dans un autre ordre par l'édition de 1616.

4. *Accoiser,* apaiser, calmer, reposer.

3. En Espagne, le progrès des conquestes des Indes.

4. En Angleterre, le nouveau règne d'Élizabeth, les esprits tendus à la mutation pour la religion et les jalousies que donne la roine Marie d'Écosse[1]. Toutes ces choses concluent le traitté, lequel nous lairrons avancer pour disposer de gros en gros nostre lecteur à la cognoissance de ce qui se passe en toutes les parties du monde, selon nostre cognoissance, en commençant par l'Orient[2]. Mais, avant que laisser ce chapitre, voué aux affaires des voisins, il faut dire un mot de ce qui les touche à bon escient, assavoir ce qui s'est passé jusques à ce terme dans le concile de Trente.

Chacun sçait que, l'an 1517, Martin Luther s'opposa aux pratiques du pape Léon dixième[3]. Les commencements furent petits, et Léon se persuada qu'il en viendroit à bout à petit bruit. Mais en peu de temps il cognut que le progrès en seroit désavantageux au siège papal. Cause que, sur la fin de ses jours, il changea de pensée, que la mort ensevelit avec lui, ayant tenu le siège environ neuf ans. Adrian VI[4], son suc-

---

1. Après la mort de Jacques V, en 1542, Marie de Lorraine fut déclarée régente au nom de sa fille, Marie Stuart, âgée de sept jours seulement. C'est alors que commencèrent les guerres d'Écosse. Marie mourut à Édimbourg le 10 juin 1560. Partie de sa correspondance a été publiée par M. Teulet dans le tome I des *Relations polit. de la France et de l'Espagne avec l'Écosse*, in-8°, 1862.

2. Tout ce qui suit, jusqu'à la fin du chapitre, manque à l'édition de 1616. C'est le plus important des passages ajoutés à la deuxième édition.

3. Léon-Jean de Médicis, né à Florence le 11 décembre 1475, élu pape le 11 mars 1513 sous le nom de Léon X, mort le 1er décembre 1521.

4. Adrien VI, né à Utrecht en 1459, précepteur de Charles-Quint, élu pape le 9 janvier 1522, mort le 14 septembre 1523. Sa

cesseur, ne dura qu'un an et huit mois, durant lesquels il essaya divers moyens pour opprimer Luther. Et le voyant soustenu du duc de Saxe[1], et d'autres princes allemans, il leur fait dire par son légat[2] que les péchés du peuple procèdent des prélats; que dès longtemps Rome a esté mal gouvernée; que ceste peste est découlée de la chaire papale aux prélats inférieurs; que tous, oublieux de leur debvoir, ont fourvoyé; brief qu'il n'y a ecclésiastique qui ne soit coulpable; pourtant qu'il faut donner gloire à Dieu et lui demander pardon. Quant à lui, qu'il pourvoira que la cour de Rome soit réformée la première, afin que le remède et salut commence par où est provenue la maladie. Les princes allemands le prièrent de tenir promesse, adjoustans qu'ils ne voyoient moyen plus seur qu'un concile sainct et libre, que l'empereur, les rois, princes et potentats de la chrestienté peuvent assembler à Mayence, Colongne, Mets ou Strasbourg, environ l'an 1524, à condition que les députés qui s'y trouveront promettront par serment solemnel de proposer librement et dire sincèrement leurs advis de tout ce qu'ils jugeront convenant à la gloire de Dieu et au bien de toute la chrestienté. Ils promirent en ceste attente de procurer lieu asseuré en Allemagne. Mais la mort ayant tost après fermé les yeux et la bouche au pape

---

correspondance avec Charles-Quint a été publiée par M. Gachard, in-8°, 1859.

1. Frédéric le Sage, né le 17 janvier 1463, refusa l'Empire et désigna Charles-Quint aux suffrages des électeurs. Il mourut le 5 mai 1525. Il fut un des premiers protecteurs de Luther.

2. François Chérégat, légat d'Adrien VI, à la diète de Nuremberg, en novembre 1522.

Adrian, Clément VII[1], de la maison de Médicis, lui succéda sur la fin de l'an 1523. Et tint le siège près d'onze ans accomplis, durant lesquels ne fut parlé de concile, ni de réformation quelconque du costé de Rome, comme les historiens en font foi.

A Clément, mort au mois de septembre 1534, succéda Alexandre Farnèse, lequel domina quinze ans, et se nomma Paul III. En l'an 1537, pour remédier, dit-il, aux hérésies, dissensions en la religion, guerres et troubles en la chrestienté, par l'advis de l'empereur, de quelques rois et princes, il assigna un concile général à Mantoue au 23 jour de mai[2]. Depuis il changea le lieu et le jour, remettant l'assemblée au premier jour de novembre à Vicence, ville sous la seigneurie de Venise, où il envoya ses légats[3]. Mais, sur les difficultés survenues à cause des guerres entre l'empereur Charles V et le roi François I, le concile fut remis au 1 de juin 1539; où, pource que les dissensions en la religion croissoient de jour en jour, le pape assigna le concile à Trente, petite ville frontière d'Allemagne et d'Italie, à trois journées de Venise, au commencement de novembre 1542. Les ambassadeurs françois, voyans

---

1. Jules de Médicis, né à Florence, élu pape le 19 novembre 1523, sous le nom de Clément VII, mort le 25 septembre 1534.

2. Dès l'an 1535, le légat du pape, Vergerio, annonçait à Charles-Quint que le concile s'ouvrirait à Mantoue. Il eut à cette époque, touchant la tenue du futur concile, une entrevue demeurée célèbre avec Luther, à Wittemberg.

3. Le duc de Mantoue avait promis sa ville pour la tenue du concile; mais, ayant exigé, pour veiller à la sûreté de l'assemblée, une garnison soudoyée par le pape, Paul III la refusa. Le concile fut donc convoqué à Vicence, dans les États de Venise (Guyot, *Somme des conciles*, t. II, p. 373).

que les impérialistes s'affectionnoyent à la guerre contre le Turc, que leur présence estoit suspecte aux impérialistes, deslogèrent d'heure assés mal contents; d'autre part les protestans improuvoyent ce concile et le lieu où il estoit assigné.

Depuis, à cause des guerres entre l'empereur et le roi François I, item à cause du mescontentement que le pape avoit de l'empereur, auquel il escrivit, sur la fin du mois d'aoust de l'an 1544, que l'ordre de l'Église porte, s'il survient quelque différent en la religion, [que] la décision en doit estre déférée entièrement à l'Église romaine; que l'empereur, en journée des Estats, avoit fait ordonnance touchant un concile général ou nationnal, sans respecter celui (asçavoir le pape) auquel seul, par droict divin et humain, apartient d'assembler les conciles, et qui a puissance de définir des choses sacrées; au bout de force menaces, il commande à Charles V d'oster aux journées impériales toute la cognoissance des questions touchant la religion, et la renvoyer au siège judicial du pape; lui défend de rien ordonner touchant les biens ecclésiastiques; que s'il y survient de l'estrif[1] sur cela, ce soit au concile général d'en ordonner. Tost après tout ce bruit, le pape donna le chapeau de cardinal à deux Allemans, à deux François et à deux Espagnols pour contenter les grands, et assigna de nouveau le concile à Trente au 15 de mars 1545. Mais les persécutions en France et les contentions en Allemagne traversèrent ceste assignation remise au mois de janvier de l'an 1546. Alors les trois légats du pape[2] présen-

---

1. *Estrif*, querelle, embarras.
2. Trois légats du pape ouvrirent le concile à Trente, le 13 dé-

tèrent par escrit une longue harangue en latin, laquelle fut leue en grande assemblée à l'ouverture de ce concile en la première session.

Le sommaire de cest escript estoit que l'on advisast :

1° Aux moyens d'exstirper les hérésies;

2° A la réformation de la discipline ecclésiastique et des mœurs du clergé;

3° A la paix entre les princes et au repos extérieur de toute l'Église.

Entre autres traicts de ceste harangue, je marquerai ceux qui s'ensuivent, tournés du latin :

1° Aux maux qui nous sont advenus pour avoir delaissé la fontaine d'eau vive, Jésus-Christ, que Dieu le père nous a donné pour unique sauveur et pasteur, nous avons adjousté un autre énorme péché, c'est que nous voulons remédier à nos maux par nostre prudence ou puissance; de sorte que l'on peut dire de nous ce que Dieu reprochoit anciennement aux Juifs par son prophète. Ce peuple a fait deux maux, car ils m'ont abandonné, moi qui suis la source d'eaux vives, pour se caver des cisternes crevassées qui ne peuvent contenir les eaux;

2° Si nous voulons confesser vérité, nos consciences nous disent qu'en l'exécution de nos charges nous avons failli en beaucoup d'articles, et que nous sommes en grande part cause de ces maux pour la correction desquels nous sommes maintenant appelés;

cembre 1545 : Jean Marie del Monte, cardinal, évêque de Palestrina; Marcel Cervini, cardinal-prêtre, du titre de Sainte-Croix; Reginald Polus, cardinal-prêtre, du titre de Sainte-Marie-in-Cosmedin.

3° Jà n'est besoin d'employer beaucoup de temps pour trouver et nommer les autheurs de tant de maux, abus et désordres survenus en la discipline et vie du clergé. Ce sommes nous et n'en sçavons point d'autres;

4° Quant aux troubles publics, nous trouverons incontinent que nostre ambition, nostre avarice, nos convoitises désordonnées ont causé ces maux que nous voyons en la chrestienté, et que tant de désordres ont chassé les pasteurs loin des églises, les ont privées de la pasture céleste; que les biens ecclésiastiques appartenants aux pauvres ont esté pillés par les ambitieux, avares et dissolus, qui ont donné les bénéfices à gens indignes, n'ayans rien d'ecclésiastique en eux que l'habit, encore pas;

5° Si Dieu nous chastioit selon nos mérites, pieçà nous eussions esté traictés comme Sodome et Gomorre;

6° Si le S. Esprit ne nous condamne premièrement en nous-mesmes, disons hardiment qu'il n'est pas encores approché de nous, et qu'il n'entrera jamais en nos cœurs, si nous refusons d'ouyr ses censures à nos désordres. Il nous reprochera ce qu'il dit jadis par Ezéchiel aux Juifs rebelles et endurcis qui vouloyent s'enquérir du seigneur au XIV° chap., vers. 1[1]. « Et quelques-uns des anciens d'Israel vindrent et s'assirent devant moi, et la parole du Seigneur me fut adressée, disant : estes vous venus pour m'interroguer? Aussi vrai que je vi, dit le Seigneur, je ne

---

1. Ézéchiel, XIV, 1-3 : « Et venerunt ad me viri seniorum Israel et sederunt coram me. — Et factus est sermo Domini ad me dicens : Filii hominis, viri isti posuerunt immunditias suas in cordibus suis, et scandalum iniquitatis suæ statuerunt contra faciem suam; numquid respondebo eis? »

vous respondrai point. » Il adjouste au VI⁰ vers.[1] : « Pourtant, di à la maison d'Israel, ainsi a dit le Seigneur, retournez-vous, et faites qu'on se retire de vos dieux de fiente, et destournés vos faces arrière de toutes vos abominations. »

Je ne touche point aux harangues des évesques, docteurs et moines qui se trouvèrent lors et depuis à Trente, imprimées en un gros volume imprimé à Louvain, par privilège du roi d'Espagne, l'an 1567[2] ; cela requiert un livre entier. Je revien à l'histoire. Messire Pierre Danais, évesque de Lavaur[3], envoyé pour ambassadeur en ce concile par le roi François I⁰ʳ, fit sa harangue devant les légats du pape et de tous les députés insérée en ce gros volume de Louvain, page 31[4]. On raconte un apophtegme de cest évesque

---

1. Ézéchiel, XIV, 6 : « Propterea die ad domum Israel, hæc dicit Dominus Deus : Convertimini et recedite ab idolis vestris, et ab universis contaminationibus vestris avertite facies vestras. »

2. Il s'agit ici de la troisième édition du recueil des décisions du concile de Trente, imprimée à Louvain, in-fol., en 1567. La première édition a été imprimée par Paul Manuce à Rome, en 1564 ; la seconde à Anvers, la même année.

3. Pierre Danès, né à Paris en 1497, fut envoyé au concile de Trente, en qualité d'ambassadeur, le 26 juin 1546. Il devint plus tard précepteur et aumônier du dauphin, curé de Saint-Josse dans Paris, curé et prévôt de Suresnes (quittance du 15 octobre 1550; f. fr., vol. 20641, fol. 7). Il mourut évêque de Lavaur le 23 avril 1577. (*Vie du célèbre Danès,* in-4⁰, 1731.)

4. Deux historiens ont laissé une histoire du concile de Trente. Le premier, Pietro Soave Polano, dit Fra Paolo Sarpi, en a publié, en 1619, une en italien, qui successivement a été traduite par Jean Diodati, ministre de Genève (in-fol., 1665), par Amelot de la Houssaye sous le nom de La Mothe-Josseval (in-4⁰, 1683), et par Pierre-François le Courayer (1736, 2 vol. in-4⁰). Cet ouvrage n'est pas admis par l'Église catho-

au mesme temps. Un docteur de Sorbonne haranguoit contre les abus des matières bénéficiales de la Roue[1] de Rome et de l'officialité des évesques, où il se fait de bons tours ; certain des assistans, qui ne trouvoit pas bon qu'on parlast de réformer sa gibecière, dit à ses voisins par moquerie : « Gallus cantat. » Lors Danais lui repartit tout soudain : « Utinam illo gallicinio Petrus ad resipiscentiam et fletum excitetur; » c'est-à-dire : Dieu vueille qu'au chant du coq, Pierre (c'est celui qui s'en nomme successeur) s'esveille à repentance et pleur. En ces entrefaictes, les persécutions s'allumèrent en France et les guerres en Allemagne contre les princes protestans, lesquels, en divers escrits, accusent le pape d'estre autheur et promoteur de tous ces maux, et tout ouvertement l'appellent Antechrist.

Le concile de Trente, à l'entrée de l'an 1547, se prend aux hérésies répugnantes aux traditions du pape, anathématisant tous ceux qui sont de contraire advis que lui en l'article de nostre justification devant Dieu. Au bout de deux mois, le concile poursuivit ès anathèmes touchant les sacremens, entremeslant quelques canons concernans la discipline et la vie du clergé. Trois sepmaines après, mourut le roi Fran-

---

lique. — Le second historien est le jésuite Sforza Pallavicini. Son livre, publié à Rome en 1656 et souvent réimprimé, a été traduit pour la première fois dans la collection de l'abbé Migne, 3 vol. in-4°, 1864. — A ces ouvrages principaux, on peut ajouter les *Lettres de François de Vargas*, ambassadeur espagnol, 1700, in-8°, et les *Mémoires et lettres du nonce Visconti*, 1719, 2 vol. in-12.

1. *Cour de rote*, tribunal de la cour romaine, composé de douze prélats, de différentes nations, qui juge par appellation tous procès pour cause bénéficiale.

çois I[er][1], auquel Henri II succéda. Là dessus, pour diverses considérations, le concile se porta de Trente à Bologne pour l'an 1548[2]. L'an 1549, le pape Paul III mourut. Le cardinal de Monte, président au concile, lui succéda au mois de febvrier de l'an 1550, et se nomma Jules III. L'empereur, voyant les délais de Rome, bastit l'*Interim* en Allemagne[3], un an devant la mort de Paul III, et par ses protestes est cause que le concile retourne de Boulogne à Trente[4]; où, après plusieurs remises, sur la fin d'aoust 1552[5], le concile ordonna, veu que les évesques et députés de l'empereur et de Ferdinand, roi des Romains, s'estoyent retirés, et que les prélats et autres ecclésiastiques de France ne s'y trouvoient point, que la célébration du concile demeureroit en surséance pour deux ans; et en cas que dans ce temps les troubles ne fussent appaisés, on l'allongeroit jusques à la paix; qu'alors, sans indiction ni convocation, le concile se continueroit et paracheveroit. Ainsi se passa le papat de Jules III, mort l'an 1555. Au mois de mars, son suc-

1. A Rambouillet, le 31 mars 1547.
2. La peste s'étant déclarée à Trente, la majorité des Pères décréta, le 11 mars 1547, la translation du concile à Bologne. Charles-Quint, alors mal disposé pour le concile, dont il ne pouvait diriger, à son gré, les débats, enjoignit aux prélats espagnols de rester à Trente.
3. L'*Intérim* était un formulaire de foi, publié sous forme de décret impérial, dans lequel Charles-Quint concédait aux protestants la communion sous les deux espèces et le mariage des prêtres, jusqu'à ce que l'Église en eût décidé par l'organe du concile général.
4. Une bulle de Jules III rappela le concile à Trente pour le 14 novembre 1550.
5. Le 28 avril (et non août) 1552.

cesseur, paravant cardinal de Saincte Croix, ne fut pape que trois sepmaines. Paul IV vint après et ne dura que quatre ans, laissant la chaire à Jean Ange de Médicis, cardinal, lequel se nomma Pie IV[1], commença son pontificat en janvier 1560 et mourut en décembre 1565. Sous icelui continua et finit le concile de Trente, comme nous dirons ci après en son propre lieu.

Chapitre XIV.

L'estat d'Orient.

Au commencement de nostre temps désigné régnoit sur les Turcs Soliman[2], fils de Selim[3], celui qui avoit conquis Damas et une partie de l'Égypte, qui vint prendre en l'Europe Bellegrade, et depuis Rhodes[4], qui passa sur le ventre à toute la Perse, se fit couronner par le caliphe en Babylone[5], appellé maintenant Bandas ou Bagdet[6], selon la confusion des noms chan-

---

1. Gian Angelo de Medici, né le 31 mars 1499, à Milan, élu pape, sous le nom de Paul IV, le 26 décembre 1559, mort à Rome le 9 décembre 1565.
2. Soliman II, dit le Grand, fils unique de Sélim Ier, né en 1495, mort dans la nuit du 5 au 6 septembre 1566, devant Szegedin, en Hongrie.
3. Sélim Ier, né en 1467, mort le 22 septembre 1520.
4. Prise de Belgrade en 1521, — de Rhodes le 25 décembre 1526.
5. Var. de l'édit. de 1616 : « ... *en Babylone,* pilla Ecbatane, « autrement Tauris, depuis desfait par Dalimenes près le mont « Taurus, et, en ceste vicissitude d'heur et de malheur, avoit « perdu plusieurs villes du Peloponnese, reconquises après, quand « les *prétentions...* »
6. Bagdad.

gés par les Turcs, pilla Ecbatane[1], autrement Tauris[2], et puis Aden[3], prenant son roi, quoique mahométan; en après desfait par Dalimènes, près le mont Taurus, qui, en une grande vicissitude de leur malheur, avoit perdu la plus part de ses conquestes sur les chrestiens, bien tost reconquise, quand les prétentions de la maison d'Autriche divisèrent la chrestienté[4]; comme il parut plus particulièrement aux ruineuses guerres de l'une et de l'autre Pannonie[5], lors que régnoit en Dace[6] et en partie de la Transilvanie, Jean Zappolia[7], vaivode, confidant du Turc, quand il prit occasion de la bataille gagnée par Soliman sur Louys[8], fils de Ladislaus, roi d'Hongrie, pour se faire couronner à

1. Ecbatane, appelée aujourd'hui Hamadan, située dans l'Irak-Adjemi, en Perse.
2. Tauris, au nord-ouest du lac d'Ourmials, capitale de la province d'Adherbijan, en Perse. — D'Aubigné écrit à tort que le nom de Tauris désigne l'ancienne ville d'Ecbatane.
3. Aden, ville de l'Arabie Heureuse, située au sud du détroit de Bab-el-Mandel. Soliman II s'en empara en 1539.
4. Allusion aux prétentions de Charles-Quint à la monarchie universelle.
5. La Pannonie est le nom romain de la partie de l'Autriche qui s'étend le long du Danube. Les guerres que d'Aubigné signale dans ce passage sont la lutte héroïque que les peuples de l'Europe orientale soutinrent contre les invasions des Turcs, depuis la prise de Constantinople (1453) jusqu'à la fin du XVIe siècle.
6. La Dace, province romaine, contenait les pays limitrophes du Danube, aujourd'hui la Hongrie, la Transylvanie, etc.
7. Jean Ier de Zapolya, roi de Hongrie, né le 24 juillet 1487, mort le 21 juillet 1540. Le dévouement de son père à la cause du roi Wadislas le fit nommer vayvode de Transylvanie.
8. Louis II, roi de Hongrie et de Bohême, né le 1er mai 1506, fut couronné roi du vivant de son père, le 4 juin 1507. Le 29 août 1526, il livra à Soliman, à Mohacz, une grande bataille qu'il perdit et où il périt. Son corps ne fut retrouvé que deux mois après.

Albe Royale[1]. En mesme temps, Ferdinand[2], frère de Charles-Quint, mari d'Anne, fille de Louys, dernier roi, faisoit ses affaires par le moyen d'un George Martinouse[3], qui servoit de précepteur et curateur aux enfans de Jean, roi de Dace[4].

Ce George, au commencement valet d'estuves, puis moine, et rappelé par Jean Zappolia, lors qu'il estoit fugitif en Pologne, vers Sigismond[5], son beau-père, sous habit de moine pratiqua le retour de son maître, qui le fit évesque de Varadin[6], et de là comme chancelier du royaume. Jean estant mort, George et la vefve Isabelle[7] demeurèrent associés à la tutelle d'Es-

---

1. Albe Royale ou Stuhl-Weissenburg, capitale d'un comté de même nom en Hongrie. Les anciens rois de Hongrie y étaient couronnés.

2. Ferdinand Ier, empereur d'Allemagne, roi de Bohême, de Hongrie et des Romains, fils de Philippe le Beau et de Jeanne la Folle, né à Alcala de Henarès, le 10 mars 1503, mort à Vienne, le 25 juillet 1564. Sous son règne, la Bohême et la Hongrie furent réunies à sa couronne et ont été depuis considérées comme parties intégrantes de l'empire.

3. Georges Martinuzzi, prélat et homme d'État, né en Croatie en 1476, assassiné dans son château d'Alvivez, le 18 décembre 1551, par des spadassins aux gages de Castaldo, avec la connivence de Ferdinand d'Autriche (Hammer, *Hist. de l'emp. ottoman*, trad. franç., 1844, t. II, p. 117).

4. La Dace ou Dacie n'a jamais formé un royaume dans les temps modernes. Il s'agit ici de Jean de Zapol, comte de Scepuse, vayvode de Transylvanie, allié du sultan Soliman.

5. Sigismond Ier, dit le Grand, roi de Pologne, né à Koziénicé, le 1er janvier 1467, mort à Cracovie, le 1er avril 1548. Il prêta son concours à Louis II lors de l'invasion turque et combattit près de lui dans les plaines de Mohacz.

6. Nommé évêque de Gross-Wardein, Martinuzzi fut, en 1540, commis à la tutelle du jeune Sigismond Zapolya.

7. Isabelle, fille de Sigismond, roi de Pologne, avait épousé Jean Zapolya en 1539. Elle mourut en 1558.

tiene[1], fils et successeur. Les accords et discords différents de lui et de la vefve menèrent toutes les frontières de la chrestienté à telle division[2] que ce George, tantost bandé pour les Turcs, tanstost leur faisant la guerre (comme il parut quand il desfit Pierre, prince de Moldavie, et vaivode de Valachie), chassa la vefve de son royaume par un accord qu'il lui fit faire avec Ferdinand, lequel, ayant trompé la vefve et ne pouvant supporter les ruses et avancements du faux vieillard, le fit tuer par Castalde et ses gens[3], piller ses thrésors, qui estoient grands, retenir quelques agens du Turc ausquels Castalde fit donner la question pour justifier par leur rapport la mort de George ; ce qui advint au contraire, car il parut plus innocent qu'on ne pensoit. Cela servit à altérer ceux de la Dace et de Hongrie contre Ferdinand, et avancer les affaires de Soliman, lequel, ayant gagné une journée près de Lippe[4], où moururent cinq mille chrestiens, despes-

---

1. Étienne Bathory de Somlyo fut nommé prince par les États transylvaniens, après la mort de Zapolya (Hammer, t. II, p. 195).

2. Martinuzzi, en effet, moine orgueilleux, dit de Hammer, trahit plusieurs fois sa patrie et ses divers maîtres. Il livra la Hongrie à Soliman, fut infidèle au sultan dans l'intérêt de Ferdinand, et conduisit, au profit de ces deux souverains, la reine Isabelle à sa perte (Hammer, t. II, p. 73 et 76).

3. Le 18 décembre 1551, au matin, le secrétaire de Castaldo, Antonio Ferrario d'Alexandrie, entra dans le cabinet du cardinal, pour lui demander une signature. Tandis que celui-ci se baissait pour la lui donner, le secrétaire lui porta deux coups de poignard à la poitrine et au cou. Pallavicini lui fendit la tête d'un coup d'épée. Mercada apporta à Vienne l'oreille velue du cardinal comme preuve de l'exécution (Hammer, t. II, p. 76).

4. Lippa, sur la Maros, fut assiégée au mois de septembre 1547.

cha Mahomet, le fit joindre au moldalve, qui avoit eu du pis contre Castalde, attaquer Temesvat[1] gardée par Losance. Le bacha, après avoir donné un grand assaut de quatre heures et autres attaques fort furieuses, eut la ville par composition bien faicte, bien signée. Mais la garnison, passant entre les rangs des Turcs, fut toute mise en pièce, se couvrant Mahomet d'une autre perfidie de Castalde envers Soliman, son précurseur. De cest effroi, Aldane, capitaine espagnol, qui, contre le conseil des habitans, avoit miné les forteresses de Lippe pour les faire sauter en la quitant, voyant une grosse poussière que quelque bestail avoit eslevé, se figure la venue de Mahomet, qui n'y pensoit aucunement, mit le feu en ses mines et s'enfuit avec ses Espagnols, desquels une grande partie fut assommée par ceux du païs en vengeance de leur lascheté.

Ce bonheur continua aux Turcs au chasteau de Rigale, assiégé par Pelvoisin[2], italien. Achamet, bacha de Bude, alla au secours, et, après avoir attiré les chrestiens à l'escarmouche, les enfonce jusques en leur camp. Pelvoisin, essayant la retraicte, fut pris. Ce victorieux, joinct avec Mahomet, lui fit reprendre ses conquestes, assiéger et prendre Zalnode[3] avec peu

---

Jean Pethæe défendait la place qui fut prise et saccagée (Hammer, t. II, p. 74).

1. Temeswar, sur les rives de la Temes, fut défendu victorieusement par Étienne Loscenczy (Hammer, t. II, p. 74).

2. *Pelvoisin*, Pallavicini. Il commandait les Italiens à la reprise de Lippa, le 4 novembre 1547.

3. Szolnok, place forte, au confluent de la Zagyva et de la Theiss, prise en 1552.

de peine, et attaquer Agria[1]. La roine Isabelle se sert des faveurs de Ferdinand, des anciens amis de Georges et d'Estiene, vaivode de Moldavie, pour remettre elle et son fils en son royaume. Ce premier dessein fut troublé par l'assasin du vaivode, Auguste Sigismond[2], roi de Pologne, employé par Isabelle à se plaindre ; le fut aussi par Ferdinand à la tromper et amuser. Mais enfin, par l'eslévation des Daces, elle establit son fils roi, renouant une estroite amitié avec les despotes de Moldavie, de Valakie et les chefs de guerre que le Turc avoit aux frontières. Soliman eut lors un beau temps pour enfoncer la chrestienté ; mais il fut destourné par les accidents domestiques. Il avoit deux principales concubines, de l'une desquelles il eut Mustapha[3], agréable et gentil capitaine. De l'autre, il avoit Selim, Bajazet et Zangir le bossu. Le principal de ces bachas, nommé Rustan[4], grand mesnager, qui amassa un grand thrésor à son maistre, ayant espousé la fille de Roxolane, mère de Selim et des autres, se ligua avec sa belle mère pour faire ses beaux frères empereurs contre l'opinion de Soliman et de tous les gens de guerre. Cette Roxolane, esclave, fit la dévotieuse, et, cognoissant Soliman bigot et grand bastisseur de chapelles, en entreprit une fort excellente, là où

---

1. Agria, en allemand Erlan, résista aux Turcs et les obligea à lever le siège (Hammer, t. II, p. 81).
2. Auguste Sigismond, roi de Pologne, né à Cracovie, le 1er août 1520, mort à Knyszyn, le 18 juillet 1572.
3. Soliman II avait eu Mustapha d'une concubine circassienne ; de Roxelane, il eut Mahomet, Selim, Bajazet et Ziangir, dit le Bossu.
4. Camène, fille de Soliman, épousa Rustan, qui, quoique fils d'un porcher, s'était vu élevé à la charge de grand vizir.

mesme Soliman vint faire ses dévotions. Puis elle fit intervenir un muphti, un de leurs premiers ecclésiastiques, lequel prononça cest édifice ne pouvoir estre sainct ni agréable à Dieu de la main d'un esclave. Ceste femme faignit de si bonne grâce le desplaisir d'une telle sentence et l'impuissance de sacrer à Dieu quelque chose au salut de son prince, que Soliman, adverti bien à propos, la fit libre, et bien tost après, par l'aide du mesme muphti, l'espousa contre la coustume de ses prédécesseurs. Lors, avec plus de privauté, elle eschauffe le cœur de Soliman par philtres à son amour, et à haine contre Mustapha[1] par soupçons de sa vertu, laquelle elle et son gendre exaltoyent tous les jours; et faisoyent escrire de l'Ionie et d'Amasie[2], où Mustapha gouvernoit, des louanges desmesurées qui ulcéroyent le cœur du vieillard soupçonneux. Elle essaya de l'empoisonner, et en mourut celui qui fit l'essai; elle approcha contre la coustume turquesque ses enfans de la personne de l'empereur.

En ce temps régnoit en Perse Tekmases, contre lequel Rustan se fit donner une armée sur l'apparence de quelque armement de Perses. En mesme temps, par lettres contrefaites, il persuada à Soliman que Mustapha avoit traicté du mariage de la fille de Perse pour lui, avec dessein de faire des deux empires un. L'amour de tous les janissaires et chefs de guerre, et leur inclination vers Mustapha achevèrent de perdre

1. Mustapha était accusé de projeter son mariage avec la fille de Teçmas, sophi de Perse.
2. Amasie, capitale d'une province de même nom, située dans l'Asie Mineure sur le Toscaulon, à 50 kilomètres environ de la mer Noire. C'est la patrie de Strabon.

l'esprit du vieillard. Il en vint là qu'il donna charge à Rustan de faire mourir son fils. Ce que n'ayant peu exécuter, Soliman revint à Alep, retira Achamet (duquel nous avons parlé) de la Hongrie pour se fortifier, et là dessus appelle son fils Mustapha, adverti par Achamet de ne venir point, et estonné de plusieurs songes. Fut encouragé par son confesseur, gaigné par le père. Il vint en cour. Rustan ne faillit pas de faire aller au devant de lui tous les janissaires qui lui rendirent honneur non accoustumé. C'estoit ce qu'il faloit pour haster le vieillard, lequel, ayant receu son fils en sa tante, les muets cachés au derrière sautèrent au collier du jeune prince, qui, fort vigoureux, en terraça une partie, leur faisant signe qu'il vouloit mourir après avoir parlé à son père. Soliman entendant, la toile entre deux, la longue lutte de son fils, leva ceste toile, passa la teste, le fit achever d'estrangler[1]. Les janissaires, aians sceu la mort, s'esmeurent, et ceux qui estoyent du parti de Rustan pour deffendre la teste de l'empereur se battirent contre eux. En ce combat moururent 2,000 hommes. Achamet appaisa la sédition à grand'peine. Et fallut feindre de chasser Rustan, qui s'enfuit en Constantinople, d'où il fut rappelé quand l'empereur eut fait tuer Achamet pour lui avoir veu trop de puissance à calmer les janissaires. Zangir, qui, pour sa probité, n'avoit point eu de communication des desseins de sa mère, aimoit uniquement Mustapha. Appelé à la tente pour voir son frère, comme il le pensoit embrasser, l'ayant veu par terre après avoir prononcé injures atroces au père, print

---

1. En 1553.

son poignard et se tua sur le mort, ce qui fut celé pour un temps.

Cela faict, Soliman se desroba de son armée, comme ne s'y fiant pas, fit un tour en Syrie. Là, Roxolane gaigna sur ce cœur inhumain tout ce qui lui pleut, si bien qu'ayant recouvré par les envieux de Rustan des lettres trouvées dans le sein de Mustapha, preuves de son innocence, il ne laissa pas de commander la mort de Mahomet, son petit fils, aagé de treize ans, à Ebrahim l'eunuque[1]. Ce maupiteux[2], feignant estre venu trouver la mère du petit pour la consoler et l'instruire des mauvais desseins de son fils, quelque soupçon qu'eust ceste povre femme, il la cajola, de manière que, l'ayant menée promener et fait rompre par artifice l'essieu de son chariot, lors que son fils picquoit son cheval un peu plus loin, le meurtrier empoigne Mahomet, eslongné de sa mère. L'enfant, voyant sa sentence de mort, sans changer de couleur, dit qu'il ne la recevoit point seulement comme de son père, mais de la bouche de Dieu. La mère accouroit à pied quand l'eunuque, ayant faict, se sauve avec ses compagnons. La cause de ceste mort fut qu'on avoit bien veu qu'il ne manquoit qu'un chef aux janissaires pour subvertir l'empereur. Cet empire se présentoit à Selim, qui, ayant sceu la mort de Mustapha, fit estrangler le messager, bien trompé en son espérance, et fut aussi tost traversé par les menées de son frère Bajazet. Ce furent ces menées qui empeschèrent l'une et l'autre Pannonie d'estre conquise par les Turcs.

1. *Sic,* de Thou, t. II, p. 193, trad. de 1740.
2. *Maupiteux,* sans compassion, sans pitié.

Car, après le notable siège d'Agria, les forces turquesques furent appellées pour arrester le Persan, lequel vouloit profiter des partialités entre Selim et Bajazet, et des haines que la mort de Mustapha avoit apportées contre Soliman, lesquelles, estant assoupies, il poussa ses forces sous la conduite du bacha Sigogne[1] en Pannonie. A l'ombre de ceste diversion, Jean, que nous appellions ci devant Estiene, fils d'Ysabelle, fit ses affaires, assisté de George Benece, fils de François, qui esmeut toute la Valakie. Lors Ziget fut assiégé légèrement par Sigogne, puis l'année d'après à bon escient par le bacha Halis, lequel, ayant défense de ne rentrer en Bude qu'il ne l'eust pris, ce fut chose merveilleuse des machines et remplissements de fossés et marets qu'il fit, plus merveilleuse encores l'obstinée défense des chrestiens, qui, estans r'assiégés deux fois en la mesme année, donnèrent moyen à Ferdinand de s'avancer, et, ayant receu secours de Cæsar Sforce Pelvoisin, de surprendre par escalade Strigonie. C'est en cest estat que nous lairrons les affaires d'Orient, en ayant assés dit pour recevoir les propos suivans, et à la concurrence de la paix d'Espagne, et un peu plus expressément que la loi de l'abrégé et celle d'un chapitre seul ne permettoit. Mon lecteur donnera cela à la friandise de l'histoire de Mustapha.

1. Tuighun, pacha d'Ofen, assiégea Szigeth, et abandonna la place au bout de deux jours. Suliman, gouverneur d'Ofen, confia alors à l'eunuque Ali le siège de cette ville (21 mai 1556) (Hammer, t. II, p. 97).

Chapitre XV.

Estat du Midi[1].

Pour recevoir avec intelligence ce que le Midi et l'Afrique nous aporteront de monstrueux, nous commencerons par la partie qui fait le coin devers la mer Atlantique, d'un costé, de l'autre vers le destroit, et achèverons par celle qui approche le Nil. Nous traicterons légèrement de l'Ethiopie et du royaume du preste Jean[2], gardans à parler de la coste depuis le cap de Bonne Espérance et de la Mosambique jusques à la mer Rouge, selon les occasions que nous en don-

---

1. D'Aubigné, dans le cours de ce chapitre, paraît s'être inspiré des ouvrages suivants : *Relacion y succesos de los Xarifes*, in-4°, 1586 ; *Nouvelles de la cité d'Afrique en Barbarie*, in-8°, 1551 ; et surtout de l'*Histoire des dernières guerres de Barbarie trad. de l'espagnol*, Paris, 1579, in-8°. Ces divers ouvrages, remplis de fables ou au moins de récits controuvés, et surtout de noms estropiés, méritent peu de confiance.

2. Vers le temps des croisades s'était établie la légende du prêtre Jehan, celle d'un roi chrétien, plus puissant que tous les rois de l'Europe, maître d'une partie de l'Asie. La réputation du prêtre Jehan s'accrédita tellement que le pape Alexandre III essaya de se mettre en communication avec lui. Plus tard, la légende plaça les États de ce prince en Afrique, au sud de l'Égypte. Ce ne fut qu'au XVIe siècle que les découvertes des navigateurs dissipèrent cette fable. On a publié à la fin du XVe siècle (in-4° de 12 ff., goth., s. l. n. d., ni nom d'imprimeur) une prétendue lettre du prêtre Jehan, dans laquelle il prend le titre de « Roy tout-puissant sur tous les Roys chrestiens. » M. Gustave Brunet a publié en 1877, dans le *Recueil des actes de l'Académie des sciences, belles-lettres et arts de Bordeaux*, la bibliographie des nombreux ouvrages qui concernent le prêtre Jehan. La lettre ci-dessus n'y figure pas.

neront les voyages des Indes. Dans la première partie, donc, qui regarde l'Europe, il y avoit deux familles renommées par leurs guerres et possessions des principaux royaumes, asçavoir les Oatazènes et les Schérifs. Les premiers, venus d'un roi de Fez, nommé Said, les autres d'un schérif[1], qui avoit desfait le roi de Merinne, et mesme se faisoit estimer de la race de Mahomet. Cestui-ci contrefit le sainct homme, l'hermite et le théologien. Il avoit trois enfans, Abdel Quivir[2], Hamet et Mahamet[3], tous habiles comme le père ; leur fit faire le voyage de la Mecque et acquérir quelque réputation de saincteté. Le peuple leur baisoit la robe par superstition. Ce vieillard, ayant pris le temps que les chrestiens enjamboyent en Afrique par les divisions des Africains, trouva moyen de faire son fils Hamet lecteur à Modora, et de rendre Mahamet précepteur de Mahamet Oatazène, qui estoit roi de Fez quatre-vingt-dix ans avant.

Ces deux, par le conseil de leur père, remonstrent au roi de Fez combien les chrestiens se faisoient forts en Suz, Dukala et Marroche[4], le crédit qu'ils avoyent

1. Var. de l'édit. de 1616 : « ... d'un scherif, Hascenes, Numidien, grand philosophe et magicien, se disant issu d'un scherif, *qui avoit desfait...* » Il semble que ce passage ait été oublié dans la seconde édition.
2. Abd-el-Quivir est peut-être celui qui a laissé sur le café un traité dont Silvestre de Sacy a donné un extrait dans sa *Chrestomathie arabe*. Il fut tué dans une rencontre avec les Portugais.
3. Ayant gagné la confiance de Mohamet-el-Datas, les deux frères Achmet et Mahomet se firent élire rois, le premier à Maroc, le second à Tarondante.
4. Sus, province du royaume de Maroc, bornée au nord par l'Atlas, au sud par la Numidie, à l'ouest par l'océan Atlantique. — Dukala, province située sur la côte occidentale du Maroc. — Marroche est le gouvernement de la ville de Maroc.

gaigné parmi les Arabes à leur voyage pour les faire venir à la guerre où ils voudroyent, qu'ils ne demandoyent au roi qu'un tambour et un estendard pour esmouvoir les peuples à la deffense de leur religion. Le roi ottroya à ceux-ci leur demande contre le conseil de Muley Nacer[1], son frère, lequel, prenant ce dessein dès le commencement, allégua à son frère pour l'en divertir plusieurs exemples de leur nation qui s'estoit laissée decevoir à telles bigotteries. Les Schérifs, ayans impétré ce qu'ilz demandoyent et lettres d'authorité, mirent force gens sur pied, imposèrent les décimes de tout le revenu de 10 ou 12 provinces. A leurs premiers efforts s'opposa Nuño Ferdinand Ataide, lequel, par le conseil de Yahay ben Tafuf[2], attaqua Schérif, et, dès le commencement, lui fit perdre 8 ou 900 hommes, et fit fuir le vieillard et ses deux enfans. De quoi Schérif, non estonné, releva une armée, puis, estant mort, les trois enfans se mettent sur pieds, prennent par force Arger, fortifient Salsavie[3], lèvent le siège de Anega, prennent Barriga par siège et y perdent Abdel Quivir. Les deux autres frères entrent en l'amitié de Naxer, roi de Marroche, et l'empoisonnent. Hamet s'en fait roi et l'oblige pour affermir son estat de tribut au roi de Fez, se trouve en une bataille entre les Arabes et ceux de Galbia. Ayant promis secours à tous les deux partis, leur laisse commencer la bataille; chacun s'opiniastre à la venue de

1. Muley Naxer, soudoyé plus tard par Philippe II, disputa le trône à Muley Achmet.
2. Nuño Fernandez de Atayd, capitaine portugais, gouverneur d'Azazi. — Yayay ben Tafuf, tributaire du roi de Maroc.
3. Xaxava, ville au-dessous de Maroc.

son secours. Et puis Hamet se fit un butin des combats de tous les deux. Accommodé de ces despouilles, il commence à taster le royaume de Fez, dont le roi mourut en lui dénonçant guerre pour le tribut qu'il ne payoit plus. Son fils, qui avoit esté disciple de Hamet, fit une douce composition avec son précepteur, mais enfin fut contrainct de lui faire la guerre quand les deux Schérifs ne craignoyent plus de porter les noms, Hamet, de roi de Marroche, Mahamet, de Suz. Une fois il assiège Marroche, d'où il fut rappelé par ses affaires domestiques. Allant le roi de Fez au second siège avec 18,000 chevaux, les Schérifs se trouvent au devant de lui à défendre le passage d'une rivière où le roi de Fez, arresté trois jours, se fiant en sa multitude, voulut la passer au nez des ennemis, mais, estans bien chargés à demi passés, les Schérifs repoussent les premiers, qui, repassans l'eau en foule, renversoyent ceux qui les secouroyent.

Eux donc, ayans gagné ceste bataille avec l'artillerie, passent Atlas, vont battre et prendre Taphilette[1], métropolitaine de Numidie, et revindrent arrondissans leur pièce et conquérans entr'eux Fez. Mahamet Schérif eut tost après sur les bras quelques rois voisins, que celui de Fez suscita, pour divertir les affaires des frères. Puis, ayant fortifié Tarudente, son siège, il voulut faire quelque chose contre les chrestiens pour monstrer que leurs principaux desseins estoyent au public. Il assiège Agria avec 50,000 hommes, faisant son lieutenant Mahamet Harran, son fils. Dedans la place estoit Gutterio de Montreal, Portugais, lequel se

---

[1]. Tafilet, oasis du Sahara, dans le royaume de Maroc.

défendant opiniastrement, pourtant avec grand'perte des siens, fut pippé par l'Afriquain en une tresve de deux mois, durant laquelle il seroit permis à chacun d'édifier et r'édifier ce qu'il voudroit. C'estoit afin d'eslever une grande tour pour commander en cavalier à la brèche; ce qui succéda de façon que Mahamet, ayant perdu à divers assauts 18,000 hommes, emporta la place, fit tout passer au fil de l'espée, fors quelques uns sauvés en une tour par Mumen Belek[1], Gennois. Entre ceux-là fut prise la fille de Montréal, nommée Merinne, de laquelle Mahamet devint si amoureux, que, n'ayant peu avoir rien d'elle, et l'ayant menacée de l'exposer aux Mores, il la prit en mariage, sa religion sauve, et en telle amitié qu'elle délivra son père ; et eust fait d'avantage, mais les autres femmes l'empoisonnèrent[2].

De l'effroi de ce siège, les chrestiens quittèrent Amazor, Arzil et Alxazer[3] en les démantelant. La félicité de ces frères, comme il advint, apporta le divorce, fondé sur ce que Mahamet le cadet ne voulut point payer le tribut à Hamet, son aisné, et demandoit part des thrésors. Et, pour ce que le testament du père portoit que le premier enfant masle venu de ses deux fils seroit visir, qui est roi désigné, comme dauphin en France, roi des Romains en Allemagne, prince de Galles en Angleterre, Mahamet demanda cela pour son fils ; à quoi plusieurs peuples consentoient, pour ce qu'il estoit de meilleure foi que son frère. Cidius Arra-

1. De Thou l'appelle *Mumen Beleche* ou *Mahomet Elca*.
2. Le siège et la prise d'Agria (ou Aquer) sont de 1536.
3. Arzilla, ville du royaume de Fez, située sur la côte occidentale, à trente-cinq lieues de Fez. — Alxazer (Al Kazar), au sud de Arzilla, dans le même royaume, sur la rivière El Kos.

hal, alface du païs, qui est à dire sage, se mesla de leur accord; et, leur ayant donné lieu avec parole de seurté, Hamet colleta son frère, qui s'en desmesla, et ne l'offensa pas, le pouvant. Depuis, Hamet donna des forces à ses enfans Zidan et Caïdi[1], lesquels, ayans eu quelque bon succès, contraignirent Mahamet de s'armer, ce qui fut cause de les faire rencontrer et venir aux mains, où Mahamet fut vainqueur. Là fut pris Hamet, lequel, vaincu, fit traicter la paix, par laquelle demeura pour partage à Hamet le plus septentrional de ceste Afrique, à Mahamet la Suz, la Numidie et la Lybie. Et fut ordonné pour successeur Mahamet Harran, fils de l'aisné, et après Muley-Zidan, fils de Hamet. Lequel, de retour à Marroche, rompit la paix, livra une bataille à son frère à 7 lieues de Marroche, que Mahamet gaigna selon ses prédictions, comme il avoit fait la première; sçeut si bien vaincre et si bien user de sa victoire qu'il fut au point du jour aux portes de Marroche, laquelle il emporta d'effroi. Le vaincu, un peu après, donna jusques aux fossés; et, ayant sçeu la réception de son ennemi, s'alla cacher chés un hermite, trouva moyen de parler à Naxer et à Zidan, ses frères, lesquels il despescha vers Oatazène[2], roi de Fez, celui à qui auparavant il avoit fait tant d'injures. Ce roi, désireux de l'advenir et oubliant le passé, les receüt. Mais Mahamet rappela son frère et ses nepveux encores à la paix, les esblouit de sa miséricorde, les envoya avec quelque occasion de contentement à Taphilette. Et mit quant et quant une armée sous

1. Muley Zidan et Muley Caid.
2. Mahomet Oataz.

Abdel Cader, son fils, et Mumen Belek pour attaquer Oatazène, à ce qu'il n'y eust plus personne qui retirast ses ennemis; et assiégea Fixtele sur les limites de son pays. Oatazène fit une armée de 35,000 hommes, entre lesquels il y avoit des Turcs venus d'Alger; ce qui fit quitter le siège à Mahamet, et prolonger jusques à tant que les estrangers, qui estoyent contre lui, s'ennuyassent pour lors s'acheminer à la bataille, laquelle par son art il prédit qu'il gagneroit et ne perdroit qu'un homme, et cettui là More, ce qui arriva. Là le roi fut pris et mené à Schérif, autre fois son précepteur, qui le reçeut avec magnifiques paroles, dignes d'un précepteur à son disciple.

Ce vaincu, quoi qu'abatu de playes et de travail, respondit en prince à son subject. De cette bataille, Fixtèle est rendue et Fez assiégé par le conseil du roi prisonnier. Mais Buaco[1] avec Muley Cacer, frère du roi, avoit gaigné la ville, où, pour ce que les Mores attribuoyent la cause de leur désastre à ce que le roi prisonnier avoit beu du vin et nourri des lions, Muley Cacer, à l'entrée de son authorité, où il estoit porté par Buaco, fit tuer les lions et espancher par les rues le vin qui se trouva. Après quelque temps et plusieurs accidens, Mahamet met en liberté Oatazène, recevant auparavant quelques places, tout le pays de Mequine[2], avec promesses après sa liberté de lui mettre Fez entre les mains. De quoi estant sommé Oatazène, s'excusant sur la puissance que son fils y avoit, Mahamet mit une armée sur pieds sous Abdala et Abdar-

1. Buhaçon, lieutenant du roi de Fez, tué en 1557 d'un coup de lance.
2. Mequinez, province du royaume de Fez.

rahaman, ses plus jeunes enfans, assiège Fez, et prit, au bout de deux ans que dura le siège, la vieille ville, Fez par surprise; et Buaco se sauva. Le roi se jette en sa miséricorde avec Naxer et Cacer, ses fils, querelle son frère Hamet de quòi ses enfans avoyent assisté à Oatazène. Cestui-ci les envoya tous à leur oncle Mahamet, qui renvoya Naxer et Zidan, maria Buaco et Macol avec ses filles, despescha ses fils Harram, Abdel Cader et Abdala, à Trémèsene, qu'ils prennent sans coup d'espée; puis en la défendant contre les Turcs, il y eut division entre les frères, sur laquelle estans chargés Abdel Cader fut tué. Harram Abdel, accusé devant son père, fut tué par poison, et, de ceste colère, il fit mourir le roi Oatazène et son fils prisonnier.

Sur ces accidens, Buaco traicta avec l'empereur Charles Quint, lui promettant livrer le Pignon[1], pour lequel effect il se desroba et vint jusques à Ausbourg[2] en Allemagne, où trouvant trop d'affaires, il tourna en Espagne. Là, se voyant mesprisé, il s'attache à Jean, roi de Portugal[3], duquel il impetre secours. Son malheur fut tel, qu'ayant fait descente auprès de la Gomère, et estant aux mains avec quelques uns du pays, Salarais, que Soliman avoit envoyé pour commander en Cæsarée d'Affrique, courant la mer et terrissant de ce costé-là, vit des vaisseaux chrestiens. Font armée ensemble pour aller reprendre Fez, où Mahamet Ché-

---

1. Le Pignon de Velez, forteresse.
2. Le 26 août 1550, d'après de Thou (1740, t. I, p. 600).
3. Jean III, roi de Portugal, né à Lisbonne le 6 juin 1502, était fils de Manuel et de dame Maria, fille d'Isabelle et de Ferdinand. Le 5 février 1525, il épousa l'infante dona Catharina, fille de Philippe le Beau, et mourut le 11 juin 1557.

rif se vint jetter en chemin, ayant eu sur les doigts et perdu son bagage. Les privilèges de ceux de Fez, qui sont de pouvoir traicter avec les ennemis quand la roine les peut combatre à trois lieues de leur ville, contraignirent Mahamet de se mettre en campagne. Il voulut deffendre le passage du fleuve Selu[1], mais le Turc se fit large à coup de canon et le suivit jusques dedans Fez. Et, par la galenterie de Buaco, auquel le Turc se prenoit de tout ce qui n'arrivoit pas à souhait, la vieille ville et nouvelle Fez furent emportées, et Buaco, payé à la turque, mis en prison. Mais le peuple par force le fit délivrer et eslire leur gouverneur[2].

Salarais s'en retourne, et, en passant, fit surprendre Mahamet, fils de Buaco, pour lui oster le Pignon, que les chrestiens ne regaignèrent de long temps. Pour se venger des injures de son frère, lequel ne se rendoit pas, il envoye son fils Abdala en Fez contre Buaco, et lui donne à Taphilette. Abdala eut au commencement sur les bras Naxer et Mahamet, fils de Buaco; mais ne faisans pas bien pour leurs divisions, le père y alla, le combatit et le coigna jusques en Marroche. Mahamet Schérif, qui avoit assiégé son frère dans Taphilette, trouva moyen de lui faire sçavoir tout au rebours qu'Abdala avoit deffaict Buaco et repris Fez. L'assiégé, sur ce désespoir de secours, se rend. Son frère le fait moine et emmène avec soi Naxer et Zidan, ses nepveux, lesquels il fait estrangler. Et de là marche vers Fez, donne une rude bataille à Buaco, au commencement de laquelle fort défavorisé, il relève le combat par

1. Le fleuve Selu est la rivière Sebou, qui arrose la côte occidentale du Maroc et se jette dans l'océan Atlantique à Mehedia.
2. En 1555.

sa vertu. Buaco y meurt[1]; son fils Mahamet s'enfuit à Fez. Mais la cognoissance du peuple, tousjours partisane du vainqueur, le fit courir à la coste, et de là en Espagne. Mahamet Schérif ayant conquis tout le pays, et plein de contentement, ne pensant plus qu'à ses plaisirs, fut tué par un Turc nommé Hazel[2], lequel, peu de temps auparavant, il avoit receu fugitif, et, sur ce qu'il se faignoit mal content, l'avoit commis à sa garde. Ainsi mourut l'habile, courageux et cruel Mahamet Schérif[3]. Hazel, ayant gagné pays et rallié quelques forces, donne en Sus, et fait quitter Tarudente à Abel Mumen, fils de Schérif, mort.

Dans la ville y avoit un juif renégat prisonnier, nommé Gazi-Muca, lequel délivré par Hazel, lui donna de bons conseils; mais ne les voyant pas suivre, et Hazel avoir affaire ailleurs, il tourne ses desseins pour les enfans du mort; advertit Abdala si à propos, qu'il lui fit recouvrer toutes ses pertes. Lui mesme, avec ce qui fut le premier amassé, ruina Hazel et ses forces. Il y avoit au service des Schérifs Halis-Bucha[4], grand parmi eux, entre les mains duquel Mahamet avoit laissé son frère et ses nepveux prisonniers. Cestui-ci, par une cruelle prévoyance, les fit tous égorger sans commandement, et parmi ceux-là les enfans de Zidan, qui avoyt espousé sa cousine germaine, sœur d'Abdala, nommée Mariemma, laquelle se retira vers son frère après son désastre. Et se ven-

1. En 1557.
2. Hazel ou Hascen.
3. Au mois de septembre 1557.
4. Ali-ben-Bubcar, l'un des gouverneurs du royaume. D'Aubigné a puisé son récit dans de Thou (t. II, p. 546).

gea de la mort de ses enfans d'une gentille invention. Elle persuada à son frère que l'ambition de Halis osteroit à ses enfans la succession du règne s'il estoit mort. Abdala au contraire disputoit pour la fidélité de Halis ; elle lui fit faire le mort, et, auprès du corps enseveli après plusieurs regrets, elle met Halis en propos de faire recognoistre son nepveu pour roi. Halis ayant respondu que les affaires du royaume n'estoyent pas viande d'enfant, et qu'il leur faloit un homme entier, à ces mots l'enseveli se lève, Halis s'enfuit et est pris déguisé en femme, puis tué. Le roi, ayant fait mourir son nepveu, fils d'Abdel Cader[1], demeura paisible possesseur de 14 provinces d'Affrique, qui est la partie occidentale et septentrionale.

Encor les rois de Fez et de Marroche ont par fois troublé les parties orientales de l'Affrique, jusques à un Zacharie, qui se fit appeller roi d'Affrique, ce que sa race ne maintint pas. Du règne de ceux-là les vicissitudes tombèrent au temps où commence nostre histoire au règne de Mahomet Muley Hacis[2]. Ce Muley, selon l'estrange coustume de ses prédécesseurs, lesquels, en quatre cents ans, avoyent changé de 35 rois, presque tous assassinez par leurs pères, frères ou fils, après avoir massacré tous ses frères, fut chassé par son fils Hanis[3], qui lui creva les yeux. C'est lui qui vint trouver l'empereur à Ausbourg[4], d'où il fut renvoyé avec promesses de secours[5]. De ce temps estoit admiral pour

---

1. Abdel-Cader-ben-Mahamet, roi de Mequinez.
2. Mahomet-Muley-Hascen.
3. De Thou l'appelle *Hamita*.
4. En 1548, d'après de Thou (t. I, p. 604).
5. Var. de l'édit. de 1616 : « ..... *de secours* en Sicile. *De ce temps*..... »

Soliman Hariadene barbe d'airain[1], et Dragut[2], général des pirates. Ce fameux coursaire prenant le temps des divisions d'Affrique, se saisit de la ville d'Afrodise[3], à l'aide d'un Ibrahim qu'il paya de mort, en monnoye de traistre. Ce fut lui qui fit acheminer le prince Doria[4], Gennois, avec les forces du roi d'Espagne, du grand maistre de Malthe et du grand duc. Et après les divers advis de Jean Vega[5], viceroi de

---

1. Khair Eddin, dit Barberousse, frère d'Aroudj, premier souverain d'Alger, un des plus grands marins du xvie siècle, était fils d'un renégat grec, et succéda à son frère en 1518. Ses innombrables ravages sur les côtes d'Espagne, de Sicile, de France et d'Italie rendirent son nom redoutable. Il mourut en 1546. M. Champollion a publié, dans les *Documents hist. inédits* (t. III, p. 518), le récit d'une de ses campagnes. Voyez surtout *Fondation de la régence d'Alger*, chronique arabe du xvie siècle traduite et publiée par MM. Sander Rang et Denis. Paris, 1837, 2 vol. in-8°.

2. Dragut ou Torghud, célèbre coursaire turc, né en Anatolie, tué au siège de Malte en 1565, avait été l'esclave d'André Doria. Délivré par Barberousse, Dragut s'attacha à lui et le suivit dans ses expéditions aventureuses jusqu'à sa mort.

3. Dragut chassa les Espagnols des villes de Sausa et Monastir, situées l'une et l'autre sur la côte orientale de la Tunisie, à une petite distance de la mer. Il s'empara du fort Mehdige donné par les géographes, tantôt pour Afrikija, tantôt pour Aphrodisium (1543) (Hammer, t. II, p. 117).

4. André Doria, amiral génois, né à Oneille, le 30 novembre 1468, mort à Gênes, le 25 novembre 1560. Il fut pendant plusieurs années amiral en chef des galères de France, mais les exigences de François Ier à l'égard des Génois le détachèrent du parti de la France et le firent s'allier à Charles-Quint, en 1527. Les causes de sa défection sont racontées dans les *Commentaires de Monluc,* t. I, p. 87, et surtout dans l'*Histoire de François Ier* de Gaillard, t. II, p. 306.

5. Jean de Vega, vice-roi de Sicile, arriva à la fin de juin 1550 avec des vaisseaux et des troupes pour le siège de Aphrodisium (juin-septembre 1550) (Hammer, t. II, p. 117).

Sicile, et Sangle[1], capitaine des Malthois, Perès Valga[2], gouverneur de la Goulette, de Ferdinand Lopez[3], et de Bucaro, fils du roi de Thunis, qu'il avoit avec soi, assiégea et prit Monasterio par l'effroi des habitans, puis assiégea Aphrodise assisté assés fidellement de quelques Affriquains attirés par la présence de Bucaro. Dragut, ayant amassé forces, promet secours aux assiégés, attaque l'armée, et, après un doubteux combat, où mourut Perès, est repoussé, comme le furent aussi les assiégés, quoi que par intelligence ils eussent fait leur sortie en bon temps. Ce siège fut long et doubteux, tant par la vertu de Ali qui estoit dedans, que pour les divisions qui estoyent entre Doria et Vega; mais enfin la ville fut emportée par assaut.

Au printemps de l'année d'après, qui estoit 1550, il arriva que Doria, d'un costé, Dragut, de l'autre, entrèrent dans le canal qui est entre Meninge et terre ferme en mesme temps; où Dragut, se voyant aculé et amusant les chrestiens de quelque petit fort, coupa 10 lieues de terre, et se sauva lui et tous ses vaisseaux, passant en l'autre costé de la pointe. Et s'enfuyant, print une galère de Sicile en laquelle Bucaro estoit, qui, estant mené en Constantinople, y mourut en prison. De là Soliman despescha le bacha Sinan, qui venoit de perdre une bataille en Parthe. Cestui-ci, avec 120 galères, ayant pour principaux capitaines Dragut et Salaraiz[4], descendit en Sicile, y prit deux

1. Claude di Sanglo, commandeur de Rhodes.
2. Louis Perès de Vargas, gouverneur de la Goulette, périt au siège de Aphrodisium (juin-septembre 1550).
3. Ferdinand Lopès Ulloa, chevalier de Malte, tué peu après à la prise d'Elmadia.
4. Isalih-Reis, nommé commandant maritime après Hasan,

places qu'il saccagea ; de là fit une descente en Malthe[1], où les Cosirois, ayans voulu se descharger de leurs femmes et enfans, tout cela fut renvoyé par le grand maistre Onèdes[2], qui les vouloit par là rendre plus vaillans à la défense de leur sang ; mais ils furent forcez et se rendirent à discrétion, hormis la liberté de 40 testes. Là un Sicilien, plustost que se voir esclave des Turcs, tua sa femme et ses deux filles et plusieurs des ennemis après, par lesquels il se fit mettre en pièces. De là Sinan fait descente en Tripoli, l'assiège, trouve dedans des François et Espagnols de peu d'accord[3]. Il leur fit une composition à la haste, en laquelle Sinan, qui avoit juré par la teste de Soliman, leur rompt la foi, envoye aux galères les François et Espagnols au nombre de 800, fait mourir les Mores et confédérés. L'ambassadeur d'Aramon[4], qui revenoit de Perse, trouva moyen de retirer 200 François, et le gouverneur Valiere[5], de Savoye, entre iceux. La faute

fils de Barberousse, était né au pied du mont Ida. Il avait pris part en 1536 à la conquête de la Tunisie (Hammer, t. II, p. 116).

1. Var. de l'édit. de 1616 : « ..... en *Malthe*, y commence le siège, où Villegagnon entra, puis, trouvant le morceau trop dur, se rembarqua pour passer sa colère en Cosire (Gozzo), à quatre lieues de Malthe, où les *Cosirois*..... » Ce passage a été omis par l'imprimeur de 1626.

2. Jean Omedes, grand maître de l'ordre de Malte.

3. Tripoli fut pris le 16 août 1551.

4. Gabriel de Luitz, baron d'Aramont, ambassadeur à Constantinople, fut chargé par Henri II de négocier une alliance entre la France et la Porte. Disgracié à la suite d'intrigues de cour, ses biens furent confisqués et donnés à Diane de Poitiers. Il mourut en 1553. Le récit de ses voyages, imprimé au XVIe siècle, a été reproduit dans le tome I des *Pièces fugitives pour servir à l'histoire de France* du marquis d'Aubais, 1759.

5. Gaspard de Valier, dit le commandeur de Chambéry, chevalier de Malte.

de ceste perte apporta de grands débats entre les Espagnols et les François, et plusieurs se deschargeoyent sur l'avarice d'Onèdes.

Voilà l'estat auquel demeure toute la coste d'Afrique et ce qui est des parties du midi, nécessaire à l'intelligence de ce que nous trouverons ci après.

Chapitre XVI.

Des affaires de l'Occident.

Plusieurs nations débatent la gloire d'avoir descouvert les isles occidentales; plusieurs se sont esgayez en la curiosité de ce discours. Les Gennois se vantoyent de Christophle Coulon, les Espagnols et Portugais de leur Magellan[1] et Cortez[2], les Vénitiens d'Antoine Zeno[3], les Bretons d'un Arture[4], lequel, 100 ans auparavant tous ceux-là, mit le pied dans le Brésil, et d'autre costé subjuga l'Islande. Nous lairrons ce débat à ceux qui ont moins de besogne taillée que nous. Et commencerons nostre traitté au partage faict par le pape Alexandre[5] pour les conquestes de l'Amérique et des Indes orientales et occidentales.

Pour monstrer son authorité sur la terre, il changea le vieil méridian des Assores sur Tolède, et monstra

---

1. Fernand de Magellan, né en 1470, mort le 17 avril 1521.
2. Fernand Cortes, né en 1485, mort le 2 décembre 1547.
3. Antoine Zeno, navigateur vénitien du XIVe siècle, mort à Venise en 1405 ou 1406.
4. Arthur ou Artus, prince anglais du VIe siècle, le héros des romans du cycle de *la Table-Ronde*.
5. Alexandre VI, né à Valence en 1431, élu pape le 2 août 1492, mort le 12 août 1503.

par ses portions qu'il n'avoit enfans légitimes que les Espagnols et les Portugais. C'est ce qui a donné occasion à ces deux nations de traicter les autres comme ennemis, non seulement quand ils terrissoyent deçà mais aussi delà la ligne. Deçà les Espagnols ayans fait leur domaine du Pérou, fortifièrent Nombre de Dios[1] avec les isles Cuba et S. Domingo, et en la mer de Su[2], au delà du destroit, qui dure 30 lieues, Panama. Les Portugais, sous l'authorité de Jean III, partagèrent la coste du Brésil en 8 gouvernements, Tamaraca, Farnembourg, la Baye de tous les Saincts, la Baye dos Ilheos, port asseuré, le S. Esprit, la rivière de Genèvre et S. Vincent. Au bout de l'Amérique, qui est le plus près du Canope, est le destroit de Magellan, premièrement recogneu par Vasco Nunès[3] en l'an 1513, puis à bon escient traversé par Magellan sept ans après ; et pourtant ce destroit n'a porté le nom de l'inventeur. Coulon fut celui qui courut plus diligemment la mer de Zur, et sur la foi duquel les Espagnols se partagèrent et se le rendirent paisible par leur dernière victoire sur Mango Capa Pachuti, Yuppangne, fils de Mango Inga, frère d'Artabalipa, pour voir la mort duquel et ensemble l'histoire de Moteczuma[4], je renvoye mon

---

1. Nombre de Dios, ville du Mexique, au nord de l'isthme de Panama.

2. La mer de *Su* et plus loin de *Zur*, la mer du Sud.

3. Vasco Nunez de Balboa, célèbre *conquistador*, né à Xcrès de los Caballeros (Estramadure) en 1475, vit le premier le Grand Océan (1513) et traversa (1514) l'isthme de Panama. Victime de la jalousie de Pedrarias, chevalier de Ségovie, il eut la tête tranchée à la Castille-d'Or (Colombie) en 1517.

4. Montezuma II, neuvième empereur du Mexique, né en 1466, mort à Mexico, le 30 juin 1520.

lecteur aux Espagnols qui en ont escript, meu de deux considérations. L'une que je ne sçaurois entrer en ce discours sans passion contre les cruautés et perfidies, ce qui seroit soupçonné d'un François, et cette passion contre ma profession. L'autre cause est que la pluspart de ces conquestes sont avant mon temps, entrepris pour traicter expressément, ayans les Espagnols obtenu ceste dernière victoire l'an 1557, le jour des Rois.

J'aime mieux suivre de loin à loin les Portugais, plus courtois en leurs conquestes, qui s'en vont peupler et asseurer à leur trafic la pointe de l'Afrique, où ils ont basti le castel de Mine[1], et en suivant la Mosambique, puis toutes les costes qui sont delà Aden et Ormus, où ils se logèrent l'an 1554. De là ils empiétèrent le reste de la première pointe des Indes où est Goa; ils s'estendirent jusques à l'isle de Seylon[2], laquelle ils emportèrent facilement pour les différents qu'ils y trouverent. Un barbier s'estoit rendu quelque temps auparavant roi de ceste isle, en laquelle est le mont Adam, où ils feignent le paradis terrestre. Là y avoit une abbaye de religieux idolâtres, en laquelle les soldats prindrent en un coffre fort riche la dent d'un singe, à l'adoration de laquelle on venoit en pèlerinage de 500 lieues. Les rois voisins la voulurent rachepter de 800,000 escus, ce qu'empescha l'archevesque de Goa; mais un de leurs banianets feignit que leur pagode, qui est l'idole du diable, avoit arraché la dent d'entre les mains des Portugais par miracle,

---

1. Saint-Georges de la Mina (Guinée).
2. *Seylon*, Ceylan.

si bien qu'ayant remis une autre dent en sa place, le prestre receut une grand'récompense du roi de Bisnagar[1]; et commença l'adoration plus que devant. Les Portugais achevèrent de recognoistre en mesme temps, l'an 1554, l'isle de Jappan[2] desjà descouverte par le naufrage d'Antoine Mora, François Zermor, et Anthoine Pexo; ayans mis en meilleur estat les forteresses de la seconde coste des Indes, qui prend de l'embouchure du Gange à l'isle Sumatra.

La gloire de ces gens esmeut quelques esprits des François à les contrefaire. Entre ceux-là Villegagnon[3], chevalier de Malthe, qui, défavorisé en France par la querelle qu'il eut avec le capitaine de Brest, s'y ennuya et s'adressa à l'admiral, lui exposant son désir d'aller faire peuplade en l'Amérique, se couvrant du zèle d'y planter la religion réformée, de retirer des persécutions de France, qui lors s'alumoyent, plusieurs familles désolées. Sous ce langage, il obtint deux bons navires et somme d'argent. Villegagnon[4] alla au Brésil faire un fort en la rivière de Ganabara, qu'il nomma le fort de Coligni. L'ayant accommodé, renvoya ses navires chargés de brésil[5], et de là dépescha à Genève, d'où, par mesme langage, il tira deux ministres et plusieurs

1. Bisnagas, à 75 lieues N.-O. de Pondichéry.
2. *Jappan,* le Japon.
3. Nicolas Durand, seigneur de Villegagnon, né à Provins en 1510, mort le 9 janvier 1571, à Beauvais. En 1531, il entra dans l'ordre de Saint-Jean de Jérusalem, dont son oncle, Villiers de l'Isle-Adam, était grand maitre. Il a laissé plusieurs ouvrages écrits en latin.
4. Le 12 juillet 1555, Villegagnon partit du Havre et arriva le 10 ou le 13 novembre sur la côte où devait plus tard s'élever la ville de Rio-Janeiro.
5. Le *brésil* est un bois rouge propre à la teinture.

personnes qui vindrent en Normandie se r'allier à une plus grand'trouppe, et mesmement des femmes embarquées sous la charge de Bois le Comte, nepveu de Villegagnon, qui, passant au cap de S. Vincent, dégraissa plusieurs navires espagnols et portugais. Et, après les incommodités qui se trouvent à passer la zone torride, ceste flotte arriva le 10 de mars 1557 au fort de Coligni, lequel fut bien tost mis en défense, et où la religion fut establie avec protestations nécessaires que fit mesmes avec Villegagnon, Hector, docteur de Sorbonne. Peu de temps dura ceste ferveur de la religion que Villegagnon, suscité par Hector, ne changeast au faict de la cène[1] et du baptesme, et peu à peu ne les forçast à rentrer aux coustumes de Rome. D'ailleurs il avoit commencé mal traicter les François[2] qu'il avoit mené de bonne volenté[3], dont s'ensuivit un mescontentement général, qui contraignit la plus part de se retirer vers les sauvages, entre ceux-là Leri. Cestui-ci et plusieurs autres, ayans practiqué quelques navires du Havre, demandent un congé à Villegagnon, leur vice-roi, qui le leur octroya en donnant un pacquet aux juges des lieux où ils descendoyent, par lequel il envoyoit leur procès pour les faire brusler comme hérétiques. Ceste troupe, après avoir mangé tout ce qui estoit dans leur navire, descendirent demi-morts

---

1. Une discussion s'éleva au sujet de la célébration de la Cène. Villegagnon, par sa dure conduite, s'acquit alors le surnom de Caïn de l'Amérique.

2. Var. de l'édit. de 1616 : « ..... *commencé* à envahir *les François*..... »

3. Villegagnon avait pris sur son navire les ministres calvinistes Pierre Richer, Guillaume Chartier, du Pont et Jean de Lery, qui a écrit l'*Histoire du Voyage,* 1578, in-8°.

en Bretagne et recevoyent aumosne et secours des juges ausquels ils présentoyent leur procès.

Quant à Villegagnon, après avoir changé de religion, pour se rendre plus recommandable, il voulut contraindre tout le reste de changer comme lui, en chassa les uns qui furent nourris par les sauvages, en fit mourir les autres par diverses sortes de morts, la plus part précipités des rochers qui regardoyent vers la France dans la mer, dont il y a histoire particulière. Toutes choses commencèrent à lui succéder mal. Et puis, se voyant les Portugais sur les bras, qui, joints aux Margajats, les venoyent attaquer, il quitta sa conqueste sans embarquer l'artillerie, laissant parmi les sauvages ceux des siens qui avoyent eschappé la persécution ; desquels qui purent endurer une rude nourriture se retirèrent finalement en France par le secours de quelque navire marchand, venant de la Chine, dont nous parlerons ci après, mais peu et obscurément (estant ce royaume deffendu aux estrangers) et du Jappon, comme d'un discours sur la loi des Jésuites.

Chapitre XVII.

Du Septentrion.

Ce que nous pouvons dire du plus esloigné du nord qui est la Tartarie dominé par le Cham, c'est qu'il y a deux sortes de Tartares, les uns plus méridionaux, qui habitent d'excellentes villes, comme Cambalu[1] en

---

1. Pékin, appelée Cambalu au xiiie siècle. On désignait sous le nom de Cathay ou Cattay la partie septentrionale de la Chine.

la province de Cathai, et Quinsai[1], qui a 50 lieues françoises de tour et 30,000 soldats de garnison, et autres menues villes qu'on pourra lire en Marc Paule[2] Vénitien. Les Tartares qui demeurent là sont plus civilisés ; les autres qui habitent le païs plus froid logent en pavillons et par hordes. Ceux-là se séparent par les noms des lignées d'Israel, et tiennent quelque chose du judaïsme. Mais les voisins de la Moscovie se louent à divers princes pour la guerre, la friandise de leur pays ne les attachant à rien de mieux, et ainsi baillans peu de besogne aux historiens. De là nous venons aux habitans de Colomak[3] et Baida qui adorent le soleil, ou pour son image le drap rouge ; puis à ceux de Molgomzaya, qui adorent Zlata-Baba, image qui a un enfant sur le bras droict, et en meine un autre de la main gauche. Ils disent que les oracles ne sont point encor esteincts en ceste statue. Il y a une autre nation qui s'appelle Kirgessi. Leurs prestres font leurs concions dans un arbre haut qui leur sert de sépulchre, et où les plus honorables sont pendus les plus hauts. De là ils jettent sur les testes des auditeurs une eau lustrale meslée de sang, laict et fumier, comme une bénédiction céleste.

Nous sommes à la Moscovie, de laquelle nous dirons plus et seurement : c'est qu'il n'y a nation au monde absolument obéissante à son prince comme celle-là, ce

---

1. Quinsay, ville de Chine, probablement Tien-Tsin.
2. Marco Polo, voyageur vénitien, né vers 1252, parcourut toute l'Asie depuis l'Arménie jusqu'au Japon, et mourut vers 1323. Il a laissé une relation de ses voyages qui a été traduite et publiée en français et en latin dès le XVe siècle, et depuis réimprimée plusieurs fois.
3. Colomak ou Colomay, petite ville de la Russie rouge.

que je représenterai par un exemple seul pour tous. Un ambassadeur d'Angleterre estant devant ce grand duc assis en son throsne, entouré d'une couronne de princes et grands seigneurs, le duc interrogeoit familièrement l'ambassadeur quelles plus grandes marques d'obéissance il pourroit produire par les Anglois envers leur prince? Après plusieurs responses de tesmoignages communs, il pria l'Anglois de choisir en toute l'assistance le plus apparent, ou le plus favorisé à son jugement. L'ambassadeur, voyant tous les visages de ces seigneurs se convier avec émulation à qui recevroit le commandement du prince, s'attendit à quelque chose de monstrueux, et n'osa nommer. Lors, après plusieurs refus, le duc en appela un des plus remarquables, lequel, estant venu à lui à genoux, lui présente le poignard avec ces mots : *Monstre à cest estranger ce que tu voudrois perdre pour moi.* Alors cestui-ci, levé d'un genouil, ayant baisé le pommeau du poignard, se le fiche dans le cœur. Cela soit dit pour faire croire aisément les autres subjections que racontent les historiens.

Or, lors que nous avons à commencer, régnoit sur ceste nation Jean, fils de Basile[1], auquel Démetrius Siemaca creva les yeux. Ce Jean jouissoit de la tresve de 50 ans que son père avoit obtenue des Novogardiens[2]. Cette tresve finissant, le grand maistre de l'ordre livonique et quelques évesques voisins la voulurent renouer de 15 ans ; mais, au bout de trois,

---

1. Jean Basilowitz, grand-duc de Moscovie, s'était emparé de Narva en 1558.
2. Novogorod, dont Rurik fit la capitale de la monarchie russe, fut, au moyen âge, le siège d'une république.

quelque submission qu'y apportast ce grand maistre, nommé Fustemberg, jusques à se vouloir desfaire de ses soldats de peur d'avoir la guerre, le duc pousse une grande armée, par laquelle il mit en sang et en cendre tout le pays avec des cruautés inouïes, et ne trouva rien qui l'arrestast jusques à Torpate[1]. De là, il alla faire de mesme au pays de Narve[2] et de Rigue[3]. Les Allemans, croyans que la Moscovie seroit foulée de leurs misères, lui demandèrent encor la paix. Ce traicté fut rompu par une sédition advenue à Narve, où un petit fleuve sépare deux villes de deux partis ; ce que fit rejoindre ensemble jusques à 300,000 hommes moscovites, lesquels, avec force artillerie, sous la conduite de Zeriga, prindrent premièrement Narve par artifice de feu, pource qu'ils n'ont bastiment que de bois. Le grand maistre ayant quitté la frontière, ils emportèrent d'effroi Vesambèque[4], Taulbourg, Valnebègue et autres places. Ceste armée ayant avancé bien 40 lieues vint assiéger Torpate, laquelle elle emporta par les dissensions des religions qui estoyent dans la ville. Ce qui voulut demeurer dans le pays renonça à la religion romaine jusques à ce que ceux de Majance avec Frederic Volcerfan se mirent aux champs, et, ayans levé le logis de Torefa sur les Moscovites, reprindrent Rigue.

Est à noter que ceux de Regale voulurent lors se

1. Dorpat, en Livonie.
2. Narve ou Narva, place forte de Livonie, sur la rivière de même nom.
3. Riga, sur la mer Baltique.
4. Vezambèque ou Wesenberg, sur les bords du golfe de Finlande.

donner à Chrestien III¹, roi de Danemarc, ce qu'il refusa, s'excusant sur sa vieillesse. Or, pource que ce Chrestien et les siens nous donneront quelques arguments pour escrire d'eux ci-après, il est besoin de sçavoir ce qui se présente de plus notable en leurs prédécesseurs ; entre lesquels Christierne, renommé par ses inhumanités, nous fera souvenir, qu'ayant voulu conquérir le royaume de Suède, Stenon², qui y commandoit, chassa l'archevesque Gostave³, ministre des perfidies de Christierne et puis son maistre mesme. Et usa envers le vaincu de toutes sortes de courtoisies, en payement desquelles Christierne, tousjours vaincu par la peau de lyon, après que Stenon fut mort en une bataille, print par festins tous les principaux de Suède, massacra avec cruautés extrêmes⁴ tous ceux qui pouvoyent se resouvenir d'un tel esclandre et parmi eux grande quantité des plus simples. Ce traitement dura jusques à ce que Gostave⁵, fils de Henric, prince renommé, se desroba de prison, où il estoit en Dane-

---

1. Christian III, roi de Danemarck et de Norvège, né en Holstein en 1502, mort au château de Colding, le 1ᵉʳ janvier 1559. Dès qu'il fut monté sur le trône, il établit la réforme dans son royaume.

2. Sten Sture, surnommé le Cadet, administrateur de la Suède, mourut le 3 février 1520, sur le lac Malar.

3. Gustave Trolle, né vers la fin du xvᵉ siècle, mort le 11 juillet 1535, à Gottorgo. Il était archevêque d'Upsal, et, depuis deux générations, dit Geyer, sa famille était ennemie des Sture. Un parti avait voulu opposer à l'élection de Sten Sture la candidature de Trolle (Geyer, *Hist. de Suède*, trad. française, 1841, gr. in-8°, p. 105).

4. Var. de l'édit. de 1616 : « ..... avec *cruautés* exquises..... »

5. Gustave Wasa, fils d'Éric Johansson, né le 12 mai 1496, au château de Lind-holmen, couronné roi de Suède à Upsal, le 12 janvier 1528, mort à Stockholm le 29 septembre 1560.

marc. Et ayant humainement esté recueilli à Lubek, se fit passer déguisé en Suède, où, ayant fort long temps tasté et reschauffé les cœurs, comme il estoit éloquent et agréable, enfin, avant que la barbe lui fust venue, il regagna toute la Suède, et en chassa les Danois, et puis, ayant espousé la fille de Stenon, receut la religion réformée, et fut establi roi.

Christierne honteusement déjetté, son oncle Frideric fut establi roi de Danemarc contre la volonté du pape Léon X, qui avoit prononcé toutes les actions de Christierne légitimes. A la sollicitation du siège de Rome, l'empereur ayant donné une armée de mer à Christierne, les tempestes achevèrent de le ruiner. Après il finit ses jours entre les mains de son oncle[1], où il fut mené prisonnier. Et durant ceste prison son fils mourut, ce qui assura, après la mort de Frideric, le royaume à Chrestien III, joinct aussi les alliances qu'il prit avec l'électeur palatin et le duc de Lorraine, et outre sa vie tempérée. Car quelque occasion qu'il eust de se vanger de ses voisins les Dietmarsois, pour les massacres faicts de plusieurs princes en leurs rebellions, et pour leurs progrès sur ce qui lui apartenoit, il résista aux princes qui le vouloient eschauffer, et acheva ses jours en paix[2].

Or, pource que nous avons laissé toutes choses tendues au poinct de la paix d'Espagne, et qu'elle s'est conclue par les sollicitations de Rome pendant nostre

---

1. Christian II, roi de Danemark, né le 2 juillet 1480, régna de 1513 à 1523, fut emprisonné par Frédéric dans l'île d'Als, et mourut prisonnier le 24 janvier 1559.

2. Var. de l'édit. de 1616 : « ..... en paix; ce qui suivit sa « mort est de l'autre livre. »

voyage, nous adjousterons les articles d'icelle, accordés comme s'ensuit.

Chapitre XVIII.

Articles de la paix d'Espagne[1].

Toutes pactions arrestées entre l'empereur Charles Quint et le roi François, à Madrid, et de plus les accords de Vausselles[2], soyent soigneusement gardés; sinon au point où il sera changé ou desnoué quelque chose en la présente paix.

Cette paix et concorde demeure ferme entre les rois, sincère et sans fraude, telle qu'elle doit estre entre frères, sans embusches et ruses ni au dehors ni au dedans, et contre laquelle ne se puisse apporter aucun préjudice pour les conventicules et menées secrettes faictes tant avec les Turcs que les princes d'Asie.

Que les rois s'obligent par leur foi et serment de s'employer à bon escient à composer les différents de la chrestienté, tenir la main à ce que le concile œcuménique soit célébré à la gloire de Dieu et à la paix des consciences.

Que de l'une et de l'autre part soit jurée l'oubliance des choses passées; que nul ne soit recerché pour avoir esté du parti ni de l'un ni de l'autre des rois; et

1. D'Aubigné reproduit dans ce chapitre les principales dispositions du traité de Cateau-Cambrésis, mais il ne s'attache pas au texte exact qui a été imprimé dans tous les recueils diplomatiques, et reproduit en partie par Isambert (*Recueil des anciennes lois*, t. XIII, p. 515).

2. La trêve de Vaucelles avait été signée par Coligny et Lalaing, le 5 février 1556.

pourtant soyent rendues à tous les partisans les possessions qui leur auront esté occupées ou vendues en haine de ce que dessus.

Seront pourtant exceptés de telle faveur les bannis et proscrits du royaume de Naples, de la Sicile et du duché de Milan.

Toutes villes et places prises d'une part et d'autre depuis 8 ans, seront rendues : comme, de la part du roi, Mariembourg, Damvillier, Ivoi, Montmedi et Valence de là les monts, avec toutes les forteresses et chasteaux qui en dépendent, mises entières entre les mains du roi Philippe seulement. Ivoi sera démantelé comme représaille de Thérouane. D'autre part, le roi Philippe quittera S. Quentin, le Castelet, Han et tout ce qui en dépend, comme aussi le diocèse de Thérouane, à la charge que la ville ne se pourra rebastir ni fortifier en quelque façon que ce soit, qu'incontinent après la possession de la paix; estant mis entre les mains du roi Philippe le bailliage de Hedin, et en celles du roi de France celui de Crèvecœur; les droicts pourtant de quelques seigneurs particuliers, observez.

Et pour establir une plus estroicte amitié, le roi d'Espagne espousera Élizabeth[1], fille du roi, aagée de 11 ans, laquelle aura pour son dot 400,000 escus. Sera rendu au duc de Savoye tout ce que les rois, tant François que Henri, auront empiété sur lui, tant decà que delà les monts, horsmis ce qui est du marquisat[2], Car-

---

1. Élisabeth de Valois, fille de Henri II et de Catherine de Médicis, née à Fontainebleau le 13 avril 1545, mariée par procuration à Philippe II le 20 juin 1559, morte à Madrid le 3 octobre 1568.
2. Marquisat de Saluces.

magnole, Pignerol, Cléri, Clavas, et Villeneuve d'Ast, lesquelles places demeureront engagées jusques à ce que le droict de succession de sa grand'mère soit pleinement décidé. En attendant Versel et Ast demeureront entre les mains du roi Philippe.

Et afin que le duc de Savoye ne soit partisan ni de l'un ni de l'autre, il prendra à femme Marguerite[1], sœur du roi Henri, laquelle aura en mariage 300,000 escus et la jouissance du duché de Berri.

Le roi de France retirera toutes ses forces de toutes les villes et chasteaux qu'il tient en Toscane, à la charge que pardon sera faict aux Siennois qui se sont retirés à Montalcine, et tous leurs biens restitués.

Le roi rendra tout ce qu'il tient en Corse et au territoire de Gennes, à la charge que tous ceux qui ont suivi son parti seront rappelés de ban, que les Gennois jureront l'amitié du roi, avec l'humilité qu'ils lui doivent.

Le chasteau de Bouillon[2] sera rendu à l'évesque du Liège, demeurant pourtant le droict du seigneur de Sedan indécis.

L'infante de Portugal[3] jouira librement de tous les biens qui lui sont escheus du costé de sa mère.

---

1. Marguerite de France, fille de François Ier et de Claude de France, née à Saint-Germain le 5 juin 1523, épousa le 9 juillet 1559, au chevet de mort de Henri II, le duc de Savoie, Philibert Emmanuel, et mourut le 17 septembre 1574.

2. Le duché de Bouillon avait été enlevé par Anne de Montmorency à l'évêque de Liège et donné par Henri II à Robert de la Marck, prince de Sedan, maréchal de France.

3. Marie de Portugal, fille de l'infant Édouard, épousa en 1566 Alexandre Farnèse, duc de Parme.

De la part des rois sera rendu au duc de Mantoue[1] le marquisat de Montferrat, demeurant à son option de démanteler ou garder entières les forteresses qui y sont à présent.

Marie de Bourbon[2] jouira paisiblement du comté de Saint-Paul, sans toucher au droict des parties et aux actions intentées et à intenter sur ce faict.

Le roi de France commencera le premier à exécuter les articles et à restituer ce qu'il tient, en trois mois, et dans un mois après, le roi d'Espagne se doit acquitter de sa foi, et cependant donner pour ostages les ducs d'Alve, d'Arscot, le prince d'Orenge, le comte et prince d'Aiguemont.

Sous la présente paix sont compris le pape, l'empereur et l'Empire, les sept électeurs, toutes cités et estats de l'Empire, les rois de Polongne, Danemarc, Suède et Escosse, la roine d'Angleterre, la république de Venise, les ducs de Savoye, Lorraine, Ferrare, Mantoue, Urbin, Parme et Plaisance, sans y oublier le Sénat de Gennes et celui de Lucques[3].

Voilà les conventions d'une paix, en effet, pour les royaumes de France et d'Espagne, en apparence

---

1. Guillaume de Gonzague, duc de Mantoue, époux d'Éléonore d'Autriche, mort le 14 août 1585.

2. Marie de Bourbon, fille de François de Bourbon, comte de Vendôme, avait hérité du comté de Saint-Pol, qui avait été saisi en 1536 par Charles-Quint comme fief du comté de Boulogne.

3. Le récit des négociations de Cateau-Cambrésis et les correspondances échangées à ce sujet avec le roi et ses ministres ont été imprimés pour la plupart dans un recueil attribué à Henri de Mesmes, *Traité de paix fait à Chasteau-Chambrésis,* in-4°, 1632 et 1637. Un grand nombre d'autres correspondances sont restées inédites; f. fr., vol. 3153, 3253, 5139, 15839; coll. Dupuy, vol. 177, etc.

de toute la chrestienté[1], glorieuse aux Espagnols, désavantageuse aux François, redoutable aux réformés ; car, comme toutes les difficultés qui se présentèrent au traicté estoyent estouffées par le désir de repurger l'église, ainsi, après la paix establie, les princes, qui par elle avoyent la paix du dehors, travaillèrent par émulation à qui traicteroit plus rudement ceux qu'on appelloit hérétiques. Et de là nasquit l'ample subject de 60 ans de guerre monstrueuse que nous avons à traicter ès livres suivans.

Tous nos livres finissans par actions de paix, nous ne refuserons point à l'empereur Charles-Quint de couronner nostre premier par celle qu'il fit avec ses labeurs et sa conscience, depuis qu'il eut quitté les affaires jusques au mois d'aoust 1558, où ce grand et généralissime capitaine mourut[2] après avoir donné les deux années dernières de sa vie à méditer avec pénitence le passé et résipiscence sur le point de sa mort. Il employa ceste espace de temps à la lecture de plusieurs livres choisis, particulièrement de S. Bernard. Du fruict de telles lectures on ouït à son chevet ces belles sentences : « Que se fier en ses mérites « n'estoit pas foi, mais infidélité ; que les péchés ne « peuvent estre remis que par celui auquel nous avons « péché et en qui péché n'est point ; que l'huile de « miséricorde ne se met que dans le vase de la foi. »

Tels propos, meslés de quelques regrets, du traic-

1. L'original de la ratification du traité de Cateau-Cambrésis par le roi, contresigné par L'Aubespine et daté du mois de décembre 1559, occupe le vol. 739 de la coll. Moreau. (Pièce sur parchemin.)
2. Charles-Quint mourut le 21 septembre 1558.

tement faict par lui au Landgrave de Hessen et autres protestans, avec les doux conseils qu'il envoya à Philippe, adjoustant à cela les deux notables morts de deux docteurs choisis par lui, et l'exil du troisiesme, toutes ces marques firent soupçonner de lui quelque mutation en sa pensée. Pour moi, qui n'escris point des choses vraisemblables, je n'en donne aucune asseurance à la postérité.

FIN DU PREMIER LIVRE.

LES HISTOIRES

DU

SIEUR D'AUBIGNÉ

LIVRE SECOND.

CHAPITRE I.

Proposition du second livre.

Nous donnerons la plus part de ce livre second, aux affaires domestiques de la France, pour ce qu'estans sur l'entrée de 60 ans[1] de guerres civiles, desquelles, ou la cause véritable ou le prétexte a tousjours esté le différent des religions, c'est dès ce moment qu'il faut dire suffisamment quelle fut la naissance, quel le progrès et avancement d'un si notable différent, lequel, après le combat de paroles, s'est disputé par plus de vingt batailles et plus de cent rencontres notables, beaucoup plus de sièges de toutes façons ; et puis, par massacres particuliers et généraux, par la mort d'un million d'hommes, la ruine de plusieurs villes et païs entiers. Nous ne refuserons à aucune des parties un tiltre honorable : c'est celui que chacun s'attribue, afin que nul ne se puisse plaindre de son choix, sauf à

---

1. Var. de l'édit. de 1616 : « ..... *de* quarante *ans.* »

renvoyer au jugement des consciences pour sçavoir qui abuse de son tiltre.

Que si les termes de Papiste et de Huguenot[1] se lisent en quelque lieu, ce sera en faisant parler quelque partisan passionné et non du stil de l'autheur. Je n'ennuyerai personne de protestations de ma candeur; car, si je prévarique, j'ai mon lecteur pour juge. Et pourtant, ayant à establir les deux questions opposées, j'ai eu recours pour l'une à la solennelle confession, qui fut couchée par un corps d'ecclésiastiques, après la Sainct-Barthélemi, imprimée à Bordeaux, premièrement pour, en termes exprès et concis, faire renoncer à plusieurs la créance des réformés. De l'autre costé j'oppose la confession générale qui se trouve à la fin des pseaumes, laquelle ne peut estre désadvouée.

Ce sont les thèses des deux partis pour lesquelles on est venu des ergots aux fagots, et puis des arguments aux armements. J'ai trouvé mauvais aux escripts de mon temps de voir les suites des grandes affaires à tous coups enterrompues des discours de l'eschole, de livrets d'apologie, quelquesfois de mauvaises rhytmes. De tout cela se purgent mes autres livres en

---

1. De nombreuses dissertations ont été écrites sur l'origine du mot *huguenot*; les uns le font dériver du mot allemand *Eidgenossen*, confédéré; les autres du nom d'un fantôme de Tours, *le roi Hugon*. Voir le *Bulletin de la Soc. de l'hist. du Prot. français*, t. VI, VIII, IX et X. Gauffreteau présente une étymologie nouvelle; il dit que le mot vint de l'insistance d'un ambassadeur protestant à commencer ses phrases par *Huc nos* (*Chronique bordelaise*, t. I, p. 93). Le premier document original où nous ayons trouvé l'appellation de *huguenot* est une lettre de Ventadour au connétable, du 18 mars 1559 (1560) (Orig., f. fr., vol. 3158, f. 74).

cestui-ci, auquel j'ai pensé devoir contenter les esprits plus pesants ; joinct aussi que ce temps, ne m'ayant guères fourni de coups d'espée, nous permet voir ceux de la langue et de la plume avant qu'elles fissent jouer le fer.

Par ce moyen les gens de guerre, en faveur et à l'honneur desquels j'escri principalement, pourront sauter outre pour cercher ailleurs ce qui est de leur mestier. Voici donc pour thèses l'abjuration qu'on exigeoit à Bordeaux, après la S. Barthélemi, de ceux qui vouloient avoir la paix de l'Église, c'est à dire qui vouloyent sauver la vie, les biens et l'honneur[1], ayans eu esgard, pour l'authorité de la pièce, qu'elle est extraicte des principaux poincts du concile de Trente.

Chapitre II.

De la confession de Bourdeaux[2].

1. Je confesse de bouche et croi de cœur un seul Dieu, d'une essence infinie, indivisible, féconde et indistincte, en trois personnes distinctes, Père, Fils et S. Esprit. Je croi ces divines personnes estre singu-

---

1. La suite du chapitre manque à l'édition de 1616.
2. Les registres du parlement de Bordeaux, analysés par Boscheron des Portes (*Hist. du parlement de Bordeaux,* t. I, p. 241) et par Gauffreteau (*Chronique bordelaise,* t. I, p. 170), nous apprennent que l'on exigeait une rétractation des huguenots bordelais qui voulaient sauver leur vie, mais d'Aubigné est le seul historien qui nous ait transmis le texte de cet acte. (A conférer avec la *Forme d'abjuration d'hérésie et confession de foy que doivent faire les desvoyés de la foy, prétendans estre receus en l'esglise,* imprimée dans les *Mémoires de l'estat de France sous Charles IX,* 1578, t. I, f. 421 v°.)

lières, existentes de la divine essence avec une propriété incommunicable, dont le Père est vrai Dieu de soi et par soi et n'est pas le Fils ni le S. Esprit; et le Fils est vrai Dieu par soi et non de soi, car il est éternellement engendré de l'essence du Père, lumière de lumière, combien qu'il ne soit ni le Père ni le S. Esprit. Le S. Esprit est Dieu par soi, procédant du Père et du Fils, Dieu de Dieu, combien qu'il ne soit ni le Père ni le Fils. Et pource j'invoque ensemble les trois personnes comme n'estans qu'un seul Dieu. Et je les invoque aussi une chacune distinctement, estant vrai Dieu par soi, c'est à dire, ayant en soi l'essence divine, avec une propriété personnelle ou incommunicable.

2. Je croi nostre Dieu estre omnipotent; sur quoi je fonde ma foi, selon la saincte parole baillée tant par escrit que de vive voix, comme dit S. Paul. J'entens que l'omnipotence est infiniment plus grande, que ne puis exprimer ni comprendre.

3. Au contraire, je croi que Dieu veut tout ce qu'il dit et qu'il peut tout ce qu'il veut, voire et beaucoup de choses qu'il ne veut pas, et fait les choses simplement comme il les dit, quelque difficulté ou impossibilité qui y apparoisse.

4. Je croi Dieu très bon et juste, et par ce, les péchez qui adviennent ne sont de son décret et ordonnance.

5. Je croi en Nostre-Seigneur Jésus Christ, Fils unique de Dieu, coessentiel au Père et au S. Esprit[1].

---

[1]. Var. de l'édit. de 1616 : « ... *Saint-Esprit,* incarné de la substance de la perpétuelle vierge Marie, par l'ouvrage du Saint-Esprit. »

6. Je croi que nostre Seigneur nous a presché l'Évangile, qui est une loi nouvelle, distincte essentiellement du vieil Testament.

7. Je croi que Nostre-Seigneur nous a racheptés par sa mort visible et naturelle, sous Ponce Pilate.

8. Je croi que, par icelle sacrée mort, ont esté rachetés les péchés de tout le monde et non seulement des esleus, et que d'icelle nous tirons vie et nouvelles forces à bien faire, à mériter et satisfaire, sans lequel benéfice sommes insuffisans à œuvrer sainctement.

9. Je croi que d'icelle les sept sacrements ont leur efficace de sanctifier ou donner grâce à ceux qui ne mettent empeschement d'incrédulité ou de péché.

10. Je croi le baptesme de Nostre-Seigneur, de S. Jean et de la loi, distincts essentiellement.

11. Je croi le baptesme en eau, ordinairement nécessaire à salut, mesmes aux petis enfans.

12. Je confesse que la matière et forme des sacrements, dont l'Église use suivant l'ordonnance de Dieu, est tellement nécessaire, que sans icelle ils ne sont sacrements.

13. Je croi que, comme au baptesme, la grâce divine est donnée en régénération, aussi qu'elle est donnée au chresme à fortification et, en la confession qui est faicte par le pénitent au prestre, est donnée en absolution.

14. Je croi qu'au S. Sacrement de l'autel sont présens le vrai corps et naturel sang de Nostre-Seigneur, par la divine transsubtantiation, et que nous le recevons corporellement et spirituellement. Et confesse : premièrement, que c'est un vrai sacrifice, non pour suppléer ou répéter l'unique et très suffisant sacrifice

de la croix, ains pour actuellement le mettre sus et en avant, et pour servir souverainement Dieu et pour jouir entièrement et particulièrement du salut acquis par Nostre-Seigneur. Je croi qu'il se fait vraye oblation quand nostre Seigneur est offert, non à celle fin qu'il meure de rechief, ou qu'on face une nouvelle rédemption pour nous, ains seulement qu'il est offert tel et sous la condition qu'il s'offrit en rémission des péchés pour mourir en croix une fois pour nous.

15. Je confesse ce sacrement appartenir aux malades et à tous ceux que Nostre-Seigneur n'en a interdits ni l'Église, ou qui n'en sont interdits par leur incapacité.

16. Je confesse que la communion sous les deux espèces n'est point nécessaire à un chacun, et qu'elle se fait entièrement de tout nostre Seigneur Jésus Christ et de ses bénéfices, autant sous une portion d'une espèce que sous les deux.

17. Je confesse que Nostre-Seigneur est au S. Sacrement hors l'usage.

18. Je confesse que, sous l'une des espèces sacramenteles, voire sous une chacune partie d'icelles, est entièrement tout nostre Seigneur Jésus Christ par concomitance, dont il est légitimement adoré.

19. Je confesse que la grâce du S. Esprit nous est donnée pour batailler chrestiennement, quand nous sommes oincts au front du saint chresme avec les sainctes paroles que l'évesque seul doit prononcer en administrant le S. Sacrement de Confirmation.

20. Je confesse que les ordres sont un sacrement entier, auquel on reçoit en divers degrés la grâce de Dieu pour exercer divinement les offices en l'Église

chrestienne, selon qu'il sont commis en une chacune fonction, tant aux ordres mineurs que majeurs.

21. Je confesse le mariage estre vrai sacrement, par lequel l'homme et la femme, légitimement assemblés, sont conjoincts par le prestre inséparablement, en recevant une grâce spéciale pour se pouvoir sainctement acquiter de la charge et difficultés dudit mariage.

22. Je confesse l'Extrême-Onction vrai sacrement en rémission du reliqua des péchés, administré aux malades qu'on void estre en danger de leur vie.

23. Je confesse que les sacremens de Pénitence, de Mariage, de l'Eucharistie et de l'Extrême-Onction, aucunes fois se peuvent réitérer, non pour leur imperfection ni de la grâce ou bénéfice qui est donné, ains seulement à cause de nostre imperfection et condition.

24. Je confesse le Baptesme ne se pouvoir réitérer.

25. Je confesse les S. Sacrements de Baptesme, de Confirmation et des Ordres pour leur institution, perfection et effect, ne se doivent réitérer.

26. Je croi que l'esprit de Nostre-Seigneur, qu'il recommanda entre les mains de Dieu, son Père, descendit après sa mort aux enfers pour en délivrer les âmes détenues, selon la discrétion de sa miséricorde, justice et sapience.

27[1]. Je croi que Nostre-Seigneur est résuscité le premier sans plus mourir, ainsi il est monté le premier d'entre les hommes au Ciel, par mutation de lieu, où il réside d'une façon propre seulement aux bienheureux, et de ce lieu-là indicible viendra juger les morts et les vifs.

---

1. Ce verset dans l'édition de 1616 porte le chiffre 28.

28. Je croi que Nostre-Seigneur est résuscité le troisième jour, enrichi par effect de divines qualités, sans changer la vérité du corps humain.

29. Je croi que Nostre-Seigneur a esté plein de science dès son incarnation, et qu'il n'a rien ignoré.

30. Je croi et reçoi au nombre des escritures canoniques toutes celles que l'Église chrestienne tient et a publiées par S. Innocent premier, par Sozime et par S. Gelase, et par S. Augustin et autres, au concile III de Carthage, de Florence et de Trente.

31. Les livres ausquels je croi expressément sont : Genèse, Exode, Lévitique, Nombres et Deutéronome, les Juges, Ruth, les quatre livres des Rois, deux des Paralipomènes, comme suppléments des divines chroniques, un d'Esdras, un de Nehemias, dit le second d'Esdras, Tobie, Judith, Ester, Job, 150 pseaumes dits de David, les Proverbes, l'Ecclésiaste, les Cantiques de Salomon, le livre de Sapience, l'Ecclésiastique, Ésaïe, Jérémie, ses Lamentations, Baruch, Ézéchiel, Daniel, Osée, Joel, Amos, Abdias, Jonas, Micheas, Nahum, Habacuc, Tsophonie, Aggée, Zacharie, Malachie et deux des Machabéans selon leurs membres et parties, comme ils sont en la vulgate édition. Semblablement je croi aux quatre évangélistes S. Mathieu, S. Marc, S. Luc et S. Jean. Je croi les Actes des saincts apostres, les Épistres de S. Paul, une aux Romains, deux aux Corinthiens, une aux Galatiens, une aux Éphésiens, une aux Philippiens, une aux Colossiens, deux aux Thessaloniciens, deux à Timothée, disciple, une à Tite, disciple, une à Philémon, disciple, et une aux Hébrieux. Je croi aussi les Épistres catholiques : 1 de S. Jaques, 2 de S. Pierre, 3 de S. Jean et 1 de

S. Jude, avec l'apocalypse ou révélation de S. Jean l'évangéliste, selon qu'il est contenu en la vulgate édition dont use la saincte Église catholique et romaine.

32. Je proteste et promets mettre entre vos mains tous livres censurés et défendus, de quelque subject qu'ils traictent, que je puis avoir en ma puissance, sans m'en réserver aucun, jurant présentement que doresenavant ne lirai ni retiendrai aucun escrit prohibé par l'Église romaine, ou par les prélats ecclésiastiques, ou par les facultés de théologie communiantes avec ladite saincte Église.

33. Je confesse la foi, sans laquelle nous ne pouvons plaire à Dieu, estre un don de sa grâce, illuminant divinement l'âme à entendre, et fortifiant icelui entendement pour s'asseurer des mystères divins révélés de Dieu, laquelle foi est formée par une saincte affection de la volenté meuë du S. Esprit et est absolue par charité.

34. Je confesse que la foi a pour son object toute divine vérité, et qu'elle est substantée par la parole de Dieu, soit qu'il promette, qu'il commande, qu'il menace ou qu'il pardonne.

35. Je croi la foi suivre la vérité des œuvres de Dieu, les cognoistre et les recevoir, non pas qu'elle les face, comme elle croit la création du monde, la résurrection et l'Incarnation, la justification, l'Eucharistie et semblables mystères, combien que je confesse qu'elle est partiale et nécessaire; cause qu'ils sont cognus, administrés et receus en salut.

36. Je confesse les péchés estre distincts, selon la transgression, les uns mortels, comme désir de paillarder, les autres véniels, comme l'esmotion à paillardise, sans le désir et consentement.

37. Je confesse qu'Adam a esté créé sain et sainct en son âme et au corps, ayant pouvoir ne point pécher, s'il eust voulu, et de parvenir, avec tels dons de Dieu, à salut.

38. Je croi, par le péché actuel du premier homme, le péché originel avoir esté transfus et dérivé en tous, par origine naturelle, et particulièrement propre à chacun en naissant naturellement, sinon que Dieu ait voulu en exempter aucun. Par ce péché, nous sommes ennemis de Dieu, privés de justice originelle et enclins à mal, et de nous impotens à opérer sainctement. Donc nous avons besoin du baptesme, par lequel le péché originel est proprement remis, en l'homme régénéré.

39. Je confesse la concupiscence estre un mal, une imperfection, un vice et obliquité ou gauchissure en l'appétit sensuel contre la seigneurie de l'âme et contre la loi de Dieu, laquelle concupiscence, après la régénération, n'est aucunement péché proprement, si le consentement de la portion supérieure de l'âme n'y intervient.

40. Je confesse la justise des fidelles saincte et parfaicte ici, selon que Dieu le requiert de nostre fragilité, combien que, si on parangonne icelle justice à celle de Dieu ou des anges, ou d'Adam en l'estat d'innocence, ou des bienheureux au ciel, elle est imparfaicte.

41. Je croi les commandemens de Dieu ne pouvoir estre sainctement accomplis par les forces de nature ou de la loi.

42. Aussi je croi que les fidelles prévenus du mouvement du S. Esprit et enrichis de nouvelles forces infuses au libéral arbitre, et après justifiés en soi par

la grâce, accomplissent franchement, aisément et entièrement lesdits commandemens de Dieu.

43. Je confesse nostre Seigneur Jésus Christ, à l'image duquel nous sommes justifiés, juste d'une justice informante et non imputative.

44. Je confesse la grâce de Dieu estre non seulement une faveur divine, dont Dieu de sa bonté infinie et indicible miséricorde nous poursuit gratuitement outre le cours et coopération naturelle, contre l'impiété de Pelage; et dis ceste grâce estre non seulement un respect dont Dieu nous pardonne et favorise en contemplation de la foi et dévotion envers nostre Seigneur Jésus Christ; mais aussi je croi icelle grâce estre un mouvement du S. Esprit, infus en nous et formant nouvelles et divines forces, qualités et ornements, dont nous sommes formellement justifiez et renduz idoines à bien faire et mériter par l'aide de ceste grâce.

45. Je croi que nous sommes justifiez proprement et formellement par la grâce de Dieu, y intervenant le libéral arbitre, que le S. Esprit prévient sans nostre action, lui donnant d'en haut nouvelles vertus, sans lesquelles il est inepte à salut; mais, ayant receu ces forces divines, se prépare volontairement à la grâce justifiante, qui consiste en grâce informante, en la rémission des péchez, en la renovation du vieil homme et en l'aide du S. Esprit dont l'homme se prépare à sa propre justification, non en la méritant. Aussi, par l'aide de la grâce coopérante, il œuvre sainctement pour augmenter la justification commencée, tellement que telles actions de l'homme en soi par grace régénérée, sont proprement méritoires de vie éternelle et peuvent soustenir le jugement de Dieu.

46. Je croi ce monde et purgatoire estre lieux de chastiment temporel aux pénitens, paradis et enfer lieux de rémunération éternelle.

47. Je confesse que le chrestien, enrichi de l'esprit de Dieu, peut légitimement vouer et accomplir ses vœux par la grâce de Dieu.

48. Je confesse les traditions ecclésiastiques, tant en la doctrine qu'ès sacrements et aux mœurs, qui ont communement esté receues en l'Église, comme conformes à la saincte parole de Dieu, comme sont le s. chresme, l'imposition des mains, l'eaue au vin, au sacrifice évangélique, la bénédiction de l'eaue, signe de croix, la profession, abjuration et parrains au Saint Baptesme et autres semblables, dont l'on use presque en tout et par tout, le plus souvent ès Églises.

49. Je confesse que le Sabath ou feste, jeusne et mariage sont du droit divin, combien que le temps, la façon et les degrez ne soyent point déterminés expressément au nouveau Testament, et que nous soyons exempts des loix temporelles du vieil Testament. Et pour ce a esté laissé de Dieu en la puissance de l'Église, de déterminer et prescrire le jour de feste, de jeusne et les degrés de mariage, tellement que celui qui y contrevient résiste à Dieu.

50. Je confesse que le service divin, faict publiquement en langue latine par l'Église, ne contrevient à la discipline de prier, référée par Sainct Paul, ains s'accorde à ce qu'il en dit aux Corinthiens.

51. Je confesse que Nostre-Seigneur a establi un ordre et mission perpétuelle et ordinaire en son Église.

52. Je confesse l'usage des indulgences, par lesquelles sont remises les peines temporelles qui res-

toyent après l'entière et gratuite rémission de la coulpe et peine éternelle, estre conforme à l'Escriture, soit que l'on les confère par l'authorité des chefs ecclésiastiques, ou par communication d'un bien pour l'autre, ou par dispensation du thrésor ecclésiastique, car la vertu et efficace de tout cela vient de nostre Seigneur Jésus Christ.

53. Je confesse le sainct mariage, honorable entre toute personne où il n'y a aucun empeschement à cause de consanguinité, ni à cause de profession, ni à cause d'impuissance, ni à cause de religion, ni à cause de servitude, ni à cause de promesse faicte à un autre, ni à cause d'office, ni à cause d'autre empeschement interjecté par nous ou par une puissance supérieure.

54. Je confesse les SS. synodes et conciles estre conduits du S. Esprit, s'ils sont légitimement assemblés et si l'Église romaine, avec les autres de sa communion, y accordent.

55. Je croi lesdits conciles avoir bien examiné le sens de l'Escriture saincte et fidellement défini de la doctrine et des mœurs que les bons chrestiens doivent suivre.

56. Je proteste ne communiquer ni consentir aux erreurs des patriarches de Constantinople, qu'ils maintiennent faussement sous le nom de l'Église grecque, combien que plusieurs Grecs n'y consentent, enseignant que le benoist S. Esprit ne procède point du Fils, ains seulement du Père, qui excommunient avec Montanus les troisiesmes ou quatriesmes nopces, qui tiennent nostre S. Père le pape ne présider en l'Église universelle que de droict ecclésiastique, qui ne permettent à aucun séculier faire office de prestre s'il ne

fait office de mari, prenant seulement une vierge à femme, qui rebaptisent ceux qui ont esté baptisez des latins en première personne, qui tiennent avec les Juifs n'estre licite jeusner les samedis de caresme non plus que les dimanches, qui disent avec les Juifs que le commandement de s'abstenir de sang et de chair suffoquée est perpétuel, qui enseignent que Nostre-Seigneur fit sa Pasque le 3ᵉ jour de mars contre la loi de Moyse, qui disent l'Eucharistie ne devoir estre consacrée qu'en pain levé, qui dénient la saincte communion aux femmes pour l'impurité naturelle ou pour le temps d'enfanter, mesmes en danger de leur vie.

57. Je croi que les SS. qui sont au ciel prient pour nous en général et particulier, et qu'il les faut prier sans laisser de faire oraison et aumosnes pour les trespassez, car, autrement, nous ne retiendrons pas la communion des saincts.

58. Je confesse que les assemblées et pèlerinages de tous temps practiquées aux sépulchres, châsses et reliques des saincts, sont religieuses et conformes à la parole de Dieu, qui opère où il veut, combien il veut, par qui il veut, comme il veut et quant il veut.

59. Je confesse que les images chrestiennes ne sont idoles, et que l'usage d'icelles est conforme aux sainctes Escritures.

60. Je croi une saincte Église visible, catholique et apostolique, esparse par l'univers, qui communique en foi et mœurs avec l'Église romaine, dont nostre S. Père le pape est le premier et supérieur officier au ministère ordonné de Nostre-Seigneur Jésus Christ.

61. Je confesse que l'Église a tousjours eu publiquement et successivement des docteurs ou prophètes,

nonobstant la révolte des rois d'Israel ou d'aucuns prestres et rois de Juda, lesquels docteurs ont maintenu manifestement, et ce, par succession immédiate, la vérité de la saine et saincte doctrine, et de la légitime administration des sacrements, nonobstant les persécutions et erreurs contre lesquels ils ont obtenu victoire, jusques à ce que l'Église a esté transférée des Juifs, sous Anne et Caïphe, à nostre Seigneur Jésus Christ, et de lui aux apôtres et leurs successeurs jusques à nous. Et par ce, la révolte qui se fera contre Dieu sera par l'Antéchrist et par les hérétiques, ses supposts, et non par l'Église catholique, c'est à dire, non par la commune succession et confession de foi ès ordinaires pasteurs et docteurs.

62. Je confesse que les schismes qui sont intervenus en l'Église n'ont concerné que les personnes et les eslections, et non la foi, l'authorité, ni l'office non plus, par quoi cela n'a rien diminué l'unité et essentielle intégrité de l'Église qui réside en la foi et commune confession des fidelles.

63. Je confesse que Dieu conserve son Église par les pasteurs, évesques et docteurs, et qu'advenant qu'on débatist de la personne de nostre S. Père le pape, ou à cause de schisme ou d'hérésie, ou de doubteuse doctrine, ce néantmoins elle demeure entière entre lesdicts pasteurs. Car la conservation de l'Église et de la foi, qui se fait par la souveraine présidence de nostre S. Père le pape, est un enrichissement d'abondante et dernière perfection pour plus briesvement et authentiquement finir les troubles de la foi et régir l'Église.

Voici les thèses opposées aux premières, comme elles furent couchées au premier synode national tenu à Paris au temps des plus violentes persécutions[1].

Chapitre III.

Confession de foi faicte d'un commun accord par les églises réformées du royaume de France.

1. Nous croyons et confessons qu'il y a un seul Dieu, qui est une seule et simple essence spirituelle, éternelle, invisible, immuable, infinie, incompréhensible, ineffable, qui peut toutes choses, qui est toute sage, toute bonne, toute juste et toute miséricordieuse.

2. Ce Dieu se manifeste aux hommes, premièrement par ses œuvres, tant par la création que par la conservation et conduite d'icelles; secondement et plus clairement par sa parole, laquelle au commencement révélée par oracles a esté puis après rédigée par escrit ès livres, que nous appellons Escriture saincte.

3. Toute ceste Escriture saincte est comprise ès livres canoniques du vieil et nouveau Testament, desquels le nombre s'ensuit : les 5 livres de Moyse, sçavoir est Genèse, Lévitique, Nombres, Deutéronome; item Josué, Juges, Ruth, le 1 et 2 livres de Samuel, 1 et

---

[1]. Cette profession de foi fut arrêtée dans le synode national tenu à Paris le 25 août 1559. La date nous est donnée par une copie conservée dans le vol. 1926, f. 37, du F. fr.; mais, suivant l'*Hist. ecclés.* de de Bèze (1840, t. I, p. 108), elle serait du 26 mai. La *France protestante* l'a publiée sans la dater, t. X, p. 31.

2 livres des Rois, 1 et 2 livres des Chroniques, autrement dit Paralipomenon, le premier livre d'Esdras; item Néhémie, le livre d'Ester, Job, psaumes de David, proverbes ou sentences de Salomon, le livre de l'Ecclésiaste, dit le prescheur, cantique de Salomon; item le livre d'Esaïe, Jérémie, lamentations de Jérémie, Ézéchiel, Daniel, Osée, Joel, Amos, Abdias, Jonas, Michée, Nahum, Abacuc, Sophonie, Aggée, Zacharie, Malachie; item le S. Évangile selon S. Matthieu, selon S. Marc, selon S. Luc, selon S. Jean; item le 2 livre de S. Luc, autrement dit les actes des apostres; item les épistres de S. Paul, une aux Romains, deux aux Corinthiens, une aux Galates, une aux Éphésiens, une aux Philippiens, une aux Colossiens, une aux Thessaloniciens, deux à Timothée, une à Tite, une à Philémon; item l'épistre aux Hébrieux, l'épistre de S. Jaques, la première et seconde épistre de S. Pierre, la première, seconde et troisième épistre de S. Jean, l'épistre de S. Jude; item l'Apocalypse ou révélation de S. Jean.

4. Nous cognoissons ces livres estre canoniques et reigle très certaine de nostre foi, non pas tant par le commun accord et consentement de l'Église, que par le tesmoignage et persuasion intérieure du S. Esprit, qui nous les fait discerner d'avec les autres livres ecclésiastiques, sur lesquels, encores qu'ils soyent utiles, on ne peut fonder aucun article de foi.

5. Nous croyons que la parole qui est contenue en ces livres est procédée de Dieu, duquel seul elle prend son authorité et non des hommes. Et, d'autant qu'elle est reigle de toute vérité, contenant tout ce qui est nécessaire pour le service de Dieu et de nostre salut,

il n'est loisible aux hommes ni mesmes aux anges d'y adjouster, diminuer ou changer. Dont il s'ensuit que ni l'antiquité, ni les coustumes, ni la multitude, ni la sagesse humaine, ni les jugements, ni les arrêts, ni les édicts, ni les décrets, ni les conciles, ni les visions, ni les miracles ne doivent estre opposés à icelle Escriture saincte, ains au contraire toutes choses doivent estre examinées, reiglées et réformées selon icelle. Et suivant icelle nous advouons les trois symboles, asçavoir des Apostres, de Nicée et d'Athanase, pource qu'ils sont conformes à la parole de Dieu.

6. Ceste Escriture saincte nous enseigne qu'en ceste seule et simple essence divine, que nous avons confessée, il y a trois personnes, le Père, le Fils et le S. Esprit. Le Père, première cause, principe et origine de toutes choses; le Fils, sa parole et sapience éternelle; le S. Esprit, sa vertu, puissance et efficace. Le Fils éternellement engendré du Père, le S. Esprit procédant éternellement de tous deux. Les trois personnes non confuses, mais distinctes, et toutesfois non divisées, mais d'une essence, éternité, puissance et esgalité. Et en ce advouons ce qui a esté déterminé par les conciles anciens, et détestons toutes sectes et hérésies qui ont esté rejettées par les saincts docteurs, comme S. Hilaire, S. Athanase, S. Ambroise et S. Cyrille.

7. Nous croyons que Dieu, en trois personnes coopérantes par sa vertu, sagesse et bonté incompréhensible, a créé toutes choses, non seulement le ciel et la terre et tout ce qui y est contenu, mais aussi les esprits invisibles, desquels les uns sont descheus et tresbuchés en perdition, les autres ont persisté en

obéissance; que les premiers, s'estans corrompus en malice, sont ennemis de tout bien, et par conséquent de toute l'Église; les seconds, ayans esté préservés par la grâce de Dieu, sont ministres pour glorifier le nom de Dieu et servir au salut de ses esleus.

8. Nous croyons que non seulement il a créé toutes choses, mais qu'il les gouverne et conduit, disposant et ordonnant selon sa volonté de tout ce qui advient au monde. Non pas qu'il soit autheur du mal, ou que la coulpe lui en puisse estre imputée, veu que sa volonté est la reigle souveraine et infaillible de toute droiture et équité, mais il a des moyens admirables de se servir tellement des diables et des meschans, qu'il sçait convertir en bien le mal qu'ils font et duquel ils sont coulpables. Et ainsi confessant que rien ne se fait sans la providence de Dieu, nous adorons en humilité les secrets qui nous sont cachés, sans nous enquérir par dessus nostre mesure, mais plustost appliquons à nostre usage ce qui nous est monstré en l'Escriture saincte pour estre en repos et seurté, d'autant que Dieu, qui a toutes choses subjectes à soi, veille sur nous d'un soing paternel, tellement qu'il ne tombera point un cheveu de nostre teste sans son vouloir, et cependant tient les diables et tous nos ennemis bridés en telle sorte qu'il ne nous peuvent faire aucune nuisance sans son congé.

9. Nous croyons que l'homme, ayant esté créé pur, entier et conforme à l'image de Dieu, est par sa propre faute décheu de la grâce qu'il avoit receue, et ainsi s'est aliéné de Dieu, qui est la fontaine de justice et de tout bien, en sorte que sa nature est du tout corrompue; et, estant aveugle en son esprit et dépravé en son

cœur, a perdu toute intégrité sans en avoir rien de résidu. Et combien qu'il y ait encores quelque discrétion du bien et du mal, nonobstant, nous disons que ce qu'il y a de clarté se convertit en ténèbres quand il est question de chercher Dieu, tellement qu'il n'en peut nullement approcher par son intelligence et raison. Et combien qu'il ait volonté, par laquelle il est incité à faire ceci ou cela, toutesfois elle est du tout captive soubs péché, en sorte qu'il n'a nulle liberté à bien que celle que Dieu lui donne.

10. Nous croyons que toute la lignée d'Adam est infectée de telle contagion, qui est le péché originel et un vice héréditaire, et non pas seulement une imitation, comme les Pélagiens ont voulu dire, lesquels nous détestons en leurs erreurs, et n'estimons pas qu'il soit besoin de s'enquérir comment le péché vient d'un homme à l'autre, veu que c'est bien assez, que ce que Dieu lui avoit donné n'estoit pas pour lui seul, mais pour toute sa lignée, et ainsi, qu'en la personne d'icelui, nous avons esté desnués de tous biens, et sommes tresbuschez en toute povreté et malédiction.

11. Nous croyons aussi que ce vice est vrayement péché, qui suffit à condamner tout le genre humain, jusques aux petits enfans dès le ventre de la mère, et que pour tel il est réputé devant Dieu ; mesme qu'après le baptesme c'est tousjours péché quant à la coulpe, combien que la condemnation en soit abolie ès enfans de Dieu, ne la leur imputant point par sa bonté gratuite. Outre cela, que c'est une perversité, produisant tousjours fruicts de malice et rébellion, tels que les plus saincts, encores qu'ils y résistent, ne laissent

point d'estre entachés d'infirmités et de fautes, pendant qu'ils habitent en ce monde.

12. Nous croyons que de cette corruption et condemnation générale, en laquelle tous hommes sont plongez, Dieu retire ceux lesquels en son conseil éternel et immuable, il a esleus par sa seule bonté et miséricorde en nostre Seigneur Jésus Christ, sans considération de leurs œuvres, laissant les autres en icelle mesme corruption et condemnation, pour démonstrer en eux sa justice, comme ès premiers il fait luire les richesses de sa miséricorde, car les uns ne sont point meilleurs que les autres, jusques à ce que Dieu les discerne, selon son conseil immuable, qu'il a déterminé en Jésus Christ, devant la création du monde. Et nul aussi ne se pourroit introduire à un tel bien de sa propre vertu, veu que de nature nous ne sçaurions avoir un seul bon mouvement, n'affection ni pensée, jusques à ce que Dieu nous ait prévenus et nous ait disposés.

13. Nous croyons qu'en icelui Jésus Christ, tout ce qui estoit requis à nostre salut nous a esté offert et communiqué, lequel nous estant donné à salut, nous a esté quand et quand faict, sapience, justice, sanctification et rédemption. En sorte qu'en déclinant de lui, on renonce à la miséricorde du Père, où il nous convient avoir nostre refuge unique.

14. Nous croyons que Jésus Christ, estant la sagesse de Dieu et son Fils éternel, a vestu nostre chair, afin d'estre Dieu et homme en une personne, voire homme semblable à nous, passible en corps et en ame, sinon en tant qu'il a esté pur de toute macule. Et quant à son humanité, qu'il a esté vraye semence d'Abraham et

de David, combien qu'il ait esté conceu par la vertu secrette du S. Esprit. En quoi nous détestons toutes hérésies qui ont anciennement troublé les Eglises, et notamment aussi les imaginations diaboliques de Servet[1], lequel attribue au Seigneur Jésus Christ une divinité fantastique, d'autant qu'il le dit estre idée et patron de toutes choses, et le nomme fils personnel ou figuratif de Dieu, et finalement lui forge un corps de trois éléments incréez, et par ainsi mesle et détruit toutes les deux natures.

15. Nous croyons qu'en une mesme personne, asçavoir Jésus Christ, les deux natures sont vrayement et inséparablement conjointes et unies, demeurant néanmoins chacune nature en sa distincte propriété, tellement que, comme en ceste conjonction la nature divine retenant sa propriété est demeurée incréée, infinie et remplissant toutes choses, aussi la nature humaine est demeurée finie, ayant sa forme, mesure et propriété; et mesmes combien que Jésus Christ en ressuscitant ait donné immortalité en son corps, toutesfois il ne lui a osté la vérité de sa nature. Et ainsi nous le considérons tellement en sa divinité, que nous ne le despouillons point de son humanité.

16. Nous croyons que par le sacrifice unique que le Seigneur Jésus a offert en la croix, nous sommes réconciliés à Dieu, pour estre tenus et réputés justes devant lui, pource que nous ne lui pouvons estre agréables, ni estre participans de son adoption, sinon d'autant qu'il nous pardonne nos fautes et les enseve-

---

1. Michel Servet, né en 1509, brûlé à Genève pour crime d'hérésie, à l'instigation de Calvin, en 1553.

lit. Ainsi nous protestons que Jésus Christ est nostre lavement entier et parfaict, et qu'en sa mort, nous avons entière satisfaction pour nous acquiter de nos forfaicts et iniquités, dont nous sommes coulpables, et ne pouvons estre délivrés que par ce remède.

17. Nous croyons que Dieu envoyant son Fils a voulu monstrér son amour et bonté inestimable envers nous, en le livrant à la mort, et le résuscitant pour accomplir toute justice, et pour nous acquérir la vie céleste.

18. Nous croyons que toute nostre justice est fondée en la rémission de nos péchez, comme aussi c'est seule félicité, comme dit David. Parquoi nous rejettons tous autres moyens de nous pouvoir justifier devant Dieu, et sans présumer de nulles vertus et mérites, nous nous tenons simplement à l'obéissance de Jésus Christ, laquelle nous est allouée, tant pour couvrir toutes nos fautes, que pour nous faire trouver grâce et faveur devant Dieu. Et de faict nous croyons qu'en déclinant de ce fondement tant peu que ce soit, nous ne pourrions trouver ailleurs aucun repos, mais serions tousjours agités d'inquiétude, d'autant que jamais nous ne sommes paisibles avec Dieu, jusques que nous soyons bien résolus d'estre aimés de Jésus Christ, veu que nous sommes dignes d'estre haïs en nous mesmes.

19. Nous croyons que c'est par ce moyen que nous avons liberté d'invoquer Dieu avec pleine fiance, qu'il se monstrera nostre Père. Car nous n'aurions aucun accès au Père, si nous n'estions adressés par ce médiateur, et pour estre exaucés en son nom, il convient tenir nostre vie de lui, comme de nostre chef.

20. Nous croyons que nous sommes faicts partici-

pans de ceste justice par sa seule foi, comme il est dit qu'il a souffert pour nous acquérir salut, à celle fin que quiconque croira en lui ne périsse point; et que cela se faict, d'autant que les promesses de vie qui nous sont données en lui sont appropriées à nostre usage, et en sentons l'effect quand nous les acceptons, ne doutans point qu'estans asseurés par la bouche de Dieu, nous ne serons point frustrés. Ainsi la justice que nous obtenons par foi dépend des promesses gratuites par lesquelles Dieu nous déclare et testifie qu'il nous aime.

21. Nous croyons que nous sommes illuminés en la foi par la grâce secrette du S. Esprit, tellement que c'est un don gratuit et particulier que Dieu départ à ceux que bon lui semble, en sorte que les fidelles n'ont de quoi s'en glorifier, estans obligés au double de ce qu'ils ont esté préférés aux autres; mesmes que la foi n'est pas seulement baillée pour un coup aux esleus pour les introduire au bon chemin, ains pour les y faire continuer aussi jusques au bout. Car, comme c'est à Dieu de faire le commencement, aussi c'est à lui de parachever.

22. Nous croyons que par ceste foi nous sommes régénérez en nouveauté de vie, estans naturellement asservis à péché. Or, nous recevons par foi la grâce de vivre sainctement et en la crainte de Dieu, en recevant la promesse qui nous a esté donnée par l'Évangile, asçavoir que Dieu nous donnera son S. Esprit. Ainsi la foi non seulement ne refroidit l'affection de bien et sainctement vivre, mais l'engendre et excite en nous, produisant nécessairement les bonnes œuvres. Au reste, combien que Dieu pour accomplir nostre

salut nous régénère, nous réformant à bien faire, toutesfois nous contestons que les bonnes œuvres que nous faisons, par la conduite de son esprit, ne vienent point en compte pour nous justifier, ou mériter que Dieu nous tiene pour ses enfans, pource que nous serions tousjours flotans en doute et incertitude, si nos consciences ne s'appuyoient sur la satisfaction par laquelle nostre Seigneur Jésus Christ nous a acquités.

23. Nous croyons que toutes les figures de la loi ont pris fin à la venue de Jésus Christ, mais combien que les cérémonies ne soyent plus en usage, néantmoins la substance et vérité nous en est demeurée en la personne de celui auquel gist tout l'accomplissement. Au surplus, il nous faut aider de la loi et des prophètes, tant pour reigler nostre vie que pour estre conformes aux promesses de l'Évangile.

24. Nous croyons, puisque Jésus Christ nous est donné pour seul advocat, et qu'il nous commande de nous retirer privément en son nom vers son Père, et mesmes qu'il ne nous est pas licite de prier, sinon en suivant la forme que Dieu nous a dictée par sa parole, que tout ce que les hommes ont imaginé de l'intercession des sainctz trespassez n'est qu'abus et fallace de Satan, pour faire desvoyer les hommes de la forme de bien prier. Nous rejettons aussi tous autres moyens que les hommes présument avoir, pour se racheter envers Dieu, comme desrogeans au sacrifice de la mort et passion de nostre Seigneur Jésus Christ. Finalement, nous tenons le purgatoire pour une illusion procédée de ceste mesme boutique, de laquelle sont aussi procédez les vœux monastiques, pélérinages, défenses du mariage et de l'usage des viandes, l'observation

cérémonieuse des jours, la confession auriculaire, des indulgences et toutes autres telles choses, par lesquelles on pense mériter grâce et salut. Lesquelles choses nous rejettons, non seulement pour la fausse opinion du mérite qui y est attaché, mais aussi pour ce que ce sont inventions humaines qui imposent joug aux consciences.

25. Or, pource que nous ne jouissons de Jésus Christ que par l'Évangile, nous croyons que l'ordre de l'Église, qui a esté establi en son authorité, doit estre sacré et inviolable, et partant que l'Église ne peut consister, sinon qu'il y ait des pasteurs qui ayent la charge d'enseigner, lesquels on doit honorer et escouter en révérence, quand ils sont deuement appelez et exercent fidèlement leur office. Non pas que Dieu soit attaché à telles aides ou moyens inférieurs, mais pource qu'il lui plaît nous entretenir sous telle charge et bride. En quoi nous détestons tous fantastiques qui voudroyent bien, en tant qu'en eux est, anéantir le ministère et prédication de la parole de Dieu et ses sacremens.

26. Nous croyons donc que nul ne se doit retirer à part, et se contenter de sa personne, mais tous ensemble se doivent garder et entretenir l'unité de l'Église, se soumettant à l'instruction commune et au joug de Jésus Christ, et ce en quelque lieu où Dieu aura establi un vrai ordre d'Église, encores que les magistrats et leurs édits y soyent contraires, et que tous ceux qui ne s'y rangent ou s'en séparent contrarient à l'ordonnance de Dieu.

27. Toutesfois, nous croyons qu'il convient discerner soigneusement et avec prudence quelle est la vraye

Église, pource que par trop on abuse de ce tiltre. Nous disons donc, suivant la parole de Dieu, que c'est la compagnie des fidèles qui s'accordent à suivre icelle parole et la pure religion qui en dépend, et profitent en icelle tout le temps de leur vie, croissans et se confermans en la crainte de Dieu, selon qu'ils ont besoin de s'avancer et marcher tousjours plus outre, mesme quoi qu'ils s'efforcent, qu'il leur convient avoir incessamment recours à la rémission de leurs péchez; néantmoins nous ne nions point que parmi les fidèles il n'y ait des hypocrites et réprouvés, desquels la malice ne peut effacer le tiltre de l'Église.

28. Sous cette créance, nous protestons que là où la parole de Dieu n'est receue, et qu'on ne fait nulle profession de s'assubjettir à icelle, et où il n'y a nul usage des sacremens, à parler proprement, on ne peut juger qu'il y ait aucune église. Pourtant nous condamnons les assemblées de la papauté, veu que la pure vérité de Dieu en est bannie, esquelles les sacremens sont corrompus, abastardis, falsifiés ou anéantis du tout, et esquelles toutes superstitions et idolâtries ont vogue. Nous tenons donc que tous ceux qui se meslent en tels actes et y communiquent se séparent et retranchent du corps de Jésus Christ. Toutesfois, pource qu'il reste encores quelque petite trace d'Église en la papauté, et mesme que la substance du baptesme y est demeurée, joinct que l'efficace du baptesme ne despend de celui qui l'administre, nous confessons que ceux qui y sont baptisez n'ont besoin d'un second baptesme, cependant, à cause des corruptions qui y sont, on n'y peut présenter les enfans sans se polluer.

29. Quant est de la vraye Église, nous croyons

qu'elle doit estre gouvernée selon la police que nostre Seigneur Jésus Christ a establie. C'est qu'il y ait des pasteurs, surveillans et diacres, afin que la pureté de la doctrine ait son cours, que les vices soyent corrigés et réprimés et que les pauvres et autres affligés soyent secourus en leurs nécessités et que les assemblées se facent au nom de Dieu, esquelles grands et petits soyent édifiez.

30. Nous croyons tous vrais pasteurs, en quelque lieu qu'ils soyent, avoir mesme authorité et esgale puissance sous un seul chef, seul souverain et seul universel évesque Jésus Christ, et pour ceste cause que nulle église ne doit prétendre aucune domination ou seigneurie sur l'autre.

31. Nous croyons que nul ne se doit ingérer de son authorité propre pour gouverner l'Église, mais que cela se doit faire par élection, entant qu'il est possible et que Dieu le permet, laquelle exception nous y adjoustons notamment, pource qu'il a falu quelquesfois et mesme de nostre temps, auquel l'estat de l'Église estoit interrompu, que Dieu ait suscité gens d'une façon extraordinaire pour dresser l'Église de nouveau, qui estoit en ruine et désolation. Mais quoi qu'il en soit, nous croyons qu'il se faut tousjours conformer à ceste reigle : que tous pasteurs, surveillans et diacres ayent tesmoignage d'estre appelés à leur office.

32. Nous croyons aussi qu'il est bon et utile que ceux qui sont esleus pour estre superintendans advisent entr'eux quel moyen ils devront tenir pour le régime de tout le corps, et toutesfois qu'ils ne déclinent nullement de ce qui nous en a esté ordonné par nostre Seigneur Jésus Christ. Ce qui n'empesche point qu'il

n'y ait quelques ordonnances particulières en chacun lieu, selon que la commodité le requerra.

33. Cependant nous excluons toutes inventions humaines et toutes loix qu'on voudroit introduire, sous ombre du service de Dieu, par lesquelles on voudroit lier les consciences; mais seulement recevons ce qui fait et est propre pour nourrir concorde et tenir chacun depuis le premier jusques au dernier en obéissance, en quoi nous avons à suivre ce que nostre Seigneur Jésus Christ a déclaré quant à l'excommunication, laquelle nous approuvons et confessons estre nécessaire avec toutes ses apartenances.

34. Nous croyons que les sacremens sont adjoustés à la parole pour plus ample confirmation, afin de nous estre gages et marreaux[1] de la grâce de Dieu, et par ce moyen aider et soulager nostre foi à cause de l'infirmité et rudesse qui est en nous, et qui sont tellement signes extérieurs que Dieu besongne par iceux en la vertu de son esprit, afin de ne nous y rien signifier en vain. Toutesfois nous tenons que toute leur substance et vérité est en Jésus Christ, et si on les en sépare ce n'est plus qu'ombrage et fumée.

35. Nous en confessons seulement deux communs à toute l'Église, desquels le premier qui est le baptesme nous est donné pour tesmoignage d'adoption, par ce que là nous sommes entez au corps de Christ, afin d'être lavés et nettoyés par son sang, et puis renouvelés en saincteté de vie par son esprit. Nous tenons aussi, combien que nous ne soyons baptisez qu'une fois, que le profit, qui nous est là signifié,

---

1. *Marreau,* méreau.

s'estend à la vie et à la mort, afin que nous ayons une signature permanente que Jésus Christ nous fera tousjours justice et sanctification. Or, combien que ce soit un sacrement de foi et de pénitence, néantmoins pource que Dieu reçoit en son Église les petis enfans avec leurs pères, nous disons par l'authorité de Jésus Christ que les petis enfans engendrés des fidèles doivent estre baptisez.

36. Nous confessons que la S. Cène, qui est le second sacrement, nous est tesmoignage de l'unité que nous avons avec Jésus Christ, d'autant qu'il n'est pas seulement une fois mort et ressuscité pour nous, mais aussi nous repaist et nourrit vrayement de sa chair et de son sang à ce que nous soyons un avec lui, et que sa vie nous soit commune. Or, combien qu'il soit au ciel jusques à ce qu'il viene pour juger tout le monde, touteffois nous croyons que, par la vertu secrète et incompréhensible de son esprit, il nous nourrit et vivifie de la substance de son corps et de son sang. Nous tenons bien que cela se fait spirituellement, non pas pour mettre au lieu de l'effect et de la vérité imagination ne pensée, mais d'autant que ce mystère surmonte en sa hautesse la mesure de nostre sens et tout ordre de nature, bref, pource qu'il est céleste, il ne peut estre apréhendé que par foi.

37. Nous croyons, ainsi qu'il a esté dit, que tant en la Cène qu'au baptesme, Dieu nous donne réellement et par effect ce qu'il y figure, et pourtant nous conjoignons avec les signes la vraye possession et jouissance de ce qui nous est là présenté, et par ainsi tous ceux qui apportent à la table sacrée de Christ une foi comme un vaisseau reçoivent vrayement ce que les

signes y testifient. C'est que le corps et le sang de Jésus-Christ ne servent pas moins de boire et manger à l'âme, que le pain et le vin font au corps.

38. Ainsi, nous tenons que l'eau, estant un élément caduque, ne laisse pas de nous testifier à la vérité le lavement intérieur de nostre âme au sang de Jésus Christ par l'efficace de son esprit, et que le pain et le vin, nous estant donnés en la Cène, nous servent vrayement de nourriture spirituelle, d'autant qu'ils nous monstrent, comme à l'œil, la chair de Jésus-Christ nous estre nostre viande et son sang nostre breuvage. Et rejettons les fantastiques sacramentaires qui ne veulent recevoir tels signes et marques, veu que nostre Seigneur Jésus Christ prononce : Ceci est mon corps et ce calice est mon sang. Prenez, mangez, beuvez en tous.

39. Nous croyons que Dieu veut que le monde soit gouverné par loix et polices, afin qu'il ait quelques brides pour réprimer les appétits désordonnés du monde. Et, ainsi qu'il a establi les royaumes, républiques et toutes autres sortes de principautez, soit héréditaires ou autrement, et tout ce qui appartient à l'estat de justice, et en veut estre recogneu autheur, à ceste cause, il a mis le glaive en la main des magistrats pour réprimer les péchés commis, non seulement contre la seconde table des commandements de Dieu, mais aussi contre la première. Il faut donc, à cause de lui, que non seulement on endure que les supérieurs dominent, mais aussi qu'on les honore et prise en toute révérence, les tenant pour ses lieutenans et officiers, lesquels il a commis pour exercer une charge légitime et saincte.

40. Nous tenons donc qu'il faut obéir à leurs loix et statuts, payer tributs, imposts et autres debvoirs, et porter le joug de sujection d'une bonne et franche volonté, encores qu'ils fussent infidèles, moyennant que l'empire souverain de Dieu demeure en son entier. Par ainsi, nous détestons ceux qui voudroyent rejetter les supériorités, mettre communauté et confusion de biens et renverser l'ordre de justice.

Chapitre IV.

Abrégé du dire des catholiques.

Voilà[1] les thèses sur lesquelles la France, l'Allemagne, l'Italie, quelque part d'Espagne, l'Angleterre et les pays septentrionnaux en mesme temps résonnèrent de disputes, soit publiques, soit particulières, par lesquelles les catholiques maintenoyent leur Église pour estre seule, saincte, universelle et apostolique, par l'ancienneté, la succession, par l'estendue et par l'authorité que ces trois premiers points lui attribuent. Pour le premier, ils prennent le fondement de l'Église sur saint Pierre, auquel Jésus Christ a donné les clefs du royaume des cieux, la charge de paistre les brebis, la puissance de lier et deslier. A ce premier point ils joignent le second, qui est la succession personnelle de tous les papes jusqu'à ce temps, sans intermission quelconque. Pour le troisiesme, ils monstrent l'estendue de tant de

---

1. Ce chapitre débute ainsi dans l'édition de 1616 : « L'Italie, l'Allemagne, la France et l'Angleterre et presque toutes les parts de l'Europe se virent en même temps résonner de disputes et privées, *par lesquelles*..... »

royaumes, lesquels unanimement recognoissent le siège de Rome, sa doctrine et ses constitutions. Adjoustent à cela les promesses de Dieu, selon lesquelles il monstre, sans contredit, que l'Église ne pourra jamais défaillir. Cette Église estant entre leurs mains, ils maintienent n'appartenir qu'à eux d'authoriser les escritures et les expliquer.

Et toutesfois, pour la pitié qu'ils ont eu des dévoyés, ils ont cédé de leur droict, descendans au champ du combat par disputes, soit aux conciles, où ils ont voulu et permis disputer ceux qui l'ont osé, soit en privé, comme il paroit par les actes imprimez, desquels les bibliothèques sont pleines de toutes parts. Ils chargent au contraire leurs adversaires de nouveauté d'estre sans succession et sans estendue, et par conséquent sans authorité, forclos de leurs raisons, faute de légitime vocation; que depuis cent ans[1] ils ont paru, leurs ministres ingérés ne peuvent rien produire que faussement. D'ailleurs, que leur religion est approuvée par si peu de peuple que la paucité en descouvre l'impureté. Qu'il ne leur appartient pas de manier les livres sacrés ni d'enseigner, n'estans pas assis sur la chaire de Moyse, qui est celle de sainct Pierre. Qu'en tout[2], ces novalistes paroissent en mesme temps misérables et orgueilleux; le premier en se privant des thrésors de l'Église, comme des indulgences du Saint-père, et puis des absolutions des confesseurs, le plus petit et plus pécheur desquels, en prononçant *absolvo te*, délivre absolument de tout

1. C.-à-d. *qu'ils ont paru*.
2. Ce passage, jusqu'à *qu'ayans à combattre*, manque à l'édition de 1616.

péché celui qui se confesse. Leur orgueil paroist en ce que, demourants non censés et non absouls, ils se vantent d'estre très asseurés de leur salut, au lieu de posséder leurs âmes en crainte, selon le précepte de S. Paul. Qu'ayans à combatre la doctrine des conciles, pères et docteurs de l'Église répugnante à leur confession, ils doivent appuyer par miracles leur nouveauté.

Toutes ces choses sont tirées des termes exprès de Panigarole [1], de Xainctes [2], de Gentian Hervet [3] et autres docteurs de ceste volée, redites depuis et en meilleur ordre par Bellarmin [4] et autres jésuites qui ont escrit en ces derniers jours.

Chapitre V.

Abrégé du dire des réformés.

A cela, les réformés répondent que l'ancienneté du christianisme est de Christ, celle de l'Église aposto-

[1]. François Panigarola, né à Milan le 6 janvier 1548, cordelier en 1567, évêque d'Asti en 1587, envoyé en France pour soutenir le parti de la Ligue, mourut le 31 mai 1594.

[2]. Claude de Saintes, théologien, argumenta contre de Bèze au colloque de Poissy, devint évêque d'Évreux, embrassa le parti de la Ligue, fut poursuivi et emprisonné à Caen pour avoir essayé de justifier l'assassinat de Henri III et mourut en 1591.

[3]. Gentien Hervet, controversiste, né à Olivet en 1499, prit part au colloque de Poissy en 1561, suivit le cardinal de Lorraine au concile de Trente et mourut à Reims, le 12 septembre 1584.

[4]. Robert Bellarmin, né à Montepulciano en Toscane, le 4 octobre 1542, jésuite en 1560, fut nommé cardinal en 1598. Son ouvrage le plus remarquable est ainsi intitulé : *Disputationes de controversis christianæ fidei articulis lib. IV.* Il mourut à Rome le 17 septembre 1621.

lique des apostres, que ceste ancienneté est du costé de ceux qui maintiennent la doctrine et gardent les cérémonies de Christ et des apostres, et partant du leur. Au contraire, la nouveauté est parmi leurs adversaires, qui ont changé la doctrine en plusieurs poincts, la cérémonie presques en tous. La succession doctrinale n'estant la personnelle que pour les Juifs, ils maintiennent ceste succession rompue, quant à la doctrine, par l'idolatrie, l'abus des sacrements, et l'office de Rédemption osté à Jésus Christ. Et encor, pour la succession personnelle, ils la tiennent violée par les papes arriens, comme Libérius[1] et Félix[2], payens, comme Marcelin[3] et autres hérétiques, et enfin par les femmes qui ont possédé la chaire[4]. Cependant, pour la succession doctrinale de leur costé, ils mettent en avant le catalogue des tesmoins de vérité, monstrans évesques, prescheurs et escrivains publics, qui ont maintenu leurs controverses de point en point, sans y

1. Marcellinus Félix Liber, né à Rome, élu pape le 8 mai 352, mort le 24 décembre 366.
2. Félix est un diacre que les Ariens nommèrent pape à la place de Liber, lorsque celui-ci, refusant de reconnaître leur doctrine, fut, par l'ordre de l'empereur Constance, relégué à Bérée en Thrace. Plus tard, Liber rentra à Rome en triomphe et Félix fut chassé.
3. Saint Marcellin, né à Rome, élu pape le 30 juin 296, mort le 24 octobre 304. On l'a accusé d'avoir sacrifié aux idoles pour sauver sa vie. Saint Augustin a montré la fausseté de cette accusation à laquelle d'Aubigné paraît donner créance.
4. D'Aubigné fait allusion à la papesse Jeanne, qui aurait occupé le saint-siège entre Léon IV et Benoît III, au milieu du ixe siècle, sous le titre de Jean VIII. Cette fable, aussi souvent réfutée que reproduite, a été récemment l'objet en Espagne d'une savante étude de M. Mateos Gagoy Fernandez, traduite en français par Auguste Roussel.

manquer d'un demi-siècle. Quant à l'estendue, ils disent que la porte large est celle qui mène à perdition, que, si la multitude estoit preuve, elle favoriseroit les Turcs, et plus encores les payens. Ainsi, ils laissent toute l'authorité à la parole de Dieu, appellans ceux qui se sauvent à autre azile, fugitifs de la raison.

Ils reçoivent les anciens conciles tenus avant la difformation, se soumettans à eux, comme aussi aux anciens docteurs, selon la puissance qu'eux-mesmes ont demandée, et en ce qu'ils sont d'accord avec l'Escriture, voire avec eux-mesmes, jusques-là qu'ils ont offert par député, duquel je puis respondre, de reigler la créance et les cérémonies de l'Église à toutes les constitutions establies jusques dans le cinquiesme siècle.

La[1] response aux deux reproches de misère et l'orgueil est fort courte, et par implication de contrariétés. Comment, disent-ils, pourroit estre le salut incertain de ceux qui sont absouls de tous péchés?

Quant aux miracles, ils disent que ceux de Christ ont esté véritables pour approuver sa doctrine, authoriser ceux qui la suivent et non les autres; ceux de l'Antéchrist n'ont esté miracles, ni vrais, ni vrayement.

Toutes ces choses maintenues dans les conciles, dans les prisons et dans les feux, le livre des tesmoins de la vérité leur a esté facile jusques au sixième siècle, difficile depuis l'absolue puissance des papes, et pourtant en ont chevi[2] jusques à la première

---

1. Ce paragraphe manque à l'édition de 1616.
2. *Chevir,* jouir, disposer.

resource[1] de l'Église par les Albigeois. Et, quant à ce qu'on ne trouve pas ceste forme d'église, depuis le septième à l'onziesme siècle, assés apparente, ils disent qu'il y en avoit moins en la continuation de l'Église du temps d'Élie, d'Azarias et autres transmigrations, quoique la promesse fut lors attachée à la succession personnelle, et que Jésus Christ dist de sa bouche que le temps viendra que Dieu sera servi seulement en esprit et vérité. Et par ainsi, on argumente du non paroistre au non estre faussement.

Voilà assez pour les controverses, afin qu'on n'impose point à la postérité, et qu'elle ait cognoissance des créances diverses récitées sans fard et véritablement.

Chapitre VI.

Des Vaudois.

On se plaint que les histoires des Vaudois ont esté toutes falsifiées[2], que nous n'avons rien d'eux, par leurs mains, mais par celles qui les ont persécutés. Il en faut mettre sur pieds ce qui se peut tirer des ténèbres, tant pource que les réformés veulent avoir relevé l'enseigne de ceux-là, comme aussi pource que ces peuples ruinez ont espandu, par l'Europe, les semences de ceux à qui, plus ouvertement, on peut attribuer la réformation.

1. *Resource,* retour à la source, rénovation.
2. Var. de l'édit. de 1616 : « ... *falsifiées.* Il en faut mettre sur pied ce qui se pourra brièvement, tant pource que les réformés veulent que l'enseigne d'Israël ait été relevée par eux, comme aussi pource que ceux là ont espandu en divers royaumes *les semences...* »

Valdo[1], jeune marchand très riche et très débauché, compagnon des plus perdus de la ville de Lyon, estant un soir à folastrer aux rais de la lune, vit un de ses mauvais garçons qui, ayant renié Dieu et blasphémé en termes horribles, tomba sur le champ roide mort sur le pavé. L'effroi ayant saisi l'ame de Valdo, se convertit en pénitence et changea, de tout point, la vie du jeune homme, qui, s'estant retiré des mauvaises compagnies, s'appliqua à la lecture et méditation des saincts livres et de son salut[2].

Ce fut en l'onzième siècle, lors que la transsubstantiation fut establie, après grandes altercations et long retardement, par l'opposition de plusieurs évesques et surtout des Espagnols, se trouvant dès lors plusieurs qui aimèrent mieux souffrir la mort que consentir à une telle nouveauté.

Valdo, avec quelques uns de ses amis, s'esleva contre, suivi de plusieurs personnes et familles, tant à cause de la grande doctrine qu'il avoit acquise dans peu de temps et conversion en une vie sans reproche, que des aumosnes où il employa grande quantité de biens.

Le pape Alexandre[3] l'anathématiza et fit chasser de Lyon lui et les siens, lesquels furent dispersés en Pro-

1. Tout ce qui suit, jusqu'à la fin du chapitre suivant, manque à l'édition de 1616.
2. Ces détails sur Valdo nous ont été laissés par Guy de Perpignan, évêque d'Elna, qui remplit l'office d'inquisiteur contre les Vaudois (De Thou, 1740, t. I, p. 532).
3. Alexandre III, élu pape le 7 septembre 1159, ouvrit le troisième concile de Latran (mars 1179), qui condamna les Vaudois, plus connus alors sous le nom de Cathares, et mourut le 30 août 1181.

vence et Dauphiné. Ceste semence, croissant merveilleusement jusqu'en Picardie et en Flandres, le roi Philippe-Auguste[1], pour arrester leur augmentation, rasa trois cent maisons de gentilshommes picards, destruisit quelques villes murées et fit brusler grand nombre de ceux, qu'à cause dudit Valdo on avoit premièrement nommé Vaudois.

Ceste doctrine, estant passée en Allemagne, y fut aussi tost persécutée par les évesques de Mayence et de Strasbourg. Et furent bruslés au premier lieu dix-huit, au second quatre-vingts et à Binze trente-cinq bourgeois en un mesme feu. Mais cela eschauffant au lieu d'esteindre, l'an 1315, toutes les parties de l'Europe orientale conceurent ceste religion avec telle ardeur qu'à Passau se fit assemblée de quatre-vingt mille personnes, quoique recerchées curieusement et bruslés partout sans rémission.

On adjousta à la perte des vies et des biens toutes sortes d'opprobres, en adjoustant au nom de Vaudois ceux d'Albigeois[2], Chaignars, Tramontins, Joséphites, Lollards, Frérots ou Fraticelli, Insabbatins, Pataréniens, Passagents, Gasares, Turlupins, Touzins, Plomeaux, Picards, Lionnois, Bohémiens, Cathares, Arriens, Manichéens, Gnostiques, Cataphtygiens, Adamites, Sorciers, Apostoliques, Ribauts.

Et ainsi, meslant des noms de mespris avec ceux

---

1. En 1183, Philippe-Auguste fit traduire à Arras un grand nombre d'hérétiques devant le tribunal ecclésiastique de Guillaume, archevêque de Reims.

2. Le nom d'Albigeois, pour désigner les hérétiques de la province, ne fut employé que vers l'an 1208, c'est-à-dire à l'époque où, sur l'avis d'Innocent III, Raymond VI, comte de Toulouse, se mit à la tête de la croisade prêchée contre eux.

d'hérésie et d'horreur, on tascha leur renommée de toutes les hérésies qu'on put. Cela leur fit publier les articles de leur foi et une apologie adressée au roi de France sous le nom de Lancelau, portant pour tiltre : *Aiço es la causa del nostre departiment de la Gleisa Romana.* Là sont déduites leur créance, raisons, formes et polices en langue vaudoise.

Qui voudra se contenter au long de ces choses, lise le livre de Perrin, Lionnois, imprimé par Berjon l'an 1618[1].

La profession que je fai de n'enfler point mon ouvrage des labeurs d'autrui, la briesveté que j'observe mesmement ès choses eslongnées me font quitter tous les récits exprès, me contentant de vous dire que ce livre déduit plusieurs institutions tirées d'autheurs presques tous catholiques, comme Guidon de Perpignan, Claude Rubis, Albert de Capitancis, Viguier, Dubravius, Matthieu Paris, Christophle de Thou, Reyner, Albert, Paul Langius, Guicchardin, Jaques de Ribera, Chassanion, Claude de Seyssel, Baronius, Vessembekius, du Haillan, Camerarius[2], et puis de la

---

1. Jean-Paul Perrin fut ministre protestant à Nyons. On a de lui : *Histoire des chrétiens albigeois* (Genève, 1618, in-8°) et *Histoire des Vaudois* (Genève, 1617, in-8°).

2. Guy de Perpignan, général des Carmes en 1318, évêque de Majorque en 1321, mort à Avignon en 1344. — Claude de Rubis, historien, né en 1533, à Lyon, mort dans cette ville à la fin de septembre 1613. — Nicolas Viguier, historien, né en 1530, à Bar-sur-Seine, mort à Paris, le 13 mars 1596. — Roderich Dubravius, jurisconsulte bohémien, mort le 3 août 1545. — Mathieu Paris, chroniqueur anglais, né vers 1195, mort en 1259. — Paul Lange, littérateur et historien allemand, entra dans un couvent de Bénédictins où il eut Trithème pour maître. Il était né à Zwickau en 1460, et mourut vers 1536.

Mer des histoires[1], du Thrésor de la foi[2], du Traicté des tribulations[3], de l'Exposition des commandemens[4].

Ce premier rang de livres ayant à tasche de rendre les Vaudois odieux, les a honorés au discours de leurs vies et monstré que leur doctrine est pareille à la réformée d'aujourd'hui.

D'autre costé, les livres qu'on avoit esteints avec grand diligence et despense ont esté remis sus par la curiosité des inquisiteurs mesmes, qui en gardoyent quelques pièces, lesquelles, à leur mort, ils n'avoyent pas soin de sequestrer. De ceste manière s'est sauvé le *Traité de l'Antéchrist*, datté de l'an 1120. Et celui *Del purgatorio Soima*, qui est à dire songe, et jusques à trente volumes de mesme profession.

— Jean de Chassanion, historien, né à Monistral en Velay, vivait en 1595. — Claude de Seyssel, chroniqueur, jurisconsulte, conseiller d'État sous Louis XII, nommé évêque de Marseille en 1509, archevêque de Turin en 1517, mourut dans cette ville, le 31 mai 1520. Il était né à Aix en Savoie, vers 1450. — Mathieu de Wesembeck, professeur de droit à Wittemberg, mort en 1586. — Barthélemy Camerarius, théologien, né à Bénévent, président de la chambre royale à Naples, en 1529, vint en France où François Ier le nomma conseiller d'État, et mourut à Naples en 1524.

1. *La Mer des histoires*, Paris, 1488, 2 vol. in-fol., traduction des *Rudimenta noviciorum*, de Jean Colonne, faite par un chanoine de Mello en Beauvoisis, qui a continué cette chronique jusqu'au règne de Louis XI.

2. Probablement le *Trésor admirable de la sentence prononcée par Ponce-Pilate, contre notre Sauveur Jésus-Christ*. Paris, Guill.-Julien, 1581, pet. in-8°.

3. *Traité intitulé et appelé l'armure de patience en adversité, très consolatif pour ceux qui sont en tribulation*. Il est suivi d'une exposition en vers sur le *Salve Regina*, 1542, in-8°, goth.

4. *Les Expositions des Évangiles en françois avec les dix commandements de la loy et les cinq commandements de la Sainte-Église*, s. l. n. d., vers 1500, in-fol.

L'an 1585, le duc Desdiguières[1] prit Ambrun[2], où Calignon[3] et un autre conseiller sauvèrent les archives du feu mis par les catholiques, et en tirèrent plusieurs escrits et procès d'une multitude de martyrs non encor entrés au recueil qui estoit faict.

Les archevesques Jean et Rostin[4], estans entrés en dissension avec les inquisiteurs et moines qu'on leur envoyoit, gardèrent ces tiltres contre l'ordonnance de les esteindre pour monstrer leurs rigueurs à l'envi des autres, et cela servit à la renaissance des choses estouffées.

Par mesme moyen, sont venues au jour les petites guerres et persécutions par armes qui ont suivi les feux, comme ce qui advint sous le comte de Varax[5], lieutenant de roi en l'an 1488. Car, pour accourcir la peine de tant de supplices particuliers, le lieutenant de roi entra dans la Valloize[6], de laquelle les peuples, avec femmes et enfans, s'estans sauvés en quelques

---

1. François de Bonne, duc de Lesdiguières (ou mieux des Diguières), né le 1er avril 1543, chef du parti réformé en Dauphiné, connétable après la mort du duc de Luynes, mourut à Valence, le 28 septembre 1626. Ses Actes et Correspondance ont été publiés par le comte de Douglas et J. Roman, 1878-1884, 3 vol. in-4°.

2. Le 19 novembre 1585, Lesdiguières prit la citadelle d'Embrun à l'aide du pétard. Voyez le chap. XVII du livre V de la 2e partie.

3. Geoffroy de Calignon, né à Voiron, près de Grenoble, en 1550, secrétaire de Lesdiguières, chancelier de Navarre sous Henri IV, mourut à Paris en 1606.

4. Jean de Baux et Rostan de Capra, archevêques d'Arles, le premier de 1235 à 1258, le deuxième de 1286 à 1303.

5. Le comte de Varax, de la maison de Rye.

6. La Vallouise (Hautes-Alpes).

cavernes, on mit le feu aux embouchures. Ceux qui se voulurent jetter du rocher en bas, et qui languissoyent du précipice, furent tués par les soldats. Quatre cents petis enfans furent trouvés estouffés dans leurs berceaux ou entre les bras des mères mortes. Ce coup fit mourir 3,000 habitans de la vallée, qui fut presque tout. Cela fit que les Vaudois de Pragela et de Fressinières pensèrent à leur défense. Les gens de guerre estans renvoyés avec honte, on procéda contre eux, par fulminations et tableaux, avec défense aux pères d'intercéder pour leurs enfans. Et, de là, une grande suite de martyrs qui se verront en leur place, et telles exécutions estendues en Piedmont ès valées Massie, Meane, comme aussi en Provence, en Calabre, en Bohême, en Austriche, en Polongne, en Dalmatie, Croacie, Sclavonie, en toute l'ancienne Grèce, sans que l'Espagne, la France et l'Angleterre en ayent esté exemptes, comme il se verra en son lieu.

Chapitre VII.

Des Albigeois[1].

Ces Vaudois, comme nous avons dit, entre les divers noms qu'on leur donne, eurent celui d'Albigeois. Par ce mot ont esté désignez ceux qui, ayans

---

1. D'Aubigné s'est surtout inspiré, dans la rédaction de ce chapitre, de la Chronique de Pierre de Vaux-de-Cernay, publiée pour la première fois en 1615. L'*Histoire de Languedoc* a utilisé le même document, de sorte que les deux historiens se suivent pas à pas. La chronique, plusieurs fois réimprimée, a été traduite dans la collection sur l'Histoire de France de M. Guizot.

fait leur premier amas en Albi, ont rendu plusieurs défenses, et par plus d'un siècle, en Languedoc et aux pays circonvoisins. Ceux-là creurent en force. En l'année 1200, ils tenoyent les villes de Thoulouze, Pamiès, Montauban, Villemur, S. Anthonin, Puilaurent, Castres, Lombès, Béziers, Carcassonne, Narbonne, Beaucaire et toutes les villettes qui sont sous celles-là. Puis, passant le Rhosne, avoyent pris Tarascon, la comté de Venisse, et, en Daulphiné, Crest-Arnauld et le Monteil-Aimar.

A leur parti s'estoyent rangés plusieurs seigneurs : Raymond, comte de Thoulouze[1], Raymond, comte de Foix[2], Gaston, prince de Béarn[3], les comtes de Bigorre[4] et de Carmaing[5], le vicomte de Béziers[6]; et mesme le comte de Thoulouze y fut assisté secrettement du roi d'Angleterre, et plus ouvertement de celui d'Arragon[7].

1. Raymond V, né en 1134, époux en 1154 de Constance, sœur de Louis VII, mort à Nimes vers la fin de l'année 1194.

2. Raymond Roger, comte de Foix, succéda au comte Roger-Bernard son père, en 1188, s'allia à Raymond VI, comte de Toulouse, contre les croisés allemands en 1211, et mourut en mars 1223 à Pamiers.

3. Gaston VI, vicomte de Béarn, né en 1171, se ligua avec Raymond VI contre Simon de Montfort, en 1211, et mourut en 1215.

4. Guy de Montfort, fils puiné de Simon, épousa en 1216 Pétronille de Comminges, héritière de Bigorre, et devint ainsi comte de Bigorre.

5. La vicomté de Carmaing, possédée par la maison de Lautrec et de Vèze, fut érigée en comté par Louis X en faveur de Jean de Foix-Carmaing.

6. Raymond Roger, vicomte de Béziers, mort en 1209 ou 1212.

7. Jean Sans-Terre, né en 1166, roi d'Angleterre après Richard

Innocent III, pape, fit faire plusieurs disputes, mais une notable à Montréal[1], l'an 1206. Arnauld Hot fut choisi pour soustenir la part des Albigeois. De l'autre costé, l'évesque Eusus et Dominique[2], depuis faict sainct. Ils avoyent des arbitres, dont quelques uns estoyent évesques ; cela, en la présence de deux légats. Le fort de la dispute fut sur le canon de la messe. Le mesme Arnauld disputa avec l'évesque de Pamiers, et à Serignan. Je m'abstien du succès à ma mode, et renvoye aux livres qui en ont escrits. Ce que j'ai à dire est que, durant telles disputes, se fit la croisade et arriva l'armée des Croisez.

Les disputeurs prindrent eux-mesmes les prisonniers, dont advint qu'un jacopin, poursuivant un gentilhomme, fut tué. Sur ceste mort, le pape ayant pris les causes de sa fulmination, voici les chefs des Croisez qui se trouvèrent ensemble pour gaigner paradis, suivant les termes de la croizade.

Le duc de Bourgongne[3], les comtes de Nevers, S. Paul, Auserre, Poictiers, Forests, Genève et Simon[4]

Cœur-de-Lion, mort le 17 octobre 1216. — Pierre II, roi d'Aragon, beau-frère de Raymond VI, tué à la bataille de Muret, le 10 septembre 1213.

1. La conférence de Montréal eut lieu en juin 1207. *Arnauld Hot* est Otho, l'*évêque Eusus* est Diego d'Azebez, évêque d'Osma (*Hist. de Languedoc*, t. III, p. 143).

2. Domingo de Guzman, fondateur de l'ordre des Frères Prêcheurs, né en 1170, mort à Bologne en 1221.

3. Eudes, duc de Bourgogne. — Hervé, comte de Nevers. — Gautier de Châtillon, comte de Saint-Pol. — Pierre de Courtenay, comte d'Auxerre. — Aymar, comte de Poitiers. — Guigues, comte de Forez. — Humbert, comte de Genève. — Milon, comte de Bar-sur-Seine. — Gui de Beaujeu.

4. Simon de Montfort, comte de Leicester, né vers 1150, chef

de Montfort, les sieurs de Bar, de Beaujeu et Gaucher de Joigni.

Il y avoit une autre bande qu'on appelloit les pèlerins, levés par les archevesques de Sens et de Rouen, et par les évesques de Chartres, Clairmont, Nevers, Lisieux, Bayeux et autres, que nous ne nommons pas, pource qu'ils ne marchent qu'un an après.

Le comte de Thoulouze, se voyant telles forces sur les bras, eut recours à la soumission[1].

S'estant donc mis entre les mains du légat Milon[2], à Valence, ce légat respondit à la réquisition de renvoyer les Croisez, qu'ils avoyent trop cousté à amasser, si ce n'estoit qu'on mist entre les mains du pape sept forteresses à choisir.

Cela estant exécuté, le comte Raimond fut mené à la messe à S. Giles, despouillé nud, hormis des calçons de toile et une estole au col, et le foueta de sa main neuf tours, autour de la sépulture du moine tué, et avec plusieurs ignominies, après exécrables sermens, pour l'entière destruction des Albigeois, le fit chef de la guerre contre les siens.

Il marcha avec l'armée devant Bésiers. Le comte, nepveu de Raymond, enviou de la belle fortune de son oncle, s'alla jetter aux pieds du légat, qui lui respondit qu'excuses ne lui estoyent rien, mais qu'il fit comme il pourroit. Ce jeune homme rentra dans la ville, parla à ceux qui estoyent Albigeois, qui lui

---

de la croisade contre les Albigeois, tué, comme on le verra plus loin (p. 187, note 1), au siège de Toulouse, en 1217.

1. En juillet 1209.

2. Milon, légat du pape Innocent III, se rendit à Lyon au-devant de l'armée des croisés, à la fin de 1208.

firent une response de mespris et de résolution à la mort.

Les catholiques séparés envoyèrent vers le légat, duquel ils ne receurent qu'injures et menaces de faire mourir femmes et enfans.

Milon, ayant fait donner l'escalade par 100,000 pèlerins, emporte la ville. Tout le clergé qui s'estoit retiré dans la grand' église de S. Nazari sortirent, estimans la furie passée, avec ornements, croix et bannières, chantans le *Te Deum laudamus*, en allégresse des Albigeois extirpés. Les pèlerins, se souvenans du commandement de Milon, les mirent tous en pièces, s'exerçans à qui mieux couperoit les testes, les jambes et les bras [1].

L'armée, de là, marche à Carcassone, fortifiée de nouveaux croisés, asçavoir l'archevesque de Bourdeaux et les évesques de Limoges, d'Agen, Cahors et Bazaz [2], et puis les troupes de Querci conduites par les comtes de Dunois et de Turenne [3] et d'autres. L'armée fit reveue de 300,000 hommes à ceste fois.

Elle attaqua dès son arrivée le bourg de Carcassonne et emporta d'effort ledit bourg, mettant tout à

---

1. La ville de Béziers fut prise le 22 juillet 1209.

2. Guillaume II Amanieu de Genève, archevêque de Bordeaux. — Jean Ier de Veirac, évêque de Limoges. — Arnaud II de Bovinham, évêque d'Agen. — Guillaume IV de Cardaillac, évêque de Cahors. — Gaillard Ier de Mota, évêque de Bazas.

3. Il n'y a point de *comte de Dunois* dans ces événements. Peut-être faut-il lire *comtes d'Agenois*. La chanson de la croisade contre les Albigeois énumère ces seigneurs (édit. de la Soc. de l'Hist. de France, t. II, p. 17). — Raymond III, vicomte de Turenne, était vassal du comte de Toulouse.

feu et à sang, à la mode de Bésiers. De là, on marche à la Cité, où s'achemina le roi d'Arragon, pour essayer à faire composer le comte de Bésiers, son allié, qui lors faisoit son debvoir avec son peuple. La response de Milon fut que le comte se pourroit venir mettre entre ses mains, à sa discrétion, mais que les hommes, femmes, filles et enfans sortiroyent nuds, sans chemise et avec perte de tout.

Au refus, l'assault fut commandé et exécuté avec telle perte des pèlerins que le monceau des morts empoisonna l'armée; et les croisés, qui n'estoyent obligés qu'à la quarantaine, en laquelle ils avoyent gaigné paradis, se desbandèrent presque tous. Le légat, contraint par là de lever le siège, envoya au comte un discoureur, qui joua si bien du plat de la langue, qu'il emmena le comte, qui eut beau crier la foi promise; il apprit ce qu'elle valoit[1].

Le peuple, n'espérant plus que la mort, fut advisé d'une voute soubs terre, par laquelle ils sortirent de nuict fort loin, et, ayant gaigné Cameret[2], s'esparpillèrent comme ils peurent, selon que l'aage et le sexe le permettoyent.

Le légat fit un arsenac de la cité de Carcassonne et un chef de l'armée. Au refus du duc de Bourgogne et des comtes de Nevers et S. Paul, fit chef de l'armée Simon de Montfort, qui, dès le commencement, hérita

---

1. Le 1er août 1209, les croisés arrivèrent sous les murs de la ville, et le lendemain prirent d'assaut le faubourg. Le 15, le reste de la ville tomba en leur pouvoir.

2. Dom Vaissette (t. III, p. 163) parle d'un souterrain qui conduisait de Carcassonne aux tours de Cabardez, à trois lieues de la ville.

par confiscation du comte de Bésiers, mort en une tour de Carcassonne.

Le roi d'Arragon s'y arresta et donna courage à quelques uns, qui prindrent Menerbe et quelques autres places, comme aussi le comte Simon en print quelques unes de sa part, ayant receu un grand secours de pèlerins, mené par sa femme, sous laquelle marchèrent les comtes de Dreux et de Pontieu, avec les évesques de Chartres et de Lisieux[1]. Mais le comte de Foix, qui avoit pris les armes, deffit la plus part de ces troupes et 6,000 Alemans qui venoyent avec eux[2].

Le comte Simon assiégea la ville de Lavaur six mois ; en fin prise par assaut, tout tué ; Émeri, avec 80 de ses gentilshommes, pendu ; la dame du lieu précipitée et accablée de pierres dans un puis[3]. Cependant, le comte Raymond, revenu de Rome, avec absolution et caresses, fut encore trompé par Milon et, par lui, préparé à mort, quand celle du légat[4] l'esteignit soudainement.

Le comte, eschappé de ce siège, et de nouveau excommunié[5] par Thedise, successeur de Milon, se retira à Thoulouse, où l'évesque du lieu lui fit dire

1. Robert II, comte de Dreux. — Guillaume, comte de Ponthieu. — Renard de Bar de Monçon, évêque de Chartres. — Jourdain de Houmet, évêque de Lisieux.

2. Combat de Montjoie, à deux lieues de Toulouse, en 1211.

3. La ville de Lavaur fut prise par Simon de Montfort, le 3 mai 1211. Le butin servit, dit-on, à acquitter, chez un riche marchand de Cahors, Raymond de Salvanhac, une dette que Simon avait contractée pour subvenir aux frais de la croisade (*Histoire de Languedoc*, t. III, p. 206 et suiv.).

4. Milon mourut à Montpellier pendant l'hiver de 1209.

5. Au concile de Saint-Gilles, vers la fin de septembre 1210. D'Aubigné brouille la chronologie de ces événements.

qu'il eust à sortir de la ville, ne pouvant dire la messe où il y avoit un excommunié. Mais le comte, mis au désespoir, chassa l'évesque [1], qui, avec le clergé, pieds nuds, vint à l'armée, où ils furent receus comme martyrs.

Le nouveau légat attira encor le comte Raymond par belles paroles [2]; mais le roi d'Arragon s'y estant trouvé, et ayant veu des articles très infames que vous pouvez lire en l'histoire, [ils] montèrent à cheval. Le comte, entretenant par le chemin ce prince des vilénies qu'il avoit souffertes, eut pour response : *Pla bous en pagat* [3].

Le comte Simon, assiégeant Monferrand, où estoit le comte Baudouin, qui, ne pouvant estre amené par force à reddition, le fut par paroles; Monferrand, Bruniquel estans pris, estimées des meilleures, Rabastins, Gaillac, S. Anthonin, Montaigu, la Guépie et autres chasteaux [4].

Le comte Raymond, armé de nouveau, fut bientost desjeuné de ses pertes. Et, de plus, le roi d'Arragon l'abandonnoit, ayant touché à la main le comte Simon, lequel, pour gage d'amitié, il avoit investi du comté de Béziers contre ses protestations. Simon, fortifié de

---

1. Foulques, évêque de Toulouse, vint au camp de Simon de Montfort, sous les murs de Lavaur, le 1er avril 1211.
2. Au concile d'Arles en Provence, en février ou mars 1211.
3. Trad. : On vous l'a bien payé. L'*Histoire de Languedoc* reproduit cette anecdote, t. III, p. 204.
4. Montferrand, château situé dans le Lauraguais, à deux lieues de Castelnaudary. Bruniquel, Montaigu, Gaillac, Cahusac, La Garde, Puicelsi, La Guépie, Saint-Antonin se rendirent aux croisés par l'entremise de l'évêque d'Albi (avant 1211) (*Histoire de Languedoc,* t. III, p. 213).

nouveaux pèlerins, durant un faux traicté de paix qu'il faisoit avec Raymond, s'en va assiéger Narbonne. Le comte Raymond alla à la guerre à l'encontre de lui, fit une belle charge à la teste de l'armée, après laquelle le comte, se retirant, fut poursuivi si follement par Emeri[1], fils de Simon, que le jeune homme y demeura prisonnier. Les pèlerins, pour réparer cest affront, donnèrent une escalade générale, bien repoussée avec une sortie, où le général fut abatu, et le comte de Champagne perdit grand nombre de pèlerins.

Les assiégeans résolurent le gast du pays. Les vignes qu'ils arrachoyent les rendirent si odieux que plusieurs seigneurs montèrent à cheval. Le sénéschal d'Agenois et le comte de Foix en desfirent plusieurs troupes, et entre autres le comte de Bar.

L'armée se sépara; une partie alla conduire le légat pour hyverner à Roquemaure. En passant, il prit Cassaz[2], où il fit brusler 100 hommes vifs. Le comte Simon, cependant, prit Pamiès[3], Saverdun et Mirepoix[4], durant la maladie du comte de Foix, à la sortie de laquelle il se desroba des siens pour aller faire une harangue au conseil de ses ennemis, inu-

---

1. Amaury de Montfort, comte de Leicester, fils de Simon, né en 1192, mort à Otrante en 1241.
2. Cassez, château du Lauraguais.
3. L'abbé de Pamiers livra la ville à Simon de Montfort, qui la lui donna par un acte daté du mois de septembre 1209 (*Histoire de Languedoc*, t. III, p. 182). Pamiers, Saverdun et Mirepoix appartenaient au comte de Foix.
4. La ville de Mirepoix fut donnée par Simon de Montfort à Guy de Lévis.

tile et blasmée du roi d'Arragon et de Roger son fils.

Enfin, après plusieurs variations, il se fit un mariage. Le jeune Raymond[1] eut l'autre fille du roi d'Arragon, et tous ses chefs variants, après avoir essayé en vain de se reconcilier au concile de Lavaur[2], font une armée de 50,000 hommes de pied et 10,000 chevaux, en assiègent Castelnaudari[3] et le comte Simon dedans, ce qui fit croistre l'armée, pour la haine qu'on lui portoit.

Le comte Simon, se repentant d'estre enfermé, fit deux sorties, à la première desquelles repoussé et batu, à la seconde il perça et se sauva. Ce siège fut vain; mais, en le quittant pour aller hyverner, il eut trois divers combats avantageux aux Albigeois, sur l'avantage desquels le roi d'Arragon ploya encores aux lettres du légat, du pape et du roi, puis se releva par le mépris que le concile fit de ses requestes; deffia le comte Simon par un cartel, qui servit au comte Simon à relever des pèlerins, à quoi le roi de France s'estoit rendu difficile. Et, cependant que le roi d'Arragon faisoit grands préparatifs d'armes, Simon prit Tudelle[4], y fit tuer femmes et enfans, regagna

---

1. Raymond de Toulouse, plus tard Raymond VII, âgé de quatorze ans, épousa Sancie d'Aragon, sœur et non fille de Pierre II.

2. Le concile devait se réunir à Avignon vers la fin de l'année 1212. Mais le légat Thédise étant tombé malade et plusieurs prélats craignant la corruption de l'air qui régnait dans cette ville, on choisit Lavaur pour la réunion. Elle fut fixée à la mi-janvier 1213.

3. Le comte Raymond arriva, vers la fin de septembre 1211, sous les murs de Castelnaudary. Le siège fut suivi d'une bataille où le comte de Foix fut mis en déroute.

4. Au commencement de 1212.

Penne[1], Biron[2], Moissac[3] et autres petites places[4].

L'armée des Albigeois estant faicte, prit Muret[5], mais non le chasteau, qui fut cause d'une bataille. Le comte de Foix et son fils Roger menoyent l'avant garde avec le prince de Béarn. De l'autre costé, l'avant-garde estoit menée par Guy de Lévis[6], mareschal de la foi, et la bataille par le chef. A la bataille estoyent les comtes de Thoulouze et de Cominge avec le comte de Béarn. Le camp des Albigeois estoit de 30,000 hommes de pied et 7,000 chevaux ; l'autre armée, beaucoup moindre, mais ayant l'avantage du chasteau de Muret[7]. Dans les vieilles masures qui estoyent à l'environ, le comte Simon ayant logé 400 arquebuziers, chose rare en ce temps-là, et portant effroi[8]. Le roi d'Arragon les recognoissant, fut tué d'une harquebuzade, et, de l'effroi de sa mort, l'armée mise en fuite, poursuivie vivement avec perte de 15,000 hommes. Simon fit enterrer honorablement le roi d'Arragon.

Ceste victoire eschauffa les uns à poursuivre et fit

---

1. Le 25 juillet 1212, le château de Penne en Agenais ouvre ses portes à Simon de Montfort. Hugues d'Alfar, qui avait épousé Guillemète, fille naturelle du comte de Toulouse, commandait la place (*Histoire de Languedoc*, t. III, p. 225).

2. En 1212. Simon de Montfort laissa le château de Biron à Arnaud de Montaigu.

3. Montfort prit Moissac le 14 août 1212.

4. Castelsarrazin et Verdun sur la Garonne capitulèrent peu de jours après la prise de Moissac.

5. Pendant le mois d'août de 1212.

6. Guy Ier de Lévis, seigneur de Mirepoix, premier maréchal de la foi, mort vers 1230.

7. L'armée du roi d'Aragon arriva sous les murs de Muret, le mardi 10 septembre 1213. Le 12 septembre se livra la bataille où Pierre d'Aragon fut tué.

8. *Arquebusier*, lisez : *arbalétrier*.

résouldre les autres à la nécessité. Le gain des victorieux fut Thoulouze, qui composa par le congé du comte retiré à Montauban.

Le roi Philippe Auguste permit au prince Louys[1], son fils, d'aller à ceste guerre. Ce fut lui qui fit démanteler Thoulouse et Narbonne. Cette victoire aussi fait avancer l'évesque de Beauvois, les comtes de Savoye, d'Alançon, de S. Paul et de Melun avec Matthieu de Montmoranci.

La grande multitude de François dépleut à Bonaventure[2], nouveau légat envoyé, qui, perdant l'espérance de disposer des conquestes au gré du pape, gourmanda le prince Louys de reproches, qu'il n'avoit marché que sur la prospérité.

Le comte Simon, pour tirer fruict de sa victoire, mena ses nouveaux pèlerins assiéger Foix, d'où le comte sortit, enleva le principal quartier à Varilles et tua, d'un coup de lance, le frère de Simon; mit en pièces partie de l'armée, laquelle courut en diligence pour s'opposer à plusieurs troupes arragonnoises et catelanes, qui estoyent venues vanger la mort de leur roi vers Béziers. Le comte de Foix prit le devant par l'avantage des chemins, et, avec peu ou point de combat, mit en desroute ceste armée.

Simon, retiré à Carcassonne, où une seconde arrivée d'Arragonnois le batit, comme il vouloit prendre

1. Louis VIII, né en 1187, roi de France en 1223, mort en 1226. Il arriva à Lyon le jour de Pâques, 19 avril 1215, et le lendemain se mit en campagne.
2. Pierre de Bénévent, cardinal en titre de Sainte-Marie en Acquire, nommé par le pape légat *a latere* dans la Provence et les pays voisins (fin janvier 1214).

la campagne, fut appellé au secours du Daulphiné, où Adémard de Poitiers et Ponce de Montlor avoyent rudement renvoyé les pèlerins des archeveschez de Lyon et de Vienne.

N'y ayant moyen de fournir à tant de besongnes, Adémar et Ponce furent enjolez, et le légat Bonaventure le cageola de telle façon que ce jeune homme, aussi variable que les pères, donna son chasteau de Foix au légat et s'en court à Rome, d'où il revint aussi fat que les autres. La mesme imposture ramena le vieil comte Raymond à Rome. Son fils, qui blasmoit le père, print le mesme chemin, et puis les uns et les autres s'en revindrent désespérés.

Les revoilà aux armes. Le jeune comte[1] de Thoulouze print la ville de Beaucaire d'emblée et le chasteau par siège. Cependant, le comte Simon ayant sçeu l'inclination des Thoulouzans et les promesses faictes à leur seigneur quand il les avoit quittez, s'avança pour piller la ville[2]. L'évesque les ayant priés d'aller au devant du comte, il fit garotter ceux qui avoyent faict la harangue, et les premiers; de quoi les derniers s'apercevans, recoururent en la ville, où le peuple se sousleva. Mais enfin, par le moyen du chasteau Narbonnois, qui servoit de citadelle, et par les suasions de l'évesque, le peuple se désarma, et lors fut traicté à discrétion, et Thoulouse achevée d'estre rasée[3].

L'an 1215, suivant le résultat d'un concile tenu à

---

1. Raymond VII, fils unique de Raymond VI et de Jeanne d'Angleterre, né en juillet 1197, succéda à son père en 1222, et mourut le 27 septembre 1249.
2. Septembre 1216.
3. Octobre 1216.

Montpelier[1], Simon de Montfort fut déclaré seigneur et monarque de tout le pays conquis sur les Albigeois; et, comme il estoit à Montpelier pour recevoir une magnifique déclaration de tout cela, le peuple s'esmeut pour le vouloir tuer. Simon, s'estant sauvé et accompagné de nouveau, vint à Paris obtenir l'investiture des pays donnés, ce que le roi[2] lui accorda, de peur du pape, et à grand regret.

Cela obtenu, il s'en vint avec les pèlerins de cent évesques et emporta d'effroi presques tout ce qui estoit en Daulphiné, print Péquieres[3] et Bésonce près de Nismes, où il fit tout mourir; et s'achemina à Thoulouse, appellé par sa femme qui y estoit en danger, pource que le comte Raymond avoit esté appellé et receu magnifiquement.

La ville ne peut estre assaillie de forces si tost, mais Gui[4], frère de Simon, y fut batu à son arrivée. Et puis, au commencement de l'an 1218, estans arrivés 100,000 pèlerins, la plus part de cela fut mis en pièces par une attaque générale qu'on leur fit donner avant la quarantaine achevée. Et puis, en une grande sortie, le 25 de juin, Simon de Montfort, se retirant

---

1. Robert de Courçon, légat du pape en France, convoqua, le 7 décembre 1214, un concile qui se réunit à Montpellier, le mercredi 8 janvier 1215, sous la présidence du légat Pierre de Bénévent.

2. Philippe-Auguste accepta les hommages de Simon de Montfort, pour les fiefs et terres conquis sur les hérétiques, dans le duché de Narbonne (avril 1216) (Delisle, *Catalogue des actes de Philippe-Auguste*, p. 371).

3. Le château de Posquières, aujourd'hui Vauvert (Gard), à 18 kilomètres de Nimes.

4. Guy de Montfort et son neveu Guy, comte de Bigorre, donnèrent l'assaut du côté du plan de Montolieu, et du côté du jardin de Saint-Jacques, mais ils furent repoussés.

d'une blessure receue en une sortie, fut tué[1] d'une grosse pierre qui lui sépara la teste du corps, poussée par une femme. L'effroi de sa mort se communiqùa à toute l'armée, laquelle, après un grand meurtre, se dissipa[2].

Les Albigeois, ayant emporté le chasteau Narbonnois, regaignèrent tout ce qu'ils avoyent perdu en Agenois[3] et en Cominge avec le chasteau de Mirepoix. Puis les chefs, s'estans rassemblés au commencement de l'année 1219, combatirent en bataille ouverte les pèlerins relevés ou venus de nouveau, ausquels commandoit Lautrec[4].

Pour réparer toutes ces choses, marcha le prince Louys, fils du roi, avec trente comtes et autant d'évesques pour achever le siège de Marmande[5]. Or, pource que la composition qu'ils avoyent faicte fut violée par l'advis des prestres, il print occasion de la mort de son père de s'en retourner, ayant sommé Thoulouze sans l'assiéger[6].

1. Simon de Montfort se disposait à entrer dans une de ces grandes machines de guerre appelées *chat, cat, cate*, destinées à battre les retranchements de l'ennemi et à combler le fossé, lorsqu'une pierre, lancée d'un mangonneau des assiégés, l'atteignit à la tête et l'étendit roide mort (25 juin 1218). Le siège avait duré neuf mois (*Histoire de Languedoc*, t. III, p. 303).

2. Les assiégeants se retirèrent le 25 juillet 1218.

3. Le jeune Raymond partit pour l'Agenais vers le mois de juin 1218. Condom, Marmande, Aiguillon lui ouvrirent leurs portes. A la même époque, le comte de Comminges recouvra tous les domaines que lui avait enlevés Simon de Montfort.

4. Sicard, vicomte de Lautrec, fils de Baudoin de Toulouse et d'Alix, sœur et héritière de Frotard, vicomte de Lautrec.

5. Louis VIII prit Marmande en 1219.

6. Louis VIII arriva devant Toulouse le 16 juin 1219 et décampa le 1er août, après avoir tenu la ville assiégée pendant

Presques en mesme temps moururent les comtes de Thoulouze[1] et de Foix[2] d'un costé, et le moine Dominique[3] de l'autre, qui s'estoit fait merveilleusement riche des despouilles de ceux qu'il faisoit mourir, au premier establissement de l'inquisition.

Ces morts ayant changé l'estat des affaires en quelque patience de trois ou quatre ans, le roi Louys VIII vint assiéger Avignon[4] huict mois durant, l'eut par composition, et puis osta à Almaric de Montfort ce que son père avoit fait sien, et, ayant traicté doucement le Languedoc et attiré par promesses le jeune comte de Thoulouze, mourut[5] en s'en retournant, vers la fin de l'an 1226.

Louys IX, conduit par sa mère, refit la guerre aux Albigeois, qu'on lui fit voir pour se vouloir servir de sa minorité, et employa à cela Imbert de Beaujeu[6], qui assiégea et prit Bontecque[7] près de Thoulouze, où

quarante-cinq jours. Il partit si précipitamment qu'il laissa toutes ses machines de guerre; les assiégés y mirent le feu (*Histoire de Languedoc,* t. III, p. 312).

1. Raymond VI, comte de Toulouse, mourut subitement à Toulouse, au mois d'août 1222.

2. Raymond Roger, comte de Foix, mourut au mois de mars 1523 et fut enseveli dans le monastère de Bolbonne.

3. Saint Dominique mourut à Bologne le 6 août 1221.

4. Louis VIII arriva devant Avignon le 6 juin 1226 et commença le siège le 10 juin. Le 12 septembre, la ville se rendit, après avoir résisté pendant trois mois et non huit, comme dit d'Aubigné (*Histoire de Languedoc,* t. III, p. 357, et Preuves, p. 583).

5. Arrivé à Montpensier en Auvergne, le 29 octobre 1226, Louis VIII tomba malade et mourut le 8 novembre.

6. Humbert IV de Beaujeu, fils de Guichard IV, devint connétable de France et mourut vers 1250.

7. Humbert, pendant l'été 1227, prit le château de la Bécède en Lauraguais.

il fit brusler vif un diacre¹ et ceux qui avec lui voulurent maintenir leur religion. D'autre costé, le comte Raymond prit Castel-Sarazin².

Beaujeu ayant receu les croisez et les pèlerins que menèrent les archevesques de Bourges, Aux et Bordeaux, avec les évesques de leur primatie, ceste grande armée alla droit assiéger Thoulouze³. Le jeune comte, ayant receu une trêve, se laissa amener, sur la foi de plusieurs serments et promesses, pour parler à la reine à Meaux⁴, là où la foi lui fut ouvertement faussée, et lui prisonnier ; et, en ceste prison, composa aux plus misérables articles et conditions que l'on sçauroit imaginer.

Il n'y eut nulle condition ruineuse en ce qui touche la conscience, l'honneur, la vie et les biens de ceux qui avoyent fait guerre, qui ne fust acceptée par le comte prisonnier, et lui obligé à l'exécution et à la destruction de ce qu'il avoit eu de fidèle et d'ami⁵.

Pour authoriser ces choses se fit un concile à Thoulouze⁶ l'an 1229, où l'article septième porte ces mots :

1. Gérard de la Mote.
2. Au mois d'avril 1228.
3. Humbert campa près de Toulouse, à Pech-Almari, le 24 juin 1228.
4. Raymond se rendit à Meaux avec l'archevêque de Narbonne et les évêques de la province. Le 12 avril 1229, il jura d'observer le traité. Puis il se constitua prisonnier au Louvre, vers le 14 avril 1229, jusqu'à l'exécution de la convention.
5. Le protocole du traité est relaté dans dom Vaissette, t. III, p. 370, 371, 372, 373, 374.
6. Le cardinal de Saint-Ange convoqua à Toulouse, au mois de novembre 1229, un concile qui fut mixte, c'est-à-dire où siégeaient les représentants de l'autorité ecclésiastique et civile. Ce concile établit l'inquisition dans le pays (*Histoire de Languedoc*, t. III, p. 382).

« Nous défendons la permission de lire les livres du
« Vieil et du Nouveau testament. » Le roi Louys IX
et l'empereur Frédéric firent des ordonnances pour
soustenir celles du concile[1], et le comte Raymond,
tenant prison pour caution de grandes sommes ordonnées, donna sa fille aagée de neuf ans en otage.

Il restoit que le prisonnier aidast à vaincre les
comtes de Foix, de Cominge et le prince de Béarn.
Pour ce faire, il[2] escrivit au premier lettres suasoires,
telles que les évesques lui dictoyent, ausquelles il[3] respondit la première fois résolument ; mais les siens
estant gaignés par les menées du comte Raymond, il
ploya, et, à son exemple, ses deux compagnons
calèrent voile et abandonnèrent leur parti ; lequel
ayant mis bas et persécuté sans résistance jusques à
l'an 1234, un bastard du comte de Béziers, nommé
Tranckavel[4], remit sur pieds les Albigeois. Cestui-ci
reprit les chasteaux[5] de Montréal, Saixac, Montolieu,
Limoux et autres.

Le légat Melin se remit aux croisades et aux levées
de pèlerins, desquels Tranckavel desfit plusieurs
trouppes avant qu'elles fussent joinctes aux grosses ;
et, ayant rencontré l'armée en campagne, la mit en
route jusques à l'entrée de Carcassonne, d'où les portes

---

1. L'ordonnance royale publiée contre les hérétiques de la province est de la seconde moitié d'avril 1229. Voyez Isambert, *Recueil des anciennes lois françaises,* t. I, p. 230.

2. *Il,* le roi Louis IX.

3. *Il,* le comte Raymond.

4. Raymond II, dit Trencavel, fils unique de Raymond Roger, vicomte de Béziers, et d'Agnès de Montpellier, né en 1207. Rien ne nous indique qu'il fût bâtard, comme le dit d'Aubigné.

5. Pendant l'été de 1240.

furent refusées aux poursuivants¹. Mais cest homme, ayant tenu la campagne jusques à l'an 1242, fut assiégé dans Réalmont² par une multitude infinie, aux efforts de laquelle il résista, non pas aux suasions du comte de Foix, qui lui fit enfin quitter les Albigeois.

Iceux, destitués de tout, ne souffrirent plus autre guerre que celle de l'inquisition, qui n'oublia aucunes sortes d'inhumanitez à l'extinction des vaincus.

Chapitre VIII.

Que devint la dispersion des Albigeois.

Toutes³ les villes des Albigeois estant perdues, et

1. Trencavel, n'ayant pu s'emparer de Carcassonne, mit le feu au bourg et se retira le 11 octobre 1240.
2. Ce fut dans Montréal et non dans Réalmont que Trencavel fut assiégé (octobre 1240).
3. Ce chapitre, par suite des lacunes précédentes, porte le n° vi dans l'édition de 1616. Il commence ainsi : « On se plaint que les histoires des Vaudois ont esté presque toutes falsifiées, il en faut mettre sur pieds ce qui se pourra briesvement, tant pour ce que les Réformez veulent que l'enseigne d'Israël ait esté relevée par eux, comme aussi parce que ceux-là ont espandu en divers royaumes les semences de ceux à qui ouvertement on a peu attribuer la réformation. Vous pouvez avoir leu le commencement de Valdo, qui donna son bien aux pauvres, en leur annonçant le sentiment qu'il avoit de la religion, à cause de quoi sa suitte fut nommée les pauvres de Lion. Les plus curieux pourront avoir leu aussi la dispute de l'évesque de Pamiers contre un ministre demeurant à Lombès, nommé maistre Arnoltot, que quelques-uns depuis ont appelé Arnauldus. Le succez de ceste dispute esmut premièrement l'évesque d'Alby et plus de quarante villes de ce païs-là d'une part, et bien tost après, de l'autre, tous les païs méridionnaux de la France, puis tout l'estat du royaume, contre lequel ils subsistèrent cent quarante ans, puis en fin

les misérables ayans esprouvé combien sont propres les grands aux affaires des petits, les uns s'atterrèrent sous le joug, cerchèrent dans la révolte une vie précaire, et, se cachant dans le mespris, après toutes extrémités, supportèrent que leur race fust séparée des autres, tenue comme de ladres, et sont ceux qui encores aujourd'hui sont appelés christiats et capots[1].

Les autres, quittans leur pays pour leur religion, se retirèrent selon leurs moyens, adresses et cognoissances, les uns en Angleterre, les autres en Bohême, les autres aux montagnes de Savoye et ailleurs.

Les Anglois les reçeurent avec toutes sortes d'inhumanités. Nous trouvons entr'autres d'un Gérard et de dix huit hommes et femmes avec lui, qui furent condamnés à périr de faim, et par les injures de l'air; car, après une défense publiée sur peine de mort, de leur donner eau, feu, pain ne couvert, ils furent despouillés nus et finirent leur vie par les rues de Londres, en un monceau, pour cacher leurs parties honteuses, chantans jusques aux derniers soupirs un

---

deffaits, quand les princes de leur parti, comme il advient souvent, virent d'un costé trop de péril et de l'autre des récompenses. Donc, après les massacres différents que fit faire le comte de Montfort et l'armée du roy en Avignon, les hommes bruslez à centaines dedant les granges, la comtesse de Cramin lapidée dedans un puits, de sept à huit cents esteints de sang froid par morts exquises, toutes leurs villes estant perduës, ils se retirèrent selon leur connoissance et moyens, les uns en Angleterre, les autres aux montagnes de Savoie, les autres jusqu'en Bohême.

Les Anglois les receurent….. »

1. *Cagots*. L'opinion de d'Aubigné sur l'origine de ces parias est digne d'être remarquée, bien qu'elle ne soit pas d'accord avec les recherches modernes. Voir l'*Histoire des races maudites* de M. Francisque Michel.

cantique qui avoit pour subject : « Bienheureux sont « ceux qui souffrent persécution pour justice. »

Ceste doctrine fut illustre au xiiie siècle par Wiclef[1], docteur en théologie, qui la fit recevoir au duc de Lancastre[2], au chancelier Zeigli[3] et à plusieurs comtes et milors d'Angleterre; depuis, favorisée par le roi Édouard[4], guerroyée par Richard[5], et, à la sollicitation du chancelier Halob[6], tellement persécutée que ceux qui peurent allèrent trouver leurs frères en Bohême.

Là encores, maltraictés par Wenceslaus[7]; mais les constantes morts des persécutez donnèrent vie à ceste religion. Les spectacles des feux et supplices publics envoyèrent des messagers par toutes les parts d'Allemagne, de Pologne, et par toutes les parties des pays septentrionaux, toutes ces parts de l'Europe ayans espousé ceste doctrine. Pour y remédier, le concile de Constance fut ordonné, où vindrent, sous la foi et

---

1. John de Wicleff, né en 1324 à Hipswell dans le Yorkshire, mort, le 31 décembre 1387, à Lutterworth, dans le comté de Leicester.

2. Jean de Gand, duc de Lancastre, troisième fils d'Édouard III et de Philippine de Hainaut, né à Gand en 1339, régent à la mort d'Édouard III (juin 1377), mourut en 1399.

3. Ce nom est méconnaissable. Au moment des débuts de Wicleff, la chancellerie d'Angleterre était occupée : en 1367, par Wickham; en 1371, par Shorpe; en 1372, par Knyver.

4. Édouard III, né le 13 novembre 1312, prit Wicleff pour chapelain, et mourut le 21 juin 1377.

5. Richard II, né le 13 avril 1366, à Bordeaux, mort en Écosse en février 1400.

6. Probablement Michel de la Pole, nommé chancelier d'Angleterre le 13 mars 1383.

7. Wenceslas IV, roi de Bohême et empereur d'Allemagne, né le 26 février 1361 à Nuremberg, mort le 16 août 1419 près de Prague.

sauf-conduit de l'empereur[1], Jean Hus et Hiérosme de Prague (quelques uns ont voulu que le dernier fust sans saufconduit). Lesquels, après longue prison et dispute, furent bruslés, le dernier ayant trempé un an dans un cachot. La fermeté et bonne grâce de ces deux vieillards eurent pour spectateurs tant de prélats, que quelques uns en furent esmeus. Et, dès lors, courut une lettre par l'Italie de Poge[2], florentin, non sans quelques contradictions imprimée. Ces escrits animèrent merveilleusement les esprits en Italie, et plus les âmes en Germanie. Zisca, avec 40,000 hommes, fit la guerre à l'empereur Sigismond et aux ecclésiastiques pour avoir faussé la foi et maintenu l'article du concile, qui permettoit et commandoit de fausser le serment donné, ne pouvant ce guerrier et ses compagnons recevoir les exceptions et différences de foi. L'empereur, secouru d'Hongrie, de la Moravie, de la Bohême, de l'Alemagne, de Danemarc, d'Italie, d'Espagne et de Portugal, avec tout cela plusieurs fois rompu par Zisca, quoi qu'il eust perdu les deux yeux en divers rencontres, fut contrainct de traicter avec lui. Zisca mourut en l'allant trouver, attiré, comme plusieurs, au piège des réconciliations. Et, comme on l'importuna de disposer de son enterrement : « J'or« donne, dit-il, que mon corps soit escorché ; j'en donne « la peau par testament aux compagnons pour faire « un tambour, le son duquel fera fuir leurs ennemis. »

1. Sigismond, empereur d'Allemagne, né le 14 février 1368, mort à Znaïm le 9 décembre 1437.
2. Jean-François Poggio Bracciolini, né à Terranova, près de Florence, en 1380, a laissé de nombreux écrits. Il mourut à Florence le 30 octobre 1459.

LIVRE SECOND, CHAP. VIII. 195

Sur cest affaire, le pape ayant publié une croisade et des pardons généraux, Martin Luther commença à guerroyer son authorité plus ouvertement, cent ans après la mort de Hus, qui avoit dit sur le buscher que des cendres de Hus (c'est à dire une oye en bohémien) esclorroit un œuf dans cent ans, duquel sa doctrine reprendroit vie. Douze ans après, Luther fut secondé de Zuingle[1] à Zurich, d'Oecolampade[2] à Basle, de Capito[3] à Strasbourg, d'Ambroise Blaurer[4] à Constance, de Haller à Berne, et puis de la réformation de Genève. Ce hardi docteur, soustenu du duc de Saxe et du Lantgrave de Hesse et autres princes, osa respondre à une lettre du roi Henri[5] d'Angleterre, qui le menaçoit de despendre sa couronne pour faire périr lui et sa doctrine. Les hardiesses de cest homme menèrent les Allemans à tel point que du feu on en vint au fer, et mirent l'empire en l'estat où nous le voyons au commencement de ceste histoire.

1. Ulrich Zwingle, le réformateur de la Suisse, né le 1er janvier 1484 à Wildenhaus, dans le canton de Saint-Gall, fut tué le 11 octobre 1531 à la bataille de Cappel.
2. Jean Æcolampade, réformateur, naquit en 1482 à Weinsberg dans le Wurtemberg, et mourut à Bâle le 24 novembre 1531.
3. Kœpfel Volfgang-Fabricius, en latin *Capito,* né à Haguenau en 1478, mourut le 10 janvier, suivant les uns, ou le 2 novembre 1541, suivant les autres.
4. Ambroise Blaurer, réformateur suisse, né à Constance en 1492, mort à Winterthur en 1568.
5. Le roi d'Angleterre, Henri VIII, dans son *Adsertio septem sacramentorum adversus Martinum Lutherum,* attaqua le *De captivitate babylonica ecclesiæ* de Luther, ouvrage qui parut le 6 octobre 1520. Le moine saxon répliqua par un libelle injurieux où il promet à Henri VIII, « ce menteur effronté et venimeux, de lui donner sur la bouche. »

Chapitre IX.

Suite d'une bande des Albigeois et abrégé de l'histoire d'Angrongne.

L'autre bande des Albigeois, fugitive en Savoye, habita ès valées de Luserne et Angrongne, peupla deux petites villettes et quelques villages, où, desfendus de leur simplicité et à l'ombre de leur pauvreté, ils vesquirent sans persécution sous les ducs de Savoye jusques à l'an 1556. Ce qui les convia de prendre retraicte en tel endroit fut la similitude de créance qu'ils avoyent avec les paysans du lieu, parmi lesquels les cérémonies romaines n'estoyent point cognues de temps immémorial. Le duc, estant rentré en ses biens par la paix générale, à la suscitation des moines de Pignerol, condamna au feu ceux des vallées, et les donna en pillage aux garnisons voisines, qui eurent aggréable ceste commission. Ce fut au temps de la moisson que le peuple, travaillant, fut surpris au village S. Germain[1] par 400 soldats qui s'estoyent avancés la nuict[2]. Plusieurs bergers (ce qu'ils sont presque tous) gaignèrent la montagne; de ceux-là, vingt cinq, après avoir prié Dieu, se mirent à coups de fonde[3] sur les gens de guerre; quelques autres, de même condition, les suivirent; leurs ennemis s'estonnèrent de les voir genoux à terre avant que

---

1. Saint-Germain, village de la vallée piémontaise de Pérouse.
2. En juillet 1560 (De Thou, 1740, t. III, p. 21).
3. *Fonde,* fronde.

venir au combat, et s'effrayèrent tellement que plusieurs se noyèrent en un ruisseau qu'ils vouloient passer en fuyant. De mesme effroi, les moines quittèrent l'abbaye, de laquelle les ministres empeschèrent le ravagement.

Les garnisons y retournèrent en plus grand nombre, et les hontes qu'ils reçeurent occasionnèrent le duc[1] d'y envoyer une juste armée conduite par le sieur de la Trinité[2]. Le premier combat contre ce général fut près le village de la Tour, dans des vignes au pendant de la coline[3]. Là, environ cent villageois, armés de fondes et de quelques arbalestes, arrestèrent sur cul ceste armée, qui, de là, tourna à Villars et Taillaret, d'où le peuple fuit encores aux montagnes. Là ralliés, ayans fait la prière, tournèrent teste et mirent en fuite les forts jusques dedans la plaine.

Le général, recognoissant l'effroi des siens, et lui-mesme estonné de ces merveilles, amadoua par divers messagers ces peuples, leur persuadant que tous ces combats n'estoyent advenus que par les escapades des soldats.

Ces simples gens, se contentans des simples promesses, posèrent les armes, esloignèrent leurs ministres, qui n'estoyent pas de cest advis, receurent garnisons, et lors furent traictés sans rémission. Les soldats estoyent les parties, les juges et les exécuteurs. C'estoit, à qui trouveroit des morts plus ingénieuses et des tourments plus exquis; ils en firent mourir à petit

---

1. Emmanuel-Philibert.
2. Louis de la Costa, comte de la Trinité, plusieurs fois nommé dans les *Commentaires de Monluc*.
3. En novembre 1560.

feu, enterrer vifs, et d'autres ausquels ils mettoyent sur le nombril quelques barbots, couverts d'une escuelle; ces bestes entroyent dans le ventre, et fut cette douleur nompareille; on leur donnoit loisir afin qu'ils se peussent desdire en la langueur de la mort.

Ces choses, avec le bruslement de quelques vieillards à petit feu, sont déduites par les meilleurs historiens de ce siècle, catholiques et personnes principales au plus notable sénat de l'univers. Ils y adjoustent, avec plus ample description de toutes les choses que j'ai dites en sommaire, les coustumes et mœurs de ces peuples, et surtout leur soin de la chasteté, avec l'exemple d'une jeune fille qui, s'estant despestrée de ceux qui la vouloyent forcer, se précipita de la montagne[1]. Ceux-là escrivent encores une grande suite de cruautés qui, au lieu d'estonner ce peuple, eslevoyent leur constance et les firent résouldre aux armes, et, par elles, à des victoires.

Le prince trouva si difficile à dompter ces peuples qu'il emprunta du roi Maugiron, avec dix compagnies de gens de pied, et la Mothe-Gondrin[2] avec quelque gendarmerie. Les Vaudois assiégèrent, au nez de ces François, la forteresse qu'on avoit bastie contr'eux à Villars, et au huitiesme jour l'eurent par composition. Le lendemain, la Trinité, qui venoit au secours des assiégés, fut arresté, un jour entier, par ces païsans, cependant qu'on démolissoit. Et puis, l'armée de sept

---

1. Ce trait est raconté par de Thou (1740, t. III, p. 24).
2. Blaise de Pardaillan, seigneur de la Mothe-Gondrin, capitaine d'une compagnie d'ordonnance, lieutenant général en Dauphiné pendant l'absence du duc de Guise, fut massacré par les protestants à Valence, le 27 avril 1562.

mil hommes, n'ayant affaire qu'à trois cens, entra dans le pays et le brusla. Les Vaudois se retirèrent en un pré, nommé du Tour, où il n'y a que trois accès; ce pré attaqué quatre jours entiers par 7,000 hommes. Après la perte de quatre cents soldats, quelques maistres de camp et capitaines contraignirent la Trinité d'envoyer quérir l'artillerie et quelques bandes espagnoles. Ces derniers furent receus encore plus rudement que les premiers; car les bergers, ayans quitté leur petits parapets de pierre seiche, sortent du pré par tous les endroits où on les avoit attaqués, donnent dans l'armée, l'esbranlent et la poursuivent en tuant jusques à Angrongne, puis, la voyant retirée en quelque lieu avantageux, se résolvoyent à l'aller enfoncer sans les remonstrances des ministres, irrités du meurtre que le peuple avoit fait à la poursuite. La Trinité, qui leur avoit rompu 8 ou 9 traictez, mit encore en avant un pourparlé. Et advint que Raconis, qui estoit despêché pour traicter, envoya deux hommes pour porter nouvelle de sa venue. Deux des vallées les rencontrèrent et les tuent. A la première plainte, les deux tueurs furent liés et envoyés au général pour les faire mourir, seulement avec cette condition qu'à la mort on ne leur demanderoit point de confession contraire à leur religion.

Ces estranges succès et la pitié que prit de ce peuple la duchesse, soupçonnée d'avoir quelque sentiment de leur religion, firent que le duc les receut à traicter. A cela, furent envoyés par devers lui deux des plus apparents, qui donnèrent à rire aux courtisans de Turin, les voyans, pour tout parement, vestus d'un casaquin de drap roux, avec la grande pièce attachée de deux esguillettes de cuir sur le costé gauche. Ces villageois, harcelés par diverses sortes de gens, n'eurent du village que l'habit ; la modestie, l'asseurance et la suffisance parurent estre d'ailleurs.

Mon histoire ne desrogera point à la bienséance de vous compter ce qui se passa entre Chassincourt, lors escuyer trenchant de la duchesse, ainsi qu'il me l'a familièrement conté, et l'un de ces magnifiques ambassadeurs. Chassincourt demande : « De quel front pouvez-vous, vous autres misérables, comparoistre devant vostre prince souverain, pour oser traicter, ayans guerroyé contre lui? De quelle asseurance l'osez-vous desdire sur le fait de sa religion, authorisée par tout le monde? contester contre un si grand prince, conseillé de tant de docteurs, vous qui n'estes que povres pastres, ignorans de toutes choses et si mal conseillés que, de toutes vos folies, vous ne pouvez attendre que le gibet? — Monsieur, respond le plus vieil, ce qui nous donne asseurance de comparoistre devant nostre prince, c'est que sa bonté nous y appelle ; nostre défense a esté juste, puis que forcée ; ce que Dieu a voulu prouver par ses merveilles. Encore n'avons-nous point aporté de résistance pour la perte de tous nos biens. Mais, quand il a esté question d'opprimer nos consciences et d'esteindre parmi nous le pur service de Dieu, lors, nous avons veu nostre prince exécuter à regret (comme nous le croyons charitablement) les commandements du pape, poussé des mouvements d'autrui et non plus des siens, pourtant ne disposant pas de justice en souverain, mais en seigneur qui a le souverain sur soi. Ainsi nous n'avons desrogé qu'à la souveraine puissance et à la tyrannie qu'usurpe sur

Nostre-Seigneur l'ennemi de Dieu. C'est ce Dieu, la puissance suprême duquel doit estre considérée sur toutes les puissances du monde, et le serment à lui presté, dispensé de tout serment à lui contraire.

« Quant à la simplicité que vous cognoissez en nous, Dieu la bénit, pour ce qu'il n'a que faire des grandeurs de la terre, à parfaire les choses grandes. Les instruments les plus abjects lui ont souvent esté les plus agréables. Assez sages sont les conseils que son esprit met en avant, assez hardis sont les cœurs qu'il eschauffe, assez vigoureux les bras qui sont fortifiez par lui. Nous sommes ignorants, et n'affectons éloquence que de prier avec foi. Et, quant à la mort de laquelle on nous menace, la foi du prince est plus prétieuse que nos vies; et, en tout cas, celui qui a bien au cœur la crainte de Dieu n'y a pas celle de la mort. »

Telles paroles esmeurent Chassincourt à la réformation, esmeurent les plus tendres de cette cour, si bien qu'ils obtinrent un édict portant liberté et exercice de leur religion, quelque payement de deniers et la réception d'un fort à la discrétion du prince. Faict et accordé cest édict, l'an 1561.

Il a falu suivre ceste branche d'Albigeois jusques à ce point pour monstrer la naissance de petites estincelles qui, de si grand feu, ont embrasé la chrestienté. Il faut adjouter que ce qui eschauffa et confirma les courages à tant de périls et à la longueur de tant de labeurs fut que cette confession se vit en mesme temps signée de tant de sang. Parmi tant de nations différentes à la fois, tant de constances esmerveillables parurent, que les spectateurs mescroyent leurs yeux d'avoir veu, et les escrivains d'avoir fidellement rapporté. Il advint que, pour confirmer la vérité de ces choses estranges, ceste religion estant receue principalement par les hommes de lettres, il y eut fort peu de siège de justice en France, où il n'y eust quelque officier favorisant ceste doctrine. Par le moyen de ceux-là, ceux qui compilèrent le gros livre des martyrs garentirent leurs rapports par des actes et procès entiers tirés des greffes[1], si bien qu'avant l'année 1562, à laquelle ce livre touche, ce recueil contenoit ce que vous verrés au chapitre suivant.

Chapitre X.

De plusieurs martyrs jusques à l'an 1560[2].

Après les fugitifs albigeois, ce recueil, faict par les réformés, maintient leur doctrine enseignée par Wiclef. Il cotte, en l'an 1400, pour martyrs deux prestres, l'un nommé Sauttée, l'autre Thorp, qui eut de grandes et longues disputes avec l'archevesque Arondel[3], et, de ceste volée, Rogier Acton, chevalier de l'ordre, Jean Broun et Jean Beverlan, puis Jean

---

1. D'Aubigné désigne ici le martyrologe, dit de Crespin, dont la première édition parut en 1556 sous ce titre : *Recueil de plusieurs personnes qui ont constamment enduré la mort pour le nom du Seigneur, depuis J. Wicleff jusques au temps présent*, in-16 en trois parties. A la fin de la troisième partie se trouve une *Histoire mémorable de ceux de Mirandol et Cabrieres appelez Vaudois*, que d'Aubigné a beaucoup utilisée dans le chapitre ix.
2. D'Aubigné s'est surtout servi, dans la composition de ce chapitre, du martyrologe de Crespin. C'est l'édition de 1582, in-folio, que nous citerons.
3. Thomas Arondel, archevêque de Cantorbéry, légat du pape et chancelier d'Angleterre.

Claidon et Richard Turmine. Et, de ce temps-là, 36 autres de qui ils n'ont peu recouvrer les noms, cela en la grand'Bretagne, à Smythfiled. Tost après, ils cottent Jean Hus et Hiérosme de Prague, Bohémiens.

De ceux là, il y a long traicté à part pour leurs disputes[1]. Il y a du dernier que, voyant le bourreau mettre le feu par derrière, il lui dit : « Approche et « mets le feu par devant ; si je l'eusse redouté, je ne « fusse pas venu en ce lieu. »

Leur mort, tost imitée en Alemagne par Henri Grunfelder, Henri Gadgeber, prestres, Jean Draendorp et Pierre Tora, comme aussi et de mesme siècle, en Angleterre, par Jean Oldcastel[2], chevalier, seigneur de Coban, Jean Burvi, Guillaume Tailor, Guillaume White, Richard Hovenden, Thomas Bugle, Paul Cravu. En France par Catherine Saube, à Montpellier par Thomas Redon, carme en Bretagne. Suivent d'Angleterre Rogier Dulé, la dame d'Yonge, Thomas Norys, lequel, de la prison de Norvits, fut mené pieds nus sur des espines semées jusques au lieu du supplice, avec lui un prestre de mesme nom ; Thomas de Bongay à Morwic, aussi Pop d'Haye, lesquels chantèrent le symbole jusques au milieu des flammes, et un nommé Pecus, prestre, qui faisoit manger ses hosties à un petit chien. Comme on lioit le chien pour estre bruslé avec lui, il demanda qu'on arrestast le supplice, jusques à ce que le chien fust interrogué et pressé de se desdire comme lui. Nous y adjousterons Richard Hun[3], encores qu'il entre dans l'autre siècle, estranglé en

1. La suite de cet alinéa manque à l'édition de 1616.
2. Voir Crespin, 1582, p. 71 et suiv.
3. En 1515 (Crespin, p. 82).

prison par ceux qui l'interroguoyent. Encores, du premier, l'Alemagne produit Mathieu Hager et Jean de Wezel[1], et l'Italie un gentilhomme parent du duc de Candie, et Hierosme Savonarole[2], estimé pour prophète, selon Philippes de Commines, et les écrits du comte de la Mirandole[3], confirmés par Marsile Ficin[4].

Le siècle quinziesme a produit Henri Voez et Jean Esch[5], Augustins de Brabant, Jean Pistorius, qui chanta l'hymne qu'on appelle le *Te Deum* sur le buscher. M. Nicolas, curé d'Anvers, achève de ce costé ceste année[6].

En France, Jean le Clerc, de Meaux en Brie, tenaillé vif, les bras couppés, les mammelles et le nez arrachés[7], et, durant ce torment, il chanta du pseaume 115 : « Leurs idoles sont d'or et d'argent, » etc.[8].

L'an 24, Henri Zutphen, Georges preschant à Hall, Jean Castellan, docteur en théologie à Tournai, Wolf-

1. Mathieu Hager fut supplicié à Berlin, en 1458; Jean de Wezel, docteur et prêcheur à Worms, à Mayence en 1479 (Crespin, p. 80).
2. Girolamo-Maria-Francesco-Matteo Savonarole, né à Ferrare, le 21 septembre 1452, entré chez les Dominicains de Bologne, le 23 avril 1475. Condamné comme hérétique par Alexandre VI, il fut brûlé à Florence le 23 mai 1498.
3. Pic de la Mirandole, philosophe et théologien, né le 24 février 1473, mort le 17 novembre 1494.
4. Marcile Ficin, philosophe et philologue, né à Florence, le 19 octobre 1433, mort à Careggi, le 1er octobre 1499.
5. Henri Voez et Jean Esth suppliciés en 1523, à Bruxelles (Crespin, p. 83 et 84).
6. Jean Pistorius de Warden fut supplicié à la Haye en 1523. Nicolas fut jeté, la même année, dans les eaux du Crane, port d'Anvers, cousu dans un sac (Crespin, p. 85 et 86).
7. La suite de cet alinéa manque à l'édition de 1616.
8. En 1523 (Crespin, p. 86).

gang Schuch, docteur alleman. Et, en entrant dans l'autre année, Gaspar Tamber et Matthieu Woybel, avec un pasteur de Brisgaw non nommé, Jean Beck, Holandois[1]. De ces deux, le premier dit jusqu'au dernier soupir qu'il se glorifioit en la croix de Christ; l'autre prononça : « O mort, où est ta victoire, ô sépulchre, où est ton aiguillon? » et Jaques Pavanes[2], Boulenois. Ceux-là achevèrent l'an vingt-cinq, avec l'hermite de Livry bruslé devant la porte Nostre-Dame de Paris.

L'an 27, de haute et basse Alemagne, Jean Heuglin de Lindaw, Léonard Keiser, une femme, nommée Wendelmut, Holandoise, George Carpentier d'Emering[3].

L'an 28[4], George Scherer, qui avoit promis quelque tesmoignage notable sur son corps après sa mort, demi quart d'heure après sa teste coupée, mit les jambes et les bras en croix, en admiration des assistans. Pierre Glisted et Adolphe Clarebach, M. Henri Flamen, qui chanta aussi le *Te Deum*. Un maistre d'eschole anglois qui, le soir venu, s'estant bruslé en un doigt, se mocqua de son impatience, et, le lendemain, amené en cour pour ouïr sentence de mort, le roi mesmes, ayant fait apporter un faix de sarments, lui dit : « Choisi l'un des deux : ou de te défaire, ou

---

1. La suite, jusqu'à *Jaques Pavanes*, manque à l'édition de 1616.
2. Pavanes fut brûlé vif en place de Grève, à Paris (Crespin, p. 92).
3. Voir Crespin, p. 92 et suiv.
4. Cet alinéa et le suivant sont très abrégés dans l'édition de 1616 : « L'an 28, George Scherer, Pierre Flisted et Adolphe Clarebach, M. Henri Flamen, qui chanta aussi le *Te Deum*, moururent en même pays. Et en France, *Denis de Rieux, de Meaux*... »

« de charger et porter sur tes épaules, jusques au lieu
« du supplice, ce faix de sarments, en signe que, dans
« peu d'heures, tu seras bruslé tout vif. » Ce bon
personnage, après quelques révérences, fit répétition
de sa foi, puis, embrassant ce fagot de sarments, posé
à ses pieds, et, le baisant, dit tout haut : « O bois
« agréable, brusle-moi et me délivre de ce monde. »

En mesme temps, en France, nous avons Denis de
Rieux, de Meaux, bruslé à petit feu, et Estienne Renier,
docteur en théologie à Vienne.

L'an d'après, moururent à Paris Louis de Berquin
et Guillaume de Schwole, à Malines.

En l'an 30, Patrice Hamilton, gentilhomme escossois
qui, à la mort, effraya Alexandre Cambel, jacopin,
dont il mourut insensé, Thomas Hiten et Thomas Bilney, Anglois, qui, la veille de sa mort, essaya à la
chandelle comment il pourroit supporter le feu, dont
ayant retiré son doigt à la première fois, il le remit et
le fist brusler entièrement.

L'an 32, George Baynam, qui embrassa et baisa
les fagots ; puis, le feu ayant fait fondre la cervelle
et descendre par les nazeaux, il l'essuya de ses deux
mains liées et parla encores au peuple après. Le
mesme an eut Richard Baifield, en Angleterre, et Jean
Caturce, de Languedoc, à Thoulouze.

Celui d'après, Alexandre Canus, de Normandie, qui,
vestu d'une robbe de couleur, remercia Dieu de porter la livrée de Christ, quand il fut condamné ; Jean
Pointet, de Savoye, bruslé vif à Paris ; Jean Thrith,
Anglois, à Londres, qui, après longues et doctes disputes, fit à la mort comme Baynam et fut suivi d'André
Huet, Anglois aussi.

L'an 34, qui fut celui des placards[1] à Paris, eut pour martyrs Barthélemi Milon, paralytique, bruslé à petit feu, Nicolas Valeton, Jean du Bourg, Henri Poesle, Estiene de la Forge, Tornésien, la Catelle, maistresse d'eschole. Tous ceux-ci souffrirent à Paris. Et en Artois, Nicolas l'Escrivain, Jean Poix et Estiene Courlet. Marie Becaudelle, pour avoir repris un Cordelier, fut condamnée à Fontenai, en Poictou, et bruslée aux Essars.

L'an 35[2], Pierre Gaudet, François, fut bruslé au chasteau de Penai, à deux lieues de Genève, par les soldats de l'évesque; en Dauphiné, Jean Cornon; à Wilword, en Brabant, Guillaume Tyndal, docte Anglois, et un nommé Cowbrig, à Oxfort.

L'an 36, Martin Gonin, ministre en la val d'Angrogne, fut, par sentence du Parlement de Grenoble, estranglé et son corps jeté en la rivière. A Doüai, en Flandre, M. Pierre, jadis curé en l'une des paroisses d'icelle ville, fut bruslé en hayne de la vraye religion, qu'il maintint constamment, jusques au dernier soupir. Environ ce mesme temps, Denis Brion, demeurant à Sancerre, fust bruslé vif aux grands jours d'Angers et mourut constamment.

Au 37, en Escosse, à Édimbourg, furent bruslés ensemble deux Jacopins, un prestre, un gentilhomme

---

1. Cette année 1534 fut appelée *l'année des placards,* à cause de cinq placards luthériens qu'un nommé Feret, apothicaire de François Ier, fit afficher sur les murs de Paris au mois d'octobre. (Voy. Crespin, p. 103 et suiv., et *Journal d'un bourgeois de Paris sous François Ier,* p. 441.)

2. Cet alinéa et le suivant sont très courts dans l'édition de 1616 : « L'an 35 eut en Savoie Pierre Gaudet, en Bresse Jean Cornon et Martin Gonin, en Angleterre Guillaume Tyndal. »

et un chanoine; en Angleterre, un docteur nommé Lambert, et Louis Courtet, en Savoye. L'an[1] suivant, le feu estant allumé, comme le peuple s'escrioit : Miséricorde, Louys respondit : « Elle m'est asseurée; « demandons-la pour vous. »

Le 40 commence par Thomas Cromel, comte d'Essex, en Angleterre, et en ce mesme païs Robert Barnes, Guillaume Hiérosme et Thomas Garret, théologiens; à Louvain, en Brabant[2], deux hommes bruslés et deux femmes enterrées vives. Et, en Dauphiné, Estiene Arun, lequel, ayant ouï la sentence de mort, s'escria tout haut qu'on l'avoit condamné à la vie.

De mesme année sont Hiérosme Vindocin, jacopin, et Guillaume le Peintre, à Paris, André Bretelin, à Anonnai, en Vivarets.

Au 41, Juste Jusberg[3], de Brabant, Aymond[4] de la Voye, Picard; cestui, pris à la barbe par le juge et mis à la torture extraordinaire, faillit à exspirer sur les torments, sans pouvoir estre contrainct ni à nommer ses compagnons, ni à faire honneur à une image. Ce fut au temps que la loi des six articles[5] se fit en Angleterre, à laquelle contredisans Jean Paintre, Gilles Aleman, un officier royal, nommé Lancelot, Richard Spenser, André Huet, Jacques Morton,

---

1. La suite de cet alinéa manque à l'édition de 1616.
2. Var. de l'édit. de 1616 : « *A Louvain,* en Flandre, deux hommes et deux femmes ensemble. *Et en Dauphiné.....* »
3. Var. de l'édit. de 1616 : « ..... Juste Berq, de Brabant, Aymon de la Voye, Picard. *Ce fut au temps.....* »
4. Aymond de la Voye était ministre à Sainte-Foy-la-Grande, en Agenais (Crespin, p. 120).
5. La loi des six articles, relative aux croyances dogmatiques, est de 1539.

Thomas Bernard, Jean Porteur et Richard Mekins, aagé de 15 ans, furent mis à mort. Cette année achève par Gilles Tilleman, de Bruxelles, qui, auparavant sa mort, endura des gehennes inventées pour faire qu'il advouast le purgatoire[1]. Cestui-ci, voyant un trop grand amas de fagots, pria qu'on le retranchast pour les pauvres qui mouroyent de froid, jetta ses souliers à un pauvre et mesprisa la grâce d'estre estranglé avant le feu.

L'an suivant[2], il y eut Hector Remi, décapité, et sa femme, enterrée vive à Douai, en Flandre, et à Rouen quatre martyrs, entre autres un nommé Constantin, qui, à la mort, prédit que la Normandie seroit bien tost pleine de sa confession.

La mesme loi des six articles fit brusler en Angleterre un prestre, pendu au portail de l'évesque de Wincestre, et un nommé Henri et son serviteur, N. Kyrbi, Anthoine Porson, prestre, Robert Testwod, Jean Marbeck, maistre de chapelle. Et en France, Bribard, secrétaire du cardinal de Bellai, et Jean[3] du Bec, de Brie.

L'acte de Mérindol, achevé en l'an 45, où vous voyez, après les arrests de la cour d'Aix, loisir donné au peuple pour se desdire, la résolution générale qu'ils prirent par conseil de mourir tous. Et puis un libraire bruslé avec deux bibles pendues à son col, vingt cinq hommes mis en pièces dans un pré, quarante cinq femmes enceintes enfermées dans une grange, le feu

---

1. L'énumération qui précède contient, dans l'édition de 1616, de légères différences de rédaction. La suite de cet alinéa manque à l'édition de 1616.
2. Var. de l'édit. de 1616 : « *L'an suivant*, eut Hector Remi et sa femme *à Douai*..... »
3. Var. de l'édit. de 1616 : « ..... et Jeanne *du Bac*..... »

aux quatre coings, huict cent personnes, tant hommes que femmes et enfans, assommés dans le temple, un jeune garçon harquebuzé, trente femmes encores mises en une grange pour estre bruslées. Un soldat leur ayant ouvert une porte par pitié, le président Opède les fit mettre en pièces toutes et trépigner les enfans qui sortoyent du ventre des enceintes. Il y a d'autres morts de mesme temps dont est faicte mention ailleurs[1], entr'autres de Mavezi Blanc, harquebuzé, attaché à un olivier. Cestui-là, tout percé de coups, disoit : « Seigneur, ces hommes m'ostent la vie pleine « de misères, mais tu me bailleras l'éternelle, par le « moyen de mon Seigneur Jésus Christ, auquel soit « gloire. »

Ne s'offense mon lecteur, s'il trouve mesmes choses escrites ailleurs plus généralement, comme parmi des discours de guerre, et ici comme celui des martyrs plus expressément.

Le mesme an nous ameine[2] la mort de Guillaume Husson, bruslé vif à Roüan, et de François de S. Romain, Espagnol, qui eut accès à l'empereur et lui dit choses dont il s'est depuis souvenu. Il fut exécuté en Espagne, en mesme temps que Roch de Brabant; puis Pierre Brulli, bruslé à petit feu à Valenciennes.

De ce temps fut la persécution de Mets[3], où fut compris un nommé Adam, plusieurs femmes et un vieil-

---

1. La suite de ce paragraphe et le paragraphe suivant manquent à l'édition de 1616.
2. Var. de l'édit. de 1616 : « ..... nous amène la mort de François..... »
3. La persécution de Metz commença en 1544 et dura jusqu'en 1545. Les martyrs cités ici sont mentionnés d'après Crespin, p. 152 et suiv.

lard lapidés dans la rivière. N.¹ Enzinas, Espagnol, fut bruslé vif à Rome.

De mesme temps, moururent en Flandres Martin Heurbloc, Jean de Bucz et sa femme, Nicolas Vanpoule, Pierre Mioce, là mesmes une Marie, femme d'Adrian, enterrée vive, elle se moquant de ceste invention. En Lorraine, Jacques Chobart, et en Escosse, Jaques Canald, Jaques Veneur, Guillaume André, Hélaine, sa femme, et Robert l'Agneau². Ceste femme, après que les bourreaux lui eurent arraché un enfant qu'elle allaictoit, alla consoler son mari de plusieurs passages de l'Escriture et entre autres de cestui-ci : « Ceste parole est précieuse : Si nous souffrons avec « lui, nous règnerons aussi avec lui. Sois donc asseuré, « mon mari, que bientost nous serons ensemble avec « nostre Sauveur. » A ces mots, on l'osta pour la mener noyer.

Vous voyez en l'an 46 l'histoire notable de Jean Diaze³. En Escosse, la mort de George Sfocard, d'un Rogier de Norsfold⁴ ; de Sfocard, dis-je, lequel, comme le feu estoit desjà allumé, dit du cardinal S. André, légat du pape, qui, d'un lieu eslevé, avec un tapis sous ses coudes, regardoit le supplice d'un œil superbe et furieux : « Cestui-là peut bien se reposer arro« gamment, car, dans peu de jours, il sera ren« versé. » Ce qui arriva quelques sepmaines après ; car ce légat fut poignardé, dans son chasteau, par le

1. La fin de ce paragraphe manque à l'édition de 1616.
2. La suite de ce paragraphe manque à l'édition de 1616.
3. Jean Diaz fut, d'après Crespin, tué par son propre frère, Alphonse, resté catholique (p. 161).
4. La suite est abrégée dans l'édit. de 1616 : « ..... de *Nordsfold*. En mesme siècle, *le long procès*..... »

fils du comte de Rothuse, et son corps, tout sanglant, pendu à la mesme fenestre d'où il regardoit les supplices. En Angleterre, le long procès, les gehennes estranges, le congé d'Anne Askève, pensant que tels torments la feroyent mourir en sa maison, son retour en prison, sa mort remarquable, firent qu'elle mena à la mort avec soi Jean Lassels, Jean Adlam et Nicolas Belenjan, Anglois, relevés par son exemple. D'autre costé, Pierre le Clerc, Estiene Mangin, Michel Caillon, Jacques Bouchebec, Jean Busebarre, Henri Hutinot, François le Clerc, Thomas Honoré, Jean Baudouin, Jean Flesche, Jean Piqueri, Pierre Piqueri, Jean Mateflon, Philippes Petit[1] et un païsan qui, en la forest de Livri, s'estant mis à interroguer les prisonniers pourquoi ils mouroyent, demanda place en la charrette et mourut avec eux. Peu[2] avant l'exécution, Pierre le Clerc effraya le docteur Picard, lui disant : « Retire-toi de nous, « Satan. » Et son compagnon Estiene, après la langue coupée, prononça le nom de Dieu. Et de mesme temps Pierre Bonpain, à Paris.

Cette année aussi commença la France à redoubler la persécution par la mort de Pierre Chapot, exécuté à Paris avec cinq autres, desquels le nom est eschappé. Estiene Pouliot, bruslé avec des bibles, et un François d'Augi à Nonnai[3], en Vivarets. Cestui-là fut ouï au milieu des flammes récitant les paroles de S. Estiene en sa mort.

1. Ces martyrs, appelés les Quatorze de Meaux, furent mis à mort dans cette ville le 7 octobre 1546 (Crespin, p. 168 et suiv.).
2. Ce passage, jusqu'à *Et de mesme temps,* manque à l'éd. de 1616.
3. Var. de l'édit. de 1616 : « ..... en *Vivarets*. Langres commencera l'année qui suit par les morts de *Jean Taffignon*..... » — *Nonnay,* Annonay.

Un nommé Séraphin et quatre autres demeurans à Langres, d'où ils furent menez et bruslez à Paris, en admirable constance de leur part, au commencement de l'an 1547. Peu de temps après, furent bruslez à Langres Jean Taffignon et Jeanne Sejournan, sa femme, Simon Mareschal et Jeanne Bailli, sa femme, qui dit à son mari à la mort : « Mon mari, c'est à ceste heure « que nostre mariage s'accomplit avec Christ. » Puis, Guillaume Michaut, Jaques Boulereau et Jaques Bretenai. De mesme temps, Jean l'Anglois, advocat à Reims, Léonard du Pré, Limosin, et Jean Brugère, Auvergnat. Puis, au Pays bas, un nommé Miquelot, un païsan à Zirixée, en Zélande, un cordonnier nommé Martin à Ypre, en Flandres, la dame du Bigarden et son fils à Wilvorde[1], en Brabant.

1548. A l'entrée de l'autre an, furent bruslés à Bourges Jean Michel[2] et un escholier de nom inconu. A Angers, François Fardeau, Simon le Royer, Jean de la Vignolle, Denis Saureau, Guillaume de Reu. Ceste année eut encores Sanctin Nivet, de Meaux en Brie, et Octavian Blondel, lapidaire.

1549. En Haynaut, un maistre Nicolas, homme de sçavoir, et sa femme Barbe, Augustin et sa femme Marie[3], Hubert Buarré, en Bourgongne, et Estiene Peloquin, à Blois, commencèrent l'an quarante neuf, auquel le Roi Henri second fit son entrée à Paris. Il eut

---

1. Var. de l'édit. de 1616 : « ..... *et son fils,* Wilworde, en Brabant. Tout cela mourut en l'an 47. »

2. Jean Michel avait été bénédictin et avait jeté le froc vers 1534 (Crespin, p. 179).

3. Var. de l'édit. de 1616 : « ..... femme Marie, morts en Haynaut ; *Hubert.....* »

envie d'ouïr parler quelque prisonnier pour la religion. Aucuns courtisans prièrent qu'on choisist quelque docte homme; mais, au contraire, on lui mena un petit cousturier duquel ils ne pouvoyent espérer qu'ignorance. Ce petit homme estonna l'évesque Castellan[1], qui l'interroguoit, fit un affront à Diane de Poictiers, qui y poursuivoit contre eux à cause des confiscations, lui reprochant sa vie[2]. Le Roi, de ce despit, le voulut voir mourir. On dit que ce patient, ayant descouvert la Majesté à une fenestre, y planta des regards, desquels le Roi, estant effrayé, jura de n'en voir plus mourir aucun. Les magnificences de son entrée furent parées de la mort de Léonard Galimard et de Florent Venot, lequel fut six sepmaines prisonnier dans un engin de bois pointu par le bas, que les questionnaires appellent chausse d'hypocras. On pensoit qu'il ne pourroit vivre en ceste posture. Il servit de spectacle comme les autres à l'entrée du Roi.

Il ne reste pour fin de l'année[3] que M. Florent Venot, Léonard Galimar, Anne Audebert et Claude Thierri. Ceste femme discourut, comme on la lioit sur le poteau, sur la ceinture de ses nopces et son mariage avec Christ.

1550. Deux Italiens, l'un nommé Dominique de la Maison Blanche, l'autre Fanino, furent exécutés, le premier à Plaisance, l'autre à Ferrare. Ce dernier,

---

1. Pierre du Chastel, ou Chastelain, en latin *Castellanus,* évêque de Mâcon et plus tard d'Orléans, mourut le 4 juillet 1549. Il a laissé une *Oraison funèbre de François Ier,* publiée en latin et en français chez Estienne, 1547, in-4º et in-8º.

2. En 1549. Voir Crespin, p. 184, ou l'*Hist. ecclés.* de T. de Bèze, 1881, t. Ier, p. 45.

3. Var. de l'édit. de 1616 : « ..... *l'année* que *Anne*..... »

enquis pourquoi il estoit si joyeux à la mort, veu que Christ s'estoit contristé à la sienne, respondit « que « Christ s'estoit contristé de nos péchés qu'il portoit. « Et moi, je m'esjouys, dit-il, d'en estre délivré et « d'aller devant la face de celui qui les a portés. » Jean[1] Godeau et Gabriel Beraudin furent bruslés à Chambéri. Peu auparavant, Jean Lambert, citoyen de Genève, y avoit aussi esté mis à mort en haine de la religion. Macé Moreau et un autre libraire furent bruslés avec leurs livres, l'un à Troye et l'autre à Bourges. Ceste année achevée par Adam Walace, après longues disputes et escrits, bruslé à Édimbourg.

1551. Claude Monier, bruslé à petit feu aux terreaux, à Lyon, et à Valentienes Gillet Vivier, Michel le Febvre, aagé de 19 ans, sa sœur Hanon et leur père Jacques, comme aussi Michelle de Caignoncle, damoiselle, grande aumosnière. Les pauvres, comme on la menoit au supplice, couroyent après elle crians : « Vous ne nous donnerez plus l'aumosne ! — Si ferai « encor une fois, » dit-elle en jettant ses pantoufles à une pauvre femme qui avoit les pieds nuds. Et[2], voyant les juges aux fenestres, adjousta ces paroles aux précédentes, disans : « Ceux-là ont bien « d'autres tourments que nous, car leur conscience « les bourelle parmi leur aise, et nous sentons repos « en souffrant pour Christ. » Nous avons encores ceste année Thomas de S. Paul, de Soissons, bruslé à Paris, qui[3], retiré du feu qui l'avoit atteint et sollicité de reprendre la vie en se desdisant, dit : « Je suis en

1. Ce passage, jusqu'à *Macé Moreau*, manque à l'édition de 1616.
2. Ce passage, jusqu'à *Nous avons*, manque à l'édition de 1616.
3. Ce passage, jusqu'à *Joéri, Albigeois,* manque à l'édit. de 1616.

« train d'aller à Dieu ; remettez-moi au feu et me lais-
« sez suivre mon chemin. » Joëri, Albigeois, et son
serviteur, bruslés à Thoulouze ; Maurice[1] Secenat, à
Nismes.

1552. Au Païs Bas, Jean d'Ostende, dit Tromken,
Corneille Wolcart, Hubert, imprimeur, Philibert,
menuisier, et Pierre Roux, bruslés vifs, comme aussi
Godefroi de Hamelle, après plusieurs disputes et escrits
qui paroissent. Le Portugal vit lors un Anglois nommé[2]
Gardiner, qui, aux nopces du roi de Portugal, arracha
l'hostie consacrée d'entre les mains du cardinal,
emporté aux prisons demi mort des coups que la foule
du peuple lui avoit donné, fut bruslé à petit feu, après
les deux mains coupées. A la première, qui fut la
droicte, coupée, il la porta de la gauche à la bouche
pour la baiser, et, à la seconde, mit la bouche à bas
pour la baiser aussi. Après, vienent Martial Alba,
Pierre, escrivain, Bernard Seguin, Charles le Favre et
Pierre Navilières, escholiers[3]. Ces cinq, liés d'une
mesme chaîne, s'entrebaisèrent à la veue du peuple,
se consolèrent et encouragèrent de paroles bien entendues. Il est sorti de ces prisonniers, durant leur longue
détention, des lettres assés remarquables. De ce
mesme an, furent exécutés François Bourgoin, Hugues
Gravier et René Poyet, d'Anjou. Et encores emprison-

1. La fin du paragraphe manque à l'édit. de 1616.
2. Guillaume Gardiner (Crespin, p. 198).
3. Ces cinq martyrs furent appelés les Martyrs de Lyon, parce qu'ils furent enfermés dans les prisons de cette ville le 1er mai 1552. Martial Alba était de Montauban, Pierre Escrivain était Gascon, Bernard Seguin était de la Réole, Charles Favre d'Angoulême, Pierre Novilières du Limousin (Crespin, p. 200).

nés à Lyon Pierre Bergier et Denis Peloquin, de Blois[1]. Ceux-là confrontés aux escholiers, mais ils moururent en l'an 1553. Après longues disputes et procédures, ce Bergier convertit en prison Jean Chambon, qui lui tint compagnie à la mort. Il y eut aussi Louys[2] Dimonnet, qui, après plusieurs familiarités et lettres avec les cinq escholiers, les suivit à la mort. Mourut aussi Louis de Marsac et son cousin avec Estiene Gravot, le tout à Lyon. Ceux-ci, sur le point de la mort, chantèrent le cantique de Siméon. Vient en rang Jeanne Graye, laquelle, par la mort du roi Édouard, fut proclamée roine, mais les grans et le peuple estans acourus à Marie, Jeanne Graye fut mise prisonnière[3] ; son procès lui fut fait à cause de la religion. Sa probité, sa doctrine aux langues grecque et hébraïque et sa confiance rendirent (comme nous l'avons dit ailleurs) sa mort efficacieuse.

Nous trouverons maintenant en France Nicolas Nail[4],

1. Hugues Gravier fut exécuté à Bourg, en Bresse, en janvier 1552 ; René Poyet, à Saumur, la même année. — Denis Peloquin fut brûlé vif, le 5 septembre 1553, à Villefranche, en Lyonnais (Crespin, p. 233).

2. Crespin l'appelle Mathieu et non Louis (p. 244).

3. La condamnation de Jeanne Grey n'avait aucun rapport avec les questions religieuses. Cependant, Crespin (p. 254) la fait figurer au nombre des martyrs de la Réforme.

4. Nicolas Nail, emprisonné à Paris le 14 février 1553 et supplicié peu de temps après. — Antoine Magne, d'Orléac, en Auvergne, brûlé sur la place Maubert le 14 juin de la même année. — Guillaume Neel, brûlé à Soissons en 1553. — Simon Laloé, mis en prison à Dijon le 27 septembre 1553, supplicié le 21 novembre 1553. — Estienne le Roy et Pierre Denocheau, arrêtés au mois de décembre 1553 et exécutés à Chartres peu après. — Jean Molle, exécuté le 5 septembre 1553 (Crespin, p. 257).

flambé avant que mourir, Anthoine Magne, Guillaume d'Auvergne, Guillaume Neel, de Normandie, docteur, Simon Laloé, de Soissons, Estiene Roi et Pierre Dinocheau. A Chartres, Pierre Serre, de Languedoc, un tisseran de Péruse et Jean Molle, appelé Montalchine, pource qu'il en estoit. Cestui-là, adverti par le geôlier qu'on le vouloit faire mourir de nuict, promit de se desdire de toutes ses erreurs ; pour ce faire, on le mena sur un eschaffaut, devant Sancta Maria de Minerva, en chemise, avec les torches au poing. Ayant touché tous les points des controverses, sans résoudre, jetta les torches en criant : « Viva Christo, morira « Montalchino. » Nous poursuivrons par Jean Malo, de Haynaut, pour trouver, en l'an 1554, Guillaume d'Alençon, tondeur de draps, Paul Musnier, d'Orléans, Richard le Fèvre, de Rouan. Paris Panier et Otho Catheline, l'un de Salins, en Bourgongne, l'autre Flamen, furent exécutés en mesme temps. En France, Jean Filieul, Julian l'Esveillé, Thomas Calbergne, Ghylhene de Muelere, homme docte, furent bruslés au Pays-Bas. L'Italie nous donne encore François Gamba, bruslé à Côme, près Milan, et puis, de ceste année, nous n'avons que Denis Le Vair, de la Basse-Normandie, et Pierre de la Vau, en Languedoc[1].

1. Guillaume d'Alençon, natif de Montauban, mis à mort à Montpellier le 7 janvier 1554. — Le tondeur de draps fut exécuté le 10 du même mois 1554. — Paris Panier, de Salins, eut la tête tranchée à Dôle le 7 avril 1554. — Otho Catheline fut *grésillé* le 27 avril 1554. — Thomas Calbergne, de Tournai, monta sur l'échafaud à Tournai le 24 juin 1554. — Ghyleyn de Mueleve fut étranglé et brûlé à la fin d'avril 1554. — François Gamba fut brûlé le 21 juillet 1554. — Denis le Vayr, le 9 août 1554 (Crespin, p. 265).

LIVRE SECOND, CHAP. X. 219

L'an 1555, fécond en Anglois, nous donne premièrement[1] Jean Roger et Jean Hooper, docteurs, qui soustindrent de longues disputes, et le dernier bruslé à trois fois; Roland Taylor, Laurent Saunders, homme docte, qui embrassa le posteau où il devoit estre lié, criant : « O croix de mon bon Seigneur ! » Robert Ferrer, évesque, et Thomas Tomkins, auquel on fit brusler la main avec le reste pour le faire desdire; Thomas Hygbi, Thomas Cansson, Estiene Knyght, Guillaume Hunter, Jean Laurent, Raulin Whygth, Guillaume Digel, Jean Alcock, George Marché, Jean Cardmaker, Jean Waren, Thomas Hanx, qui, ayant promis aux prisonniers et à ses amis de faire un signe si l'effort du feu ne surmontoit point sa constance, quand les cordes qui tenoyent ses bras liés furent bruslées, mit ses deux mains sur sa teste[2]; Thomas Watz, Guillaume Bulter, Jean Simson, Nicolas Chamberlan, Thomas Esmonde, Jean Erdlei[3], Jean Bradford, docte ministre, Jean Liefe, Jean Bland, Jean Franks, Nicolas Scheterden, Hundfroi Midelton, Jean Wade, Dirik Herman, Jean Lander, Richard Horck, Thomas Everson, Nicolas Hall, Jean Pottei[4], Jacques Habs, Jean Denleye, Jean Neuman, Varenne, vefve, Guillaume Coker, Richard

1. Jean Roger fut brûlé le 4 février 1555. — Jean Hooper, cinq jours après, à Glocester, dont il était évêque. — Roland Taylor, le 22 janvier 1555. — Robert Ferror, évêque de Saint-David, à Camardeu, le 26 février 1555. — Thomas Tomkins, à Londres, le 5 mars 1555. — Thomas Aygby, à Horndon, le 25 mars 1555. — Cansson, le même jour, à Rayly (Crespin, p. 283).
2. Les six martyrs dont les noms suivent furent exécutés en juin (Crespin, p. 310).
3. Jean Bradfort et Jean Liefe furent suppliciés à Londres à la fin de février 1555 (Crespin, p. 319).
4. Oublié dans l'édition de 1616.

Coller, Henri Laurence, Guillaume Hopper, Guillaume Stere, Richard Vright, Roger Cirier, George Tankerfeld, Guillaume Baumefort, Patrice Patinghan, Robert Smit, docteur, Estiene Harwod, Thomas Fiesse, Guillaume Harle, Robert Samuel, Guillaume Allin, Thomas Cobbe, Thomas Coé, George Bradbrig, Jacques Tuttye, Antoine Burward, George Catner, Robert Steuter, Thomas Hayward, Thomas Gorval, Richard Smyth, Guillaume André, George Bing, Robert Clauverd, Corneille Bucaye, Jean Uneh, George Rauper, Robert Glover. Et, en fin de ceste année, deux évesques anglois, Nicolas Ridlei et Hugues Latomer[1]; tous ceux-là bruslés en Angleterre en l'an 1555, qui fournit encores, en Flandres, Damian Witcoq, Vaudrue Carlier, qui[2], condamnée à estre enterrée vive, demanda « s'ils n'avoyent que cela pour l'esprouver, « et pour la portion du bruvage que Dieu départ selon « ses grâces; » Jean Pourceau, François et Nicolas Mathys frères, Bertrand Blas. En Austriche, huit ministres et plusieurs autres, desquels les noms ne se sont peu trouver.

De France, n'ont esté marqués que Guillaume de Dongnon[3], prestre, deux bruslés à Autun, cinq escholiers, Jean Vernon, de Poictiers, Anthoine Laborie, de Querci, Guiraud Tauran, de mesme lieu, Jean Trigalet, de Languedoc, Bertrand Bataille, Gascon; ceux-ci exécutés à Chambéri, avec longues disputes et escrits

---

1. Oublié dans l'édit. de 1616.
2. Ce passage, jusqu'à *Jean Pourceau,* manque à l'édit. de 1616.
3. Guillaume de Dongnon fut supplicié au commencement de mai 1555, et les cinq écoliers, appelés les Cinq de Chambéry, vers le mois de juillet de la même année (Crespin, p. 303).

notables; puis, Nicolas du Chesne, Champenois, et Claude de la Canesière. L'année se ferme par Pomponius Alger, docteur napolitain, que le pape demanda aux Vénitiens pour le faire brusler à petit feu à Rome[1].

Nous commencerons l'an 1556 par les Anglois, desquels la roine Marie nous donne foison ceste année, asçavoir Jean Philpot, fils d'un chevalier d'Angleterre, lui docteur, Thomas Cranmer[2], Thomas Witle, Thomas Broun, Jean Want, Jeanne Laschefort, Barthélemi Grene, Jean Tuston, Jean Went, Agnès Fauster, Jean Lowmas, Anne Albrycht, Jeanne Soalle, Jeanne Pointer, Agnès Snode, Anne Poten, la femme de Michel, Jacques Abs, Jean Anmon, Jean Ross, Alile Spenser, Barthélemi Grene. Encor la fin du règne de Marie emporta, en la ville de Salisbury, un nommé Spicer, Maundrelle et Coderle. A Cambridge, Jean Hoyliarde, ministre. A Rochestre, Hirth Poole et Jeanne Besche. A Londres, Guillaume Leache, Guillaume Aherar, ministre, Jean Clément, Catherine Hurth, Jeanne Horle, jeune fille. A Glocestre, Christophle Lister, ministre, Jean Maze, Richard Michold, Jean Spenser, Jean Hamond, Simon Joüanne, deux aveugles, l'un nommé Thomas et l'autre Huprise Croker, Hugues Laverok,

---

1. Claude de la Canesière, arrêté au mois de mai 1555, fut mis à mort au commencement de l'année 1556. — Pomponius Algier fut supplicié à Rome vers le mois de juillet 1555.

2. Thomas Cramner, premier archevêque anglican de Cantorbéry, né le 2 juillet 1489 à Astacton, dans le comté de Nottingham, chapelain de Henri VIII, archevêque de Cantorbéry à la mort de Guillaume de Warham. Il confirma le divorce de ce monarque et se maria lui-même avec la nièce du ministre Osiander, à Nuremberg. Après l'avènement de Marie Tudor, il fut emprisonné à Oxford et brûlé comme hérétique le 21 mars 1556.

paralitique. A Bekels et Montpollus, Jean Dami et une Spensere. A Douvres, Thomas Harlaut, Jean Hosvuald, Thomas Redde, Thomas Abinthon, Thomas Hoode, Thomas Mylez, ces derniers ministres, un serviteur de marchant et un cordonnier bruslés à petit feu[1]. A Strofords, Henri Abinthon, Rodolphe Jacson, Guillaume Holivet, Thomas Bouër, Laurent Parmen, Léon Coyxe, Henri Wye, Jean Dorphal, J. Rothe, Edmond Wist, Georges Scarles, Élizabeth Papper et Agnès Georges ; ces trois bruslés ensemble. A Nubrie, Jean Guines, Asken et Julius Palmer. A Brenestad, Thomas d'Ingard, Jean Forman et leur mère, puis, en divers lieux, une femme aveugle, un tisseran, Thomas Davendal, un cordonnier et un conroyeur, Nicolas Holden, gantier, Jean Horne et une femme avec lui, Jean Clareke, Gustonne Stenden, la femme de Paul Kains, Guillaume Fosten ; ces quatre morts de faim au chasteau de Cantorbie, et trois autres au mesme lieu et de mesme façon, ausquels nous adjoustons treize martyrs qui signèrent ensemble une confession pour laquelle ils moururent ensemble. Myon de Coixe, hermite, Henriette Wie, Henriette Adlington, Rodulphe Jacson, Jean Dorepall, Edmunde Hurst, Jean Rothe, Georges Scarles, Laurent Parmen, Thomas Bower, Willan Holiwel, Élizabeth Popper ; ceux-là furent bruslés en la ville de Londres.

Du Pays Bas, nous avons Laurens, de Bruxelles, Jean Fasseau, Adrian de Lophsen, bruslé à petit feu, Julian de l'espée d'arme, Robert Ognyer[2] et sa femme, Bau-

---

[1]. Les personnages dont les noms suivent sont désignés sous le nom des Treize martyrs anglais (Crespin, p. 401).

[2]. Robert Ognier, sa femme, Baudichon et Martin, leurs

dichon et Martin, ses enfans; les enfans menés au feu par la mère, relevée par son fils. A l'Isle, Jean Hulier, ministre, George Egle, Charles Coning.

Nostre France compte, de ce temps, Claude de la Canezière, lequel, après longues prisons et lettres considérables, fut bruslé à Lyon; Jean Ravet, cordelier, Pierre du Rousseau, Angevin, Jean Bertrand, de Vendosmois, Arnaud Musnier et Jean de Caze, Gascons, Barthélemi-Hector Poitevin, qui[1], sentant qu'on lui appliquoit le sac de poudre et de souffre, s'escria : « O que ceci m'est doux ! » Andoche Minard, prestre, Hiérosme Cazabonne, Béarnois.

1557. Nous donnerons, au commencement de ceste année, les noms de ceux que Villegagnon fit mourir en l'Amérique : Jean Bourdel, Matthieu Vermeil, Pierre Bourdon et Pierre de la Fond.

En Xaintonge, Philibert Hamelin[2], ministre, qui annonça à un sien compagnon de prison[3], lequel cuidoit prolonger sa vie pour se desdire, qu'il estoit sur le point de sa mort. On les tira tous deux, l'un au supplice, l'autre à la liberté. Mais Hamelin sçeut, comme on le menoit mourir, que son compagnon avoit esté tué à la porte de la prison, et pourtant on l'interroga pour voir si sa prédiction ne sentoit point le complice.

Viennent après Archambaut Seraphon, Bazadois, Jacques et Philippes Cenes, Normans, Nicolas Rous-

---

enfants, sont appelés les Quatre martyrs de Lille (Crespin, p. 388).

1. Ce passage, jusqu'à *Andoche,* manque à l'édit. de 1616.
2. Philibert Hamelin, de Tours, fut brûlé la veille des Rameaux 1557 (Crespin, p. 408).
3. Var. de l'édit. de 1616 : « ..... *de prison,* voulant *prolonger.....* »

seau, exécutés à Dijon ; Jean Buron, du bas Poictou, qui, adverti d'appeller, respondit : « Ne vous suffit-il « pas d'avoir les mains teinctes de mon sang, sans en « souiller d'autres? » Nicolas Sartoire, de Piedmont, et puis deux Flamans achèvent ceste année[1]. Angel Amflicius, docte prestre, qui,. s'estant mis à genoux et levant les mains au ciel, se penchant sur le costé droict, fut trouvé mort sur l'eschafaut. De mesme an fut Arnoul d'Ieriex.

1558. Estans morts en Angleterre, en mesme jour, la roine Marie et le cardinal Polus, fut aussi esteincte la persécution et les derniers qui la fermèrent[2] : Cutbert Simson, Jean Devenish, Hugues Froxe, Lawton, Jean Maynard, Jean Harrisson d'Aye, Richard Harris, Jean Davus, deux femmes, Thomas Tyler, Matthieu Uveters, Henri Pond, Mathieu Ricardie, Jean Holidaye, Jean Frondi, Reynot Lavunder, Roger Holland, Thomas Souvonthan, Thomas Wited, ministre, Jean Slade, Pikes et trois autres, et, pour le dernier, un gentilhomme nommé Bambrige.

A la fin de l'an passé, fut emprisonné Geoffroi Varagle[3], Piedmontois, ministre de la vallée d'Angrogne, bruslé en Piedmont en l'an 1558 ; Benoist Romyeu, en

---

1. Var. de l'édit. de 1616 : « ..... ceste année, à sçavoir Angel Amflicius, docte prestre, et Arnoul..... »

2. Ces trois personnages, dont le premier était diacre de la congrégation de Londres, furent suppliciés à Londres le 27 février 1558. — Lauton fut brûlé au mois de mars de la même année. — — Jean Maynard, le 15 avril 1558. — Jean Harrison et Doze, le 26 mai, à Glocester. — Richard Harris, Jean Darus et deux femmes, le 6 juin, à Norwicht. — Les autres aux mois de juin et de juillet 1558 (Crespin, p. 426).

3. Varagle fut arrêté, le 17 novembre 1557, à Barges.

Daulphiné. De ce temps, fut surprise l'assemblée de Paris en la rue S. Jaques[1]. De ceste prise furent bruslés, à diverses fois, George Tardif, Nicolas Guiotet, Jean Caillou, de Tours, Nicolas de Jeinville, qui[2], ayant la langue coupée, invita en mots bien entendus la compagnie à prier Dieu; Nicolas Clinet, Xainctongeois, Taurin Gravelle, de Dreux, la damoiselle de Graveron, nommée Philippes de Luns[3]. Ceste-ci, allant à Paris pour faire hommage au cardinal de Lorraine, et lisant par les chemins les premiers recueils des martyrs, dit plusieurs fois qu'elle ne pouvoit croire telle constance se pouvoir trouver dans le cœur humain. Estant prisonnière, se confirma tant qu'elle voulut se parer le jour de son supplice, qu'elle appeloit « le jour de ses nopces avec Christ. » La sentence estant leüe, un advocat de la compagnie disputoit de bailler sa langue, pource que le dicton n'en faisoit pas mention; mais elle résolut ses compagnons disant : « Il est raisonnable que la langue qui a le privilège de « loüer Dieu ait celui de sauter la première sur l'au- « tel du sacrifice. » Sollicitée[4] par quelques conseillers de prendre une croix, pource que Dieu commandoit à chacun de porter sa croix, elle respondit : « Jésus « Christ entendoit celle que vous me faites bien por- « ter. » De mesme coup moururent Nicolas le Cene, Normand, et Pierre Gabard, Poictevin, François Rebe-

---

1. Cette assemblée, qui se tenait dans une maison située devant le collège du Plessis, fut surprise le 4 septembre 1557 (Crespin, p. 427).

2. Ce passage, jusqu'à *Nicolas Clinet,* manque à l'édit. de 1616.

3. Son nom manque à l'édit. de 1616.

4. Ce passage, jusqu'à *De mesme coup,* manque à l'édit. de 1616.

zies, Condomois, Frideric d'Anville, Béarnois, René du Seau, Xainctongeois, et Jean Almaric, Provençal. Tout de suite moururent à Paris Geofroi Guérin, Jean Morel, frère[1] de mon précepteur, et Jean Barbeville, Normands.

D'autre costé moururent au Pays Bas Jean du Champ, de Haynaut; et, en entrant dans l'an 1559, Gilles et Anthoine Werdrickt, frères, Adrian le Peintre et Henri Cousturier, Bouston le Heu, Corneille Hallewyn et Herman Gencan, tous à Anvers.

Lors se tindrent à Paris, en mesme temps, un synode général de la France, auquel fut compilée la confession de foi ci-dessus alléguée, et la Mercuriale[2], qui produisit à la mort Pierre Chevet, de Ville Parisis, Nicolas Ballon, Poictevin, Nicolas Guenon, son serviteur, Marin Marie, Normand, Adrian d'Aussi, Marin Rousseau, Gastinois, Gilles le Court, Lyonnois, Philippe Parmentier, Pierre Milet, Parisien, Pierre Arondeau, Angoumoisin, et Marguerite le Riche, dame de la Caille, celle qui releva le cœur, par un pertuis de la prison, au conseiller Anne du Bourg[3], lequel tost après fut exécuté. Trois de ses compagnons furent du supplice: André Coiffer, de Dammartin, Jean Isabeau, de Bar-sur-Aube, et Jean Judet, Parisien. Sans sortir de France, nous avons un serrurier de Penne, bruslé à Agen, Pierre Faugères, à Bordeaux, le sieur de Pluviers, René Preud'homme et Jean Piccaut, à Angers, Hélie du Bosquet, à Aigues-mortes, Nicolas N., deux

---

1. Var. de l'édit. de 1616: « *Jean Morel,* mon *précepteur.....* »
2. Voy. le chap. XII. Sur les martyrs énumérés ci-dessous, voyez Crespin, p. 462 et suiv.
3. Anne du Bourg, voyez le chap. XIII. Sur les martyrs énumérés ci-dessous, voyez Crespin, p. 479 et suiv.

ministres, Marquet, procureur du Roi, le chastelain de Soyon, Nicolas Blanchier, à Valence, Nicolas Roberte et Mathieu Rebours, à Romans, Honorat Audot, bruslé à Aix, Thomas Moustarde, de Valentiennes, un maçon de Trente. Pour ce qui est des actes de l'Inquisition, nous en traicterons ailleurs.

Au commencement de l'année 1560, nous trouvons un ministre, esleu pour la Calabre, nommé Jean Louys Paschal, bruslé à Rome. Quelque tresve en France. Mais la Flandre nous produit Chrestien de Quequaire, Jaques Dieussat, Jeanne de Salones, de Steenwercke, Jean Hervin, Jean de Orves, Jacques de Lo, Jean de Bosquere, Jean Raiser, Pierre Arnauld, Daniel Galland, Jean des Buissons. Et, entrant en l'autre année 1561, Pierre le Petit, Jean Denis, Simon Guillemin et Simon Herme, Berthélemy de Hoye, Florentin de Coulongne. Voilà ce que produisoyent les réformés jusques au point de l'édict de janvier, et qui, outre ce qu'ils s'en confirmoyent en leur religion, attendrit le cœur des moins passionnés du Conseil à concéder ce que verrés ci après.

Est à noter que tous les susnommés sont appellés martyrs, à la différence d'une grande multitude qui furent engloutis dans les massacres, sans avoir loisir de se desdire; estant une loi que les plus exacts maintiennent, asçavoir estre juste, parce que le nom de martyr ne s'attribue qu'à celui qui meurt purement pour la foi et qui, jusques au dernier point, a le choix de la vie ou de la mort. Ceux de toutes les grandes villes voyoient à l'œil tous les jours de quoi adjouster foi aux nouvelles et livres, qui leur racontoyent les choses esloignées, si bien que de ces cendres devint une poudre menue qui s'espandit en beaucoup de lieux.

Si, d'un costé, les constances attirèrent beaucoup de spectateurs, la vie la plus correcte et les mœurs réformées n'apportoient pas peu d'efficace et renversoyent les reproches que, par tout, on faisoit courir des assemblées nocturnes de commixtions illicites. Et, de plus, ceste grande similitude de blasme avec les premiers chrestiens, ceste mesme ardeur à cercher les couronnes, au lieu d'affoiblir la créance des réformés, en allumoit par tout le zèle. Deux choses encores contribuèrent merveilleusement à cest édifice; la condition des ecclésiastiques de ce temps-là, desquels la mauvaise vie, estant sans controlleurs, se voyoit en l'estat dépeinct par le cardinal Baronius à la fin du neufiesme siècle.

Je prie mon lecteur trouver bon que je me descharge là-dessus d'une fascheuse description, mieux séante à un cardinal qu'à moi. J'y renvoye donc les lecteurs désireux de sçavoir et capables de jugement, pour dire au chapitre suivant les choses merveilleuses qui apparurent en ce temps-là en faveur des réformés.

Chapitre XI.

Jugemens et punitions notables. Recueil faict par les réformés des morts étranges de leurs persécuteurs.

Il courut un livre, qui s'appeloit *Dan*[1], c'est à dire jugement, dans lequel, après une grande liste de Néron, Domitian, Adrian, Sévère, Herminian, Valérian, Aurélian, Dioclétian, Maximian, Maximin, Julian, Commode, Valentinian, Zenon l'Isaurique, Honorique,

---

1. Ce mot, en théologie, est employé pour désigner le tourment des damnés, produit par la privation de Dieu.

Constant, Arrius et autres, desquels il remarquoit les inhumanitez et les morts horribles, avec une analogie notable de leur vie et de leur mort, après, dis-je, ceste liste, il en produisoit une de ceux qui, en ce temps, s'estoyent monstrez plus ardents à l'extinction des réformés, observants la mesme proportion de leur façon de vivre et leur manière de mourir. Là marchoit Arondel, évesque de Cantorbie[1], qui, voulant priver les fidelles du pain de la parole, sa bouche prit en telle haine le pain qu'il mourut de faim.

Un Piémontois, en Angrogne, ayant juré qu'il mangeroit le nez du pasteur, un loup, en plein midi et devant une grande multitude, lui vint manger le nez et s'en retourna sans blesser aucun, comme n'ayant que cela à faire, de[2] quoi le mordu enragea.

Le comte Félix, Aleman, ayant juré qu'au poinct du jour, il marcheroit dans le sang des réformés jusqu'aux esperons, estouffa la nuict en son sang.

Il mettoit en ce rang le président Mesnier, baron d'Opède[3], et les morts en sang de quelques princes, qui apparoistront en leur rang.

Et pource qu'ès persécutions des Alpes, on avoit fait mourir plusieurs en faisant ronger les ventres par des barbots, il remarquoit quelques inquisiteurs de

---

1. Var. de l'édit. de 1616 : « ..... *Cantorbie*, lui reprochant que *voulant priver*..... »

2. Ces derniers mots manquent à l'édit. de 1616. — *Enragea*, devint enragé.

3. Jean de Maynier, baron d'Oppède, premier président au parlement de Provence, né le 10 septembre 1495 à Aix, où il mourut le 29 juillet 1558. Il s'est acquis une triste célébrité par ses cruautés contre les Vaudois de Mérindol et de Cabrières. On a de lui une traduction en vers de dix Triomphes de Pétrarque. Paris, 1538, in-8°.

Mérindol rongés de vers, mettants en mesme rang le chancelier du Prat[1], puis Aubespin, inventeur des baaillons. A l'Aubespin, on en appliqua un, afin que les vers qui multiplioyent en sa bouche ne l'estouffassent, ce qui avint ; et mort, fut laissé longtemps baaillonné[2].

Plusieurs, ardents à faire brusler, bruslèrent de feu visible, s'espandant par leur chair et les faisant détrancher à morceaux, comme Bellomonte et Poncher. Il remarque l'évesque Castellan, qui, d'une grande froideur, envoyoit au feu. Celui-là mourut demi glacé, demi bruslé.

Puis suivent ceux qui, en leurs chaires, ont appellé la mort, s'ils n'annonçoyent vérité. De là, il amène les désespoirs de Latome, du cardinal Polus, Spera et autres ; puis, il n'oublie pas le chien noir du cardinal Crescence, à la veuë duquel il prononça qu'il estoit mort, qui ne pût estre chassé et qui receut de sa gueule son dernier fumeau. Encores y adjoustent-ils les sauts que faisoit le corps du chancelier Olivier, en reprochant sa damnation au cardinal de Lorraine.

Je n'ai pris que les exemples les plus relevés et en laisse nombre de plus remarquables, pour vous dire que ce livre, duquel la vérité a esté recerchée tant par les uns que par les autres[3], tant s'en faut qu'il soit

---

1. Antoine Duprat, chancelier de France, né à Issoire le 17 janvier 1563. Devenu veuf en 1516, il fut nommé archevêque de Sens et, plus tard, cardinal. Il mourut le 8 juillet 1535. Le marquis Duprat a écrit sa vie. In-8°, 1857.

2. L'Aubespin était conseiller au parlement de Dauphiné en 1560, et prit une part active à la condamnation d'un grand nombre de calvinistes. Le récit de sa fin tragique est emprunté par d'Aubigné à de Thou (de Thou, t. II, p. 813).

3. Var. de l'édit. de 1616 : « ..... *les autres,* est demeuré sans preuve, au contraire *fortifié*..... »

demeuré sans preuve; qu'au contraire, il a esté fortifié des tesmoignages de plusieurs, qui en ont escrit par occasion. Or, ne pouvant que cela à l'examen de la vérité, je dis pourtant que ces choses creuës, et sur tout, où elles estoyent veuës, furent réputées pour miraculeuses, ou soit qu'elles le fussent, ou soit que les spectateurs fussent incapables d'y trouver des causes naturelles; tant y a que toutes ces sortes d'accidents aidèrent à la doctrine et constance des uns et aux mœurs des autres, pour eschauffer les esprits aux choses que nous verrons ci-après.

Chapitre XII.

De la Mercuriale et ce qui en suivit.

Nous avons dit que le prétexte de presser la paix entre les rois estoit le dessein d'exstirper les hérétiques, comme ils disoyent[1]. Ceste besongne fut tracée principalement par deux mouvements. Le premier et plus grand desquels estoit la duchesse de Valentinois[2], qui possédoit le cœur et l'amour du Roi. Ceste-ci, ayant le don de toutes les confiscations des hérétiques, possédoit avec le prince presque tous les grands, les Seaux[3] et le Conseil et, partant, estoit puissante de faire expédier les criminels ou par jussions à la cour, ou par commissaires ou prévosts, ou autres voyes

---

1. Les deux rois de France et d'Espagne ne prenaient aucun engagement relatif à la religion nouvelle, mais ils se promettaient de favoriser le concile de Trente (*Préambule* du traité de Cateau-Cambrésis).
2. Diane de Poitiers.
3. Jehan Bertrand, chancelier et garde des sceaux, créature de Diane de Poitiers. Voyez le chap. xiv.

expéditives. Le second mouvement faict de la maison de Guise, qui dès lors practiquoit le vent des peuples et surtout la bonne opinion des ecclésiastiques, qui travailloyent comme juges et parties en ces procès. Ces deux rouës, d'accord en plusieurs choses, se servirent du premier président, Magistri[1], des présidents S. André[2] et Minard, du procureur général Bourdin[3], non sans quelque part de l'utilité.

Le roi n'oyoit de tous costés que les progrès des schismatiques, héritiers des Albigeois, qui s'en alloyent comme eux capables d'attendre les armées. Mais, sur tout, il faloit remédier à la cour de parlement et aux juges lassés de leurs sévérités, ennuyés de brusler, estonnés des constances et reproches de damnation, esbranlés par les raisons, et quelques uns convertis du tout à ceste nouvelle créance, les autres consentans en quelques poincts seulement. L'advis fut de faire tenir une mercuriale, qui est une censure des juges, establie par Louys XII[4]. Fut advisé que le Roi (survenant

1. Antoine le Maistre, avocat du roi en 1541, président en 1550, premier président le 23 mai 1551, appartenait au parti catholique et était un des adversaires du chancelier de l'Hospital. Le 18 août 1561, il fut suspendu de ses fonctions, par ordre du roi, à cause de son refus d'autoriser l'enregistrement de l'ordonnance d'Orléans, et ne remonta sur son siège que le 9 décembre. Il mourut le 6 décembre 1562, à l'âge de soixante-trois ans (Journal de Bruslard, dans les *Mémoires de Condé*, t. Ier, p. 65 et 103).

2. Le président de Saint-André était un des plus ardents catholiques du parlement de Paris. La Planche le cite souvent comme un magistrat inféodé au parti des Guises.

3. Gilles Bourdin, d'une famille parlementaire, né à Paris en 1515, jurisconsulte, procureur général au Parlement, fut un des juges du prince de Condé. Il mourut le 23 janvier 1570. Il a laissé divers travaux d'érudition.

4. Assemblée de toutes les chambres du Parlement où se traitaient les questions de discipline et d'ordre intérieurs. Elle était

en ceste assemblée, non attendu) désigneroit à l'œil les fauteurs des hérétiques, afin que, par la punition des plus eslevés, le peuple receust un chastiment efficacieux.

Ceste mercuriale estant ordonnée aux Augustins, le Roi s'y trouva, acompagné des princes de Bourbon[1], du duc de Guise, du connestable et de deux cardinaux[2]. Ce fut là que les conseillers, qui voulurent garder quelques marques de l'authorité et liberté ancienne, parlèrent hardiment des corruptions de leurs églises, du besoin de réformation, et, après s'estre estendus sur telles narrations, conclurent qu'il faloit adoucir les poursuites contre les réformés en attendant un concile libre, que ceux de Constance et de Basle ordonnoyent de dix en dix ans. De ceste opinion furent le président Ferrier[3], les sieurs de Foix[4], de Fumée[5], du

---

ainsi nommée parce qu'elle se tenait un mercredi. L'ordonnance de Villers-Cotterets (1539) prescrivait, dans son article 130, que les mercuriales auraient lieu tous les mois. Plus tard, elles furent espacées de six mois en six mois et enfin d'année en année.

1. Les princes de Bourbon qui accompagnaient le roi étaient, d'après La Place, le duc de Montpensier et le prince de la Roche-sur-Yon (*Estat de la religion et république*, édit. Buchon, p. 13).

2. Les cardinaux de Lorraine et de Guise.

3. Arnauld du Ferrier, né à Toulouse, conseiller au parlement de cette ville, président de chambre au parlement de Paris, en 1555, et enfin maître des requêtes. Il devint plus tard ambassadeur au concile de Trente. Sur la fin de sa vie, il embrassa la Réforme et devint chancelier du roi de Navarre. Il mourut en 1585. Dupuy a publié plusieurs lettres de lui dans ses *Instructions sur le concile de Trente,* in-4°, 1654. M. Fremy a écrit une étude sur sa vie et sa correspondance. In-8°, 1880.

4. Paul de Foix, de l'illustre maison de Foix, conseiller au parlement de Paris en 1547, ambassadeur en Écosse et en Angleterre en 1564, archevêque de Toulouse en 1577, ambassadeur en 1579 à Rome, où il mourut le 29 mai 1584. On a publié, en 1628, un recueil de ses lettres diplomatiques (in-4°, Paris).

5. Antoine Fumée, seigneur de Blandée, conseiller au parle-

Val[1], de la Porte[2], Violle[3], du Faur[4], le dernier desquels allégua l'exemple d'Acab et la response d'Élie, pour cognoistre qui troubloit Israël. Anne du Bourg[5] le r'envia sur tous, parla de la cause des réformés comme sienne et sans desguisements. Les advis de de Thou, de Harlai[6], de Seguier[7] et de Baillet[8] furent de moindre hardiesse et entremeslés de douceur. Minard commença

ment de Paris le 15 décembre 1536, commissaire en Guyenne le 18 juin 1563 (lettre du roi du 7 août, f. fr., vol. 15878, pièce 50), premier président du parlement de Bretagne en 1572, mort vers 1575.

1. Nous croyons que d'Aubigné désigne ici le conseiller Barthélemy Faye ou du Faye cité dans le Journal de Bruslard (*Mémoires de Condé,* t. Ier, p. 5), qui fut plus tard un des commissaires nommés pour instruire le procès du prince de Condé. Il avait été reçu conseiller clerc au parlement le 17 février 1541 (*Ibid.*, p. 61, note de Secousse).

2. Eustache de la Porte, conseiller au parlement de Paris depuis le 21 novembre 1543.

3. Guillaume Violle, seigneur de Guermante, abbé de Ham, en Picardie, conseiller au parlement de Paris en 1550, évêque de Paris en 1564, mort dans cette ville le 4 mai 1568.

4. Louis du Faur, conseiller au parlement de Paris le 28 août 1555. Ses paroles et l'exemple cité par lui d'Achab sont rapportés par La Place (*Estat de la religion et république,* édit. Buchon, p. 13).

5. Anne du Bourg, neveu du chancelier Antoine du Bourg, né en 1521 à Riom, conseiller clerc au parlement de Paris. D'Aubigné parle de son procès dans le chapitre suivant.

6. Christophe de Harlay, seigneur de Beaumont, reçu président de chambre au parlement de Paris le 5 juin 1556, mort le 25 juillet 1573 (*Mémoires de Condé,* t. 1er, p. 451).

7. Pierre Séguier, seigneur de Sorel, avocat du roi à la Cour des aides et au parlement, président à mortier au parlement le 30 juin 1554, mort le 24 octobre 1580.

8. René Baillet, seigneur de Sceaux, successivement maître des requêtes de l'hôtel du roi, premier président du parlement de Bretagne, reçu président au parlement de Paris le 9 juin 1554, mort en 1579.

contre ces mollesses, et le président Magistri reprocha à tous leur clémence pernicieuse, haut louant le roi Philippes Auguste, lequel, pour un jour, disoit-il, avoit fait brusler 600 Albigeois; joignit à cest exemple la destruction des Vaudois, par supplices de deux à trois cents à la fois. Pour la conclusion, le Roi fit prendre les sieurs du Faur et du Bourg en leurs sièges par le comte de Montgommeri[1] et, depuis, envoya le mesme mettre la main sur les sieurs de Foix, Fumée et la Porte en leurs maisons. Les autres, advertis par leurs amis, se sauvèrent[2].

Chapitre XIII.

Persécutions du Bourg. Mort du Roi Henri.

Nonobstant toutes ces rigueurs, en mesme temps qu'elles s'exerçoyent, toutes les églises réformées de France s'assemblèrent par députez à Paris, au faux-bourg S. Germain, et là président François Morel[3], fut establie la discipline générale et la confession que

---

1. Gabriel de Lorges, comte de Mongonmery, suivant sa signature, né vers 1530, capitaine de la garde écossaise de Henri II, était le fils d'un seigneur de la cour de François Ier qui avait marqué dans les guerres. Gabriel était destiné à une bien plus grande célébrité, comme on le verra plus loin.
2. Var. de l'édit. de 1616 : « ..... *se sauvèrent*, ce qui apporta une grande consternation à toute la cour de parlement. »
3. François Morel, dit de Collonges, ministre protestant à Sainte-Marie-aux-Mines, à Genève et à Paris, où il fut appelé à présider le premier synode national qui décréta la discipline des églises réformées. Après la clôture de l'assemblée, il retourna à Genève; mais il revint en France pour le colloque de Poissy, en qualité de prêcheur de Renée de France, duchesse de Ferrare.

nous avons couchée au commencement de ce livre[1]. Les princes protestans d'Allemagne envoyèrent sur ces occasions ambassadeurs au Roi en faveur des prisonniers, esmeus, comme ils disoient, d'affection envers le royaume et de la similitude de confession qu'ils avoient avec les persécutez; alléguoient les corruptions de l'Église romaine, reconues et confessées par tant de docteurs anciens, et, encores du temps du Roi Louys unzième, par plusieurs grands personnages comme Gerson[2], Clémangis[3] et autres, le désir du Roi François avant sa mort, qui estoit de mettre la main aux réformations à bon escient, concluans là-dessus à suppercéder les poursuittes et commencer un concile.

Le Roi, ayant envoyé les ambassadeurs pleins de spécieuses promesses, establit commissaires pour despescher le procès aux prisonniers, le président S. André, quelque peu de conseillers, à la charge d'y appeller l'évesque de Paris[4] et Democharés[5], inquisi-

1. Voir ci-dessus, chap. III.
2. Jean Charlier Gerson, chancelier de l'Université de Paris, auteur présumé de l'Imitation de Jésus-Christ, mort à Lyon, le 12 juillet 1429.
3. Mathieu-Nicolas de Clamenge ou Clemangis, né en 1360, près de Châlons-sur-Marne, élève de Gerson, théologien, mort au collège de Navarre, vers 1440.
4. Eustache du Bellay, neveu du célèbre cardinal Jean du Bellay, succéda à son oncle qui s'était retiré à Rome en 1550. Il célébra les obsèques de Henri II, assista au concile de Trente et se démit de son évêché en 1563, en faveur de Guillaume Violle dont nous avons parlé plus haut. Il se retira au Bellay, en Anjou, et y mourut peu après (Grancolas, *Histoire de l'église de Paris*, t. II, *passim*, et p. 324).
5. Antoine de Mouchy, dit Democharès, né en 1494, recteur de l'Université, inquisiteur de la foi, syndic de la Faculté de théologie, fut un des plus ardents persécuteurs des réformés. Il mourut en 1574 (Crevier, *Histoire de l'Université de Paris*, t. V et VI, *passim*).

teur de la foy. Du Bourg ayant décliné de ses commissaires par le privilège des conseillers de la cour, et depuis par celui de conseiller d'église, fut débouté de l'un et de l'autre, contraint de respondre de poinct en poinct sur tous les articles que maintient l'église réformée. La cour de Parlement se monstroit merveilleusement affligée de sa liberté perdue. Au contraire les courtisans, qui n'ont communément pas l'authorité de la justice agréable, eschappoient en esclat de joye et en préparatifs pour les nopces prochaines[1] ; on ne parloit que de tournois, qui se dressoient en la rue S. Anthoine, toute despavée, convertie en lices, ornée de théâtres et arcs triomphaux. Il se trouva quelques vieillars fascheux qui prévoyoient, comme il arrive souvent, quelque chose de funeste de ces préparatifs sumptueux[2]. Le commencement fut au vingt neufième de juin[3], où le Roi Henri, ayant commandé le comte

---

1. D'Aubigné désigne les prochains mariages d'Élisabeth de Valois, fille de Henri II, avec Philippe II, et de Marguerite de France, fille de François Ier, avec le duc de Savoie.

2. Les quatrains de Nostradamus avaient annoncé une grande catastrophe en champ clos :

> Le lion jeune le vieux surmontera
> En champ bellique par singulier duel;
> Dans cage d'or les yeux luy crevera;
> Deux playes une, puis mourir mort cruelle.

(Centurie I, n° 35.) Voyez, dans la *Concordance des prophéties de Nostradamus avec l'histoire,* par Quinaud, in-12, 1693, p. 86, l'explication de ce quatrain. — Vieilleville avait eu de sombres pressentiments (*Mémoires de Carloix,* liv. VII, chap. xxii). — Enfin Blaise de Monluc raconte dans ses *Commentaires* qu'il avait vu en songe la mort du roi (t. II, p. 325). — Voyez aussi dans de Thou la prétendue prédiction de l'astrologue Luca Gaurico et la note de Bayle à ce sujet, v° *Henri II.*

3. Le tournoi devait être couru les 28, 29 et 30 juin dans la rue Saint-Antoine, devant le palais des Tournelles. Les défis, publiés

de Montgommeri de rompre un bois contre lui, et le comte refusé plusieurs fois[1], rompit en la visière si rudement que la morne[2] descrocha, de la haute pièce, la visière levée en haut. Le contre-coup donna en l'œil[3]. Comme on emportoit le Roi[4], il tourna la face devers la Bastille, lui eschappant de dire avec un grand souspir : « Qu'il avoit injustement affligé les « gens de biens qui estoient là dedans. » Le cardinal de Lorraine, qui se tenoit près de lui, releva ces paroles et dit, en s'y opposant : « Que le diable les « avoit dictées[5]. » On remarquoit aussi le serment

dès la fin de mai, ont été réimprimés dans l'*Histoire de France* de Mathieu, t. I, p. 203.

1. Henri II avait déjà rompu une lance contre le duc de Savoie. Il voulut courir une seconde fois contre Mongonmery, et lui commanda de monter à cheval. Carloix a raconté les détails de cette scène (liv. VII, chap. xxvii et xxviii).

2. *Morne,* sorte d'anneau qu'on mettait au bout de la lance, dans les tournois, pour en neutraliser la pointe et la rendre inoffensive.

3. D'après d'Aubigné, ce serait la morne qui aurait relevé et décroché la visière du roi. D'après les autres historiens, Mongonmery brisa au premier choc sa lance contre la cuirasse du roi et oublia de jeter le tronçon. Le bois glissa le long de l'acier poli, souleva la visière qui, d'après Tavannes (*Mémoires*, chap. xiv), n'avait pas été bouclée, pénétra profondément dans l'œil du roi et déchira *la pie-mère,* membrane qui enveloppe le cerveau. On peut consulter sur la mort du roi une Relation d'André Vésale publiée dans *Antoine de Bourbon et Jeanne d'Albret,* t. I, p. 432 ; une lettre de Antoine Caraccioli, évêque de Troyes, à Corneille Musse, évêque de Bitonte, 14 juillet 1559 (*Épistres des princes de Ruscelli,* traduites par Belleforest, in-8°, 1574, p. 394).

4. D'après Vincent Carloix, Henri II dit « avec paroles fort foibles qu'il estoit mort » (liv. VII, chap. xxviii). Suivant Brantôme, il « ne perdit cueur » et dit que ce « n'estoit rien » (t. III, p. 273). D'après de Thou, il est douteux qu'il ait prononcé une seule parole (t. II, p. 674).

5. La Place rapporte les paroles du roi et la réponse du cardinal de Lorraine (*Estat de religion et république,* édit. Buchon, p. 20).

qu'il avoit fait publiquement, que de ses yeux il verroit brusler du Bourg, et, là-dessus, chacun discouroit selon sa passion, choses que nous lairrons à dire pour venir à la mort du Roi, qui fut le dixiesme de juillet[1].

Sous le voile de ce deuil, on despêcha les mariages du Roi Philippes et du duc de Savoye, le premier avec Élizabeth, fille de France[2], et de l'autre avec Marguerite, sœur du Roi[3]. Puis après la salle des Tournelles, préparée pour les dances, masquarades et balets, servit de chapelle ardente au corps du prince ; les arcs et théâtres abbatus, le drap noir de requeste et toutes les joyes converties en deuil. Depuis, la Roine fit dissiper les arbres, jardins, allées et cabinets, et de plus les édifices de plaisir des Tournelles ; cette place lui estant en exécration[4].

Chapitre XIV.

Diverses brouilleries de la cour sur la mort du Roi. Authorité de la Roine mère[5].

François, fils aisné de France, fut quand et quand

1. Il expira le 10 juillet, à une heure après midi, « avec spasme et attraction et avec une extension monstrueuse et hideuse des pieds et des mains, donnant signe évident de la véhémence du mal » (Lettre de Caraccioli, citée plus haut, p. 238, note 3).

2. Le mariage d'Élisabeth avec Philippe II, représenté par le duc d'Albe, avait été célébré à Notre-Dame le 22 juin 1559.

3. Le mariage de Marguerite de France, avec le duc de Savoie, avait été célébré l'avant-veille de la mort du roi, 8 juillet, à minuit, dans la petite église de Saint-Paul (Vincent Carloix, liv. VII, chap. xxviii).

4. Le palais des Tournelles était situé à peu près à l'endroit où est aujourd'hui la place Royale. Catherine de Médicis le fit démolir en 1575 (Félibien, *Histoire de Paris*, t. II, *passim*).

5. Le récit du règne de François II, dans l'*Histoire universelle*,

salué Roi, premièrement par ceux de Guise. Le connestable attendit la quarantaine pour rendre son devoir et l'honneur deu au corps du prince, dont quelques uns blasmoyent le duc de Guise pour l'estat qu'il avoit près la personne. Après les cérémonies, ceux de Montmorenci ensemble virent la Roine pour l'asseurer de leur fidélité. Entre autres propos, il eschappa au chef de ceste famille de dire que les François ont à cœur l'obéissance de leurs princes naturels, et à contrecœur celle des princes estrangers[1]. Le Roi de Navarre, qui estoit à Pau, quelque adverti et pressé qu'il fust pour se haster de venir prendre sa place, vint à petites journées à Vendosme[2], et là donna loisir à ceux de Guise de lui dresser ses affaires. La Roine mère du Roi cognoissoit les Bourbons pour estre authorisés de leur naissance curateurs naturels du jeune Roi, et par ainsi qu'elle ne les pouvoit, par aucune administration, obliger d'un grand merci et d'une parole. Mais ceux de Guise, qu'elle sçavoit avoir esté aimés de son fils, oncles de sa bruz[3], et bien-aimés des peuples,

---

est principalement tiré de l'*Histoire de l'Estat de France* de Régnier de la Planche, auteur protestant. Cet ouvrage, au moins quatre fois imprimé en 1576, n'a été réimprimé qu'en 1836, dans le *Panthéon littéraire*, par M. Buchon, et, la même année, chez Techener, par M. Mennechet (in-fol.). On a contesté que cette chronique fût l'œuvre de Régnier de la Planche, mais Dupleix, qui avait connu l'auteur, la lui attribue formellement. Il dit en même temps que La Planche avait écrit l'histoire du règne suivant (*Histoire de France*, 1628, in-fol., t. III, p. 607).

1. Le récit de La Planche et de d'Aubigné est confirmé par une lettre du duc d'Albe et de Ruy Gomez de Silva à Philippe II, du 11 juillet 1559 (Orig. espagnol; Arch. nat., K. 1492, n° 50).

2. Au commencement d'août.

3. Marie de Lorraine, mère de Marie Stuart, était sœur du duc de Guise.

avoyent en eux assés de liens de charité pour y prendre confiance, et non assés de qualités naturelles pour s'attribuer ce qu'elle leur vouloit conférer. Pour mesme esgard, elle esloigna le connestable[1], qui estoit desjà ce qu'elle le pouvoit faire; d'ailleurs ne pouvant oublier l'indigne servitude et l'alliance que le connestable avoit contractée avec la duchesse de Valentinois, rivalle de son lit. C'est de quoi les Guisars sçeurent bien faire leur profit, encores qu'eux mesmes l'avoyent servie avec toute sorte d'abjection, et eussent part avec elle aux confiscations dont nous avons parlé. De plus, pour effacer ceste amictié, autrefois honteuse, maintenant dommageable, ils la firent rudement quitter au duc d'Aumalle, son gendre[2], la chassèrent honteusement de la cour[3], lui ostèrent ses pierreries, lui firent changer par force Chenonceaux pour Chaumont sur Loire[4]. Telle est la différence entre les sectateurs de la faveur et les amis.

Ce fut lors à remuer le mesnage des charges tant qu'il fut possible, à oster les confidens des Bourbons

---

[1]. Pendant les premiers jours du nouveau règne, la reine éloigna le connétable de la cour en lui confiant la garde du corps du feu roi.

[2]. Claude de Lorraine, duc d'Aumale, avait épousé une des deux filles de Diane de Poitiers. Après l'expulsion de Diane, il quitta la cour et bouda ses frères pendant quelques jours (Lettre de Throckmorton à Cecil, du 4 août 1559; Forbes, t. Ier, p. 190).

[3]. Diane de Poitiers fut expulsée de la cour le lendemain même de la mort de Henri II (Baschet, *Diplomatie vénitienne,* p. 494; Dépêche de l'ambassadeur vénitien, du 12 juillet 1559).

[4]. L'échange de Chenonceaux pour Chaumont, d'après le grand écuyer Boisy, aurait été avantageux pour la favorite du feu roi (Lettre de Boisy à Brissac, du 21 décembre 1559; f. fr., vol. 20451, f. 131). Tel n'est pas le jugement de La Planche et de de Thou que, ici comme ailleurs, d'Aubigné a pris pour guides.

et de Montmorenci. On commença par le garde des sceaux Bertrand[1], en la place duquel fut mis Olivier[2], créature du cardinal de Lorraine. On vint, par degrés, à ce que nous avons dit par l'advance. Fut admis au conseil secret le cardinal de Tournon[3], non tant ami des Guisars que ennemi du connestable. Le mareschal S. André acheta la faveur des prospérans de sa fille à un de leurs cadets[4], et du butin des confiscations partagé n'aguères avec la duchesse. La noblesse, lasse des guerres, ne se vouloit point mesler des dissentions de la cour. Le peuple ne sentoit que les tailles; l'ecclésiastique la passion contre le schisme, et à cause d'elle espousa la maison de Guise.

1. Jehan Bertrand, né en 1470, capitoul de Toulouse en 1519, premier président du parlement de cette ville en 1533 et du parlement de Paris en 1550. Devenu veuf, il embrassa l'état ecclésiastique, fut nommé évêque de Comminges et garde des sceaux en 1551, et enfin archevêque de Sens et cardinal en 1557. C'était, suivant La Place (p. 36), un homme de cour dont la servilité avait fait la fortune. Chassé de la cour, Jehan Bertrand fut envoyé à Venise et y mourut le 4 décembre 1560. On conserve à la Bibliothèque nationale plusieurs recueils de sa correspondance, notamment, dans le f. fr., les vol. 3014, 20469, 20515, 20519, 20530, 20534, 20540 et 20642.

2. François Olivier fut nommé garde des sceaux par lettres du roi du 12 juillet (Chronique sur le règne de François II; f. fr., vol. 5315, f. 1).

3. François de Tournon, né en 1489, à Tournon, successivement archevêque d'Embrun, de Bourges, d'Auch et de Lyon, cardinal, le négociateur le plus employé du règne de François Ier, mourut le 22 avril 1562, à l'abbaye de Saint-Germain-des-Prés.

4. La Planche et de Thou disent que le maréchal de Saint-André acheta la faveur des Guises en promettant sa fille unique, Catherine d'Albon, la plus riche héritière de ce temps, à un des fils du duc de Guise. La jeune fille mourut peu après au monastère de Longchamps sans avoir été mariée.

LIVRE SECOND, CHAP. XIV.   243

Les Parlements, qui enclinoyent aux droicts naturels et à ce qui estoit le plus françois, s'estonnèrent quand, après leur harangue de consolation, la Roine leur déclara qu'elle vouloit entièrement dépendre de ceux de Guise, et avoit pour ennemis ceux qui s'y opposeroyent[1]. Telles paroles, avec une contenance composée à propos, joinct aussi la mémoire de la mercuriale, donnèrent la crainte pour leçon aux sénateurs de France. Cependant les princes de Condé et de la Roche-sur-Yon, Andelot, nouvellement réconcilié avec lui d'une brouillerie qu'on avoit jetté entr'eux[2], le vidame de Chartres, Boucart[3] et plusieurs seigneurs de marque se rallièrent à Vendosme[4]. Quelques uns de ceux-là, instruits du connestable, lequel, n'ayant

1. La reine ne fit aucune déclaration officielle de ce genre, mais le roi, le lendemain même de son avènement, signifia à son conseil et à une députation du Parlement qu'il avait donné au duc de Guise et au cardinal de Lorraine la charge des armes et des finances (Lettre du duc d'Albe et de Ruy Gomez de Silva à Philippe II, du 11 juillet 1559; orig. espagnol; Arch. nat., K. 1492, n° 50).
2. Le prince de la Roche-sur-Yon et d'Andelot avaient brigué tous deux la main de l'héritière de Laval. D'Andelot l'avait emporté. Un jour, au retour de Saint-Germain, s'apercevant que le prince le suivait, il avait coupé de son épée la corde du bac. La Roche-sur-Yon avait juré de se venger. Cf. de Thou, liv. XXIII.
3. Jacques de Boucart, grand maître de l'artillerie des huguenots pendant la guerre civile, mort en mai 1569. Les documents du temps le nomment indifféremment *Bocal* ou *Bocard*. Il signait *Boucart* (F. fr., vol. 3141, f. 32). Au conseil du roi, en 1565, il prononça une harangue qui est imprimée dans les *Mémoires de Condé,* t. V, p. 367.
4. Tous les mécontents assistaient à la conférence de Vendôme. Davila est, des historiens du temps, celui qui donne le plus de détails sur cette réunion (*Histoire des guerres civiles,* trad. Baudouin, in-fol., t. Ier, p. 27).

rien à opposer aux Guisars que les Bourbons, n'oublioit rien à les intéresser pour les faire garands de sa grandeur, mesmes pour appaiser un petit chagrin, duquel il avoit donné la cause à ce prince, en oubliant la Navarre aux traictez de la dernière paix[1]. Ceste offense fut en cela plus pesante qu'elle avoit eu pour interprètes les émissaires des Lorrains, et mesmes quelques domestiques des Bourbons gaignés, entre autres le sieur des Cars[2] et Bouchard[3], chancelier de Navarre. Ceux-là mesmes rendirent vaines les harangues, les doctes et courageuses remonstrances, tant de vive voix que par escrit, que leurs maistres recevoyent de tous costés. Tout ce qu'on peut obtenir de lui fut qu'il iroit à Paris pour taster les volontés de la cour de Parlement. Là, trouvant la terreur que nous avons déduite, il fit ceste mauvoise provision de courage qui parut au succès de ses affaires.

Le connestable[4], allant à la cour à S. Germain en Laye, la trouva froide pour lui[5]. Il parla au Roi de ses

1. Les députés du roi de Navarre, admis aux conférences de Cercamp, le 12 novembre 1558, n'avaient été appuyés par aucun des plénipotentiaires de Henri II (Galland, *Mémoires sur la Navarre,* Preuves, p. 72).

2. François de Peyrusse, comte d'Escars (ou mieux des Cars), favori du roi de Navarre, fut envoyé à Rome et en Espagne pendant le règne de Charles IX, reçut une compagnie d'ordonnance en 1561 (*Commentaires de Monluc,* t. IV, p. 138 et 146), fut nommé lieutenant du roi en Guyenne (F. fr., vol. 15875, f. 241), gouverneur de Limoges en 1568 et chevalier du Saint-Esprit en 1578.

3. Amaury Bouchard, chancelier de Foix et Béarn, passait pour être vendu aux Guises (Bordenave, p. 87). La Planche dit qu'il désavoua plus tard sa conduite (édit. Mennechet, p. 283).

4. Var. de l'édit. de 1616 : « *Le connétable* aussi *tâta la cour...* »

5. Le connétable se rendit à la cour le 15 août. La Planche se trompe en datant cette démarche des premiers jours qui suivirent

nepveux de Colligni[1]. A tout ce qui leur touchoit fut respondu par le Roi avec beaucoup d'honneur. Mais ce prince instruict[2] ne mascha point à ce vieillard que c'estoit à lui à céder de dignité aux Guisars, leur déférer la charge des armées et la primauté du conseil ; joinct à cela un reproche de la Roine[3], qu'il avoit dit au Roi son mari que Diane, sa bastarde, femme du mareschal de Montmorenci, son fils aisné, estoit seule de tous ses enfans qui lui ressembloit[4]. Ayant paré à cela comme il put, il eut sa plainte pour remède, et pour retraite Chantilli[5].

Tout d'un mesme coup, on despesche en Espagne les princes de Condé[6] et de la Roche-sur-Yon[7], l'un pour recevoir le serment de la paix, l'autre pour porter l'ordre, commissions qui n'estoyent pas incompatibles. Le cardinal de Lorraine, sur-intendant des

---

la mort du roi. Chantonay fixe la date (Lettre à Philippe II, du 16 août 1559; orig. espagnol; Arch. nat., K. 1492, n° 66).

1. Les trois frères Coligny étaient fils de Louise de Montmorency, propre sœur du connétable.
2. C'est-à-dire *à qui on avait fait la leçon.*
3. Catherine de Médicis.
4. Cette anecdote est rapportée par La Planche (p. 206). Malgré cette autorité, elle est révoquée en doute par de Thou et par le Père Griffet (*Preuves de l'histoire,* in-12, 1770, p. 269).
5. Il se retira, dit La Planche (p. 206), « avec telle suite que « celle du roy sembloit petite auprès de ceste-cy. » — *Sic,* La Place, *Estat de religion et république,* édit. Buchon, p. 26.
6. Condé ne fut pas dépêché en Espagne, mais à Gand, pour apporter à Philippe II la ratification du traité de Cateau-Cambrésis (*Négociations sous François II,* p. 61, 76, 80, 83 et 86).
7. Le prince de la Roche-sur-Yon fut envoyé à Philippe II au mois de novembre 1559 pour lui apporter le collier de l'ordre Saint-Michel. L'instruction qui lui fut confiée est conservée en copie du temps dans le f. fr., vol. 10207, f. 71.

finances, ordonna mille beaux escus au prince de Condé pour son voyage, qui ne fut pas une des moindres offenses à ce prince pauvre et courageux. Le Roi de Navarre vint en cour. Aucun des princes, bien que ce fust la coustume, n'alla au devant de lui ; il ne reçoit point le premier logis, et trouva qu'on avoit emmené le Roi à la chasse d'un autre costé[1]. La Roine, par l'instigation de ceux de Guise, despesche vers le Roi d'Espagne pour le prier de se rendre comme tuteur de ce jeune Roi, son voisin et allié ; ce que ce Roi habile print au bond. Et ne demeura guères, sous ombre d'escrire des lettres de menaces à ceux qui vouloyent troubler la France, d'envoyer des braveries à la France mesme. Ce qui fit en peu de temps retourner le Roi de Navarre en Béarn[2]. La Roine de Navarre se voulut servir de ceste peur pour, sous ombre de venir adoucir le Roi d'Espagne, présenter[3] à son mari quelque chose de plus généreux.

Le Roi se faisant sacrer à Reims[4], le duc de Guise, familiarisant encor avec l'admiral de Chastillon[5], lui rapporta que le prince de Condé ne s'estoit pas conduit comme son ami pour le gouvernement de Picar-

1. Ce récit est tiré de La Planche, mais il est en contradiction avec une lettre des ambassadeurs vénitiens, Capello et Michieli (Dépêches vénit., filza 3, f. 222, copies de la Bibl. nat.).
2. Le roi de Navarre fut chargé de conduire la princesse Élisabeth aux frontières d'Espagne. Il partit de Blois le 18 novembre 1559, remit la nouvelle reine aux députés de Philippe II, le 1er janvier 1560, et se retira en Béarn. Ce voyage est raconté dans *Antoine de Bourbon et Jeanne d'Albret*, t. II, p. 63 et suiv.
3. Var. de l'édit. de 1616 : « ..... *présenter* son mari à *quelque chose.....* »
4. Le 18 septembre 1559.
5. *Sic,* La Place, édit. Buchon, p. 27, et La Planche, p. 216.

die. Un moins rusé en eust pris la chèvre. Mais l'admiral, ayant attendu, le vit entre les mains du mareschal de Brissac, qui le receut, comme on lui fit sentir, par la seule recommandation du duc de Guise[1]. Le connestable lui quitta aussi la qualité de maire du palais[2], de laquelle il[3] prit possession. Et fit chevaliers de l'ordre dix huict de ses partisans[4], dont la Roche du Maine[5], irrité, appella depuis l'ordre « le Collier à « toutes bestes. » Et puis, pour couronner l'eslévation des Lorrains, le Conseil de France la chastra[6] du droit qu'elle avoit sur Bar et les en fit souverains[7].

1. *Sic,* lettres de Chantonay à Philippe II, du 2 janvier 1560 (Résumé de chancellerie; Arch. nat., K. 1493, n° 38).

2. Le connétable de Montmorency fut dépouillé de la charge de grand maître de la maison du roi en faveur du duc de Guise. En retour, son fils aîné fut nommé maréchal de France.

3. *Il,* le duc de Guise.

4. D'Aubigné brouille ici les événements des années 1559 et 1560. La promotion du 29 septembre 1559 ne porta que Philippe II, le duc de Savoie et le s. d'Ossun (Cab. des titres, vol. 1039). Celle de 1560 porte vingt nouveaux chevaliers dont les noms ont toujours été incomplètement énumérés, même par Le Laboureur (*Mémoires de Castelnau,* t. I, p. 367). La liste complète et officielle est contenue dans le vol. 1039 du Cab. des titres, f. 594, et ailleurs. C'est à cette dernière promotion que s'applique le mot de la Roche-du-Maine, cité par d'Aubigné, et celui de la dame de Crussol : « Que les nouveaux chevaliers pouvoient être appelés les « *vins nouveaux* » (Collection Rasse des Nœuds; f. fr., vol. 22560).

5. Jacques Tiercelin, seigneur de la Roche-du-Maine, célèbre par ses bons mots, vieux capitaine d'hommes d'armes qui avait été fait prisonnier à Pavie. Brantôme lui a consacré une notice (t. III, p. 404). Cf. de Thou, liv. XXIII.

6. .... chastra *la France.*

7. Après le sacre, François II vint à Bar et céda la souveraineté du duché au duc de Lorraine, son beau-frère (*Mémoires de Condé,* t. I, p. 356).

Chapitre XV.

Persécutions, massacres, puissance de ceux de Guise.

Cette saison produisit à Paris deux tesmoins, qui firent courir un bruit commun par la ville que les réformés s'assembloyent de nuict pour manger un cochon en guise d'agneau paschal; cela faict, tuoyent les chandelles pour paillarder confusément les uns avec les autres. Si bien qu'un des deux se vantoit d'avoir empoigné la fille d'un advocat de la place Maubert, où telle assemblée s'estoit faicte. Ces deux compagnons mis en avant par Démocharès, inquisiteur, présentés au président S. André, par lui au cardinal de Lorraine, de là à la Roine mère, ouïs publiquement, le Conseil voulut que perquisition en fust faicte par le chancelier, ce qu'il fit si expressément et de si bonne foi, qu'estans convaincus de fausseté et d'avoir esté instruicts à cela par un curé, le cardinal empescha la punition que la cour du Roi et celle de Parlement en demandoyent. Le cardinal, au contraire, les fit récompenser pour avoir dit vrai en quelque chose; fit piller la maison de l'advocat; le père et la mère prisonniers, les enfans moururent presque de faim par les rues. Telle estoit la haine publique vers les réformés et la crainte de les favoriser[1]. On voulut traicter de mesme la maison du Viscomte[2] aux faux-

---

1. Cet avocat se nommait Trouilhas. La Planche a donné de grands détails sur cette affaire (édit. Mennechet, col. 36).
2. Le Vicomte était un hôtelier de la rue des Marais-Saint-Germain, accusé de pratiquer la réforme. Ce fut pendant le

bourgs S. Germain ; les deux frères de Soucelles[1] en Anjou, sortans l'espée au poing, percèrent quarante hommes du guet, presque autant de sergens et bien quatre cents hommes ramassés, et, se faisans faire place à coups d'espée, firent ouverture à plusieurs. La maison saccagée, le Viscomte et sa femme furent menez en prison, où ils moururent de misère comme on faisoit leur procès.

Il y eut encores quelques pillages, au bruit desquels plusieurs villes de France prindrent patron, pillèrent et tuèrent, comme Poictiers, Thoulouse et Aix. Telles voyes de faict permises aux peuples[2] en esmeurent une partie à chercher quelques deffenses. Le cardinal de Lorraine emplissoit le bois de Vincennes de prisonniers, comme les sieurs de Soucelles, qu'il fit empoigner en la salle du Roi de Navarre par des archers de la garde, un des fils du comte de Haran[3] pour avoir aidé à faire sauver son frère, le baillif S. Aignan[4],

carême de 1559 que, à la suite des rapports de certains espions, une escouade de sergents du Châtelet, dirigée par le conseiller Bragelonne, envahit et pilla sa maison. Voir La Planche (édit. Mennechet, f. 32).

1. Les Soubcelles étaient deux frères : l'un d'eux se nommait Anselme et fut compromis dans l'émeute de la maison du Vicomte à Paris. Il appartenait à la maison du roi de Navarre et fut arrêté à Reims, pendant les fêtes du sacre, sous les yeux mêmes de son maître.

2. Var. de l'édit. de 1616 : «..... *aux peuples,* apprirent aux peuples aussi à *cercher*..... »

3. Jacques Hamilton, comte d'Aran, fils aîné du régent d'Écosse, appartenait au parti anglican. Il s'enfuit de France au commencement du règne de François II pour intriguer en Écosse contre Marie Stuart (La Planche, édit. Mennechet, p. 36).

4. Secousse appelle ce personnage Hercule de Saint-Aignandes-Marets, et l'identifie avec un capitaine de ce nom, qui, pen-

accusé de quelques mauvois conseils donnés au Roi de Navarre et de quelques escrits licentieux. De faict, toute la France estoit pleine de libelles et d'apologies, tout cela imprimé sans privilège, les uns traittans de l'ancienne institution du royaume, des loix que les Rois admettent et souffrent sur eux-mesmes, des successions, des administrations des Rois mineurs et des régences durant leur minorité; les autres traittoient des remèdes, de la tenue libre des Estats, comme aussi à qui appartenoit la curatelle du Roi. Quelques uns, plus experts et hardis, pressoient pour faire mourir les princes favorisans le schisme; les autres attaquoient les Lorrains de leur tyrannie, la domination des estrangers et d'une femme. Tout résonnoit d'invectives, de responses et de répliques[1]; ce qui partageoit les

dant la guerre civile, fut fait prisonnier dans le château de Rochefort en Anjou et supplicié à Angers (*Mémoires de Condé,* t. I, p. 335, note). De Thou l'appelle Coiffard, bailli de Saint-Agnan, et dit que l'on avait trouvé chez lui des écrits injurieux pour la reine mère et les princes lorrains (liv. XXIII). Mais les ambassadeurs étrangers insinuent qu'il était le frère, probablement le frère naturel, du comte d'Aran (Lettre de Chantonay, du 8 mars; recueil conservé aux archives de Bruxelles, f. 48 v°. — Lettre de Throckmorton, du 7 mars; Forbes, t. I, p. 352. — Lettre de Chantonay à Philippe II, du 19 mars; Arch. nat., K. 1493, n° 42).

1. D'Aubigné fait ici allusion aux nombreux pamphlets qui parurent à cette époque au sujet de la majorité du roi. Le président La Place analyse avec détail une de ces pièces hostiles aux Guises (*Estat de religion et république,* édit. Buchon, p. 28 et suiv.). Les Guises y répondirent par la plume de Jean du Tillet, greffier du parlement de Paris (*Discours pour la majorité du roy,* in-4°, fort rare, réimprimé dans le *Traité de la majorité des rois* de Dupuy, p. 317). Il en parut bien d'autres. Voir les *Mémoires de Condé,* t. I, p. 330 et 433 et suiv., et le Père Lelong, n° 72372 et suiv. Le plus célèbre est l'*Epistre au tigre de la France,* de François Hotman. Voyez plus loin.

esprits et les eut, la plus part, ameutez à purger la cour et l'Estat de la maison de Guise, sans que les prescheurs travaillèrent à rendre la passion de religion la principale, joint aussi que plusieurs participoyent aux bien-faicts et honneurs des Lorrains.

Advint que la cour estant pleine de seigneurs accourus à la nouveauté d'un Roi, et, comme il advient tousjours à la fin d'une longue guerre, qui demandoient les récompenses de leurs labeurs et périls, comme de leur droict et non par pitié, ces possesseurs de l'Estat ne se laschent point, mais, pour rembourser tout d'une pièce tous ces fâcheux, firent publier un édict couché par le cardinal, et portant ces termes : que tous ceux qui estoient à la cour, pour demander quelque chose en leur particulier, eussent à desloger de Fontainebleau dans vingt-quatre heures, sur peine d'estre pendus, sans figure de procès, à une potence plantée pour cet effet devant le chasteau[1]. Cette imprudence, non commune à ceux d'où elle sortoit, ulcéra plusieurs capitaines et soldats, qui allèrent de tous costez cercher à estre mis en besongne. Et je croi que ce despit fomenta un bruit qui courut lors parmi le peuple, c'est que le Roi, qui avoit la face plombée et boutonnée, l'haleine puante, et autres mauvois signes de santé, faisoit ravir des enfans de cinq à six ans autour de Blois, où il s'estoit retiré pour changer d'air, pour humer de leur sang chaud et se baigner dedans, et par ainsi corriger celui du Roi, corrompu en toute sa masse.

Les uns disoient que les ennemis des Lorrains fai-

---

[1]. De Thou et Brantôme rapportent le fait (1740, t. II, p. 699) d'après La Planche, mais l'édit ne figure dans aucun recueil.

soyent courir ce bruit pour les rendre exécrables, les autres qu'eux-mesmes en estoient autheurs, ayans dès lors envie de rendre odieuse la race royalle. On empoigna quelques uns de tels porteurs de nouvelles, lesquels on fit mourir, entre ceux-là un qui maintint jusques au dernier soupir avoir esté employé à ceste besongne par monsieur le cardinal[1].

Toutes ces choses sont douteuses; cette-ci vraye que la Roine avoit eu ses menstrues si tard[2], que son fils estoit de ceux qu'on appelle mal-nez, ne se purgeant ni par le nez, ni par la bouche, laquelle il portoit ouverte pour prendre son vent, dont se forma un abscez à l'oreille; et puis ses coliques fréquentes, marques mortelles à tel aage, ne promettoient de lui aucune durée aux plus advisez[3]. Quoi que ce fust, les réformés, par la mort du criminel et par escrits, se purgèrent d'avoir apporté ce blasme au sang royal.

Chapitre XVI.

Persécutions. Mort d'Anne du Bourg.

Nous avons laissé en prison les conseillers de la Mercuriale. Il en faut tirer du Bourg d'une façon différente aux autres; c'est qu'après quelques fuittes sur les formalitez de juges, quelques confessions en termes ambigus, selon que nous ont rapporté aucuns prisonniers avec lui, la dame de la Caille[4], Parisienne pri-

---

1. *Sic,* La Planche, p. 231, et Th. de Bèze, liv. III.
2. Catherine de Médicis, mariée le 28 octobre 1533, n'avait eu son premier enfant que le 19 janvier 1543 (1544).
3. Ce passage, jusqu'à la fin du chapitre, manque à l'édit. de 1616.
4. Marguerite Le Riche, femme d'Antoine Ricaut, demeurant au mont Saint-Hilaire, à la maison où pendait pour enseigne la

sonnière et depuis bruslée, lui ayant reproché par une fenestre que ses fuittes sentoyent le regnard du monde, et non l'agneau de Christ, il prit dès lors toutes longueurs à contre-cœur, réforme sa confession, la rendit plus claire et plus franche, fut dégradé de ses ordres de prestrise. Sur quoi, entr'autres propos, il dit qu'il « n'avoit plus le signe de la beste, ni marque aucune « de l'Antéchrist. » De là à trois jours, il est condamné à mort, mené[1] chantant tout bas le psal. 130, exécuté, estranglé et puis bruslé à S. Jean en Grève[2]. Les reproches qu'il fit à ses juges, qu'ils n'estoyent plus juges, mais bourreaux, qui travailloyent sur la sentence d'autrui, et les autres discours se peuvent lire au livre exprès pour ces choses[3]. Je n'en dirai plus que le dernier propos de sa bouche, qui fut : « Ne me laisse, Seigneur, de peur que je ne te laisse. » Ceci[4] soit adjousté au roolle précédent pour toucher plus expressément ce qui altéra l'estat du royaume.

La Porte et de Foix[5] firent quelque satisfaction à la Chambre ; du Faur[6] condamné à l'amende honorable,

---

Grand'Caille, d'où le surnom de la dame de la Caille. Elle fut brûlée sur la place Maubert, le 19 août 1559.

1. Ce passage, jusqu'à *exécuté,* manque à l'édit. de 1616.
2. Anne du Bourg fut brûlé en place de Grève, le 23 décembre 1559. Les pièces de la procédure, les interrogatoires de du Bourg et les arrêts successifs de la cour sont rapportés dans les *Mémoires de Condé,* t. I, p. 217 et suiv.
3. Il s'agit ici de la *Vraye histoire contenant l'inique jugement et fausse procédure faite contre le fidele serviteur de Dieu Anne du Bourg......,* etc., in-12, 1561.
4. Ce passage, jusqu'à la fin de l'alinéa, manque à l'édit. de 1616.
5. Les conseillers Eustache de la Porte et Paul de Foix furent relaxés, moyennant amende honorable, par arrêt du Parlement, du 10 janvier 1559 (1560) (*Mémoires de Condé,* t. I, p. 263).
6. Par le même arrêt, Louis du Faur fut suspendu pendant

mais eschappé par opiniastreté, authorité, faveur, entr'autres du président de Thou, qui fit casser l'arrest. On donna Fumée[1] à la dame de Soubise[2]; on garda Ferrier[3] à cause de son sçavoir. Il fut depuis ambassadeur, et les autres eurent charge honorable. Quelques uns ont pensé que la mort du président Minard, tué, quelques jours devant, d'un coup de pistolet auprès du Palais[4], avoit appris aux juges les plus rigoureux à mettre de l'eau dans leur vin. Stuart[5], parent de la Royne d'Escosse, fut soupçonné

cinq ans de son office de conseiller, condamné à une amende de quatre cents livres parisis et à la rétractation, et finalement relaxé (*Mémoires de Condé*, t. I, p. 264).

1. Le conseiller Antoine Fumée fut acquitté vers le même temps (*Mémoires de Condé*, t. I, p. 265), mais expulsé de Paris le 8 mai suivant par ordre du maréchal de Thermes (*ibid.*, p. 28).

2. Antoinette Bouchard d'Aubeterre, sœur de François Bouchard d'Aubeterre, seigneur de Saint-Martin-de-la-Coudre, en Saintonge, un des héros de la prise d'armes des réformés en 1562, et femme de Jean Parthenay l'Archevêque, seigneur de Soubise, l'auteur des intéressants *Mémoires* publiés en 1879 par M. Jules Bonnet.

3. Arnauld du Ferrier, président aux enquêtes, avait échappé à l'arrestation par la fuite (De Thou, 1740, t. II, p. 671).

4. Le jour de la condamnation à mort d'Anne du Bourg, le 12 décembre, Antoine Mynard, vice-président de la grand'-chambre, l'un des juges, fut attaqué rue Vieille-du-Temple, au sortir du palais, par un cavalier et tué d'un coup de pistolet à bout portant. Une lettre de Croisettes au cardinal de Lorraine, du 13 décembre, raconte ce crime avec plus de précision que les documents imprimés (F. fr., vol. 6626, f. 19).

5. Robert Stuart se disait parent de la reine qui refusait de le reconnaître. Chantonay prétend qu'il appartenait à la maison du prince de Condé (Lettre de Chantonay au cardinal Granvelle, en date du 8 mars; recueil conservé aux archives de Bruxelles, f. 48 v°). On dit que ce fut lui qui, à la bataille de Saint-Denis, tira le coup de pistolet dont fut blessé à mort le connétable de Montmorency. A la bataille de Jarnac, il fut fait prisonnier par les catholiques et tué à coups de dague.

de cette mort, et d'avoir résolu avec plusieurs autres de mettre le feu par tous les coins de Paris, pour ce pendant forcer les prisons et emmener les criminels de leur religion ; cela fit faire l'édict de Chambor[1], exiger quatre chambres pour vuider les prisons. C'est ce qui donna aux réformez de quoi remplir le livre de leurs martyrs.

Cette saison fut horrible de supplices. Mesmes pour donner plus d'amorces à ces embrazemens, les prestres firent mettre par les carrefours des villes, principalement de Paris, force images bien parées, fournies de cierges allumez tousjours. Ils instruisirent aussi les fainéans de se tenir aux quantons[2], chantans des *Salve Regina*. Ceux-là contraignoyent les passans de s'agenouiller, payer la chandelle ; et, si quelqu'un refusoit ou ne ployoit pas les genoux avec assez de révérence, quelquesfois, s'il avoit un trop bon manteau, il se trouvoit assommé de coups et traîné par les boues en prison. Ce dur traitement apprit aux particuliers à désirer le changement et cercher un chef. Le Roi de Navarre, qui estoit regardé de tous pour tel, estoit lors employé à conduire Madame Élisabeth[3] en Espagne avec de belles formalitez sur les rangs ; et d'ailleurs amusé par un Albuquerque[4], qui l'affrianda de vaine

---

1. Il y eut deux édits signés à Chambord contre les séditieux, le 17 décembre 1559. Ils sont imprimés dans le *Recueil des anciennes lois* d'Isambert, t. XIV, p. 12.

2. *Quanton,* carrefour.

3. Le roi de Navarre avait accepté la mission de conduire la reine Élisabeth en Espagne et avait quitté la cour le 15 octobre pour préparer le voyage de la princesse à travers la Guyenne et le Béarn (*Ant. de Bourbon et Jeanne d'Albret,* t. II, p. 65 et suiv.).

4. Alonzo de la Cueva, duc d'Albuquerque, vice-roi de la Navarre espagnole, fils de Gabriel de la Cueva, duc d'Albu-

espérance pour la Navarre, si bien que, par deux fois, il fit taster Dom Philippe, jusques à lui demander son consentement pour, avec la Roine sa femme, lui aller faire la révérence. La response fut longue, comme il faloit, et enfin espagnolle, pleine de gloire et de refus[1].

Chapitre XVII.

Entreprise d'Amboise et ce qui ensuivit.

Il est temps de voir les effects de tant de cris et de plaintes, les apprentissages que fit le royaume pour, des souffrances, venir au tumulte, de là aux guerres et puis à la destruction. Voilà premièrement les plumes desployées en tous genres d'escrire, soit pour la religion, soit pour l'Estat. Le premier poinct produisit infinité de livres ; pour le second, il en courut un que je remarquerai entre les autres, ayant pour tiltre : « Deffenses contre les tyrans[2]. »

---

querque, chargé par Philippe II de négocier avec Antoine de Bourbon au sujet de la restitution des provinces conquises par Ferdinand le Catholique sur Jean d'Albret.

1. Depuis le commencement des négociations, Antoine de Bourbon s'était imaginé que, s'il pouvait se rencontrer avec Philippe II, les démêlés des deux cours d'Espagne et de Béarn se termineraient par une transaction. Le 25 décembre 1559, il renouvela sa demande d'entrevue, et envoya à Philippe II Jean-Claude de Lévis, seigneur d'Odoz (*Négociations sous François II*, p. 164).

2. Le pamphlet *Vindiciæ contra tyrannos*, dont parle ici d'Aubigné, et qui a pour auteur Hubert Languet, ne parut qu'en 1579, in-8°, à Bâle, sous la rubrique d'Édimbourg. Souvent réimprimé, il a été traduit en français par François Estienne, 1581, in-8°. Il dut son importance au principe du droit d'insurrection qu'il établit pour la première fois. M. Lenient, dans la *Satire en France au XVIe siècle,* liv. III, chapitre v, l'a très bien apprécié.

LIVRE SECOND, CHAP. XVII. 257

Là estoit amplement traitté jusques où s'estend l'obéissance aux Rois, à quelles causes et par quels moyens on peut prendre les armes, à qui il appartient les authoriser, si on peut appeller les estrangers, si eux peuvent donner secours légitimement. Ottoman[1] fut longtemps et à tort soupçonné de cette pièce; mais depuis un gentilhomme françois[2], vivant lors que j'escris, m'a advoué qu'il en estoit l'auteur. Mais[3] il s'est trouvé enfin qu'il lui avoit donné le jour, l'ayant eu en garde par Hubert Languet[4], de la Franche-Comté, agent en France pour le duc de Saxe[5].

Tels escrits persuadèrent aisément ceux que la

---

1. François Hotman, né à Paris le 23 août 1524, embrassa la réforme en 1547, professa les belles-lettres et le droit à Lausanne, à Strasbourg, à Bourges, à Genève, et mourut à Bâle le 12 février 1590. Il a laissé de nombreux ouvrages d'étude et des pamphlets célèbres (*De furoribus Gallicis, Franco Gallia, Brutum fulmen papæ Sixti V adversum Henricum regem Navarræ*). M. R. Dareste, en 1850, et M. Cougny, en 1874, lui ont chacun consacré une étude historique. M. Dareste a publié, en 1876, dans la *Revue historique*, de nouvelles recherches sur cet écrivain.

2. D'Aubigné désigne ici Philippe du Plessis-Mornay qui fut l'éditeur du pamphlet.

3. Ce passage, jusqu'à la fin de l'alinéa, manque à l'édit. de 1616.

4. Hubert Languet, né en 1518, embrassa la réforme en 1549, s'établit à Paris en 1560 et devint le correspondant de l'électeur de Saxe. Après la Saint-Barthélemy, il remplit les mêmes fonctions auprès de l'empereur. Il mourut à Anvers le 30 septembre 1581. Il a laissé de nombreuses correspondances en latin : *Epistolæ politicæ et historiæ ad Ph. Sydnæum*, 1633, in-12; *Epistolæ ad Camerarium*, 1646, in-12; et un ouvrage fort important, *Arcana seculi decimi sexti*, 1699, in-4°. M. Henri Chevreul a publié, en 1856, une biographie d'Hubert Languet.

5. Auguste, surnommé *le Pieux*, second fils de Henri, duc de Saxe, et de Catherine de Mecklembourg, né le 31 juillet 1526, devint en 1553, après la mort de son frère Maurice, électeur de Saxe, soutint la réforme et mourut le 11 février 1586.

nécessité animoit, et qui, descheus d'avoir pour chef le Roi de Navarre, pour ses craintes et déportemens, eurent bien tost l'œil sur Louys, prince de Condé[1], né grand, prudent, courageux et pauvre. Les suffrages de tous ayant pris ce nom, il fut pourtant advisé de le cacher et faire tout sous le nom du sieur de la Renaudie de Périgort, dit la Forest[2], homme vaillant, diligent, et qui, chassé de France[3], avoit passé un long temps en Allemagne et en Suisse, practiquant tous les fugitifs pour mesme cause que lui. Il choisit pour la conférence, premièrement le lieu d'Aubonne[4],

1. Louis de Bourbon, prince de Condé, frère cadet d'Antoine de Bourbon, roi de Navarre, né le 7 mai 1530, avait embrassé la réforme plutôt par ambition que par zèle religieux. Dès les premiers jours du règne de François II, le parti réformé, découragé par la faiblesse d'Antoine de Bourbon, avait choisi le prince de Condé pour chef.

2. La Planche (édit. Buchon, p. 238) et La Popelinière l'appellent Godefroy de Barry, mais Le Laboureur, qui donne des détails circonstanciés sur son origine, dit qu'il se nommait Jean du Barry, seigneur de la Renaudie, dit La Forest (*Mémoires de Castelnau*, 1731, t. I, p. 386). La haine des Guises était traditionnelle dans sa famille. Son beau-frère, Gaspard de Heu, seigneur du Buy, avait été pendu à Vincennes, le 4 septembre 1558, à la requête du cardinal de Lorraine, d'après l'*Épistre envoyée au tigre de la France* (édit. Read, 1875, p. 103). Le Père Griffet, dans l'*Histoire de France* du Père Daniel, t. X, p. 110, a consacré une étude historique à La Renaudie.

3. Quelque temps auparavant, La Renaudie avait plaidé contre Jean du Tillet, greffier en chef du parlement de Paris, au sujet de la cure de Champniers, en Angoumois, qui avait appartenu à son oncle et que du Tillet avait fait obtenir à ses frères. Dans le cours du procès, La Renaudie produisit des pièces fausses, fut condamné et emprisonné par arrêt. Le duc de Guise, à qui il s'était recommandé, le fit évader des prisons de Dijon (Brantôme, t. IV, p. 225). Voyez sur cette affaire une note de Secousse dans les *Mémoires de Condé*, t. I, p. 332 et 333.

4. La Renaudie avait passé les derniers mois de 1559 à recruter

au pays de Vaux, pour résoudre la thèse générale, et puis, pour reigler l'exécution, Nantes, où lors estoit le parlement de Bretagne[1]. Là, s'estant rendu de chaque province un chef signalé, il les harangua[2], meslant les raisons et les passions de si bonne grâce qu'il tira d'eux un serment solennel. Ils advisèrent qu'il falloit commencer par une requeste, qu'il feroit présenter par personnes simples et sans armes, sur le refus de laquelle ils espéroient se saisir de ceux de Guise dedans Blois, se prosterner aux pieds du Roi et là déclarer le prince pour leur chef et administrateur du royaume. Après ils firent eslection de ceux qui devoyent r'allier les forces de divers endroits. Pour la Gascongne, fut esleu Castelnau[3]; pour le Béarn, Masères[4];

des complices en Suisse (Bonnet, *Lettres de Calvin*, t. II, p. 382). Au commencement de janvier 1560, il les réunit à Aubonne, dans le pays de Vaud, puis à Lyon, chez un bourgeois de la ville, nommé Pierre de Terrasson (Enquête du 8 septembre 1560; Arch. des Basses-Pyrénées, E. 582).

1. A la suite de la réunion de Lyon, les conjurés se rassemblèrent à Nantes, le 1er février, dans une maison particulière qui appartenait, dit-on, à d'Andelot (La Planche, édit. Buchon, p. 239).

2. De Thou a prétendu publier le discours de La Renaudie (1740, t. II, p. 754), mais ce n'est qu'une harangue à la façon de Tite-Live. Voyez ci-dessus, p. 6. Dupleix prête également un discours à La Renaudie (*Hist. de France*, 1628, t. III, p. 604). Les deux textes ne se ressemblent pas.

3. Jacques de la Mothe, baron de Castelnau en Chalosse, de la maison de Tursan, en Gascogne (*Mémoires de Castelnau*, 1731, t. I, p. 386, additions de Le Laboureur).

4. Le capitaine Mazères, originaire du comté de Foix, avait commandé en qualité de lieutenant deux compagnies de gens de pied sous les ordres d'Antoine de Bourbon, alors gouverneur de la Picardie (Lettre de Michieli, du 28 mars; Dépêches vénit., filza 4, f. 32), et avait été envoyé dans le Levant avec le baron

pour le Limousin et Périgort, le Mesni[1]; pour la Xainctonge, Mirambeau[2]; pour le Poictou, S. Cire[3] et son lieutenant Aubigné[4]; pour l'Angoumois, le Loudonnois et la Touraine, Maillé-Braisé[5]; pour le Maine et Anjou, la Chesnai[6]; pour le Chastelleraudois et Mirebalais,

d'Aramon (Brantôme, t. IV, p. 264). Sa femme faisait partie du cortège d'Élisabeth de Valois et avait accompagné la princesse à Madrid (*Négoc. sous François II*, p. 351).

1. Denis Daytz, seigneur de Mesmy, gentilhomme périgourdin, l'un des adversaires de Blaise de Monluc, condamné à mort par le parlement de Bordeaux et exécuté. Voyez les *Commentaires*, t. II, p. 351, note 2.

2. François de Pons, baron de Mirambeau, lieutenant de La Rochefoucauld, en Saintonge, pendant la guerre civile de 1562, prit une part active au soulèvement des huguenots, dans l'Ouest, en 1562, 1569 et 1574, assista aux états de Blois en 1576 et mourut après 1581. Brantôme lui reproche la faiblesse avec laquelle il défendit le château de Lusignan en 1569 (Brantôme, t. IV, p. 24).

3. D'après l'enquête sur les troubles de Lyon, du 8 septembre 1560 (Arch. des Basses-Pyrénées, E. 582), le capitaine Saint-Cyr ne serait autre que Jean de Maligny, l'aîné des deux frères connus par leur haine contre les Guises. M. de Bastard, n'ayant pas connu cette pièce, n'a pu mentionner ce déguisement de l'aîné des Maligny dans la savante notice biographique qu'il a consacrée à ce personnage (*Vie de Jean de Ferrières de Maligny*, in-8°, 1858).

4. Jean d'Aubigné, seigneur de Brie, en Saintonge, père de notre historien, prit une part active aux premières guerres civiles. En 1562, il était à Orléans, et fut chargé avec plusieurs autres seigneurs de conclure la paix d'Amboise. Envoyé en Guyenne pour y faire exécuter l'édit de pacification, il tomba malade à Amboise et mourut des suites d'une blessure qu'il avait reçue pendant le siège d'Orléans. Voyez la *Notice biographique*.

5. Maillé de Brézé, d'une illustre maison de Touraine, représentée alors à Tours par Simon de Maillé de Brézé, archevêque, qui, d'après La Planche, inclinait à la réforme.

6. Le seigneur de la Chesnaye-Lalier, gentilhomme huguenot angevin, s'empara de Craon en 1562, et combattit auprès du prince de Condé. Fait prisonnier à la fin de la guerre par les catholiques, il abandonna la réforme et reçut, en récompense de

le ministre de Chiré[1]; pour la Bretagne, Montejan[2]; pour la Normandie, Saincte Marie du Mont[3]; pour Picardie, Coqueville[4]; pour Brie et Champagne, Malligni[5]; pour la Provence et Languedoc, Castelloux et Mouvans[6]; et pour le Dauphiné, Montbrun[7].

Ces convicz retournèrent de l'assemblée autant secrettement qu'ils y estoyent allez, chose esmerveillable à qui aura essayé combien le secret est difficile entre trois ou quatre, voire entre tant d'hommes de païs si différent, avant le serment presté, avant le parti formé; le crime de lèze Majesté estant lors si horrible et si peu usité, avoir, contre la crainte et l'espérance, gardé le secret si précieusement que les Lor-

sa défection, l'enseigne de la compagnie du seigneur de Malicorne (Bèze, *Histoire ecclésiastique*, 1881, t. II, p. 121 et 122).

1. Ni La Planche ni de Bèze ne donnent la qualité de ministre au s^r de Chiré. Il y avait deux seigneuries de ce nom en Poitou.

2. Montejan, seigneur angevin, neveu du maréchal René de Montejan.

3. Jacques de Sainte-Marie ou son frère, tous deux capitaines normands, souvent cités dans l'*Histoire ecclésiastique* de de Bèze. L'un d'eux devint lieutenant du prince de Condé à Caen et gouverneur de Saint-Lô sous Mongonmery en 1562.

4. François de Coqueville, capitaine picard, fut fait prisonnier en 1568 et eut la tête tranchée à Paris (Brantôme, t. IV, p. 84 et 88).

5. Edme de Ferrières, dit le jeune Maligny, frère cadet de Jean de Maligny, dont nous avons parlé (p. 260, note 3), avait été guidon de la compagnie du prince de Condé. Après la découverte de la conjuration, il eut l'audace de prendre un des chevaux du prince et s'évada. Il fut recherché avec d'autant plus de zèle qu'il avait accepté, disait-on, avec Mazères, de s'attaquer personnellement au duc de Guise. Voir La Planche, les *Mémoires de Castelnau*, t. II, p. 580, et la *Vie de Jean de Ferrières de Maligny*, in-8°, 1858, par M. de Bastard.

6. Castelloux, probablement Chastelus. — Paul de Richiend, seigneur de Mouvans. Voyez le chap. xx de ce livre.

7. Charles du Puy, seigneur de Montbrun. Voyez le chap. xx de ce livre.

rains en eurent les premiers nouvelles d'Italie et d'Allemagne. Je di que l'affliction preignante reserra leurs cœurs à la confidence, comme le froid reserre les choses étérogenées. Enfin, un seul François entre tant, plustost meu de peur que d'ambition et d'avarice, coupa la gorge à plusieurs hommes de marque et soldats; et, au dessein, ce fut l'advocat d'Avenelles[1], chez lequel la Renaudie se logea aux fauxbourgs S. Germain. Cettui-ci, voyant sa maison pleine de ministres et hommes inconnus et son hoste tous les jours enfermé avec la Roche-Chandieu[2], appréhendant le péril, lui déclara qu'il vouloit fermer sa porte pour n'estre point ruiné; l'autre le voulut encourager par la beauté de l'entreprise, si bien qu'en disputant des difficultez ce jeune capitaine eut la gehenne de paroles; car, pour prouver la facilité, il ouvrit les particularitez.

Avenelles donc descouvrit l'affaire au sieur de Marmagne[3], maistre des requestes, créature du cardinal, qui l'envoya en poste trouver le duc de Guise. Le duc

1. Pierre des Avenelles, avocat, demeurait dans le voisinage de l'abbaye de Saint-Germain-des-Prés. Voir La Planche, édit. Buchon, p. 246.

2. Antoine de la Roche-Chandieu, né vers 1534, fut un des principaux ministres de l'église parisienne. En 1572, il se retira à Lausanne et y professa la théologie. Vers 1578, il rentra en France et, en 1587, assista à la bataille de Coutras. Il mourut à Genève, le 23 février 1594, laissant un grand nombre d'ouvrages de théologie qui sont énumérés dans la *France protestante*.

3. La Planche et de Thou disent que des Avenelles révéla le secret du complot à un maitre de requêtes nommé l'Allemand de Vouzay, familier du cardinal de Lorraine, lequel le révéla à Milet, secrétaire du duc de Guise. Des Avenelles et Milet partirent pour la cour et rejoignirent le roi sur la route de Blois, vers le 20 ou le 21 février.

le mit prisonnier, pour respondre de son accusation, dans une tour d'Amboise[1], où ils avoyent desja faict retirer le Roi[2], sur les premiers advis d'Italie[3]. Cette maison forte et ce lieu estroit apportant un grand trouble aux entrepreneurs, le mareschal de Montmorenci fut despêché[4] pour amener séparez, du bois de Vincennes, Stuart[5], à qui la gehenne ne fit rien dire, Soucelles et le baillif de S. Aignan, soupçonnez d'estre complices. On mande les Chastillons[6], à l'arrivée des-

---

1. *Sic*, La Planche. Plus tard le duc de Guise le délivra et lui fit remettre une somme d'argent. Avenelles se retira en Lorraine et y obtint une charge de justice (De Thou, 1740, t. II, p. 775).

2. Le roi était parti le 3 février de Blois pour Amboise et cheminait à petites journées, de château en château, à travers les forêts du nord du Blésois (Lettre de Chantonay, du 19 février; recueil conservé aux archives de Bruxelles). A la nouvelle de la conjuration, le duc de Guise pressa la marche de la cour et le roi entra à Amboise le 22 février 1560 (Lettre de Throckmorton; Forbes, t. I, p. 334).

3. L'ambassadeur Michieli mentionne un avertissement qui aurait été envoyé au duc de Guise dès le mois de janvier (Lettre du 28 mars; mss., dépêches vénit., filza 4, f. 32). Le connétable, dans la communication qu'il fit plus tard au Parlement, parle d'un avertissement communiqué au roi par le roi d'Espagne, l'évêque d'Arras et le duc de Savoie (Collection du Parlement, vol. 81).

4. Le roi écrivit, le 25 février 1560, au connétable de Montmorency pour lui commander de faire conduire à Amboise par son fils, François de Montmorency, les trois prisonniers que nomme d'Aubigné. La lettre du roi est imprimée dans les *Mémoires de Condé*, t. I, p. 334.

5. Robert Stuart fut soumis à la torture avec tant de violence qu'il eut un bras brisé.

6. Le cardinal de Chastillon et l'amiral de Coligny étaient restés étrangers à la conjuration d'Amboise (Lettre de Calvin à Coligny, du 16 avril; Bonnet, *Lettres de Calvin*, t. II, p. 382. — Brantôme, t. IV, p. 290). Coligny fut appelé à Amboise le 20 ou le 21 février et y était arrivé le 24 (Delaborde, *Gaspard de Coligny*,

quels l'admiral donna conseil d'appaiser la multitude qu'on craignoit, par quelque édict qui suspendist la persécution des réformez. Cet édict fut faict[1], et les Lorrains, qui y consentirent, escrivoyent cependant par toutes les provinces pour faire armer les gouverneurs et lieutenans de Roi, et charger tous ceux qu'on trouveroit en armes. Le prince de Condé ne laisse pas de venir à la cour[2]. La Renaudie, quelque empeschement qu'il trouvast, ne change point de résolution, mais seulement de jour et de lieu pour la mutation de Blois à Amboise. Tous ses compagnons, aussi fermes que lui, viennent prendre leur rendé-vous à la Carretière en Vandosmois, et le jour, au seiziesme du mois[3]. L'ordre estoit tel que des grandes trouppes, qui approcheroyent, ils prendroyent 500 chevaux, d'entre les-

t. I, p. 425). D'Andelot y arriva le 16 mars seulement (Lettre de Chantonay, du 18 mars; recueil conservé aux archives de Bruxelles, f. 54).

1. Le 8 mars, le roi promulgua, en attendant la réunion d'un concile général, un édit favorable à la liberté du culte, qui n'exceptait de l'amnistie que les ministres et les fauteurs de la rébellion (Isambert, tome XIV, p. 2). La reine exigea que la minute de l'édit fût signée par tous les membres du conseil, afin de profiter de la popularité de l'amiral (La Planche, édit. Buchon, p. 248). Le texte imprimé ne porte, suivant l'usage, que la date du mois; mais l'acte d'enregistrement, du 11 mars, nous apprend que l'édit est du 8 mars (Coll. du Parlement, vol. 81, f. 213).

2. Condé arriva à Amboise le 16 mars (Lettre de Chantonay, du 18 mars; recueil conservé aux archives de Bruxelles, f. 54. — Lettre de Michieli, du 4 avril; Dépêches vénit., filza 4, f. 43). La Planche a raconté l'arrivée du prince et le mauvais accueil qui lui fut fait.

3. A la nouvelle que le roi s'était retiré à Amboise, La Renaudie avait convoqué ses complices à la Carretière (arrondissement d'Angers) pour le 4 mars. L'assemblée décida que l'exécution du complot serait renvoyée au 16 (De Thou, d'après La Planche, t. II, p. 764).

quels partiroit le jeune Maligni avec 60 choisis pour, ayant laissé leurs chevaux dedans les roches, estre semez par les petits cabarets.

Le lieutenant de S. Cire, avec trente autres, devoit couler le premier dans le chasteau, et le jeune Maligni les soustenir. Dès la veille de l'exécution, Renaudie, Castelnau, Masères et autres principaux chefs devoient loger à Noisé[1], et le lendemain, par petites trouppes, venir succéder à ce qu'auroient faict les premiers. De ceux-là, les uns avoient charge de se saisir des Lorrains, les autres de ceux du Conseil, les autres de demeurer aux portes. Cela faict, monstrer un signal du haut du chasteau pour faire donner par le parc les forces embusquées dans la forest[2].

Le jour devant l'exécution, le capitaine Linières[3], un des conjurez, estonné des difficultez, descouvrit toutes ces choses à la Roine. Sur son advis, le duc de Guise envoye battre l'estrade vers la Fredonnière[4], qui estoit le premier rendé-vous à l'entreprise de Blois. Ces estradiots lui amenèrent prisonniers trente ou quarante de ceux qui commençoient à se desbander. Aussitost il despesche le bastard de Sanserre[5]

1. Le château de Noisay (Indre-et-Loire) appartenait à la femme du seigneur de Raunay, l'un des conjurés (Brantôme, t. III, p. 182, note).

2. *Sic*, La Planche, édit. Buchon, p. 249.

3. Le seigneur de Lignières était un gentilhomme du Bourbonnais.

4. La Fredonnière, en Vendômois, était habitée par François et Magdelen de Constance, gentilshommes affiliés à la conjuration. Tous deux étaient en fuite. Mais les soldats du duc de Guise y arrêtèrent le seigneur de Dauvines (La Planche, p. 250. — *Négoc. diplom. avec la Toscane*, t. III, p. 409. — Lettre de Michieli, du 15 mars; Dépêches vénit., filza 4, f. 16).

5. D'Aubigné dit que le duc de Guise envoya le bâtard de San-

pour Orléans, Vieilleville pour Blois, le mareschal de Termes pour Angers, le duc de Montpensier pour Bourges, Barbezieux[1] pour Poictiers, Burie[2] en Guienne, tout ceux-là partisans des Guisars. Le bastard de Sancerre trouva Castelnau et Mazères armez aux fauxbourgs de Tours ; il les voulut prendre ; mais ils furent si promptement servis des leurs, l'autre, si mal de ceux de la ville, qu'il appelloit à son aide, que Castelnau eut tout loisir de renvoyer ses forces vers Saumur pour les oster du péril[3]. Lui et Masères s'y jettèrent, se trouvans à Noisé, selon leur promesse. Là, le duc de Nemours les vint attaquer, prit d'abordée Masères et Rauné[4], les envoye prisonniers à

cerre à Tours (et non pas à Orléans, ainsi qu'il le reconnaît quelques lignes plus loin). D'après Brantôme, ce fut son père, Louis de Beuil, comte de Sancerre, qui fut envoyé à Tours (t. III, p. 233). Il y était arrivé avant le 11 mars.

1. Charles de la Rochefoucauld, seigneur de Barbezieux, devint lieutenant général au gouvernement de Champagne et de Brie, grand sénéchal de Guyenne, chevalier de l'ordre du Saint-Esprit, le 31 décembre 1578, et mourut en 1583. D'Aubigné dit qu'il fut envoyé à Poitiers, mais de Bèze et La Planche disent qu'il fut envoyé à Bourges (*Histoire ecclés.*, 1881, t. I, p. 164).

2. Charles de Coucy, seigneur de Burie, capitaine saintongeois, le rival de Blaise de Monluc, dans le gouvernement de Guyenne. Voyez le livre suivant.

3. La rencontre de Sancerre et de Castelnau eut lieu le 14 mars. Sancerre fut battu et blessé, mais Castelnau ne sut pas profiter de ces avantages. Au lieu de s'emparer de la ville, il battit en retraite, envoya ses troupes à Saumur et se retira à Noizay (La Planche, p. 250).

4. Raunay, seigneur de Noisay, était fils d'un ancien gouverneur du roi de Navarre, lorsqu'il n'était encore que comte de Marle, et sa femme était dame d'honneur de Jeanne d'Albret (Lettre de L'Aubespine, du 19 mars ; f. fr., vol. 3158, f. 54. — Lettre de Michieli, du 28 mars ; Dépêches vénit., filza 4, f. 32).

Amboise, prit le reste par composition, donnant sa foi pour leur vie et liberté[1]. Mais, quoiqu'à Amboise le duc advouast sa promesse, elle fut violée.

La Renaudie, adverti par Castelnau, présupposant que toutes les forces de la cour seroient au siège de Noisé, fit avancer ses gens de tous costez, lesquels, marchans à petites troupes, furent pour la pluspart tuez ou pris, amenez, attachez aux queues des chevaux et pendus aux créneaux du chasteau et de la ville au prix qu'ils arrivoient[2].

Parmi cette émotion et en la plus grande confusion, le duc de Guise, prenant le temps de cette petite guerre, se fit despescher une commission de général des armées en France[3]. Le mesme jour, Renaudie, venant à son rendé-vous dans la forest de Chasteau-Renaut, fit rencontre de Pardaillan[4] avec une troupe

1. Le 16 mars. Voir La Planche, p. 251.
2. Les supplices commencèrent le dimanche 17 mars et durèrent plusieurs jours (Mémoires de Bruslard dans les *Mémoires de Condé*, t. I, p. 8. — Lettre de Michieli, du 17 mars; Dépêches vénit., filza 4, f. 16).
3. Le 17 mars, le roi conféra la lieutenance générale du royaume au duc de Guise. Ses lettres sont imprimées dans l'*Histoire de France*, de La Popelinière, 1581, t. I, p. 166, dans les *Mémoires de Condé*, t. I, p. 342, et dans les *Mémoires-journaux* du duc de Guise, p. 457. Elles sont analysées avec détails par La Planche, p. 252. Le même jour, le chancelier Olivier fit signer au roi des lettres d'amnistie, qui arrachaient les accusés aux rigueurs du lieutenant général (La Planche, p. 253. — Isambert, t. XIV, p. 24). Ces lettres furent révoquées deux jours après (Journal de Bruslard dans les *Mémoires de Condé*, t. I, p. 11). Enfin, le lendemain de l'édit d'amnistie, le roi adressa au cardinal de Lorraine une déclaration qui consacrait la prétention des Guises d'identifier leur cause avec celle du roi. Cette pièce est conservée en copie dans la coll. Dupuy, vol. 755, f. 124.
4. Le sire de Pardaillan, seigneur gascon, était gentilhomme

plus gaillarde que la sienne. Le pistolet de Pardaillan ayant failli, Renaudie lui passe l'espée au travers du corps ; lui aussitost tué d'un coup d'escoupette par un soldat, la pluspart des siens pris, son corps emporté à Amboise, pendu sur le pont avec ce tiltre *Le chef des rebelles*, ses quartiers puis après mis en divers endroits[1]. Avec lui fut pris un de ses domestiques, nommé la Bigne[2], lequel, promptement menacé de la question, confessa ce qu'il sçavoit, et mesmes que le prince de Condé devoit estre le chef muet duquel on parloit. Rauné, ayant promesse de la vie et crainte des tourmens, soubsigna à cette confession. Le mesmes fit Masères[3], non pas Castelnau, qui leur

servant de la maison du roi, parent de la maréchale de Saint-André et des Noailles. Il était aussi parent de La Renaudie. L'ambassadeur Michieli observe que, si les deux capitaines s'étaient reconnus avant de baisser la visière de leur casque, ils se seraient probablement ménagés l'un l'autre (Lettre du 20 mars ; Dépêches vénit., filza 4, f. 20).

1. Ce fut le 19 mars que La Renaudie et Pardaillan se rencontrèrent. Leur mort est racontée de la même façon par La Planche, p. 254, La Place (Édit. Buchon, p. 35), par Chantonay (Lettre du 20 mars ; Arch. nat., K. 1493, n° 43), par L'Aubespine (Lettre du 19 mars ; f. fr., vol. 3158, f. 54), par Throckmorton (Forbes, t. I, p. 376) et par Michieli (Lettre du 20 mars ; Dépêches vénit., filza 4, f. 20).

2. Jean de la Bigne était de Caen. Il fut soumis à la torture, mais ne révéla rien. Il recouvra la liberté, car Belleforest et Brantôme disent qu'ils l'ont connu et qu'ils ont reçu de sa bouche le récit de la conspiration (*les Grandes Annales*, 1579, t. II, f. 1608 v°). (Brantôme, t. III, p. 234, t. IV, p. 290 et 291.)

3. Au moment du supplice, Mazères demanda à faire des révélations sur une prétendue conjuration dirigée contre Philippe II. Sa déposition fut communiquée au roi d'Espagne (Lettre de L'Aubespine à Philippe II, du 8 avril ; Arch. nat., K. 1493, n° 50), qui n'y ajouta aucune foi (Lettre de Philippe II à Chantonay, du 16 avril ; Arch. nat., K. 1493, n° 53).

dit injures pour les récuser, maintint le prince pour innocent; puis, estant entré en propos avec le chancelier Olivier sur le faict de la religion, le rendit muet[1]. Les catholiques qui en ont escrit en donnent la raison; c'est que Olivier estoit de mesme créance. Toute la cour s'employa pour sauver la vie à Castelnau[2], mesmement la Roine, se souvenant qu'il l'avoit sauvée, et son fils le duc d'Orléans à Amboise, un jour qu'estant desguisé, une multitude l'assommoit[3].

Nonobstant ces choses, après que les murs de la ville d'Amboise se virent garnis de pendus, la rivière demi-pleine de noyez, les Lorrains arrachent Castelnau des mains du Roi, le font mener devant eux à l'eschaffaut[4] : « Vous avez raison, dit le condamné, de

1. Les entretiens de Castelnau, du duc de Guise et du chancelier Olivier sont un des plus beaux passages de l'*Estat de France sous François II* (La Planche, édit. Buchon, p. 264 et 265).
2. La bravoure et la fermeté de Castelnau intercédaient en sa faveur. La reine et les seigneurs de la cour obtinrent du roi qu'il ne serait condamné qu'à trois ans de galères (Lettre de Throckmorton, du 6 avril; *Calendars*, 1560, p. 505). Le duc de Guise et surtout le cardinal de Lorraine exigèrent sa mort. D'après La Planche, le duc de Nemours ne le défendit que faiblement (La Planche, p. 264 et 265). D'après Brantôme et Vincent Carloix, « il débattit fort la foy et la parole qu'il luy avoit donnée » (Brantôme, t. III, p. 182 ; — Vincent Carloix, *Mémoires*, liv. VIII, chap. v).
3. D'Aubigné se trompe; Castelnau n'avait point sauvé la vie à la reine, ni au duc d'Orléans, mais son frère avait été tué pour le prince. Un jour, à Amboise, le duc d'Orléans attaqua des valets qui, sur le pont, battaient tous les passants. Le combat s'échauffa et le prince faillit recevoir un coup d'épée. Le frère de Castelnau se jeta devant lui et fut tué (Brantôme, t. III, p. 180).
4. Castelnau monta sur l'échafaud le 29 mars avec plusieurs autres capitaines et un prêcheur huguenot arrêté parmi les combattants (Lettre de Throckmorton, du 6 avril; *Calendars*, 1560, p. 505. — Lettre de Michieli, du 31 mars ; Dépêches vénit., filza 4,

« pourchasser ma mort ; c'est à vous, pour vostre
« tyrannie, que nous en voulions, non au Roi ; il n'y a
« rien qui le touche. C'est, sans mentir, que nous
« sommes criminels de lèze Majesté, si les Guisars sont
« desjà Rois. S'en donnent garde ceux qui me survi-
« vront. Pour moi, la mort et une meilleure vie me
« tire de ce danger[1]. »

Ce spectacle estonna le Roi, ses frères et toutes les dames de la cour[2], qui, des plate-forme et fenestres du chasteau, y assistoient[3]. Mais sur tout ceste compagnie admira Villemongis-Briquemaut, qui, prest à mourir, emplit ses deux mains du sang de ses compagnons qu'il jetta en l'air, puis, les eslevant sanglantes, dit : « Voilà le sang innocent des tiens, « ô grand Dieu, et tu le vengeras[4]. » Les trente, qui

f. 38). Avant de livrer sa tête aux bourreaux, il interpella encore une fois le duc de Nemours et l'anathématisa du nom de traître (Vincent Carloix, *Mémoires*, liv. VIII, chap. v).

1. Ce discours paraît être de la composition de d'Aubigné.

2. La Planche assure que le duc de Guise exigea que la cour assistât au supplice, « comme s'il eût été question de voir jouer « quelque momerie » (Édit. Buchon, p. 263 et 265). Ces scènes sanglantes ont été reproduites dans une des gravures du célèbre recueil de Tortorel et Périssin, réimprimé, chez Fischbacher. La gravure a été reproduite en tête de l'édition de l'*Estat de France sous François II*, donnée en 1836 par M. Mennechet.

3. Peu de jours après, Jean d'Aubigné conduisit son fils, notre historien, à Amboise. Il a raconté lui-même, dans sa *Vie à ses enfants*, l'émotion qu'il éprouva à la vue de toutes ces têtes coupées, et les serments que son père lui imposa (*OEuvres*, édit. Réaume et de Caussade, t. I, p. 6).

4. *Sic*, La Planche, p. 263. — Le seigneur de Villemongis était d'Angoumois et frère de François de Beauvais de Bricquemault. Calvin avait fait des efforts pour empêcher Villemongis de prendre part à la conjuration. Voyez sa lettre à Coligny (Bonnet, *Lettres de Calvin*, t. II, p. 382).

devoyent donner les premiers dans le chasteau, et autres, que r'allia celui qui les devoit mener, desjà coulez dans la rue basse d'entre la rivière et le chasteau, se sauvèrent, faisant les eschauffez parmi ceux qui alloient attaquer l'embuscade du parc. Ainsi ai-je ouy mon père en rendre compte à ses amis.

Il reste maintenant à savoir que devindrent le Roi de Navarre, le prince de Condé, les Chastillons, le Vidame et autres regardés en ceste cour pour criminels.

Chapitre XVIII.

Petis estats assignés à Fontaine-Bleau. Mesnage de la cour.

On despescha aux estrangers pour leur rendre un compte favorable de ceste action, de mesmes aux cours souveraines, aux gouverneurs des provinces[1], mais fort particulièrement au Roi de Navarre[2], lequel, de la faveur ou de la peur qu'il en sentit, fit l'eschauffé à la poursuite de quelques 2,000 réformés qui s'estoyent desjà rompus sur la nouvelle d'Amboise[3]; la

---

1. La circulaire du roi, datée du 31 mars 1559 (1560), est imprimée dans les *Mémoires de Condé,* t. I, p. 347.

2. La lettre du roi au roi de Navarre, datée du 9 avril 1559 (1560), est imprimée dans les *Mémoires de Condé,* t. I, p. 398, d'après La Popelinière, t. I, f. 170.

3. Le roi de Navarre ne se mit pas en campagne contre les conjurés d'Amboise, qu'il avait plus ou moins soutenus secrètement, et n'eut pas occasion de commettre les cruautés dont d'Aubigné l'accuse; mais, d'après l'ambassadeur Michieli, il proposa au roi un secours de 5,000 hommes (Lettre du 4 avril 1560; Mss., Dépêches vénit., filza 4, f. 45). François II refusa (Lettre du 9 avril; *Mémoires de Condé,* t. I, p. 398).

rigueur dont il usa envers ces misérables lui donnant espérance d'estre assés bien envers ses ennemis. Le prince de Condé, sçachant les dépositions des premiers délateurs, des exécutés, et depuis de la Bigne, n'estoit pas en petite peine[1], tenant, comme on dit, le loup par les oreilles, pource que sa fuite de la cour le mettoit en coulpe, sa demeure en danger.

Un jour, la Roine lui fit de belles remonstrances sur le debvoir des princes du sang. Le cardinal, qui avoit amassé curieusement toutes choses contre lui, print le propos, alléguant qu'il avoit esteint plusieurs accusations contre lui, que, s'il en doutoit et qu'il voulust se cacher derrière une tapisserie, il amèneroit à la Roine des tesmoins par lesquels il aprendroit des nouvelles de lui mesme. Le prince respondit : « Ma qua-« lité ne permet pas que je me cache, ni que vous « interroguiés personne contre moi. » Sur tels doutes, il se résolut d'en parler au Roi, auquel, après plusieurs marques de son innocence, il demanda le combat de sa personne, toute dignité posée, contre le moindre gentilhomme du royaume qui l'accusast. Le duc de Guise présent s'offre à estre son second[2].

Le chancelier Olivier, mort de ce temps en la façon que nous avons dit, l'Ospital, homme de grande estime, lui succéda, quoi qu'il eust esté des conjurés pour le faict d'Amboise. Ce que je maintiens contre tout ce qui en a esté escrit, pource que l'original de l'entreprise

---

1. D'après Tornabuoni, Condé ne montra pas une grande fermeté d'âme, car il déclara tout haut qu'il voudrait être le bourreau de son fils unique s'il avait conspiré (*Négoc. diplom. de la France avec la Toscane*, t. III, p. 409).

2. *Sic*, La Planche, p. 209. Cette scène eut lieu le 3 avril, au conseil du roi.

fut consigné entre les mains de mon père, où estoit son seing tout du long entre celui d'Andelot et d'un Spifame[1], chose que j'ai fait voir à plusieurs personnes de marque[2]. La Roine ne fut pas marie d'avoir un homme de bien, non attaché à ceux qui avoyent desjà pris trop de racines, mais obligé à elle particulièrement et en général à l'Estat.

Le connestable, voulant faire un voyage en Bretagne, eut charge du Roi d'exposer à la cour de Parlement le faict d'Amboise[3], en quoi il augmenta la haine des Lorrains, pource qu'il loua le Roi d'avoir deffendu ses serviteurs qu'on vouloit attaquer en sa maison, et eux vouloyent avoir deffendu le Roi mesme. Le Parlement ne s'amusoit qu'à la faveur, et donna au duc de Guise le tiltre de conservateur du païs.

L'admiral, obtenant son congé, eut charge de composer[4] la Normandie, où il se retiroit[5], comme aussi de rendre compte de tout ce qu'il y verroit. Pour

---

1. Jacques Spifame, évêque de Nevers, avait embrassé la réforme et devint plus tard l'agent de Condé en Allemagne.

2. La complicité du chancelier de L'Hospital n'est confirmée par aucun autre historien et paraît invraisemblable. Le P. Griffet, dans son édition de l'*Histoire de France* de Daniel (t. X, p. 629 et 638) et surtout dans les *Preuves de l'histoire*, p. 262, a réfuté les allégations de d'Aubigné.

3. Le connétable se rendit au Parlement le 31 mars avec son fils, gouverneur de Paris, fut reçu par le président Baillet et prononça un discours auquel Baillet répondit. Cette séance est racontée par La Place (*Estat de religion et république,* édit. Buchon, p. 37) et avec bien plus de détails dans les registres du Parlement (Coll. du Parlement, vol. 84, f. 161).

4. *Composer,* calmer, apaiser, dans le sens du latin *componere.*

5. Coligny parcourut la Normandie en juillet. Il se trouvait à Dieppe le 26 et y célébra la cène (Mss. cités par M. Vitet, *Hist. de Dieppe,* t. I, p. 109).

rendre ce compte, il print occasion d'escrire à la Roine son advis sur l'estat présent, de la faute qu'elle faisoit en l'eslévation d'une famille dangereuse, de la persécution qui menoit au désespoir une partie de la France, puis concluoit en conseillant de surseoir toutes choses jusques à une tenue d'Estats. Cette Roine, desjà ulcérée des libelles qui couroyent par la France sur mesmes demandes, tenoit, aussi bien que ceux de Guise, pour criminels tous ceux qui touchoyent cette corde. La hardiesse de l'admiral lui apporta haine et crainte, arrivant sur le poinct que les prisonniers de Blois rompirent les prisons, et en mesme temps Stuart et Soucelles celles de Tours[1]. Ceux-ci escrivirent des lettres au cardinal sur le desplaisir qu'ils avoyent que les captifs de Blois se fussent sauvez; qu'eux aussi estoyent partis de leur logis pour courir après, qu'ils espéroyent les lui ramener en bonne compagnie et bien tost. Le cardinal adjoustant la crainte qu'il avoit naturelle à celle de la Roine, ils firent l'édict de Romorantin[2], moins violent contre les réformez, par le moyen duquel ils demeuroyent exempts de l'inquisition[3].

1. Cf. La Planche (édit. Mennechet, col. 108 et suiv.) et de Thou, liv. XXV.

2. L'édit de Romorantin, daté de mai 1560, est imprimé par Fontanon, t. IV, p. 229. Les *Mémoires de Condé*, t. I, p. 539, contiennent une série de pièces sur cet édit.

3. François Ier, par lettres du 25 juin 1540, Henri II, par lettres du 22 juin 1550, Paul IV, par un bref du 26 avril 1557, rendu exécutoire par lettres du 27 juillet suivant (Fontanon, t. IV, p. 226, 227 et 228), avaient établi l'inquisition en France. L'édit de Romorantin, en attribuant aux prélats la connaissance du crime d'hérésie, abrogeait virtuellement la juridiction des inquisiteurs.

On commença lors à méditer une assemblée des principaux du royaume à Fontainebleau, qui eust quelque nom d'Estats, et en effect fortifiast leur dessein. Telles assemblées ont esté appellées petits Estats.

Le Roi voulut faire son entrée à Tours, suspecte pour le nombre des réformés, et où, comme quelques uns ont voulu, les Huguenots avoyent pris leur nom à cause de la tour Hugon[1], où ils s'assembloyent, où d'un lutin de mesme nom, duquel on menace les enfans en ceste ville-là. Le capitaine Richelieu[2] fit faire à ses soldats plusieurs insolences, comme chanter et dire plusieurs vilenies de la Roine mère et du cardinal, espérant que telle chose imputée aux réformés lui donneroit quelque pillage. Les citoyens[3] practiquèrent une curieuse information, si bien que la coulpe en demeura à quelques serviteurs des Lorrains. Autres occurrences avec celle-là firent soupçonner à la Roine les déportements des Guisars, et lui prit une caprice d'avoir un discours privé avec le ministre de la Roche-Chandieu. Et, pource qu'il estoit absent hors du royaume, ses compagnons envoyèrent à ceste princesse un traicté, nommé Théophile[4], qu'elle leut avi-

1. La Planche dit *Huguet* (édit. Mennechet, col. 95), de Thou *Hugon* (1740, t. II, p. 766). Voir la note 1 du chap. I.
2. Antoine du Plessis de Richelieu, ancien moine, capitaine d'aventuriers, chevalier des ordres du roi, se distingua par sa cruauté dans les événements de l'année 1562, et fut blessé au siège de Bourges par le capitaine Saint-Martin (Brantôme, t. V, p. 419).
3. *Les citoyens*, les habitants de la cité.
4. Le *Théophile* était un mémoire manuscrit signé du nom de Théophile et qui avait pour auteur un ministre de Tours, nommé Claude Albiac. De Thou a parlé de cette pièce (liv. XXV).

demment. Ceste lecture en fit redoubler plusieurs autres, notamment contre ceux de Guise[1]. Le Mez en fut pendu à Paris[2]. Durant le supplice, un Normand voulut remonstrer à la populace l'iniquité d'un tel jugement, qui l'en accabla de coups; et le falut pendre, pour la contenter, le lendemain, en mesme lieu[3].

Le prince de Condé se desrobe de la cour, sur le point que ceux de Guise et de Montmorenci reprindrent leurs inimitiés par la dispute de Danmartin[4]. Le prince

---

1. D'Aubigné fait ici allusion au *Tigre*. — Vers le milieu de l'année 1560, fut publié à Paris, contre le cardinal de Lorraine, un pamphlet aussi violent qu'éloquent, l'*Épistre envoyée au Tigre de la France*. L'auteur du *Manuel du libraire*, M. Brunet, qui en possédait le seul exemplaire alors connu, avait toujours refusé de le communiquer. Après sa mort, le volume fut acheté par la ville de Paris et réimprimé avec quelques pièces justificatives et une traduction en vers déjà connue, par les soins de M. Read, en 1875. Depuis 1875, on en a trouvé deux autres exemplaires, l'un à Strasbourg, l'autre en Angleterre. Ce dernier est entré à la Bibliothèque nationale.

2. Il faut lire *Lhommet* et non *le Mez*. — Au bruit que fit la publication de l'*Épistre envoyée au Tigre de la France,* les amis des Guises firent arrêter un pauvre libraire de la rue du Murier, Martin Lhommet, chez qui on avait trouvé un exemplaire de ce livre. Soumis à la torture, le libraire refusa d'avouer le nom de l'auteur, que peut-être il ne connaissait pas, et fut condamné à mort (13 juillet 1560). M. Read a prouvé que François Hotman était l'auteur de cette catilinaire (*le Tigre de* 1560, 1875).

3. Pendant que les sergents de justice conduisaient Martin Lhommet au supplice (15 juillet), au milieu des cris de fureur de la foule, un marchand de Rouen, qui passait par hasard, eut l'imprudence de prononcer tout haut quelques paroles de pitié pour ce malheureux. Aussitôt les fanatiques se retournèrent contre lui et le jetèrent en prison. Le lendemain il fut exécuté sur la place Maubert. La Planche a donné des détails sur cette affaire (édit. Mennechet, p. 175).

4. En 1560, il y avait eu procès au sujet du comté de Dammartin entre le connétable de Montmorency, qui l'avait acheté de

escrivit au Roi de Navarre que sa teste estoit sur le tapis, et qu'il délibéroit l'aller trouver ; ce que son frère approuva, pourveu qu'il se fust purgé à la cour auparavant[1]. On sçeut en mesme temps de son départ, pour sa purgation, un discours hardi qu'il avoit tenu en chemin avec Danville[2], un autre de mesme sorte de la Planche à la Roine[3]. Les paquets trouvés entre les mains d'un courrier des princes protestants au Roi de Navarre, ce courrier tué sur les gehennes au bois de Vincennes[4], et puis les propositions faictes devant le chancelier de l'Ospital à son entrée au Parlement,

Philippe de Boulainvilliers, et le duc de Guise, à qui le s. de Rambures avait cédé les droits qu'il avait sur cette terre (*Mémoires de Condé*, t. I, p. 151).

1. Le 18 avril 1562, le roi partit pour Tours. Peu après le prince de Condé s'enfuit à Fontevrault, puis à la Ferté-sous-Jouarre. Rappelé par les Guises, il feignit de revenir en Touraine, puis, de Blois, il partit presque seul à franc étrier pour Poitiers et Bordeaux (La Planche, édit. Buchon, p. 276 ; La Place, p. 36), où il rejoignit le roi de Navarre après le 25 juin (*Lettres d'Ant. de Bourbon et de Jeanne d'Albret*, p. 202). De Bèze se trompe en disant qu'ils arrivèrent ensemble à Nérac le 21 juin (1840, t. I, p. 203).

2. Le prince de Condé rencontra Henri de Montmorency-Damville à Montlhéry et apprit de lui que les Guises étaient décidés à lui faire son procès. C'est ce qui le décida à fuir en Guyenne (La Place, p. 41). De Thou raconte un peu autrement cette entrevue (1740, t. II, p. 788).

3. La conférence de La Planche avec la reine est racontée avec beaucoup de détails dans l'*Estat de France sous François II*, édit. Mennechet, p. 180. La Place (édit. Buchon, p. 41) donne presque autant de détails que La Planche.

4. D'Aubigné, qui suit ici le récit de La Place (*Estat de la religion et république*, édit. Buchon, p. 45), fait allusion à la mort de Gaspard de Heu, s. de Buy, beau-frère de La Renaudie. Mais il ne remarque pas que La Place ne rapporte ce fait que rétrospectivement et comme antérieur à l'année 1560.

toutes ces choses firent haster l'assemblée de Fontainebleau[1].

Chapitre XIX.

Requeste présentée par l'admiral. Desseins contre les Bourbons.

A cette assemblée se trouva le connestable et toute la famille des Montmorencis, accompagnés de bien huict cens chevaux. L'admiral, dès l'entrée, prit la hardiesse de présenter une requeste de la part de toutes les églises réformées de France[2]. Le chancelier fit une harangue plaine de modération[3]. L'évesque de Valence, Monluc, une autre pleine de faveur à la cause des réformés[4]. Celui de Vienne conclud plus hardi-

---

1. L'assemblée de Fontainebleau, préliminaire des états généraux d'Orléans, se réunit le 20 août et dura jusqu'au 25. La Place en a présenté un récit détaillé (édit. Buchon, p. 53 et suiv.) que La Popelinière a presque textuellement copié (1581, t. I, f. 192). La Planche n'est pas moins détaillé (édit. Mennechet, p. 235). Il existe, en outre, de l'assemblée de Fontainebleau, un important récit que nous croyons inédit, bien qu'il ait quelques points de contact avec celui de La Place (F. fr., vol. 4812, f. 1; vol. 10190, f. 62; vol. 15811, pièce 2. — Copies du temps).

2. Il y eut deux requêtes, l'une au roi, l'autre à la reine mère; elles furent présentées pendant la séance du 23 août (Picot, *Hist. des états généraux*, t. II, p. 14). Elles sont imprimées toutes deux dans les *Mémoires de Condé*, t. II, p. 645.

3. Le discours du chancelier de L'Hospital est imprimé dans ses *Œuvres complètes* (édit. Dufey, t. I, p. 335). Il fut prononcé le 21 août.

4. Le discours de l'évêque de Valence est imprimé dans les *Mémoires de Condé*, t. I, p. 555. Il l'avait déjà été par La Popelinière (1581, t. I, f. 192).

ment au concile national[1]. Quand ce fut aux advis, l'admiral adjousta pour sa requeste qu'il la feroit signer par 50,000 hommes, demanda le concile, les Estats libres, et de rendre la cour seure aux princes du sang et officiers de la couronne. Le duc de Guise s'opposa au conseil de l'admiral, se rapportant des Estats à la volonté du Roi. Le cardinal plaida contre la religion réformée, consentant à la tenue des Estats[2]. Son advis fut suivi par la troupe des chevaliers de l'ordre. Le Roi et la Roine sa mère remercient la compagnie, et protestent se tenir à leurs advis[3]. Enfin, l'ordonnance fut faicte pour convoquer les Estats à Meaux[4] et le concile national, en cas que l'œcuménique fust trop retardé par le pape; cependant les prisonniers pour la religion soyent eslargis, sauf ceux qui avoyent esté trouvés en armes; tous les gouverneurs et lieutenants du Roi envoyés à leur département avec les compagnies de gend'armes pour empescher les eslévations[5].

Au sortir de cette assemblée, la Sague, chargé de

1. Charles de Marillac, archevêque de Vienne. Son discours est imprimé par La Planche (édit. Mennechet, p. 237).
2. Les avis de l'amiral de Coligny, comme membre du conseil privé, du duc de Guise, en réponse aux conseils de l'amiral, et du cardinal de Lorraine sont résumés par La Planche (p. 251 et 252).
3. Le lendemain de la dissolution de l'assemblée de Fontainebleau, le roi arrêta de convoquer les états généraux pour le 10 décembre (*Négoc. sous François II,* de Louis Paris, p. 481). L'édit de convocation fut daté du 31 août (*Ibid.,* p. 486).
4. Les états généraux, convoqués à Meaux, furent transférés, par contre-ordre du roi, en date du 11 novembre 1560, à Orléans pour le 10 décembre. Les lettres du roi sont conservées en copie dans le vol. 252 des Vᶜ de Colbert.
5. *Eslévation,* soulèvement.

lettres de plusieurs vers le Roi de Navarre et prince de Condé, trahi par un de ses compagnons, fut pris à Estampes[1]. Les lettres qu'il avoit de ceux de Montmorenci[2] n'estoyent que d'honnestetés ; mais celle du vidame de Chartres, en termes couverts[3], le firent amener à la Bastille[4] ; dont estant présenté à la question, il confessa que les Bourbons avoyent dessein de venir en cour, prendre en passant Poitiers, Tours et Orléans, qu'en mesme temps le connestable se devoit asseurer de Paris par le mareschal, son aisné, qui en estoit gouverneur ; de la Picardie par Senarpont[5] et Bouchavanes[6] ; de la Bretagne par messieurs d'Es-

1. Jacques de la Sague, gentilhomme basque, homme d'armes de la compagnie de François de Montmorency, fut trahi par un capitaine, Banna ou Bonval, ancien sergent-major des bandes françaises en Piémont, et arrêté à Étampes par Du Croc, échanson de la reine (La Place, édit. Buchon, p. 53 et 68 ; La Planche, ibid., p. 315 et 344 ; La Popelinière, t. I, f. 190).

2. La lettre du connétable, datée du 26 août, est imprimée dans les *Négociations sous François II*, p. 481.

3. D'après une pièce du temps réimprimée dans les *Mémoires de Condé*, t. II, p. 374, et qui a été presque textuellement reproduite par La Place (édit. Buchon, p. 128), la lettre écrite par le vidame de Chartres était inoffensive, mais il fut compromis par les aveux de La Sague.

4. François de Vendôme, vidame de Chartres, fut arrêté dans son logis à Paris, le 1er ou le 2 septembre, et conduit à la Bastille par François Raffin, dit Poton, sénéchal d'Agenais. Le roi donna commission à Christophe de Thou, président du Parlement, Barthélemy Faye, Jacques Viole, conseillers, et Gilles Bourdin, procureur général, d'instruire son procès (Lettre pat. du roi sans date ; copie ; f. fr., vol. 3876, f. 351).

5. Jean de Monchi, seigneur de Senarpont, ancien gouverneur de Boulogne, capitaine étranger aux partis et qui même, suivant une pièce du temps, était l'ami de Condé (*Mémoires de Condé*, t. II, p. 374).

6. Antoine de Bayancourt, seigneur de Bouchavannes. D'Au-

tampes[1]. Il est certain qu'ils avoyent tels desseins, et qu'en mesme temps Maligni, quand le Roi de Navarre le fit arrester, s'asseuroit de Lyon, et que, ses armes cachées estans descouvertes, lui assiégé par Achon[2] avec les mortes payes de la ville, il se deffendit si bien qu'ayant tué cent ou six vingts hommes, on lui fit place pour sortir et se retirer où il voulut[3]. Dès lors, la Roine et son Conseil n'oublièrent aucune voye pour attirer le Roi de Navarre et son frère à la cour[4]. Le connestable leur envoya belles lettres[5]. Le cardi-

bigné cite probablement à tort ce capitaine parmi les affiliés des Guises, car il était, à cette époque même, lieutenant de la compagnie du prince de Condé (Brantôme, t. IV, p. 89) et huguenot. Au massacre de la Saint-Barthélemy, le roi lui fit grâce de la vie (De Thou, t. IV, p. 590).

1. Jean de Brosses, dit de Bretagne, duc d'Étampes, avait épousé, en 1536, Anne de Pisseleu, duchesse d'Étampes, maîtresse de François Ier. Il devint gouverneur du Bourbonnais et de Bretagne et mourut en 1565.

2. Saint-Germain, s. d'Apchon, fils de Marguerite d'Albon et neveu du maréchal de Saint-André. Brantôme raconte de lui un trait de duelliste qui ne lui fait pas honneur (t. VI, p. 378). Il défendait Lyon sous les ordres de Antoine d'Albon, abbé de Savigny et de l'Ile-Barbe, cousin du maréchal et son lieutenant en Lyonnais depuis le 24 septembre 1559.

3. Les deux Maligny, Jean de Ferrières et Edme de Ferrières, après la conjuration d'Amboise, s'étaient retirés à Lyon, et, le 5 septembre 1560, tentèrent vainement, avec une poignée de conjurés, de surprendre la ville. Gabriel de Saconay a écrit un récit de ces troubles, réimprimé dans les *Archives curieuses* de Cimber et Danjou, avec quelques autres pièces, t. IV, p. 215.

4. La reine leur envoya, le 1er septembre, son chevalier d'honneur, Antoine de Crussol, plus tard duc d'Uzès, avec une lettre du roi qui a été imprimée par La Popelinière (1581, t. I, f. 209) et dans les *Mémoires de Condé* (t. I, p. 572).

5. La lettre du connétable, datée du 26 septembre 1560, est imprimée dans les *Mémoires de Condé*, t. I, p. 583, et dans les

nal de Bourbon, ayant reçeu le serment du Roi et de la Roine pour la liberté et seureté de ses frères, s'achemina pour les aller quérir[1].

Chapitre XX.

Remuement de Lyonnois, Daulphiné et Provence.

Comme de tous costés les parens et amis communs du prince de Condé lui escrivoyent pour le haster de venir, plusieurs choses le retardoyent, comme la rude response de la Roine sur ce que la dame de Roye lui dit que, ceux de Guise estans armés et forts auprès du Roi, il estoit raisonnable que le prince de Condé vint acompagné de ses amis. La response fut qu'il trouveroit le Roi encores plus fort que lui. D'ailleurs, il entendoit que ses serviteurs estoyent maltraictés en Lionnois par le mareschal S. André, le s^r de Cani pris en sa maison[2], Thermes avec 200 chevaux sur son chemin à Poictiers, le vidame de Chartres prisonnier si estroictement qu'on ne lui permettoit pas la prison de sa femme avec lui; et puis c'estoit pour les chiffres trouvés sur la Sague qu'il estoit prisonnier, et ses escrits touchoyent le prince à bon escient. Ces choses descouvertes le retardoyent de son voyage.

Négociations sous François II, p. 577. C'est à tort que son authenticité a été suspectée; nous en avons vu l'original aux archives des Basses-Pyrénées (E. 582).

1. Le cardinal Charles de Bourbon partit de Fontainebleau le 3 septembre 1560.

2. Michel de Barbançon, seigneur de Cani, gentilhomme huguenot, compromis avec le prince de Condé et déclaré innocent en même temps que lui (*Mémoires de Condé*, t. II, p. 394).

LIVRE SECOND, CHAP. XX. 283

Cependant que les réformés en Provence, Languedoc et Daulphiné, par nouvelles hardiesses, prindrent part aux églises de Montpelier et Montélimart, les Cordeliers pour prescher à son de cloche[1], ceux de Romans l'Église principale; toutes ces choses supportées par les s[rs] de Mirabel[2], Montbrun[3], Quintil[4], S. Auban[5] et autres; là-dessus vindrent lettres de pardon du Roi. Les estats de Daulphiné assemblés à Valence, l'évesque[6] commença par exhortation de se ranger à la volonté du Roi, et puis on demanda s'ils ne se vouloyent pas servir du bénéfice de l'édict. Mirabel respond pour tous qu'il ne pouvoit traicter d'affaire aucune qu'après l'invocation du nom de Dieu. Le séneschal y

---

1. Il y a ici une lacune qui rend le texte obscur. L'église des Cordeliers, que les protestants occupèrent, est à Valence, ce que ne dit pas d'Aubigné. Cf. de Thou, liv. XXV.
2. Mirabel, capitaine huguenot, avait été envoyé, le 30 avril 1562, à Valence, au secours des réformés.
3. Charles du Puy, seigneur de Montbrun, né vers 1530, embrassa la réforme, combattit en Dauphiné en 1560 et 1562, à Jarnac et à Montcontour en 1567 et battit les catholiques en 1570 au passage du Rhône. Après la Saint-Barthélemy, il reprit les armes et soumit une partie du Dauphiné. En 1574, il fit la guerre au roi lui-même et le força à lever le siège de Livron. L'année suivante, assailli par des forces supérieures, il fut pris, conduit à Grenoble, condamné à mort et exécuté le 12 août 1575. Sa vie a été publiée en 1671 par Guy Allard, in-8°, et en 1816 par Jean-Claude Martin, in-8°.
4. Quint, suivant de Thou, ou Quintel, suivant de Bèze, capitaine dauphinois réformé, avait servi dans les guerres d'Italie.
5. Gaspard Pape, seigneur de Saint-Auban, gentilhomme du Dauphiné, avait été un des lieutenants de Blaise de Monluc au siège de Sienne (*Commentaires*, t. II, p. 17). Ayant embrassé la réforme, il devint, après l'éloignement du baron des Adrets, le chef du parti protestant dans sa province.
6. Jean de Monluc, évêque de Valence.

consentit. Après la prière, où tous s'estoyent agenouillés, hormis les ecclésiastiques, la response des réformés fut qu'ils vouloyent justifier leurs actions et non se servir de grâce[1].

Le duc de Guise fit despescher Maugiron[2] en la place de Clermont-Tallard[3], trop doux et patient à son gré. Maugiron, pour travailler au gré des Lorrains, amasse promptement des soldats à Lyon et à Vienne, les embarque pour demeurer à Valence et surprendre Mirabel et ses compagnons. Mais, les trouvans en estat de deffense, il leur envoya un renard, nommé Vinai[4], qui alla parmi eux contrefaire le Huguenot, et y prit tel crédit en disant force vilenie des papes qu'il les sépara. Lors Maugiron, arrivé à Valence, cria ville gaignée et y fit rendre 17 compagnies des vieilles bandes de Piedmont, 4 de gend'armes, et sous leur garde une chambre des juges de Grenoble. Le mesme Vinai fit quitter les armes à ceux de Montélimart et de Romans, et amena au piège 70 prisonniers ; de ceux-là, on fit mourir deux ministres, le secrétaire de la ville, Marquet[5],

---

1. Ces troubles en Dauphiné, préliminaires de la guerre civile, sont racontés par de Thou, 1740, t. II, p. 810.

2. Laurent de Maugiron, lieutenant du roi, en Dauphiné, après l'assassinat de La Mothe-Gondrin, et sénéchal de Viennois, père de Louis de Maugiron, tué par Ribérac dans le duel des Mignons.

3. Antoine de Clermont-Tallard, grand maître des eaux et forêts de France en 1551, lieutenant général du roi en Dauphiné, en 1554, puis en Savoie, mourut après le 12 avril 1578.

4. Vinai, homme rusé et fort instruit, mais dont les « mœurs, « dit de Thou, qui étaient corrompues dans la débauche, l'avaient « lié d'amitié avec Maugiron par le même goût des plaisirs » (1740, t. II, p. 811).

5. Le procureur Marquet, juge civil du châtelain de Soyon (Ardèche), avait enlevé l'église et le couvent des Cordeliers de

Blanchérie[1] et trois autres, et, peu de jours après, Robert[2] et Rebours[3]. Là, premièrement, Aubespin employa son invention des baaillons, pource que ces condamnés preschoyent et prioyent Dieu, mesmes pour ceux qui leur donnoyent la mort. Nous avons dit comment Laubespin mourut baaillonné[4]. Ponsenac[5], qui avoit fait ceste prise, en mesme temps mourut de faim. Cette Chambre ayant despesché le prévost Bouyer[6] pour prendre Montbrun, le prévost et ses archers furent pris par lui et quelques prisonniers délivrés. La commission de Maugiron n'estant que faicte à la haste, le duc de Guise fit donner un ample pouvoir à Gondrin, qui, à son arrivée, mande à Montbrun qu'il lui renvoyast promptement le prévost prisonnier, sinon qu'il l'auroit sur les bras avec les forces du Roi.

Cela estonnoit Montbrun, sans l'arrivée d'Alexandre Guiotin[7], de Vaurias, envoyé du comtat de Venisse. Ces deux, joincts ensemble, entreprirent sur Veson et Malaussene[8], où il y avoit arcenal. Montbrun prent

Valence. Fait prisonnier, il fut, sur le rapport de L'Aubépine, condamné à mort, pendu, et sa maison rasée, le 25 mai 1560.

1. Blanchier partagea le sort de Marquet et fut pendu avec lui le 25 mai 1560.
2. Robert avait logé le ministre calviniste à Romans; il fut pendu en mai 1560.
3. Mathieu Rebours fut pendu à Valence pour avoir gardé le temple avec des armes, en mai 1560.
4. Chap. xi, p. 228.
5. Borel de Poncenat, capitaine catholique. Sa fin est racontée par de Thou comme par d'Aubigné (De Thou, 1740, t. II, p. 813).
6. Marin de Bouvier, prévôt des maréchaux.
7. Alexandre Guillotin, un des promoteurs de la réforme dans le comté Venaissin.
8. Vaison et Malaucène (Vaucluse).

Malaussene, et puis vouloit attaquer Vezon; mais il faillit. L'évesque de Béziers[1], lors en Avignon, amusa Montbrun d'un traicté[2], et cependant fit prendre des réformés. Les députés estans retenus pour en respondre, les voilà aux termes de discord. Gondrin aiant reçeu les forces de Maugiron, 12,000 escus d'Avignon, quelques pièces de Grenoble, et les légionnaires de la province, se rend à Bolennes[3] avec 4,000 hommes de pied et 500 chevaux. Là, après plusieurs escarmouches, toutes avantageuses pour Montbrun, il falut encor parlementer et conclurre à la réduction[4] des prisonniers d'une part et d'autre, et mesmes la simplicité des ministres fit accorder, sur l'offre de quitter le royaulme ou la religion, que Montbrun sortiroit le premier en leur donnant quelque temps pour faire leurs affaires. Mais, contre la foi publique donnée, les prestres esmeurent les gens de guerre à tuer les soldats de Montbrun, au prix qu'ils se retiroyent. Cela le fit remettre sur ses armes, prendre Orpierre[5], renvoyer la garnison nouvelle-

---

1. Jacques-Marie Sala, évêque de Viviers, en 1560, et non pas de Béziers, se trouvait alors à Avignon en qualité de vicaire du cardinal Alexandre Farnèse, vice-légat de ce pays (De Thou, 1740, t. II, p. 815).

2. De Thou relate une conférence de Montbrun avec l'évêque de Viviers. Mais cette entrevue n'aboutit pas; l'évêque de Viviers fit arrêter quelques gens du parti de Montbrun, entre autres Guillotin, auquel il ne voulut point rendre la liberté (De Thou, t. II, p. 814).

3. Bollène, à sept lieues de Malaucène (voyez de Thou, t. II, p. 815).

4. *Réduction* (*Reductio*), action de ramener.

5. Orpierre, dans les Hautes-Alpes (voyez de Thou, tome II, p. 816).

ment venue; mais il fit tuer les prestres et autres qui avoyent rompu la foi.

L'armée du Roi, à laquelle le comte de Suze[1] estoit joint, trouve Montbrun avancé avec 400 hommes de pied et 50 chevaux. Ces gens de pied estoyent tellement logés que, s'ils eussent eu le loisir de laisser avancer leurs ennemis, ils desfaisoyent l'avant-garde entièrement; leur chaleur de foye fut cause qu'ils n'empoignèrent que les coureurs et les enfans perdus, et Gondrin fit la retraite à son gros, qui estoit en tout de 6,000 hommes. Depuis, il mina par patience cette troupe esgarée, sans retraicte et sans vivres, si bien que Montbrun, abandonné des siens, délibère de quitter le royaulme, accompagné de sa femme et d'un advocat, nommé Anthonian ou S. Anthoine[2], qu'il estimoit le plus capable de son secret. Mais l'advocat voulut faire sa paix aux despens d'une perfidie, si bien qu'estans à Busquet[3], il appella les habitans, les eschauffant de prendre le chef des Huguenots, et lui-mesme lui mit la main sur le colet, le prenant par sa chaîne d'or. Montbrun le porte par terre, le jette par la fenestre de l'hostelerie, se sauve la nuict par les montagnes avec l'habit d'un paysan, auquel il troqua

1. François de la Baume, comte de Suze, le principal adversaire de des Adrets et de Montbrun, amiral des mers du Levant, en 1578, chevalier de l'Ordre, en 1581, mort au siège de Montélimart, en 1587.

2. Mathieu d'Antoine, jurisconsulte, serviteur de Montbrun, le trahit, dit de Thou, en révélant à La Mothe-Gondrin les projets de son maître (De Thou, 1740, t. II, p. 817).

3. De Thou appelle ainsi le lieu où Montbrun faillit être victime de la trahison de d'Antoine, mais, d'après une note de Dupuy ajoutée à l'édition de 1740, il s'agit de Le Buis, qui est à une lieue de Mérindol (Drôme).

sa juppe de velours. Sa femme trouva moyen de se desrober, et fut à Genève compagne de l'exil de son mari. Le mesme advocat fit prendre Guiotin et les deux Chaligni[1], qui furent gardés pour estre, puis après, confrontés au prince de Condé.

La Provence, dès ce temps, sentit quelque altération par le sieur de Mouvans[2], duquel le frère, quelque temps auparavant, en haine de la religion, avoit esté massacré par la populace de Draguignan[3], son cœur et son foye jetté aux chiens, et ces chiens assommés comme hérétiques pour avoir fait difficulté d'en manger. Ce Mouvans avoit failli Aix, et, se voyant descouvert, se mit à la campagne, abbatit les images sans piller les temples. Ayant sur les bras le comte de Tende, lieutenant du Roi, avec 6,000 hommes, lui n'en ayant que 500, se saisit de l'abbaye S. André[4], où il fut investi aussitost. Le comte le fit venir sur sa parole, le prit à capitulation bien gardée, ce que n'approuvoit pas le baron de la Garde[5], qui le chargea et le fit retirer à Genève.

1. Les deux frères Frey de Changy, chefs des réformés du Dauphiné, furent arrêtés dans leur maison par l'ordre du maréchal de Saint-André.
2. Paul de Richiend, seigneur de Mouvans, né à Castellane, élu chef des religionnaires de Provence en 1560.
3. Antoine de Richiend, seigneur de Mouvans, frère de Paul de Mouvans, avait été massacré par la populace à Draguignan, dans les derniers jours de 1559.
4. Paul de Mouvans ne fut point pris au couvent de Saint-André par le comte de Tende. Celui-ci envoya La Garde pour reconnaître la place, et, s'étant convaincu qu'elle était difficile à prendre, préféra négocier avec Mouvans (De Thou, 1740, t. II, p. 819).
5. Antoine Escalin des Aimars, baron de la Garde, dit le capi-

On commença à prescher publiquement en Bretagne et en Normandie[1], et à l'ombre de ces libertés un anabaptiste, chassé de Genève, voulut establir sa secte à Rouan, du consentement des uns et des autres ; mais cela fut esteinct par le desadveu de l'un et de l'autre parti.

Chapitre XXI.

Prison du prince de Condé avec plusieurs dépendances.

Du voyage du cardinal de Bourbon, accompagné du comte de Cursol[2], réussit que le prince de Condé, menacé par des Cars et par Bouchart qu'il faloit rompre avec le Roi son frère ou marcher en cour avec lui, d'ailleurs alléché de force petits contes qu'on lui faisoit, des bons termes ausquels le Roi et la Roine parloyent de lui, des souvenances de ses privautés et bons mots, sans oublier les bons services des gentilshommes qui l'accompagnoient, las de marcher en con-

---

taine Poulin, né en Dauphiné vers 1498, commença par être simple soldat, s'éleva par sa valeur aux plus hautes dignités. Successivement ambassadeur en Turquie et général des galères, il mourut en 1578. Ses cruautés, lors des massacres de Mérindol et de Cabrières, le firent emprisonner pendant trois ans. Brantôme lui a consacré une notice (t. IV, p. 139).

1. Les débuts de la réforme en Normandie sont racontés par Théodore de Bèze, dans le livre VIII de son *Histoire ecclésiastique* (1881, t. II, p. 145).

2. Antoine de Crussol, premier duc d'Uzès, en 1565, successivement lieutenant de roi en Languedoc, Provence et Dauphiné, mourut en 1573. Il avait épousé Louise de Clermont-Tallard, qui devint favorite de la reine mère, et dont l'esprit et les réparties sont restés célèbres.

damné, désirant l'esclat de la cour, mais plus que tout cela les secrétaires et gens d'affaires, qui se voyoyent dépérir en oisiveté, poussoyent à l'espaule, monstroyent des lettres par lesquelles on disoit le conseil du Roi estre inutile en l'absence des princes et les principaux affaires retardés en les attendant; enfin, toutes les patelineries qu'on observe en tel cas, firent résoudre le voyage contre l'advertissement des fidèles amis et serviteurs, et surtout de la dame de Roye[1], belle-mère du prince; tous ces dissuadants comptez pour fols ou pour brouillons.

La cour, advertie de telle venue, accompagnée de 1,000 lances d'extraordinaire, s'avance à Orléans. L'archevêque de Vienne[2] vint à Artenai consulter avec la duchesse de Montpensier[3] des moyens pour empescher les deux frères de venir à leur perte certaine, et leur donner courage de relever leur maison. Mais, ayant apris d'elle que l'espérance en estoit perdue par l'infirmité de l'aisné[4], ce courageux prélat en mourut

1. Madeleine de Mailly avait épousé, le 27 août 1528, Charles de Roye, comte de Roye, et mourut en 1571.
2. Charles de Marillac, né en 1510, près de Riom, négociateur, évêque de Vannes en 1550, archevêque de Vienne en 1557, envoyé à la diète d'Augsbourg en 1559 pour conférer avec l'empereur Ferdinand. De Thou raconte que, pendant le passage de la cour à Artenay, l'archevêque de Vienne avertit la duchesse de Montpensier des desseins des Guises contre les Bourbons (1740, t. II, p. 826).
3. Jacqueline de Longwy avait épousé, en 1538, Louis de Bourbon, duc de Montpensier, et était devenue la conseillère favorite de la reine mère. Son influence dans les affaires politiques est attestée par J. Michieli (*Relations des ambassadeurs vénitiens*, t. I, p. 433).
4. Allusion à la faiblesse d'Antoine de Bourbon, roi de Navarre.

de desplaisir[1]. Ceste mort fut comptée pour grand gain sur le point des Estats ordonnés à Orléans[2]. C'estoit un esprit que les Lorrains appréhendoient; au contraire les députez, qui s'avançoient, en reçeurent estonnement[3]; mais bien plus, quand ils virent qu'ils entroyent en une armée[4] et non pas en une cour.

Le premier acte du Conseil à Orléans fut de faire une sorte de confession dictée par le cardinal de Lorraine, attachée à un édict, menaçant de mort ceux qui la refuseroient. C'estoit pour faire qu'il n'y eust qu'un parti en la ville. Après, on fit sentir à d'Andelot qu'il n'avoit nulle puissance sur l'infanterie[5] pour lui faire de là conclure sa retraite, comme il fit et bien à propos, y laissant ses frères, l'admiral et le cardinal libres encor pour n'espouventer ceux qui venoient au devant[6], vers lesquels le cardinal d'Armagnac[7]

1. Charles de Marillac mourut le 30 novembre 1560. De Thou a fait son éloge (1740, t. II, p. 825).
2. François II, après l'assemblée de Fontainebleau, avait convoqué les états généraux à Meaux pour le 10 décembre suivant. Au commencement de novembre, le lieu de la réunion avait été transféré à Orléans (*Négoc. sous François II,* p. 486 et 639).
3. Voir les discours des orateurs des trois ordres dans La Popelinière, 1581, t. I, f. 225, 229 et 239, et dans le *Recueil des états généraux,* 1789, in-8°, t. X, p. 348 et suiv.
4. Le roi était arrivé le 18 octobre à Orléans, avec un cortège qui ressemblait à une armée (La Planche, édit. Buchon, p. 277). Pour justifier cet étalage menaçant, les Guises avaient répandu le bruit que la ville d'Orléans était en pleine révolte (*Mémoires de Condé,* t. II, p. 378).
5. D'après La Place, d'Andelot, prévoyant l'arrestation des princes, remit sa charge de colonel de gens de pied au roi et se retira en Bretagne.
6. C'est-à-dire le roi de Navarre et le prince de Condé, qui s'avançaient à petites journées vers Orléans.
7. Georges d'Armagnac, né vers 1501, successivement évêque

s'estoit avancé jusques à Vertœil[1], portant de rechef la foi du Roi signée et jurée entre ses mains. Il arriva que Montpesac[2], envoyé pour la seureté de Poictiers, fermant les portes à ces princes, les fit retirer à Lusignan[3]. Là, ils eurent advis de toutes parts du péril qui leur pendoit sur la teste, qu'on envoyoit quérir en Lionnois et Dauphiné contr'eux les tesmoins que nous avons marquez. D'autres adjoustoyent que le refus du passage leur estoit une couverture pour, sans crime, retourner et dilayer. Autrement en avoit ordonné le ciel. Ils passent dans Poictiers, y trouvent le refus changé en honneur excessif, rencontrent à Blois le cardinal de Bourbon, qui réitéra les sermens, et firent le chemin jusques à Orléans, ayant tousjours derrière et aux costez trois ou quatre cens chevaux du mareschal de Thermes, qui se tenoient assez loing d'eux pour ne les effrayer, assez près pour les pousser en la tonnelle[4].

de Rodez, cardinal, archevêque de Toulouse et d'Avignon, ambassadeur à Venise et à Rome, mort en 1585. M. Tamizey de Larroque lui a consacré une notice biographique et a publié un certain nombre de ses lettres.

1. Verteil en Agenais et non Verteuil en Angoumois, comme l'ont écrit La Planche et de Thou. Le cardinal d'Armagnac y était arrivé le 25 septembre 1560 (*Ant. de Bourbon et Jeanne d'Albret*, t. II, p. 371 et 377, note).

2. Melchior de Lettes, s. de Montpezat, gendre d'Honorat de Savoie, comte de Villars, gentilhomme du parti des Guises.

3. Le roi de Navarre et le prince de Condé arrivèrent le 18 octobre à Lusignan (*Lettres d'Ant. de Bourbon et de Jeanne d'Albret*, p. 220).

4. Le maréchal de Thermes avait reçu l'ordre de s'établir fortement à Poitiers et d'y attendre le passage des princes. L'instruction qui lui fut donnée est imprimée dans les *Négociations sous François II*, p. 642.

Les mauvoises marques de leur venue furent que nul n'alla au devant, le premier logis et la grande porte refusé au Roi de Navarre, si bien que, contre le privilège des princes, ils mirent pied à terre dehors et entrèrent par le portillon, comme s'ils eussent passé le guichet. Après quelques froides embrassades, le Roi, ayant arrière soi ceux de Guise, qui n'avoyent pas faict un pas, les mena en la chambre de la Royne sa mère, qui les receut en pleurant[1]. Et puis, après que le Roi eut dit au prince de Condé qu'il l'avoit envoyé quérir, afin qu'il se purgeast présent de quelques accusations qu'il ne vouloit pas croire, et que le prince eut respondu que ces choses lui estoyent faussement attribuées par la maison de Guise, il fut saisi par les sieurs de Bresé[2] et de Chavigni[3], et mené dans le logis prochain, devant lequel on avoit basti un petit esperon de bricque, qui battoit au Martrouer[4], et en trois rues avec des fauconneaux. Le mesme jour, employé à murer les portes et griller les fenestres, ce fut à crier la foi promise et l'infidélité des cardinaux. Le Roi de Navarre, refusé de la garde de son frère, demeura libre en apparence, mais en effect bien gardé, soit par gens de guerre cachez au costé de son logis, par mousches ordinaires et

---

1. Le roi de Navarre et le prince de Condé arrivèrent à la cour le jeudi 30 octobre, à cinq heures du soir. Le récit de d'Aubigné est en entier tiré de La Planche (édit. Mennechet, p. 281). Cf. le récit de Brantôme (t. IV, p. 341).

2. Philippe de Maillé, s. de Brezé, capitaine des gardes du roi.

3. François Le Roy, seigneur de Chavigny, capitaine des gardes du roi. Le Laboureur lui a consacré une notice (*Mémoires de Castelnau*, 1731, t. I, p. 507).

4. La place du Martroy à Orléans.

plus estroittement par ses domestiques corrompus[1].

Son chancelier Bouchard, qui avoit lasché le pied dès Lusignan à S. Jean pour esquiver la honte de sa trahison envers son maître, fut pris en sa maison par Jarnac, mené en cour bien lié, sans manier cousteau et sans gouster viande avant l'essai; tout cela, comme estant estimé double traistre, assavoir au Roi et à son maistre[2].

Le mesme jour de la prise du prince, le baillif d'Orléans, Groslot[3], fut arresté. Et, dès le lendemain, le chancelier de l'Hospital[4], qui avoit signé le mande-

---

1. Sic, *Mémoires de Castelnau*, 1731, t. I, p. 53. — *Mémoires de Vieilleville*, liv. VIII, chap. xv. — Tous les ambassadeurs étrangers confirment ce récit (Lettre de Tornabuoni, du 14 novembre; *Négoc. de la France avec la Toscane*, t. III, p. 425. — Lettre de Chantonay, du 13 nov.; Arch. nat., K. 1493, n° 106). Throckmorton écrit qu'il regarde le roi de Navarre *tanquam captivus* (Lettre du 17 nov.; *Calendars*, 1560, p. 390).

2. La Planche dit qu'Amaury Bouchard, traître envers le roi de Navarre, se fit arrêter pour se dispenser de suivre son maître à la cour (p. 272). Mais les faits semblent prouver que son arrestation fut sérieuse. Il fut saisi le 11 novembre, dans sa maison, près de Saint-Jean-d'Angely, par Guy Chabot de Jarnac et conduit à Melun en criminel d'état par d'Auzance, La Roche-Posay et la compagnie de La Trémoille (Lettres du roi, du 11 et du 23 novembre, de Jarnac, du 19 et du 26, d'Auzance et de La Roche-Posay, du 28; V^c de Colbert, vol. 27, f. 164, 199, 188, 202, 186, 209 et 226).

3. Jérôme Groslot, fils de l'ancien chancelier d'Alençon (*Lettres de Marguerite d'Angoulême*), fut arrêté le 1er novembre (*Négoc. de la France avec la Toscane*, t. III, p. 425) et condamné à mort le 16. La veille de l'exécution, il réussit à s'évader et à se cacher dans son château de l'Isle, près d'Orléans (Mss. cités par Lottin, *Recherches hist. sur la ville d'Orléans*).

4. Le chancelier de l'Hospital, assisté des magistrats ci-dénommés, interrogea le prince de Condé, pour la première fois, le 13 novembre (Arrêt du 20 nov.; *Mémoires de Condé*, t. I, p. 619).

ment de prinse de corps, le président de Thou, juge du Vidame[1], le procureur général Bourdin[2] et autres conseillers[3] vindrent interroguer le prince, qui prolongea par refus et appellations, selon les advis que Robert et Marillac[4], advocats, impétrez par la princesse de Condé[5], lui donnoyent. D'autre costé, pour abréger les eschappatoires, Bourdin demanda que l'accusé, ne voulant respondre, fût tenu pour convaincu[6]. Durant ce procès, le Roi de Navarre fut adverti par un intime du duc de Guise qu'on le vouloit serrer, que le chancelier, ayant remonstré la difficulté de lui faire son procès, l'importance qu'il y auroit à mettre une telle teste en prison sans la couper, et l'offenser sans l'esteindre, on avoit délibéré de l'appeller en la chambre du Roi, lui dire pouilles, et, sur ses responses, comme ayant offensé le Roi, le poignarder, à quoi le duc de

1. Christophe de Thou, premier président du parlement de Paris, commis à l'instruction du procès du vidame de Chartres.
2. Gilles Bourdin, né à Paris en 1515, procureur général au Parlement, auteur d'un commentaire sur Aristote, mort le 23 janvier 1570.
3. Les autres conseillers étaient Barthélemy Faye et Jacques Viole, du parlement de Paris.
4. Pierre Robert et François de Marillac. Sur ces deux avocats, voyez les passages du *Dialogue des avocats*, de Loisel, cités par le comte Delaborde (*Éléonore de Roye*, p. 86, note).
5. Éléonore de Roye, née au château de Châtillon-sur-Loing le 24 février 1535, épousa, le 22 juin 1551, Louis de Bourbon, prince de Condé, et mourut le 23 juillet 1564. Le comte Delaborde a écrit sa vie (in-8°, 1876).
6. Condé refusait de répondre à une simple commission et invoquait, en sa qualité de prince du sang, le droit d'être jugé par le Parlement, toutes chambres réunies. Les phases de la procédure sont exposées dans les *Mémoires de Condé*, t. II, p. 379. Chantonay confirme une partie de ces détails (Lettre du 28 nov. à Philippe II; Arch. nat., K. 1492, n° 108).

Guise et le mareschal de Brissac devoyent donner les premiers coups. Ce prince affligé, appelé devers le Roi à l'heure assignée par l'advertisseur, tire à part le plus confident de ses serviteurs, lui dit sa résolution estre de mourir en jouant de l'espée à gauche et à droite, lui recommanda de recouvrer ses habillemens sanglans, les garder curieusement au prince de Béarn, son fils, pour, quand il seroit en aage de secret et de valeur, le conjurer au nom de Dieu, de son sang et de son honneur, d'en tirer vengeance. Et ainsi, faisant de la nécessité présente un courage tardif, il entre en la chambre, print la main du Roi et la baise. Ou soit que la pitié, ou soit que la crainte eust faict changer ce dessein, le duc de Guise sort, lui eschappant de dire entre les deux portes : « O que voilà un « prince poltron[1] ! »

Chapitre XXII.

Mort du Roi François II. Liberté du prince. Divers mouvements à la cour sur ceste mort.

Un huissier porta hardiment ce mot à l'oreille de la Roine, laquelle, voyant l'extinction des Bourbons sur

---

1. Ces détails, que La Planche, Bordenave, Olhagaray, de Bèze, La Popelinière et tous les historiens protestants ont admis sans conteste, ont été racontés pour la première fois dans un mémoire adressé au roi, le 16 septembre 1568, sous le titre d'*Ample déclaration*. Cette pièce a été publiée dans un volume fort rare : *l'Histoire de nostre temps contenant un recueil des choses memorables passées et publiées pour le faict de la religion et estat de la France, depuis l'edict de pacification du 23 jour de mars 1568 jusques au jour présent*, 1570, gros in-12 de 808 pages.

son poinct, commença plus que jamais à craindre l'authorité absolue des Guisars, considérer la violence et dureté de leurs conseils, à peser quelques raisons que l'évesque de Vienne, avant sa mort, lui avoit faict savourer. Elle donc apporta retardement au procès, pressant le connestable de venir[1]. Le vieillard, plein de crainte, ne partit point que sachant la maladie du Roi. On lui escrivoit comme ce prince, pensant aller à la chasse, pour n'assister point au supplice du baillif d'Orléans, condamné à ce jour-là, en mesme temps la fièvre et la suppuration de son oreille avoyent commencé; puis, ayant toutes sortes d'officiers chez le Roi de sa façon, quelques médecins l'asseurèrent de l'événement. Les Guisars, de leur costé, font appréhender à la Roine mère, avec la mort de son fils, la redoutable vengeance des Bourbons, qu'il valoit mieux les faire mourir tous deux cependant que ce fils en pouvoit porter l'envie[2]. En ces perplexitez, elle envoye quérir l'Hospital, qui parla en cette forme : « Gardez-
« vous bien, Madame, d'une prévoyance prépostère[3],
« de mettre la France à la guerre contre vous, de
« faire mourir le premier prince du sang ayant qua-
« lité de Roi, sans forme de procez, veu le péril qu'il
« y a d'exécuter les Rois, mesmes avec cause légi-
« time. Que lui peut-on mettre sus que la misérable
« fortune de son frère, si ce n'est de l'avoir amené en
« ce lieu? Si vous le mettez injustement prisonnier, il
« le faudroit faire périr injustement. Vous ne pourriez

1. La reine avait appelé le connétable avant la maladie du roi et lui avait envoyé Lansac (La Planche).
2. ..... l'envie, c.-à-d. la responsabilité.
3. Prepostere, à rebours, præpostera.

« réconcilier que bien tard un prince trop offensé;
« vous estes puissante de garder la balance entre les
« grands et les faire débattre à qui mieux vous ser-
« vira, ayant la science de régner et vostre maison
« pleine de Rois; soyez maistresse et non serfve de
« vos mauvois conseillers, et tenez pour seur, si vous
« espandez vostre sang selon leur désir ou leur cour-
« roux, à cela mesme vous sacrifiez vostre couronne
« et vostre Estat. »

Ce discours si docte, assiduellement représenté, fut cause que, n'ayant veu de long temps qu'espions, rapporteurs de ce qu'il disoit, ou, comme il advient aux affligez, rapporteurs de ce qu'il devoit avoir dict ou de ce qui se croyoit avoir esté dict pour estre juste et vrai, ce prince, di-je, n'ayant veu autres gens, hors mis les Chastillons, fut bien esbahy quand le prince dauphin, fils du duc de Montpensier[1], le mena en secret parler à la Royne, et plus encor de la fin du discours, qui fut un jurement de fidélité entr'eux, et l'amoindrissement des Guisars[2].

Le connestable sceut, auprès d'Estampes, et quasi au mesme temps, la mort du vidame de Chartres[3],

1. François de Bourbon, duc de Montpensier, dauphin d'Auvergne, fils de Louis de Bourbon et de Jacqueline de Longwy, né en 1542, mort à Lisieux le 2 juin 1592.

2. Cette conférence eut lieu le 2 décembre. La date est précisée par une lettre de Chantonay du 3 décembre (Arch. nat., K. 1493, n° 113).

3. D'Aubigné avance un peu la date de la mort de François de Vendôme, vidame de Chartres. Vendôme sortit de la Bastille après la mort de François II, fit son testament le 23 décembre 1560 (imprimé dans la *Bibl. de l'École des chartes*, 1849, p. 342) et mourut avant le 28 de ce mois (Lettre de Chantonay à Philippe II, du 28 décembre; Orig. espagnol; Arch. nat., K. 1494, n° 12).

eslargi, quelques jours auparavant, sur les nouvelles d'Orléans, et puis que le Roi, après que le cardinal lui eut faict faire un vœu à nostre Dame de Cléri, où il devoit aller confirmer par serment l'extirpation des réformez et de tous leurs fauteurs, avoit rendu l'âme le cinquiesme jour de décembre[1]. Cela fit haster ce cunctateur[2] de gagner Orléans[3], où, en arrivant et trouvant grosse garde à la porte Banière, il menaça les capitaines qui y commandoyent de les faire pendre, leur fit lever les armes, quelques commandemens qu'ils eussent d'ailleurs, alla consoler et conseiller la Royne[4], bien empeschée sur une promesse jurée aux Lorrains de ne mettre le prince de Condé en liberté, mesmes par la mort du Roi[5]. Le prince, partie par la volonté de ses ennemis, partie par la sienne, garda la prison dix jours, quoique ses gardes, ou s'accommodans aux nouveautez, ou gagnez par sa fréquentation agréable, lui monstrassent signe d'amitié, lui disans qu'ils estoyent là pour le servir où il les voudroit

1. François II expira à cinq heures du soir, suivant La Planche (p. 341), à dix heures suivant Chantonay, celui de tous les témoins dont les informations nous présentent le plus de certitude (Lettre du 8 décembre à Philippe II; Arch. nat., K. 1493). Il est confirmé par un extrait des registres du Parlement (F. fr., vol. 18534, f. 387).

2. *Cunctateur* (cunctator), temporiseur.

3. Le connétable s'avançait à petites journées, feignant d'être malade et se faisant porter en litière. A la nouvelle de la mort du roi, il monta à cheval et courut à Orléans. Il y entra le 8 décembre au matin (Lettre de Chantonay du 8 à Philippe II; Arch. nat., K. 1493, n° 115).

4. *Sic*, La Place, p. 76. — Voyez aussi les *Mémoires de Jacques Melvil*, 1694, t. I, p. 108.

5. Une lettre de Chantonay à Philippe II, du 8 décembre, confirme ce fait (Arch. nat., K. 1493, n° 115).

mener. La vérité est que, tous les soirs, il les faisoit jouer à plusieurs passetemps puérils, et lorsqu'il receut la nouvelle de sa délivrance, il les faisoit courir, les yeux bandez, dedans un rond faict avec du charbon[1]. Ayant donc résolu de garder forme de prison, il les mena avec soi à Ham, et de là à la Fere, où il attendit ce qu'il avoit à faire sur le changement[2].

Chapitre XXIII.

Jeu de la Roine, et les pactions[3] qu'elle fit sur ceste mort.

Point ne furent paresseux ceux de Guise à saluer Charles, à le mener en public pour faire crier *Vive le Roi* et lui donner soupçon que son frère eust esté empoisonné[4], contre le rapport des médecins. D'autre costé, le connestable arrivé, fit sentir au Roi et à la Roine que la haine contre les Bourbons avoit porté ceux de Guise jusques-là, que les Espagnols estoyent prests d'entrer en Béarn et en Gascogne[5], que le

---

1. La Place (p. 76) et Castelnau (*Mémoires*, t. I, p. 515) donnent des détails analogues.
2. Condé sortit de prison le 20 décembre (Lettre de Suriano; Dépêches vénitiennes, filza 4, f. 221) et partit, le 24, pour Ham en Picardie, avec sa femme, dans le coche du cardinal de Bourbon (Lettre de Chantonay; Arch. nat., K. 1494, n° 11). Throckmorton confirme ces détails (*Calendars*, 1560, p. 457 et 467).
3. *Paction* (pactio), accord, traité.
4. La Planche (p. 340) dit que le duc de Guise accusait les médecins d'avoir été payés pour empoisonner le roi. Cette accusation n'a aucun fondement. Voyez *Mort des rois de France,* par le Dʳ Corlieu, 1873.
5. La marche menaçante du duc d'Albuquerque contre les frontières de la Navarre est signalée par Bordenave, Olhagaray

mareschal de Thermes s'estoit avancé pour cet effect, que le vicomte d'Ortes[1] avoit charge de leur livrer Bayonne, que Monluc se devoit rendre avec eux, parlant de devenir colonel par la déposition de d'Andelot et [d'avoir], par celle du cardinal de Chastillon, sa despouille et force bénéfices.

Ces choses, avec la mort de Bueil, bastard de Sanserre[2], eschauffoient les actions. La Roine jettoit parfois de l'huile sur tel feu, parfois de l'eau, selon que l'eslévation de l'un de ses partis menaçoit la maison de France, et en cette maison son authorité. Elle creut pouvoir contenter ceux de Bourbon en les tirant hors de peine seulement, ceux de Guise, en leur laissant l'administration en effect ; et cependant, pour en donner quelque apparence au Roi de Navarre, elle condescendit à signer et faire publier au Conseil les conditions qui s'ensuivent, mesmement quant elle vit en l'ouverture des Estats plusieurs députez avoir parlé pour les princes du sang.

Que les gouverneurs des provinces et capitaines des frontières, ayans affaire en cour pour leurs places,

et Favyn. Throckmorton mentionne le fait (*Calendars*, 1560, p. 424 et 460).

1. Adrien d'Aspremont, vicomte d'Orthe, gouverneur de Bayonne en 1552, célèbre par la lettre que d'Aubigné lui attribue à tort (2ᵉ partie, liv. I, ch. v), prit une part active à la guerre civile, mais, fidèle au roi, il maintint la ville de Bayonne à l'abri des coups de main des deux partis. Il mourut à Peyrehorade, le 20 mars 1578. M. Tamizey de Larroque a publié en 1882, dans la *Revue de Gascogne*, une partie de sa correspondance.

2. Louis de Bueil, fils légitimé de Louis de Bueil, comte de Sancerre, du parti des Guises, fut tué, le 6 décembre 1560, à Orléans, par Jean de Laval, seigneur de Loué, parent des Montmorency. Ce duel raviva la rivalité des Montmorency et des Guises. Voir Brantôme, t. VI, p. 371.

s'addresseront au Roi de Navarre premièrement, et la Roine mère en ordonnera sur son rapport, ayant pris advis du Conseil.

Que les lettres qui viendront desdits gouverneurs s'addresseront à la Roine mère, puis elle les renvoyera audit sieur Roi, pour, selon l'advis de lui et du Conseil, prendre résolution.

Que les connestable, grand maistre, mareschaux et admiral de France feront doresnavant les functions de leurs offices selon leur institution.

Que le contrerolleur des postes mettra tous les pacquets entre les mains des secrétaires d'État pour en disposer comme devant[1].

Voilà en quel poinct demeura la cour, et les articles confus et mal dressez sur lesquels le Roi de Navarre se réconcilia avec ceux de Guise[2], au temps que le corps du Roi fut emporté à S. Denis[3], conduit par les

---

1. A la suite de négociations entre la reine mère et le roi de Navarre, dont le connétable fut le promoteur, le 21 déc. 1560, un règlement du conseil, homologué par le roi, partagea l'autorité entre la reine et le prince. Ce règlement, que d'Aubigné analyse ici, est imprimé dans Dupuy, *Traité de la majorité des rois*, p. 352.

2. Le roi de Navarre crut qu'il était habile de s'allier à ses anciens ennemis (*Négoc. de la France avec la Toscane*, t. III, p. 431). Chantonay, avec une nuance d'ironie, constate qu'ils étaient devenus ses convives et ses amis (Lettre du 24 décembre à Philippe II; Arch. nat., K. 1494, n° 11). Tous les historiens du temps raillent la naïveté de ce prince. Voyez notamment Tavannes, édit. Petitot, t. XXIV, p. 316.

3. Le 8 décembre, le cœur de François II fut porté à la cathédrale Sainte-Croix, à Orléans, par le prince de la Roche-sur-Yon. Le 23 décembre, le corps fut conduit à Saint-Denis. Les obsèques solennelles ne furent célébrées que le 5 décembre 1561. Les lettres du roi y relatives et le récit de la cérémonie sont conservés dans un extrait des registres du Parlement (F. fr., vol. 18534, f. 387 et suiv.).

sieurs de Sansac et de la Brosse seulement[1]. Quelques uns, ayans sceu que ceux de Guise avoyent, le jour avant sa mort, tiré des coffres trente mille escus, et voyans une si piètre cérémonie, attachèrent secrettement sur le drap mortuaire cet escriteau : « Où est « maintenant Tanegui du Chastel? » et puis au dessous : « Mais il estoit françois. »

Ce Tanegui estoit un gentilhomme de Bretagne, parvenu à estre chambellan du Roi, par plusieurs excellens services, depuis chassé par les exercices de la cour, sachant son maître mort, traitté en ces obsèques comme ce Roi François, revint en cour en toute diligence et despendit trente mille escus aux pompes du convoi, et pour un magnifique tombeau[2].

Les Estats s'advancent et espèrent quelque liberté; il faut aller voir ce qui en advint.

Chapitre XXIV.

Commencement de l'assemblée et sommaires d'harangues.

Une difficulté s'offrit la première à l'ouverture de la convocation, assavoir que plusieurs séneschaussez, qui faisoient bien la moitié du royaume, demandoient

---

[1]. Jean Prévot de Sansac et Jacques de la Brosse avaient été gouverneurs du feu roi. D'Aubigné exagère la pauvreté du cortège. Outre les deux seigneurs nommés ci-dessus, il y avait Louis Guillart, évêque de Senlis, six gentilshommes de la chambre et trois chevaliers de l'Ordre (Lettre de Chantonay, du 24 décembre; Arch. nat., K. 1494, n° 11).

[2]. Tanneguy du Chastel, vicomte de la Bellière, neveu du célèbre capitaine de ce nom, favori de Charles VII, mort en 1477. L'anecdote ci-dessus est empruntée à La Planche.

leur renvoi sur la mutation du règne pour recouvrer de leurs provinces nouvelles instructions. Cet obstacle fut levé par l'authorité des grands, disans que le Roi ne mouroit point[1]. Et, partant, fut ouverte la première séance le 13 de décembre[2], présens le Roi, la Royne sa mère, monsieur d'Orléans[3], madame Marguerite[4], le Roi de Navarre, la duchesse de Ferrare[5], les cardinaux de Bourbon, de Tournon, de Lorraine, de Chastillon[6] et de Guise[7], le prince de la Roche-sur-Yon, le duc de Guise, le connestable, l'admiral, le chancelier, les mareschaux de Brissac, de S. André et autres

1. Cette difficulté fut soulevée par la noblesse de Guyenne. Voir la remontrance dans Mayer (*Recueil des états généraux*, 1789, t. XI, p. 169).

2. Le cérémonial de la séance est raconté dans les *Négociations sous François II*, p. 789.

3. Henri de Valois (alors appelé *Alexandre*), né le 20 septembre 1551, plus tard Henri III.

4. Marguerite de Valois, fille de Henri II, née le 14 mai 1552, plus tard femme de Henri IV.

5. Renée de France, fille de Louis XII et d'Anne de Bretagne, née à Blois le 25 octobre 1510, duchesse de Ferrare en 1527, se retira à Montargis à l'époque de son veuvage et y pratiqua plus ou moins ouvertement la réforme. Elle mourut le 12 juin 1576.

6. Odet de Coligny, dit le cardinal de Châtillon, né le 10 juillet 1515, archevêque de Toulouse, cardinal en 1533, évêque-comte de Beauvais, embrassa la réforme et se maria avec la dame Élisabeth de Hauteville. Après la bataille de Saint-Denis, il se retira en Angleterre et y mourut le 14 février 1571. M. Marlet a réuni une partie de sa correspondance dans la collection des *Documents publiés par la Société historique et archéologique du Gâtinais*, in-8°, 1885.

7. Louis de Lorraine, troisième frère du duc François de Guise, né le 21 octobre 1527, évêque de Troyes, archevêque de Sens, cardinal le 22 décembre 1553, connu par son indifférence politique et par son goût pour la bonne chère, mort à Paris le 24 mars 1578.

chevaliers et seigneurs de la séance, desquels assez d'autres ont enflé leurs livres. Mon abrégé ne permet pas cela. Je viens au faict.

La première journée fut employée en la harangue du chancelier[1], qui, ayant déduit doctement le devoir et l'utilité des Estats et des Parlemens, exhorta un chacun à mettre sous les pieds les divisions, traitta des causes de sédition, entre lesquelles il marqua la religion pour la plus puissante des malheurs qu'apporte deux religions en un royaume. Il tomba sur les dissolutions des ecclésiastiques, qui avoyent esmeu les changemens, vint aux remèdes, conclud au Concile, achevant par l'obéissance deue au Roi. Ce qui fut repris en cette harangue fut le trop d'eslévation de la Roine sur les princes du sang, et ce qu'il dit que le Roi n'estoit point subject aux loix contraires aux articles du sacre.

Les députez passèrent jusques au vingtiesme du mois à conférer leurs cayers. Le vingt-uniesme, l'advocat Lange[2] harangua pour le tiers état longuement et doctement ; tel fut le sommaire de son discours :

« Que le peuple attribuoit à l'Église les causes des
« divisions, aux divisions celles de sa misère. Que
« trois vices principaux difformoyent les ecclésias-
« tiques, l'ignorance, l'avarice et la pompe. La pre-
« mière, nourrice de toutes erreurs, se remarquoit des
« plus grands prélats jusques aux moindres prestres ;
« que ce mal estoit entré en l'Église par le mespris des

1. Ce discours est imprimé dans les *OEuvres complètes* de L'Hospital, édit. Dufey, t. I, p. 375.
2. Jean Lange, avocat, plus tard conseiller au parlement de Bordeaux.

« bonnes constitutions, par l'abbastardissement des
« collèges, des graduez, nommez autresfois, esleus
« pour leur sçavoir : que les prélats prenoient à honte
« de prescher, les uns s'employans à eslever leurs
« maisons par une infame avarice, les autres par une
« splendeur sans mesure à ruiner l'Église de biens et
« de réputation. »

Ayant parlé en peu de termes des remèdes, il acheva par exhortations[1].

Après Lange parla le sieur de Rochefort[2] pour la noblesse. Ayant discouru sur l'establissement des loix, devoir du Conseil, origine et privilège de la noblesse, leurs bienfaicts envers l'Église, ses mesconnoissances envers eux, il se jette sur la mauvoise justice, sur les misères du peuple, mené par la nécessité aux séditions, pour ausquelles remédier la noblesse offre leurs vies et leurs biens ; à la fin de la harangue, il présente une requeste par escrit qui demandoit des temples pour la noblesse réformée; cette requeste leue par un secrétaire d'Estat[3].

Quintin[4] commence, pour l'ordre ecclésiastique, par l'ancienne coustume de convoquer les Estats, desquels l'office gist en trois choses : premièrement, d'adviser à ce qui est du service de Dieu, puis aux misères du peuple, et, pour le tiers, aux affaires relatives d'entre le Roi et son Estat ; et, de tels commencemens, il entre

1. Le discours de Lange est publié ou analysé par La Place (p. 89), par La Popelinière (1581, t. I, f. 225) et dans le recueil de Mayer (*Des états généraux,* 1789, t. X, p. 348).
2. Jacques de Silly, comte de Rochefort.
3. Le discours de Rochefort est imprimé avec celui de l'avocat Lange. Voyez la note 1.
4. Jean Quintin, professeur en droit canon.

sur les louanges de l'Église, qui est nette et sans macule, comme estant le corps du Christ. Et, après avoir en beaux termes et fort élégamment imploré l'aide du Roi, il invectiva contre la prétendue réformation, spécialement contre la requeste présentée par l'admiral[1], usant de ces termes : « Que tel porteur de requeste, « comme fauteur d'hérésie, soit lui-mesme tenu pour « hérétique, contre lui soit procédé selon les consti- « tutions canoniques et civiles. » Tout le parcours de cette concion fut un amas bien choisi de lieux communs, la catastrophe tombant sur les décimes et franchises de l'Église, et achevant par spécieuses protestations[2].

Le lendemain, l'admiral fit plainte au Roi de l'injure receue par Quintin, qui s'en excusa sur les mémoires des provinces. Et pourtant il fut ordonné que, comme de sa personne, il en feroit quelque satisfaction publique, ce qu'il fit[3] en prenant congé des Estats lors qu'ils furent rompus et remis au premier jour de may[4]. Cela se fit en faveur des réformez, prétendans que les bailliages devoient purger la nullité prétendue.

Durant ces Estats se tua, par une cheute, le marquis de Beaupréau[5] en tombant sur le pavé d'Orléans

1. Il s'agit de la requête présentée par l'amiral de Coligny à l'assemblée de Fontainebleau. Voyez ci-dessus, p. 306, note 1.
2. Le discours de Quintin est imprimé avec les deux autres. Voyez la note 1 de la page 306.
3. La Place, p. 109. — De Serres, *Commentariorum de statu religionis libri tres*, 1571, p. 159.
4. La séance de clôture eut lieu le 31 janvier 1561, sous la présidence du roi de Navarre. Les états furent ajournés au 1er mai à Melun. Mayer a publié un récit détaillé de cette dernière séance (*Recueil des états généraux*, 1789, t. XI, p. 503).
5. Var. de l'édit. de 1616 : « ... *Beaupréau*, dernier prince *du sang*. »

dessous son cheval. Ce marquis estoit le dernier prince du sang[1].

La Roine Marie, douairière de France, se retira en son royaume d'Escosse, conduicte jusques à Calais[2] par les princes de Lorraine et le sieur Danville[3]. Elle emporta grandes richesses en pierreries, et eut, par dessus son douaire, vingt mille livres de pension. De là jusques à l'automne, ce que la cour eut digne de remarque furent ces poincts :

La procédure pour la justification du prince de Condé[4], le 13 juin; le sacre du Roi, où il y eut douze pairs[5].

1. Le 18 déc. 1560, le marquis de Beaupréau, fils unique du prince de la Roche-sur-Yon, âgé de douze ans, dans un exercice de carrousel, tomba sous les pieds de son cheval et mourut quelques jours après. D'Aubigné est d'accord avec Suriano, ambassadeur vénitien et témoin oculaire (Lettre du 9 janvier 1561; Dépêches vénit., filza 4, p. 229), mais Brantôme raconte un peu autrement l'accident (t. V, p. 28).

2. Marie Stuart s'embarqua le 15 août 1561 à Calais, à l'insu de la reine Élisabeth, qui, le 18, l'ignorait encore (*Calendars*, 1561, p. 260).

3. Henri de Montmorency, seigneur, puis duc de Damville, deuxième fils du connétable Anne, né le 15 juin 1534 à Chantilly, avait fait ses premières armes en Italie et à Saint-Quentin. Il joua un grand rôle sous les règnes de Charles IX et de Henri III, devint connétable en 1593 et mourut à Agde le 2 avril 1614.

4. L'arrêt de justification du prince de Condé fut rendu par le parlement de Paris le 13 juin, sous la présidence de M⁰ Baillet, en présence du roi de Navarre et de tous les princes. Il est imprimé dans La Popelinière, in-fol., t. I, f. 244.

5. Le roi fut sacré le 15 mai 1561, à Reims, par le cardinal de Lorraine. Le récit de la cérémonie par La Place (p. 127) a été presque littéralement reproduit par La Popelinière (t. I, f. 258) et par de Thou (1740, t. III, p. 46). Nous en avons publié une relation inédite, due au président Jacques de Montagne, qui contient des détails nouveaux (*Ant. de Bourbon et Jeanne d'Albret*, t. III, p. 354).

L'édict de juillet en faveur des prisonniers pour la religion[1].

La conférence résolue entre les prélats et ministres à Poissi. Ces estats esloignez de may en aoust[2], et la conférence jusques au 9 septembre.

Chapitre XXV.

Concession de l'assemblée de Poissi.

En attendant ce terme, se fit l'accord du prince de Condé et du duc de Guise, en présence presque de tous les princes et officiers[3]. Le connestable en fut moteur, pour plus honnestement se pouvoir deffaire de l'amitié ruineuse des Bourbons, se lier aux autres en calme, et partant sans reproche, soit que la cause des religions l'y poussast par conscience, ou que la force de la catholique l'appuyast mieux. L'accord entre la Roine et le Roi de Navarre fut aussi le premier acte des Estats[4], desquels, au terme dit, le roi fit ouver-

1. Le 2 mai, le parlement de Toulouse avait rendu un arrêt contre les hérétiques (in-4°, Tolose, chez Colomiés). Le 11 juin, le seigneur d'Esternay présenta au roi une requête contre cet arrêt et le pria de fixer la situation des réformés (*Mémoires de Condé*, t. II, p. 370). A la suite de cette requête et après avis du conseil, la reine promulgua l'édit de juillet, qui confirmait l'ordonnance de Romorantin. Cet édit a été réimprimé dans le *Recueil des anciennes lois* d'Isambert, t. XIV, p. 109.

2. Les états généraux, d'abord convoqués à Melun pour le 1er mai, avaient été ajournés à Pontoise au 1er août.

3. Le 24 août 1561. La reine fit dresser, de cette scène d'apparat, un procès-verbal qui est imprimé par La Popelinière (t. I, f. 255) et ailleurs.

4. D'Aubigné se trompe de date. L'accord de la reine et du roi de Navarre, qui avait eu lieu au mois de mars précédent, à la suite

ture[1], priant l'assemblée en trois mots lui donner conseil sans passion sur les poincts que déduiroit son chancelier, la harangue duquel eut pour premier chef la religion : si les assemblées des réformez devoyent estre permises; si le Roi devoit espouser un des deux partis, ou demeurer juge des deux, lui-mesme par ses discours ne panchant ni à l'un ni à l'autre. En quoi il monstra avoir à faire à des députés corrompus; et puis il attribua le jugement de ces choses à celui du colloque de Poissi prochain[2].

La harangue du tiers estat commença par les louanges du Roi et de son Conseil. De là, se mit sur le blasme des prestres et déchiffrement de leur vie; puis, ayant touché du devoir du noble et de la foule du peuple, duquel la surcharge ne se pouvoit renvoyer qu'à l'estat ecclésiastique, le harangueur fut ferme et entier à la tolérance des réformés, sur le moyen d'entretenir la paix[3]. Les caïers confirmoyent le discours avec une curieuse recerche des malversations aux finances. De tous endroicts, un concile national demandé. Au contraire, le pape fit publier, pour empescher le national, qu'il vouloit accorder l'oecu-

de quelques incidents que nous avons rapportés dans *Antoine de Bourbon et Jeanne d'Albret*, t. III, p. 53 et suiv., fut libellé et enregistré au Parlement (*Mémoires de Condé*, t. II, p. 279). A la suite de cet acte, le 27 mars, le roi de Navarre fut nommé lieutenant général du roi.

1. Le 27 août, à Saint-Germain.
2. Le discours du chancelier est analysé dans un recueil de pièces sur les états de Pontoise conservé dans le vol. 3970 du fonds français.
3. Le tiers état était représenté par Jean Bretaigne, maire d'Autun. Son discours est conservé dans le vol. 3970 du fonds français.

ménique[1]. Le chancelier s'oppose à cette invention de différer, impugnant le pouvoir du légat. Mais ceux de Guise, ses parents[2], firent passer outre, et le chancelier mit au bas de sa rescription : « Moi n'y consen-« tant. » Cet Italien[3], quoiqu'il ouist les pages et laquais crier *au renard*, quelques mottes jettées à son porte croix, avec autres affronts, ne laissa de conduire ses affaires au dommage des réformez, comme il y paroistra[4].

La duchesse de Montpensier, qui s'estoit fort employée contre sa réception, mourut sur ce poinct[5], se déclarant à la mort de la religion réformée[6], assistée par le ministre Malo[7]. Desjà, sous les sauf-conduicts du Roi, estoyent arrivés, tant ministres que docteurs des réformés, Théodore de Bèze[8], Pierre

1. Ce fut l'occasion de l'envoi à la cour de France du cardinal de Ferrare Hippolyte d'Este, comme légat. Il arriva le 19 septembre à Saint-Germain (Lettre de Chantonay du 21 septembre; Arch. nat., K. 1495, n° 70).
2. Le duc de Guise était beau-frère du cardinal de Ferrare par son mariage avec Anne d'Este.
3. Cet *Italien*, le légat.
4. Ces détails sont tirés de l'*Histoire ecclésiastique* de de Bèze, témoin oculaire (édit. de 1840, t. I, p. 348).
5. Jacqueline de Longwy, duchesse de Montpensier, mourut le 28 août 1561, à Paris.
6. *Sic*, La Place, p. 153. — Catherine de Médicis, en annonçant la mort de la duchesse, ne parle pas de cette circonstance (*Lettres de Catherine de Médicis*, t. I, p. 231). De Thou se borne à dire qu'elle envoya chercher Jean Malot (1740, t. III, p. 59 et 60).
7. Jean Malot, de Paris, ancien vicaire de l'église de Saint-André-des-Arcs, ministre de l'église de Paris et plus tard chapelain de l'amiral Coligny.
8. Théodore de Bèze, né à Vezelai, le 24 juin 1519, réformateur célèbre, poète, professeur, historien et pamphlétaire, chef des calvinistes après la mort de Calvin, mourut en 1605. Baum

Martyr[1], Augustin Marlorat[2], François de S. Paul[3], Nicolas des Gallars, dit de Saules[4], Jean Raimond Merlin[5], Malo, la Tour[6], Morel[7], Perrucelli, la Rivière[8], la Boissière[9] et Jean de l'Espine[10], qui lors seulement se déclara[11]. Ceux-ci furent logés en une maison du cardinal de Chastillon, tout contre S. Germain, chargez, que[12] d'estrangers que de regnicoles, de deux mille cent

---

a écrit sa vie, *Theodor Beza*, 2 vol. in-8°, 1852, en allemand. Le plus célèbre de ses ouvrages est l'*Histoire ecclésiastique des églises réformées au royaume de France,* ouvrage publié en 1580 et réimprimé en 1840, en 1881 et en 1884.

1. Pierre Vermeil, dit Martyr, venu de Zurich, n'arriva qu'un peu plus tard au colloque de Poissy.

2. Augustin Marlorat, Lorrain, ministre à Rouen, pendu, après la prise de cette ville, le 30 octobre 1562.

3. François de Saint-Paul, ministre de Dieppe, avait longtemps évangélisé le Dauphiné. Il mourut pasteur à Die.

4. Nicolas des Gallards, seigneur de Saules, ancien ministre de l'église de Paris, venu de Londres.

5. Jean-Raimond Merlin, dit Monroy, ministre favori de Coligny et plus tard de Jeanne d'Albret, mort à Genève en décembre 1578.

6. Jean de Latour, ministre en Béarn, n'arriva à Poissy qu'un peu plus tard.

7. François de Morel, dit de Collonges, de Montargis, ministre favori de Renée de France.

8. Les ministres Perucelli et La Rivière appartenaient à l'église de Paris. Ils ne sont point nommés, dans les documents que nous citons plus loin, parmi les assistants au colloque de Poissy.

9. Claude de Laboissière, ministre de Saintes depuis 1558, était un gentilhomme originaire du Dauphiné.

10. Jean de l'Espine, dit *Spina,* ancien moine, ministre en Touraine, mort à Saumur en 1597.

11. En outre de ces ministres, d'Aubigné nomme, dans l'édition de 1616, La Roche-Chandieu, dont nous avons déjà parlé, et Pierre Viret, né en 1511, élève de Lefèvre d'Étaples et de Farel ; il prêcha à Genève, à Lausanne et à Lyon, où nous le retrouverons en 1562.

12. C'est-à-dire *tant d'étrangers que de regnicoles.*

cinquante églises[1]. Bèze, mandé par la Roine, eut quelques discours devant elle[2], où, le cardinal de Lorraine se trouvant comme satisfaict sur le point de la Transsubstantiation, le bruit courut double; d'un costé, que le cardinal avoit renoncé à ce poinct; de l'autre, qu'il avoit amené à soi le ministre : ses caresses desmesurées envers lui aidans à la créance du commun. Les réformez présentèrent requeste que les prélats ne fussent point tenus pour juges, ce qui leur fut accordé de parole seulement; car, comme ils le demandoyent par escrit, la Roine répliqua : « Vous pouvez « vous asseurer autant sur ma parole que sur l'escri- « ture mesme[3]. »

Chapitre XXVI.

Ce qui se fit en l'assemblée de Poissi.

Le neufiesme de septembre, commença l'assemblée de Poissi au réfectouer[4], où se présentèrent 50 ecclésiastiques et quelques docteurs laics chargés de députation par les chapitres. Le Roi, la Roine et les princes du sang y prindrent séance comme aux Estats. Les

1. Ce chiffre de 2,150 églises protestantes, dit de Bèze, fut présenté dans un mémoire remis par Coligny à Catherine à la fin de l'année 1561 (*Hist. ecclés.*, 1840, t. I, p. 420).
2. Le récit de cette conférence est donné dans l'*Histoire ecclésiastique,* mais il est présenté avec plus de détails dans une lettre de de Bèze à Calvin, du 25 août (Baum, *Theodor Beza,* Appendice, p. 45).
3. *Sic,* La Place, *Estat de religion et république,* édit. Buchon, p. 158 et suiv. Son récit a été copié littéralement par de Bèze (1840, t. I, p. 314) et par La Popelinière (1581, t. I, f. 271).
4. Dans le réfectoire des religieuses dominicaines de Poissy.

six cardinaux[1], archevesques et évesques, prindrent leur place aussi, et derrière eux grand nombre de telles gens sans envoi[2]. Le Roi fit ouverture par ceste harangue :

« Messieurs, vous estes advertis des troubles qui
« sont en ce royaume sur le faict de la religion ;
« c'est pourquoi je vous ay fait assembler en ce lieu
« pour réformer les choses que vous verrés en avoir
« besoin, sans passion quelconque, ni avoir esgard
« aux particuliers intérests, mais seulement à l'hon-
« neur de Dieu, à l'acquit de vos consciences et au
« repos public. Ce que je désire tant, que j'ai délibéré
« vous retenir en ce lieu jusques à ce que vous ayés
« donné bon ordre à ce que mes sujects puissent
« désormais vivre en paix et union les uns avec les
« autres. C'est ce que j'espère que vous ferés, et ce
« faisant, me donnerés occasion de vous avoir en la
« mesme protection que vous ont eu les autres rois
« mes prédécesseurs[3]. »

Ce fut au chancelier d'empoigner ce propos sur le commandement du Roi, l'excusant sur son aage de la briesveté de son discours. Et n'expliqua que ces poincts, asçavoir que ceste assemblée estoit pour réformer la religion ; monstra que le concile général, pour beaucoup de difficultés, ne se pouvoit si tost espérer, estant de nations qui ne sentent point nostre mal, et n'estoit pas si propre que le national pour

1. Le cardinal de Tournon, doyen ; les cardinaux de Lorraine, de Guise, de Chastillon, de Bourbon et d'Armagnac.
2. C'est-à-dire *sans mission*.
3. Ce discours est rapporté dans l'*Histoire ecclésiastique* de de Bèze avec quelques variantes.

remédier aux affaires de la nation; et, pour finir, exhorta chacun à fuir les vices qu'il remarqua arriver ès disputes ordinairement[1].

Le cardinal de Tournon[2], doyen des cardinaux et primat de France, ayant remercié Dieu de voir une telle assemblée pour un si bon effect, le Roi, la Roine et les princes, de l'honneur qu'ils leur faisoyent d'y assister, dit qu'il estoit préparé pour respondre, suivant leurs mémoires, aux poincts portés par les lettres à eux envoyées, pensant qu'on les deust proposer; mais, qu'ayant ouy autre chose de M. le chancelier, il ne fait response qu'avec l'advis de ses compagnons; et, partant, demanda deux fois par escrit au chancelier sa proposition, ce qui deux fois fut refusé[3].

Ayant le cardinal de Tournon achevé, les douze ministres, docteurs et autres députés, au nombre de trente quatre[4] en tout, menés aux barrières par le duc de Guise[5], Bèze portant la parole, agenouillé avec ses

---

1. Le discours de L'Hospital est imprimé dans ses *OEuvres complètes*, t. I, p. 485.

2. François de Tournon, né en 1489, successivement archevêque d'Embrun, de Bourges, d'Auch et de Lyon, cardinal en 1531, le négociateur le plus employé du règne de François Ier, ambassadeur à Rome sous Henri II, mort le 22 avril 1562, à l'abbaye de Saint-Germain-des-Prés.

3. Le discours du cardinal de Tournon est analysé par La Place, p. 158.

4. Toutes les listes données par les historiens du temps diffèrent entre elles. Voir la lettre de Chantonay (Arch. nat., K. 1494, n° 95); les *Mémoires de Haton*, t. I, p. 155; le journal de Claude Despence (F. fr., vol. 17813, f. 18); la lettre de de Bèze à Calvin (Baum, *Theodor Beza*, Appendice, p. 61); la lettre de des Gallars (Laferrière, *le XVI° siècle et les Valois*, p. 57). La liste la plus complète est donnée par M. le comte Delaborde (*Coligny*, t. I, p. 520).

5. Le duc de Guise, dit de Bèze, en sa qualité de grand maître,

compagnons, commença par la prière : « Seigneur
« Dieu, Père Éternel, etc. » Puis, ayant remercié le
Roi d'une si saincte entreprise et de l'audience qu'il
leur donnoit, se mit à réfuter les blasmes des troubles,
rebellions et ambitions, desquelles on les chargeoit,
promettans faire paroistre en leurs déportements le
contraire. Il adjousta qu'encore qu'ils fussent vils et
contemptibles, la cause de Dieu, de laquelle ils estoyent
porteurs, leur donnoit asseurance suffisamment; qu'ils
ne venoyent point là pour ruiner l'Église de Dieu, mais
pour l'amender, priant les prélats de prendre en bonne
part leurs volontés et se joindre à mesme dessein[1].
Puis après, ayant parcouru tous les points des différents, acheva par la police ecclésiastique.

Le cardinal de Tournon prit la parole et se retourna
vers le Roi, remonstra que c'estoit par son commandement qu'ils avoyent, contre leur conscience, souffert discourir ces nouveaux évangélistes, qu'ils n'eussent pas enduré les blasphèmes de celui qui avoit parlé
sans le respect de Sa Majesté, qu'ils la supplioyent
n'adjouster aucune foi à ce qu'elle avoit ouy jusques
à ce que l'assemblée lui eust remonstré le contraire;
il adjousta en se tournant : « Nous nous doubtions bien
« qu'il en iroit ainsi. » A quoi la Roine répliqua :
« Qu'ils ne faisoyent rien là sans meure délibération
« du Conseil et de la cour de Parlement, cerchans
« moyen d'apaiser les troubles[2]. »

---

introduisit les ministres; ils se rangèrent debout le long d'une
balustrade qui les séparait de l'enceinte royale (Lettre de de Bèze
à Calvin; Baum, *Theodor Beza*, Appendice, p. 61).

1. Le discours de de Bèze est reproduit par La Place (p. 159)
et dans l'*Histoire ecclésiastique* (1840, t. I, p. 316).

2. Cette première séance est racontée avec quelques variantes

A la convocation du 26[1] fut ouy le cardinal de Lorraine, disant que les Rois sont en l'Église et non au dessus; que les évêques sont juges des empereurs et des princes; que les évesques recognoissent le pape pour leur supérieur; que leurs authorités sont descendues par succession des apostres; que l'Église catholique est non seulement des esleus, mais aussi des pécheurs qui, parmi le troupeau des brebis, doivent estre les chèvres et les boucs; que l'Église a de beaucoup précédé l'Escriture en tout et partout. Puis, ayant traicté un mot du Sacrement, exhorta le Roi à garder les sentiers de ses père et frère[2]. Comme il achevoit, les prélats se levèrent, entournèrent le Roi, le supplians de demeurer ferme en la religion catholique, et que, si les desvoyés vouloyent souscrire à ce que le cardinal de Lorraine avoit exposé, ils seroyent plus amplement ouïs ès autres poincts, où ils disoyent vouloir estre instruicts; autrement que toute audience leur fust deniée, et que Sa Majesté les renvoyast et en purgeast son royaume.

D'ailleurs, Bèze pressoit et requéroit le Roi qu'il lui fust permis de respondre sur le champ à toute la harangue du cardinal. Ce qu'ayant esté remis à une autre heure, les ministres présentèrent requeste au Roi; demandoyent qu'estans venus de si loing sur la

par La Place (p. 168), que de Bèze a copié, mais non pas textuellement (t. I, p. 328), et par le président Montagne dans les fragments qui nous restent de sa grande histoire (F. fr., vol. 15494, f. 107 et suiv.).

1. La seconde séance du colloque eut lieu le 16 septembre 1561 et non pas le 26.

2. Le discours du cardinal de Lorraine est reproduit par La Place (p. 170) et par de Bèze (t. I, p. 332).

parole royale, il leur fust permis de conférer à l'amiable avec messieurs les prélats de France[1] ; cela déduict avec plusieurs raisons et exemples à ce propos. Ce qui ayant meu grand différent entre les prélats, ils s'accordèrent enfin de traicter en la chambre priorale du couvent de Poissi, où n'entreroyent que les douze ministres d'une part, cinq cardinaux et sept docteurs. Ausquels les ministres ayans envoyé, le jour avant la conférence, les poincts de controverse, tout se prépara au 23 décembre[2]. Le Roi, la Roine, le Roi de Navarre, quelques princes du sang et le chancelier entrèrent en ce conclave, continuant les séances jusqu'au trentiesme. Mais n'ayant rien avancé, au contraire s'aigrissant de plus en plus, ce colloque fut rompu et reiglé[3], par l'entremise de la Roine, à l'évesque de Valence[4] et au docteur Despence[5], contre deux de

---

1. Cette requête est analysée par La Place (p. 178) et par de Bèze (t. I, p. 330).
2. La troisième séance du colloque eut lieu le 24 sept. 1561 et non pas le 23 décembre, dans la chambre priorale de Poissy. Cette séance et les suivantes sont racontées par La Place (p. 179, 189 et suiv.), de Bèze (t. I, p. 349), par une lettre de de Bèze à l'électeur palatin (Baum, *Theodor Beza,* Appendice, p. 88) et par une lettre de Tornabuoni, ambassadeur florentin (*Négoc. de la France avec la Toscane,* t. III, p. 463).
3. C'est-à-dire *restreint.*
4. Jean de Monluc, frère cadet de l'auteur des *Commentaires,* né vers 1508, évêque de Valence, ambassadeur à Constantinople et à Venise, confident de Catherine de Médicis, mort à Toulouse, le 13 avril 1579. M. Tamizey de Larroque a écrit sa vie et publié une partie de sa correspondance (in-8°).
5. Claude Despence, né à Châlons-sur-Marne, docteur en théologie, recteur de l'université de Paris, mort le 5 octobre 1571. Il a laissé deux mémoires sur le colloque de Poissy. L'un est un journal qui est conservé en copie dans le vol. 17813 du fonds français et dans le vol. 741 de la coll. Dupuy, et qui a été utilisé

l'autre parti, qui s'assembloyent en une maison privée à S. Germain. Tout leur discours fut sur le faict de la cène, avec protestation de ne conclurre sans adveu de leur compagnie. Après plusieurs subtilités sur les mots *réalement, substantiellement, véritablement et en sa propre substance, par une manière spirituelle, ineffable,* ils ne peurent rien accorder. Et puis la Roine adjousta aux catholiques l'évesque de Sées[1], puis, à Bèze et à Martyr, Marlorat et l'Espine. Ceux-ci traictèrent la matière avec tel labeur qu'ils condescendirent à la fin à l'article que nous avons pensé digne d'estre inséré en ce livre.

« Nous confessons que Jésus Christ, en sa sainte
« cène, nous présente, donne et exhibe véritablement
« la substance de son corps et de son sang par l'opé-
« ration de son Saint Esprit, et que nous recevons et
« mangeons sacramentellement, spirituellement et par
« foi ce propre corps, qui est mort pour nous, pour
« estre os de ses os et chair de sa chair, afin d'estre
« vivifiez et de percevoir tout ce qui est requis à nostre
« salut. Et pour ce que la foi, appuyée sur la parole de
« Dieu, nous faict et rend présentes les choses pro-
« mises, et que par ceste foi nous prenons vrayement
« et de faict le vrai et naturel corps et sang de Nostre

---

par M. Klipffell dans son étude sur le *Colloque de Poissy*, Paris, in-18, s. d. Le second mémoire est un compte-rendu théologique qui est également conservé en copie dans le vol. 17813 du fonds français.

1. Il s'agit de Jean de Saint-Gelais, évêque d'Uzès et non pas de Séez. Il était huguenot et, le jour de l'ouverture des conférences préliminaires, le 3 août, il prit part à la cène avec le cardinal de Châtillon et l'évêque de Valence (Journal de Despence; f. fr., vol. 17813, f. 8 v°).

« Seigneur par la vertu du Saint Esprit : en cest esgard
« nous confessons la présence du corps et du sang
« d'icelui Nostre Seigneur en la sainte cène[1]. »

Le cardinal, ayant veu en cest article par escrit, conforme à sa créance, que l'assemblée s'en contentoit, la Roine et tous les princes en démenoyent une grande joye ; que plusieurs docteurs l'exaltoyent. Enfin lui-mesmes ligua les plus passionnés pour refuser l'article, le déclarer hérétique, captieux et insuffisant, et en firent promptement un autre, où ceux qui avoyent travaillé au premier et plusieurs autres ne voulurent pas assister. Ils opposèrent donc ces mots :

« Nous croyons et confessons qu'au Saint Sacrement
« de l'autel, le vrai corps et sang de Jésus Christ est
« réalement et transsubstantiellement sous les espèces
« du pain et du vin, par la vertu et puissance de la
« divine parole prononcée par le prestre, seul ministre
« ordonné à cest effect, selon l'institution et ordon-
« nance de Nostre Seigneur[2]. »

A ceste addition fut joinct un refus de plus disputer avec les ministres, lesquels, après avoir sollicité plusieurs fois, mais en vain, le clergé pour rentrer en propos, firent publier leur créance déduite plus au long avec une harangue de Bèze, responsive à tous les poincts qui avoyent esté touchés en celle du cardinal[3].

Le bruit de ces choses apporta grande confirmation

---

1. Ce formulaire fut présenté le 4 octobre aux prélats catholiques.

2. Le 9 octobre, les prélats catholiques repoussèrent le formulaire présenté, le 4, par les ministres et y substituèrent la présente déclaration.

3. L'ensemble de ces pièces a été reproduit par La Place et dans l'*Histoire ecclésiastique*.

aux réformés, estonnement et despit aux autres contre leurs docteurs. Le Roi et la Roine, accusés hors de France, notamment à Rome, d'estre en doubte et esbranlés en leur foi, redemandoyent opiniastrement le concile, et cela les rendoyent tousjours plus soupçonnés. En plusieurs endroicts du royaume, les catholiques partageoyent les temples avec les réformés, chacun faisant place à l'autre à son tour[1].

Ceux de Guise, après quelques reproches touchant ces choses, faits au Roi et à la Roine, quittent la cour à la fin de décembre[2]. Adjoustons que la Roine, menacée du dedans et du dehors du royaume, voulut sçavoir le nombre et le pouvoir des réformés, pour, au cas que les estrangers les querellassent en haine d'eux, en tirer secours pour le Roi[3].

Ces choses, publiées de main en main, rapportent un escrit par lequel les réformés s'obligeoyent à espandre leur sang de bon cœur pour la manutention de leurs princes; et à ce dessein prestèrent leur consentement 2,150 églises, comme nous avons dict.

Ce qui surtout fit soupçonner la Roine de favoriser ce parti, fut qu'elle commanda à Gabaston[4], chevalier

1. Au château de Saint-Germain, notamment, la chapelle servait successivement aux deux cultes (Lettre de Throckmorton, du 13 décembre 1561; *Calendars*, 1561, p. 437).

2. D'Aubigné se trompe de date. Le duc de Guise, les cardinaux de Lorraine et de Guise et le duc de Nemours quittèrent Saint-Germain le 22 octobre et se retirèrent à Nanteuil, après avoir essayé de décider le duc d'Orléans à les suivre (Enquête sur l'enlèvement du duc d'Orléans; f. fr., vol. 6608).

3. Voyez la note 1 de la page 313. Les éditeurs de la *France protestante* ont essayé de refaire cette liste (t. X, p. 52).

4. Gabaston, lieutenant du capitaine du guet. Traduit devant le Parlement pour sa partialité en faveur des réformés dans la

du guet, d'entrer en garde avec armes au retour de Popincourt. Ceste garde empescha un massacre général dans Paris, le 27 de décembre, où il arriva [que] plusieurs mauvois garçons de la paroisse S. Médard, ayans fait provision d'armes de main et de traicts, sonnèrent un tel carrillon au commencement du presche de Malo, que nul ne le pouvoit ouïr. On envoya deux de la compagnie pour faire cesser le bruit, desquels l'un fut tué. Les gardes qui y voulurent aller estans repoussés, les jeunes escholiers qui y estoyent y coururent; il y eut combat opiniastre, où plus de 40 catholiques furent blessés ou tués, quatorze prisonniers menés par les rues jusques au Chastelet, sans que personne fist contenance de les secourir [1]. Ceste esmeute là fut suivie d'une autre de S. Marceau [2].

Entre [3] les provinces qui envoioyent à la cour des plaintes, la Provence esclatoit. A Aix, Flassans [4] esmeut

répression de l'émeute de Saint-Médard, il fut condamné à mort et exécuté le 21 août 1562. Voir les *Mémoires de Condé*, t. III, p. 255, 292 et suiv.

1. Le 27 décembre 1561, à Paris, le ministre Jean Malo prêchait à la maison du Patriarche, près de l'église Saint-Médard. Le voisinage des temples catholique et huguenot amena entre les fanatiques des deux cultes une collision sanglante qui faillit donner le signal de la guerre civile. Les *Mémoires de Condé* renferment plusieurs pièces sur cette affaire, t. II, p. 541 et suiv. Les *Mémoires de la Société de l'Histoire de Paris*, ann. 1886, contiennent un récit de cette émeute.

2. Le lendemain du tumulte de Saint-Médard, le 28 décembre, la populace catholique pilla la maison du Patriarche, où les réformés tenaient leur prêche, et y mit le feu. (Félibien, *Histoire de Paris*, t. II, p. 1079, d'après les registres du Parlement. Cette partie des registres a été imprimée dans les *Archives curieuses* de Cimber et Danjou, t. IV, p. 63.)

3. Les deux alinéas qui suivent manquent à l'édit. de 1616.

4. Durand de Pontevez, seigneur de Flassans, premier consul de la ville d'Aix, catholique forcené, frère de François de Pon-

ligue de grande quantité de personnes[1], incité à cela par l'évesque de Cisteron[2] et par un cordelier, qui portoit un grand crucifix de bois à la teste de la troupe, disant qu'elle estoit invincible tant que cela marchoit devant. Ces gens firent leur premier exploit à Brignoles[3], où ils deffirent une compagnie qui se dressoit pour le Roi, et lors arborèrent les clefs du pape en leurs enseignes, chasque soldat portant un chapelet en son col. Le zèle de ces gens fut tel, qu'estans entrés à Signe[4], un des principaux de la bande y ayant trouvé sa sœur, qui ne voulut pas aller à la messe, la fit forcer en sa présence par le cordelier, porteur du crucifix, protestant que c'estoit par vengeance et non par volupté. Puis, ayant fait passer ceux qui voulurent sur elle, la fit flamber partout avec du lard bruslant. Ceste bande assiégea Besse, qu'elle ne put prendre, de mesmes Varages, prindrent Barjols[5], où ils furent assiégés par les comtes de Cursol et de Tende, ayans ce commandement de la Roine. Enfin,

tevez, comte de Carces, gentilhomme de la chambre du roi et lieutenant de ses galères.

1. Flassans, soutenu par le comte de Sommerive, avait le premier pris les armes contre les huguenots provençaux. Le vicomte de Crussol et le comte de Tende marchèrent contre lui et le chassèrent d'Aix, le 5 février 1562.

2. Aimeric de Rochechouart, évêque de Sisteron de 1545 à 1582.

3. Chassé d'Aix, Flassans se retira à Brignoles. Ce récit de l'*Histoire universelle* est tiré de de Thou (1740, t. II, p. 235), qui lui-même a suivi un récit du temps réimprimé dans les *Mémoires de Condé*, t. III, p. 636, et surtout l'*Histoire des guerres du comtat Venaissin*, de Louis de Perussis (in-12, 1564), réimprimée dans le tome I des *Pièces fugitives* du marquis d'Aubais.

4. Signes, dans le Var. Le récit qui suit n'est pas dans de Thou.

5. Flassans s'étant réfugié à Barjols, la ville fut assiégée et prise d'assaut, le 6 mars 1562, par le capitaine Saint-Auban, sous les ordres de Crussol.

ils furent emportés par assaut après avoir tué force gens ; et, comme on quittoit la bresche, le cordelier se présenta avec son crucifix, et tint compagnie à bien 400 morts sur la place. En ces troupes y avoit deux compagnies de Lourmarin et de Mérindol, qui entrèrent les premiers dans la bresche, et, voyans commencer le pillage, sortirent par une des portes et s'en allèrent en un champ mettre les genoux à terre et rendre grâces à Dieu. Les chefs envoyent Cardé[1] vers eux pour les convier à venir prendre leur part du butin, mais en continuant leur action de grâces, ils le prièrent d'avoir agréable qu'ils eussent les mains pures, et qu'ils se contentoyent d'avoir faict ce qui estoit du service de Dieu et du Roi.

Ici, l'on peut remarquer deux choses : l'une, que la Roine ne garda pas longtemps ceste bonne volonté d'arrester les séditieux, et l'autre, que les réformés perdirent bientost après la simplicité des soldats de Mérindol et de Lourmarin.

Le Roi et la Roine, ne pouvans fournir à remédier à tels accidents, assemblèrent le plus de princes et conseillers d'Estat qui leur fut possible, tant de ceux qui résidoyent auprès de Leurs Majestés qu'autres qu'ils tirèrent des provinces, pour faire non une paix débatue et stipulée, mais une pacification de leur authorité[2], nommé l'*Édict de Janvier*, lequel, avant publier,

1. Jacques de Saluces, seigneur de Cardé, époux d'Anne de Savoie, fille du comte de Tende.
2. Le 3 janvier 1562, la reine convoqua à Saint-Germain une assemblée composée de députés désignés par tous les parlements de France et de ministres protestants, sous la présidence du chancelier de l'Hospital. Le président Montagne est celui de tous les historiens qui donne le plus de détails sur cette assemblée dont la durée fut de plusieurs jours (F. fr., vol. 15494, f. 201 et suiv.).

ils firent agréer aux ministres et députés qui estoyent encores à S. Germain[1].

A quoi[2] les plaintes dont nous avons parlé donnoyent l'esperon, entre les dernières desquelles la Provence esclatta la dernière, comme a esté dit. Or, cependant que cest édict s'envoye, pour le faire trouver bon aux Parlements eslongnés et procéder à sa publication, nous ferons un voyage[3] chez nos quatre voisins.

Chapitre XXVII[4].

De ce qui touche les quatre voisins.

Trente, où est le concile, et où toute l'Europe contribue, raccourcit nostre chemin et nostre dessein. Et pour autre commodité, nous fournirons ce chapitre de pièces authorisées pour donner à nostre lecteur le cours du marché de ce temps-là.

La Roine escrivit une longue lettre au pape, dattée du 4ᵉ jour d'aoust 1561[5]. Ayant proposé[6] le danger

1. Malgré l'opposition du triumvirat, l'édit de tolérance du 17 janvier, préparé par le chancelier, fut admis à la pluralité des voix par l'assemblée de Saint-Germain. Pasquier dans ses lettres donne quelques détails (*OEuvres complètes*, t. II, col. 91 et suiv.).
2. Ce passage, jusqu'à *Or cependant*, manque à l'édit. de 1616.
3. Var. de l'édit. de 1616 : « ... *voyage* chez les estrangers. »
4. Ce chapitre manque à l'édit. de 1616.
5. Jean de Serres, le premier, a donné le prétendu texte de cette lettre dans *Commentariorum de statu religionis libri III*, 1571, t. I, p. 212 à 225, et a été suivi par presque tous les historiens, même par de Thou (1740, t. III, p. 60). Mais le silence des correspondances des ambassadeurs catholiques, notamment du nonce, Prosper de Sainte-Croix (*Arch. curieuses* de Cimber et Danjou, t. VI), et du légat, le cardinal de Ferrare (*Négoc. du card. de Ferrare*, in-4º, 1650), sans compter l'invraisemblance de la lettre, frappent le document de suspicion.
6. *Proposer*, mettre en avant.

de la France, à cause du discord en la religion, elle l'exhorte d'y remédier promptement, pource que le crédit de plusieurs de la noblesse et des principaux officiers de justice est tel que plusieurs se joignent à eux si unanimement, que de jour à autre ils croissent et sont redoubtés partout; que pourtant, par un rare don de Dieu, ne se trouvent entre eux nuls anabaptistes, libertins et sectateurs de pareilles opinions monstrueuses, ni gens qui contredisent aux douze articles de la foy, ni à l'interprétation que les VII conciles œcuméniques en ont faicte. Par ainsi, que plusieurs, affectionnés à l'union catholique, trouvoyent expédient que les susnommés, quoique discordans en d'autres articles, fussent admis à la communion de l'Église. Que cela se pourroit faire sans trouble, et seroit un acheminement de la réunion de l'Église latine et grecque. Que les gens de biens espéroyent que les débats appaisés par tel moyen, Dieu, qui assiste tousjours aux siens, un jour, après avoir escarté les ténèbres, leur rendroit la lumière de vérité. Si cet advis n'agréoit, et qu'il falust attendre secours d'un concile général en patientant, puisque la nécessité pressoit et le délay paroissoit périlleux, il convenoit se servir de remèdes particuliers, à l'aide desquels on rapelast les désunis, et maintinst-on en l'union ceux qui ne s'en estoyent pas encor séparés. Pour appaiser et ramener les premiers, estoit bon leur faire faire remonstrances, assembler gens doctes et d'esprit, amis de la paix, qui conférassent souvent et doucement ensemble pour l'un et l'autre parti; que les évesques et autres ecclésiastiques fussent soigneux de prescher la parole de Dieu, inciter le peuple à charité et mutuel accord, l'admonnestant de part et d'autre à s'abstenir de sobriquets picquants et de surnoms injurieux.

Quant à ceux qui estoyent demeurez en l'union, ou sentoyent quelques scrupules, pour ne leur donner occasion de s'en aliéner, il faloit lever les causes de scandale.

Premièrement, remédier à l'abus des images défendu par la loi de Dieu, et improuvé par S. Grégoire, ou du moins les placer en telle part qu'impossible fust de les y adorer.

Que les exorcismes et certains formulaires de prières adjoustés au baptesme, hors l'institution d'icelui, pouvoient estre obmis; que l'eau et la parole, jouxte l'ordonnance de Dieu, suffisoyent; que le crachat en la bouche de l'enfant ne sembloit nécessaire, mais mesmes estoit dangereux[1].

Qu'il faloit restablir et remettre en usage, sans distinction de personnes, la sacrée communion sous les deux espèces, et que l'authorité du concile de Constance, qui ne doit pas peser plus [que] le commandement de Jésus-Christ, ne doibt empescher le restablissement d'icelle communion; que plusieurs estoyent offensés qu'un seul, ou petit nombre, au mespris de l'ordonnance divine, sans prières entendues des assistans ni exposées clairement, communiast à ce tant vénérable sacrement. A cause de quoi les gens craignans Dieu disoyent que l'ancien usage de la saincte Eucharistie fust restabli, et que tous les premiers dimanches d'un chascun mois, ou plus souvent, s'ils en estoyent priés,

---

[1]. D'Aubigné fait allusion à la coutume de l'Église catholique d'oindre les lèvres de l'enfant baptisé.

les curés assemblassent toutes personnes de leurs paroisses qui voudront ou désireront communier.

Qu'alors tous chantassent ensemble en langage vulgaire un psaume, puis que fust faite une confession générale des péchés, prières publiques pour le prince, pour certains principaux ecclésiastiques et autres, pour la santé, commodité et soulagement de tous.

Cela faict, qu'on lise et expose les textes de l'évangéliste ou de S. Paul touchant l'usage de la sainte Eucharistie; puis après, que tous les assistans soyent reçeus à la communion sous l'une et l'autre espèce.

Qu'en ces entrefaites, la Feste-Dieu qu'on appelle, inventée de nouveau, cause de plusieurs scandales, et dont l'on se passeroit bien, soit abolie, attendu que ce mystère est institué pour un service et adoration en esprit, et non pour pompe et spectacle public par les rues.

Qu'en ce qui se faisoit ès temples à l'esgard d'icelui y avoit du désordre; que tout s'y dit en langage estrange, et non entendu de la plus part; que les prières se doivent faire, non seulement pour les prestres, mais aussi pour tous les autres assistans. Autrement, qui pourra respondre *amen* aux paroles qu'il n'entend pas? Que si l'on veut retenir le langage latin, au moins qu'on y adjouste l'interprétation en langue vulgaire.

Que c'est contre l'institution du sacrement qu'un seul y mange et boive, et que le peuple le regarde à bouche ouverte sans y participer.

Qu'on désire au service divin que le chant des psaumes, en langue entendue de tous, soit usité, comme aussi les prières en particulier.

Voilà les articles qui semblent requérir réformation, ce disent les personnes pieuses qui désirent que l'authorité du pape demeure en son entier; que l'on ne change rien en la doctrine, et, si les ecclésiastiques ont failli, l'on n'abolisse pourtant leur charge, ains qu'elle demeure et soit maintenue continuellement.

Les choses susmentionnées, bien establies une bonne fois, ne produiront incommodité ni absurdité quelconque, si, au regard de la réformation des articles qui donnent occasion de scandale, on y procède charitablement, soigneusement et sérieusement.

Cette lettre escrite en liberté françoise et en saison très suspecte, où l'on ne parloit près et loin que d'un concile national en France, mit le pape en une estrange fougue. Néantmoins, il en fit peu de semblant pour l'heure, à cause que, dès lors, ainsi que plusieurs l'estimoyent, il pensoit à bon escient à un concile général et œcuménique, dont il avoit donné plus d'espérance qu'il n'en avoit de volonté.

Voilà les lettres de la Roine mot à mot, qui n'estoyent pas conçeues des volages fumées d'une femme, comme il paroît par une autre lettre beaucoup plus longue et de mesme propos, qu'escrivoit la mesme Roine à son ambassadeur de l'Isle[1] au concile de Trente, où elle dit que le colloque de Poissi avoit donné tant et tant d'arguments de juger sainctement

---

1. André Guillart du Mortier, seigneur de l'Isle, fils d'André Guillart du Mortier, conseiller d'État, devint premier président du parlement de Bretagne et ambassadeur à Rome lors du concile de Trente, puis ambassadeur à Trente. Une partie de sa correspondance, pendant cette mission, a été publiée par Dupuy (*Instructions et lettres concernant le concile de Trente*, in-4°, 1654).

et sincèrement qu'elle s'estonne bien fort que ceux qui se disent si subtils ne les recognoissent pour bons, au lieu de les condamner sans raison.

« Mais quand je vien, dit-elle, à y regarder de plus
« près, je ne m'en esbahy trop ; car l'intérest parti-
« culier empesche bien souvent de pourvoir au public,
« ce qui fait par conséquent que ce qui est trouvé bon
« par deçà, et qui ne tend qu'à recercher le seul
« honneur de Dieu et le repos de la conscience de
« mes subjects, est blasmé et censuré à Rome pour
« beaucoup de raisons. Or, nous ne sommes plus au
« temps que nostre S. Père ou les siens cuident. Il
« faut, monsieur de l'Isle, venir à quelque recognois-
« sance de nos fautes, et, ne vivans tousjours si enve-
« loppez et brouillez que nous avons esté par ci-devant,
« tendre à une totale réunion entre nous. A quoi ne
« pouvans, comme vous sçaurez, mieux parvenir que
« par un concile, c'est ce qu'il faut que nostre S. Père
« nous baille et administre, et que, sans user d'au-
« cunes menaces ou cholère, il procure par tous
« moyens plus, comme je vous ay souvent escrit, en
« effect que en paroles et démonstrations extérieures. »

Et pour monstrer d'où tels advis partoyent, elle dit plus avant que, « par l'advis de l'assemblée générale,
« la Sorbonne de Paris a esté mandée de m'envoyer
« ici certain nombre des plus suffisants docteurs de
« leur compagnie, amateurs de l'honneur de Dieu et
« du bien de l'Église, pour, en la présence de mon
« cousin le cardinal de Ferrare, légat de nostre
« S. Père, et certains évesques qui sont ici avec les
« docteurs qui sont auprès de mondit cousin le légat,
« pour recercher diligemment entre eux les causes

« d'où procède nostre séparation, et adviser s'il y
« auroit point de moyen de venir à une si bonne modé-
« ration et pacification de tous nos différents, que cela
« fust cause de ramener ceux de ladite nouvelle reli-
« gion à l'obéissance de nostre Église catholique
« romaine, suivant le chemin que tint le feu Roy Fran-
« çois, nostre ayeul, en l'assemblée qu'il fit à Melun
« pour semblable occasion[1]. »

De là, ceste lettre entre en matière comme l'autre, déclarant qu'il n'y a point d'anabaptistes ni d'hérétiques qui contredisent aux douze articles de la foy, et insiste sur ces poincts principalement :

Que la primitive église n'auroit point d'images, répétant la sentence de S. Grégoire contre l'adoration.

« Ils voyent aussi, dit-elle, les grands et énormes
« abus, les menteries, impostures et faux miracles
« qui, depuis quelque temps, ont esté descouverts en
« ce royaume. »

De là, reprent les abus du baptême, ceux de la cène, retouchant encore ce qu'on appelle la Feste-Dieu, généralement sur tout ce qui est de la messe, déduisant toutes les particularités qui sont en controverse et avec long discours des sacrements, qu'elle ne conte que deux; insiste sur la liberté du chant des pseaumes et des prières en langage cogneu.

J'ay abrégé le discours, pource que la première lettre en est un *compendium*, et qu'elle eust excédé un chapitre.

---

[1]. L'assemblée de Melun, réunion préparatoire du clergé français convoqué au concile de Trente, eut lieu en 1545, sous la présidence de Pierre Danès et de Pierre Duchastel, dit *Castellanus*, évêque de Mâcon. Voyez, sur cette assemblée, l'ouvrage de Dupuy cité plus haut, p. 9 et suiv.

On soupçonna d'avoir conseillé ceste lettre l'archevesque de Vienne et les évesques de Valence et de Nevers[1]. Ce dernier[2] mourant ès Estats, envoya les advis de ces choses à la vefve[3], et le testament d'un tel personnage eut sur elle, pour un temps, quelque authorité.

Voilà à quel point furent menées les pensées de ce temps, et qui amenèrent l'édict appelé de *Janvier*, lequel nous trouverons faict au retour de chez les estrangers.

Chapitre XXVIII.

Des parties orientales.

Ayans à parler d'Orient, quoique nostre chemin soit par l'Allemagne, nous adjousterons fort peu des affaires plus proches.

L'empereur Ferdinand[4], irrité contre le pape par le refus de son approbation, ayant sçeu l'assignation de la diette d'Ausbourg, receut de bon cœur l'archevesque de Vienne, Marillac, pour travailler à la paix des princes chrestiens. Il prist cest envoy comme

---

1. Jacques-Paul Spifame, né en 1502, évêque de Nevers en 1546, se retira à Genève en 1559 et s'y maria. Rentré en France, il devint un des chefs du parti réformé. Il fut condamné à mort à Genève, comme coupable de faux, et décapité le 23 mars 1566.

2. *Ce dernier* : il faut lire *le premier*, c'est-à-dire Charles de Marillac, archevêque de Vienne, mort pendant les états d'Orléans en 1560. Voir ci-dessus, p. 290.

3. *La veuve*, c'est-à-dire Catherine de Médicis.

4. Ferdinand Ier, empereur d'Allemagne, était né le 10 mars 1503, à Alcala. Élu roi des Romains, le 9 janvier 1531, il devint, par l'abdication de Charles-Quint, son frère, empereur d'Allemagne le 24 février 1558. Il mourut à Vienne le 25 juillet 1564.

forme d'approbation. Il avoit voulu auparavant souslever l'Allemagne sous la querelle de Metz, Thoul et Verdun[1], alléguant la foiblesse de France espuisée de tous moyens, comme il apparoissoit par la reddition de plus de cent places par la paix. Mais il avoit trouvé les Allemans disposés au contraire, à leur repos et seureté, à tourner leurs despences et forces vers le Turc et vers le Moscovite, qui faisoient de grands progrès en Livonie, si bien que les commissaires de ceste paix n'eurent point de peine à la faire exécuter à Marienbourg, Thionville, Yvoi et Monmedi.

Toute l'Allemagne estoit en attente quels seroyent les fruits du concile de Poissi. Ce n'estoyent que lettres du Roy de Navarre au comte Palatin[2], de lui au duc de Wirtemberg[3] et Lantgrave de Hesse, se convians les uns les autres à espérer quelque correction en l'Église romaine[4]. Mais, d'autre costé, les deux frères lorrains donnèrent un rendez-vous au duc de Wirtemberg, qui amena avec soy Jean Brence[5] et

1. Metz, Toul et Verdun, pris en 1557, avaient été laissés à la France par le traité de Cateau-Cambrésis.
2. Wolfgang-Guillaume de Bavière, comte palatin, duc de Deux-Ponts, prince protestant, allié des réformés français, mort le 11 juin 1569. Le Laboureur lui a consacré une notice (*Mémoires de Castelnau*, 1731, t. II, p. 673).
3. Christophe, dit le Pacifique, duc de Wurtemberg, né le 12 mai 1515, fut un des plus ardents défenseurs de la confession d'Augsbourg; il mourut le 28 décembre 1568.
4. Une partie de cette correspondance a été imprimée dans les *Mémoires de Condé*, t. III, p. 98, 448 et suiv.; une autre partie dans le tome XXIV du *Bulletin de la Soc. de l'hist. du Prot. français*; une autre partie dans le t. IV de *Antoine de Bourbon et Jeanne d'Albret*.
5. Jean Brentz, docteur allemand de la secte luthérienne, né le 24 juin 1499, professeur de théologie à Hall, mort le 11 sep-

Jaques André[1], docteurs, ennemis capitaux de la confession des Suisses; et avec eux d'autres personnes choisies demeurèrent ensemble auprès de Strasbourg à conspirer par toutes les voyes des armes et des lettres contre les réformés[2]. Et cela servit à rendre le secours des Allemans plus difficile et plus débile, comme nous verrons ci-après; joint aussi que la Germanie avoit de la besongne taillée en Hongrie, car Ferdinand avoit repris Strigonie lorsque Achamètes[3], qui avoit appaisé les janissaires, fut assassiné pour rappeller Rustan[4] de son exil feint.

Il ne restoit d'autres enfans à Soliman que Selim et Bajazet. Celui-ci, dévot et plein de piété selon sa religion, studieux, habile, grand acquéreur et conservateur d'amis, agréable de visage et de taille, fort semblable à son père et courageux; l'autre, asçavoir Sélim, athéiste, stupide, adonné à tous vices, haï de tous, n'aimant personne, tout ventre, lippu, copperosé, et qui se fortifioit en tous ses advantages, disant

---

tembre 1570. Sa vie a été écrite plusieurs fois en Allemagne, notamment par M. Hartmann, 2 vol. in-8°, 1840.

1. Jacques André, docteur allemand, luthérien, succéda à Jean Brentz dans la charge de chancelier et recteur de l'université de Tubingen. Il mourut en 1590.

2. La conférence de Saverne (15 février 1562), qui réunit les Guises et le duc de Wurtemberg, avait pour objet apparent, de la part des Guises, d'associer le luthéranisme et le catholicisme contre le calvinisme. On trouve, dans le tome XXIV du *Bulletin de la Soc. de l'hist. du Prot. français,* des documents nouveaux sur cette conférence.

3. Achmet Pacha fut assassiné en 1553, par ordre de Soliman.

4. Rustan, quoique fils d'un porcher, fut élevé aux plus hauts emplois et épousa la fille de la sultane Roxelane. Il fut disgracié après la mort de Mustapha (1553), mais bientôt rappelé et rétabli dans ses honneurs.

que son père, par tels moyens seulement, le pouvoit aimer et supporter, ce qui estoit certain. Le contraire pour Bajazet, qui, le plus jeune et desfavorisé, se tenoit pour asseuré que la mort de son père estoit la veille de la sienne, selon la coutume des Othomans. Il chercha les moyens d'opposer sa vertu à telle nécessité, et, congnoissant combien Mustapha estoit regretté par les meilleurs de leurs soldats, il s'advisa de feindre que son frère, bien adverti, avoit choisi un homme de sa taille et approchant de son visage, lequel, ayant tasté le danger, estoit mort en sa place. Lui donc, en ayant cerché et trouvé un de mesme, le fit courir par l'Asie, bien assisté de conseil et de moyens.

Ceste fraude print racine et s'estendit jusques là, que le Mustapha contrefaict, ralliant tous les malcontents, en fit une juste armée. Mais le bacha Pertau[1], envoyé par Soliman, ayant affronté[2] son armée reiglée à ceste troupe confuse et non disciplinée, les premiers estans rompus, ceux qui voulurent faire quelque retraicte furent pris et avec eux le supposé. Les prisonniers furent noyés la nuit, en ayant assez confessé pour condamner Bajazet. Toutesfois, Roxolane, sa mère, fit ceste paix, et, non sans grande crainte, l'amena à Soliman, qui, après avoir exagéré la faute de son fils, lui remonstrant surtout qu'elle avoit failli à ruiner le service de Dieu, que des choses futures il faloit se remettre à la destinée sans cercher des remèdes pires que le mal, il l'asseure du pardon, lui fait apporter à boire. Bajazet, ayant avallé le breu-

---

1. Pertau, pacha turc. Ces faits sont racontés sous la date de 1559 (1740, t. II, p. 730) par de Thou.
2. *Affronté*, opposé.

vage comme mortel, le père en prit le reste pour l'oster de frayeur et l'asseurer de réconciliation.

Pour tel accord, les frères ne laissèrent pas de se piccoter, estans leurs départements limitrophes ; car Sélim estoit gouverneur de Magnésie[1] et l'autre de Schiatée[2]. Ce fut pourquoi Soliman changea leurs gouvernements, envoyant l'aisné en l'Iconie[3] et le jeune en Amasie[4], lieu suspect pour avoir esté funeste à Mustapha.

Ce n'estoyent qu'accusations des frères l'un contre l'autre, et délais pour l'acheminement ; pourtant furent despeschés deux bachas, Mehemet à Sélim et Pertau à Bajazet, avec commandement de ne les laisser qu'ils n'eussent passé en leurs départements. L'un obéit, comme à chose qui se faisoit en sa faveur ; l'autre, après plusieurs excuses, renvoye Pertau, se soubmettant à souffrir tout du père et non du frère, contre lequel il débatoit sa vie. Ce fut assez dit à l'empereur pour despescher et fortifier Sélim ; mais il falut, pour convertir les volontés à ce nom odieux, se servir des Muphtis et de leurs sermons. Les deux frères en vindrent à la bataille, où l'aisné, avec les forces de l'empire, multitude d'artillerie et toutes autres commodités, estouffa la vertu du cadet, quoiqu'il n'eust oublié en ce combat aucun debvoir de capitaine et de soldat[5].

1. Magnésie, dans la Turquie d'Asie, aujourd'hui Manika ou Mansa, à huit lieues de Smyrne.
2. Kutaieh ou Kutaiah (Anatolie).
3. Iconie, aujourd'hui Konieh, ou Konia, dans la Caramanie.
4. Amasie, dans l'Anatolie. Mustapha avait eu le gouvernement de cette province.
5. Bajazet, vaincu, se retira à Amasie (mai 1559) (De Thou, 1740, t. II, p. 736).

A la nouvelle de la victoire, Soliman passa le Bosphore, tant pour empescher les partisans des vaincus de se rallier que pour faire peur au persan Techmazes[1], duquel le frère Elka s'estoit autresfois retiré en Turquie, et là si bien reçeu et secouru qu'il avoit fait beaucoup de maux à la Perse.

La crainte du Grand Seigneur estoit que Techmazes voulust rendre la pareille. Quelque diligence qu'on eust faicte pour arrester le vaincu, il[2] passa en Perse avec ses enfans[3], horsmis le moindre, lequel, par force, il laissa ès mains de la mère, et elle en la puissance de l'ayeule, où ils furent nourris tant que la vie du père fut doubteuse.

Tous les gouverneurs des frontières de Perse avoyent reçeu d'horribles menaces, et le bacha de Excerume[4] fut estranglé par Sélim, ses deux enfans deshonorés. Premièrement, Soliman, avancé avec les janissaires, menaçoit la Perse de guerre. Techmazes, voyant les forces turquesques dedans son païs, les fit retirer par ses remonstrances et secrettes promesses, selon lesquelles, de là à quelque temps, ayant receu Bajazet qui s'estoit jetté entre ses bras, mesmement avec offre d'une des filles de Perse à son fils Orcan[5], comme aussi de travailler à sa réconciliation, il fit que Bajazet dispersa ses forces pour les faire vivre, et puis en un festin mit ce misérable prince et ses enfans prison-

---

1. Thamas ou Thumas, roi de Perse. — Elcas, son frère.
2. *Il*, c'est-à-dire Bajazet.
3. Var. de l'édit. de 1616 : « ... *enfans*, que par *force*... »
4. Juin 1559. Erzeroum, sur l'Euphrate. Ce récit est tiré de de Thou (1740, t. II, p. 738).
5. Orcan était le fils aîné de Bajazet.

niers, sans oublier de despescher à Constantinople.

Le dessein du Persan n'estoit pas, au commencement, de mettre le prisonnier entre les mains ennemies; mais, s'estans advancées les forces du Grand Seigneur, sur quelques refus, les deux empereurs tombèrent d'accord que le Grand Seigneur envoyeroit estrangler son fils en la prison, ayant payé au préalable les frais de sa prise et de sa garde.

Après que ces négociations eurent duré longtemps, Hassen Aga[1], premier gentilhomme de la chambre, nourri enfant d'honneur et premier mignon de Bajazet, fut choisi pour estre le bourreau, comme mieux cognoissant son maistre. Il vint donc considérer de près le misérable en sa prison, crasseux et horrible pour sa longue demeure. Hassen lui ayant exposé sa charge, qui estoit de l'estrangler de ses mains, fut prié par courtoisie que le mourant peust voir ses enfans pour se séparer d'eux par un baiser d'amitié. Il le refusa, et puis estrangla de ses mains le père et quatre de ses enfans[2]. On envoya un portier pour despescher le petit qui avoit esté laissé à sa mère. Après les pleurs et les cris de la mère estouffés, ce portier ayant mis le cordeau au col de l'enfant, le voyant se jouer de ses petites mains à l'instrument de sa mort, estendre les bras à son meurtrier, n'eut pas le cœur d'achever, mais l'eunuque, qui lui commandoit, le contraignit, pour sauver sa vie, d'arracher celle de l'enfant[3].

1. Hassan Aga, chef des pages du sérail de Soliman II et son échanson.
2. On porta leurs corps à Sebasti. Ce récit est tiré de de Thou (t. II, p. 741).
3. L'enfant fut étranglé à Bursa (ibid.).

Voilà les exercices de la Turquie. Soliman s'employa à préparer une armée maritime pour entreprendre sur les païs méridionaux. Nostre discours y arrivera avec elle[1].

Chapitre XXIX.

Des affaires du Midi.

Nostre chemin est par l'Italie, où les Siennois seuls donnent quelque peine à l'exécution de la paix. Car, eux ayans offensé toute l'Italie sur l'asseurance des François, et craignans de tomber entre autres mains, ils n'oublièrent toute invention de longueur, retenans les bandes françoises non payées et tastans tous les intérests de leurs voisins pour y marier leurs craintes. Mais Cosme, duc de Florence[2], qui avoit gardé les gages de ceste guerre et en tiroit ceste bonne pièce pour sa part, sur le point de la paix se fortifia du desbris de la guerre, mit sus une armée sous Chapin Vitelli[3], et non sans grande difficulté réduit les Siennois sous son obéissance[4]. Il y eut bien d'autres

1. Var. de l'édit. de 1616 : « ... *avec elle,* car le Midi est le sujet du chapitre suivant. »
2. Cosme I de Médicis, le Grand, né le 19 juin 1519, premier grand-duc de Toscane en 1538, célèbre par la protection éclairée qu'il accorda aux arts et aux lettres, mort le 21 avril 1574.
3. Chiapino Vitelli, marquis de Cetona, capitaine florentin, passa plus tard au service de Philippe II et mourut en 1576 d'une chute en Hollande (De Thou, 1740, t. V, p. 273).
4. Sienne, conquise en 1555 par le marquis de Marignan, fut remise le 19 juillet 1557, par le capitaine espagnol Figueroa, au beau-frère de Cosme de Médicis, Louis de Tolède, qui prit possession de la ville au nom du duc de Florence.

remuements par la mort du pape Paul, advenue auparavant.

Le peuple de Rome, estant las de supporter les Carafes, ses nepveux, dès qu'il fut à la fin, courut brusler la prison de l'inquisition, délivrer les prisonniers, et fut à peine empesché d'embraser le couvent des Jacobins, fauteurs des Carafes, et la pluspart inquisiteurs, et mesmes courut aux temples pour ne laisser là, ni ès lieux publics, aucune armoirie de ceste maison qui ne fust traînée par les rues, et avec celles-là plusieurs statues anciennes[1] furent arrachées. De plus, ce peuple fit un édict, eschauffé jusques là que le corps du pape eust couru mesme fortune[2]. L'Italie se sentit longtemps de cette agitation, la pluspart par les mouvements du duc de Florence et par les exploicts de Chapin Vitelli; car Cosme commença par l'interrègne de quatre mois, et alluma tant de feux partout qu'il faillit à s'en mettre soubs le ventre par une grande conjuration contre lui, qui eut pour chef Pandolfe Pucio[3], les Cavalcanti[4], quelques uns des Médicis, tout cela dans la ville, et dehors, tous les bannis de Florence à Rome. Enfin, la plus part des conjurez pris, laschez et derechef mis à la gehenne, confes-

1. Suivant de Thou, il n'y avait eu de brisé que la statue de Paul IV.

2. Ces mouvements eurent lieu le lendemain de la mort de Paul IV (18 août 1559) et furent si violents que plus de trois mois s'écoulèrent sans que le conclave pût se réunir. D'Aubigné suit ici le récit de de Thou (1740, t. II, p. 612).

3. Pandolfe Pucci, d'une famille illustre de Florence qui avait donné trois cardinaux à l'Église.

4. Astolfe Cavalcanti. Cette conjuration est racontée par de Thou (1740, t. II, p. 718).

sèrent qu'ils devoyent tuer le duc d'une arquebusade par une fenestre et furent exécutés publiquement[1].

Après grandes menées, fut esleu Jean l'Ange Médicis, fils d'un pauvre homme de Milan, qui, à son ombre, haussa force frères qu'il avoit, surtout son aisné, qu'il fit marquis de Marignan, nom célèbre en nos guerres. Ce pape, nommé Pie IV[2], soit que parent des Médicis ou non, acheta de plusieurs bienfaicts l'adveu de Cosme, duquel la prudence aussi réputa à honneur de pouvoir croistre un pape et sa race.

Les premiers actes de Pie furent d'annuller les édicts de son prédécesseur, adoucir l'inquisition, continuer en sa dignité Ferdinand empereur.

Quelque temps après, le vice-roi de Sicile, nommé la Cérale[3], désireux d'acquérir renommée et obliger le Roi Philippes, son maître, ayant de longtemps un dessein de reprendre Tripoli, le communiqua au grand maistre de Malte, qui lors estoit Parisot[4]. Le Roy d'Espagne, ayant entendu et aprouvé l'affaire, fait préparer l'armement sous le vice-roi général, assisté d'André Dorie, fait par toute l'Italie lever des forces, qui furent retardées quelque temps par les gouverneurs du païs, allarmés des forces turquesques sur les occasions que nous avons déduictes, et puis craignant que

---

1. Pandolfe fut condamné à être pendu sur la place publique, Cavalcanti et Médicis à avoir la tête tranchée.
2. Pie IV, né à Milan le 31 mars 1499, élu pape le 26 décembre 1559, mort le 9 décembre 1565.
3. Jean de la Cerda, duc de Medina-Celi, vice-roi de Sicile.
4. Jean Parizot de la Valette, né en 1494, gouverneur de Tripoli sous le grand maître d'Omèdes, en 1537, succéda comme grand maître à Claude de la Sangle, le 21 août 1557, et mourut à Malte le 21 août 1568.

la mort du Roi de France leur apportast quelque nouveauté. Enfin, le rendez-vous de toutes les bandes fut à Messine au mois d'octobre, asçavoir trente cinq enseignes espagnoles sous la charge de Sandeo[1], trente cinq italiennes sous André Gonsague, quatorze de lansquenets et deux de François. Tout cela faisoit trente mille hommes, qui eurent, pour s'embarquer, que naux que galères communes 54, et vaisseaux ronds 42; cela fourni par le pape, le duc de Florence et par le grand maistre, qui y employa 400 chevaliers et 600 arquebusiers bien choisis.

Le vice-Roi, ayant vivres pour 4 mois, appareilla le dernier d'octobre et fut contrainct de relascher en Sicile jusques au commencement de décembre. De là, il envoye deux frégates, desquelles l'une fut prise par Dragut, lors commendant à Tripoli. Ce vieil corsaire, ayant appris des nouvelles de ses ennemis à leurs despens, n'oublia rien à fortifier et munir sa ville, et aussi d'advertir Soliman pour se préparer à leur secours. Il avoit par menées chassé du gouvernement de Tripoli Morataha[2] et gaigné Zerbi sur un seigneur particulier que les Arabes appellent Xechez[3], nommé Soliman[4], l'ayant convié et estranglé quand il lui eut rendu la ville. Le mesme Dragut avoit offensé le Roi de

---

1. Don Alvaro di Sande, capitaine au service de l'empereur, en Italie et dans les Pays-Bas, mourut gouverneur d'Oran, dans un âge fort avancé. Brantôme a écrit sa vie (t. I, p. 326).

2. Tripoli avait été pris neuf ans auparavant par Dragut, alors que Morataha, seigneur de Tesciara, en était gouverneur (De Thou, 1740, t. II, p. 348).

3. *Xechez*, dit de Thou, surnom que les Arabes donnent aux princes dont les États sont trop bornés pour mériter le titre de rois (1740, t. II, p. 848).

4. Soliman, petit-fils de Soliman II, seigneur de l'île de Gelves.

Carvenne[1], qui fut cause de faire joindre au vice-Roi de Sicile les advis et les forces de ce Roi et du nepveu de ce Soliman, lors Xechez de Zerbi. L'armée, partie de Sicile, fut encores contraincte de mettre ses forces à terre dans l'isle de Malthe, lesquelles on trouva diminuées d'environ 3,000 hommes, ce qui fit envoyer en Italie faire des creues pour le remplacement, et cela ne peut s'avancer vers l'Afrique qu'à la fin de février, que le tout mit pied à terre près Zerbi, en une conche[2] nommée Rochelle[3], où les galères ont accoustumé de faire aigade.

Après la descente faicte et diverses menées entre le dinaste de l'isle, duquel nous avons parlé, et le vice-roi, cestui-là, impuissant de livrer son isle, pource que le peuple se tenoit à la domination la plus ferme, et aussi que cest homme irrésolu tranchoit des deux costés, après quelques escarmouches, la ville est assiégée et se rend en peu de jours par composition. Cela irrita tellement les soldats, privés du pillage, que plusieurs brisèrent leurs armes, et un nommé Auguulne[4], devant ses compagnons, se coupa la gorge d'un cousteau. Cette ville fortifiée, le vice-roi reçeut en mesme temps quelques forces nouvelles de Malthe, le serment du dinaste, et, pour marques d'amitié, l'estendart vert de Dragut; reçeut aussi le Roi de Carvenne, accompagné de huict chevaliers pour prester le serment. Et aussitost nouvelles de Malthe qu'il partoit de Constantinople 40 galères pour le secours de

---

1. Le roi de Carvan, d'après de Thou, était fils du roi de Tunis.
2. *Conche*, anse.
3. De Thou dit : *la Rochetta* (t. II, p. 852).
4. De Thou l'appelle *Ordonnez* (t. II, p. 855).

Tripoli ; de plus, qu'on lui préparoit une autre armée pour l'assiéger si elle estoit prise, et ceste seconde levée de 80 galères. Cela fit qu'André Dorie[1] et les meilleurs capitaines pressèrent le vice-roi de s'avancer pour combattre la première flotte.

Depuis, ayant sçeu par lettres que l'armée avoit desjà esté descouverte à la coste d'Afrique, le vice-roi respondit à Dorie et autres, qui le pressoyent, qu'il ne partiroit point sans avoir embarqué toutes les forces qu'il avoit en terre. Si bien qu'ayant passé la nuict en disputes, ceux qui estoyent au quart crièrent au point du jour : Voile! Voile! et de fort près. C'estoit l'armée turquesque, commandée par le bacha Pralis[2], l'avant-garde menée par Suel Aga. L'armée des chrétiens, surprise, au lieu de prendre l'ordre du combat, print la fuite sans ordre. Dorie, ayant percé quelques galères, se sauva en l'isle. Les Turcs prennent dix-neuf navires, quatorze galères de charge, 5,000 captifs, entre ceux-là l'évesque de Majorque, le fils du vice-roi, dix seigneurs de marque et plusieurs capitaines[3]. Le vice-roi, rencontrant Dorie dans le désordre, lui cria : « Toi, que Dieu a « voulu estre seul innocent de nostre faute, avise à ce « que deviendront les forces de terre. » « Je te con- « seille, dit Dorie, ce que j'ay résolu, c'est de forcer « l'armée en essayant de gaigner Messine[4]. » Ce qu'ils

---

1. Jean André Doria, neveu du grand André Doria, amiral au service de l'Espagne, mourut à Gênes, en 1606.
2. Piali, amiral turc, conquérant de Chypre.
3. Ce désastre eut lieu le 12 mai 1560. Voyez dans les *Épistres des princes*, de Ruscelli (traduction Belleforest, 1572, in-4°, p. 190), une lettre au duc de Florence sur ce grand événement.
4. Le vice-roi, Jean André Doria et quelques autres seigneurs,

firent, après avoir laissé Sandeo, qui s'estoit offert de bonne volonté, à la garde de Zerbi, avec 5,000 hommes, Italiens, François, Allemans et Espagnols.

Dragut ne demeura guères à joindre les forces de terre pour le siège de Zerbi, où tous les jours on ne voyoit que soldats se desrober, refaire des basteaux et se jetter à la merci de la mer ou à celle des Turcs, qui les mettoyent aux galères, hormis les plus apparents, qu'ils envoyoyent pour amener la place à quelque bonne composition. Mais le chef les renvoyoit avec infamie. Là se firent de très belles sorties ; sur toutes une au commencement de juillet[1], en laquelle Sandeo donna jusques en la tente du bacha. Là, estant abandonné, fut contrainct se retirer aux basteaux du pont, où, les frégates l'ayant pris, le bacha le reçeut honorablement avec grands offres pour le faire révolter.

En tout cet affaire, les chrestiens perdirent 28 galères, 14 navires de charge, 18,000 hommes, que morts que mis en la cadeine. Le Roi de France despescha le chevalier Salviati[2] à Constantinople, pour retirer Sandeo, ce que n'ayant peu, l'empereur en vint à bout et l'employa en la Pannonie[3]. Le malheur et la perte de Zerbi vint de ce que toutes choses estoyent

montés sur sept frégates, s'enfuirent à Malte, puis à Syracuse ou à Messine (De Thou, 1740, t. II, p. 859).

1. Le 7 juin, Alvaro di Sande avait fait une première sortie (De Thou, t. II, p. 861 et suiv.). D'Aubigné se trompe, à la suite de de Thou, en fixant au commencement de juillet la ruine de l'armée chrétienne. Ce désastre arriva le 29 juin 1560.

2. François Salviati, chevalier de Malte.

3. Alvaro di Sande obtint la liberté à la requête de Auger de Ghislin, s. de Busbecq, ambassadeur de l'empereur, et sortit de prison le 10 août.

prestes, comme nous avions desjà dit, en Turquie, et qu'on marcha sur le dessein de l'ennemi.

Sur la crainte qu'en prit toute la coste d'Italie, le duc de Florence remit sus une armée de mer, sans y oublier 4 galères, qui, trois jours après la desfaite, avoyent percé l'armée turquesque[1]. Ce fut lors qu'il institua l'ordre de Saint-Estienne[2], qui est de chevaliers mariez et qui dure encor aujourd'hui.

Les affaires des royaumes plus méridionaux n'adjoustèrent point tant de nouveautés à l'estat que nous avons descrit au premier livre, que nous ne puissions prier nostre lecteur d'en attendre la reprise à la fin du troisième livre, en la place qu'y tiennent les affaires du Midi.

Chapitre XXX.

Des affaires d'Occident.

En la compagnie de ce grand empereur[3], nous prendrons le chemin d'Occident. Car, après avoir dressé à Charles, son père, des obsèques honorables[4], avoir laissé sa sœur Marguerite, femme d'Octavio Farnèse,

---

1. Le duc de Florence arma une flotte sous le commandement de Pierre Machiavelli. Cette expédition ne réussit pas. Voir de Thou (1740, t. II, p. 863).

2. D'Aubigné se trompe de date. Ce fut deux ans après, le 15 mars 1562, que le duc de Florence fonda l'ordre de Saint-Étienne, en souvenir de la victoire remportée, le 2 août 1554, à Marciano, par ses troupes.

3. Charles-Quint.

4. Le 28 décembre 1558, Philippe II célébra à Bruxelles, dans l'église de Sainte-Gudule, un service solennel en l'honneur de son père (Prescott, *Hist. de Philippe II,* t. II, p. 316).

prince de Parme, sous le conseil du cardinal Granvelle[1], en l'estat que nous dirons, fait marcher ce qu'il y avoit trop de forces en Flandres, il[2] s'embarque à Flessingue pour prendre la route d'Espagne[3], où, à la veuë des terres, il faillit à périr d'une grande tempeste[4]; il perdit les plus précieux thrésors que son père et luy avoyent amassés aux guerres précédentes, pource qu'il falut en faire le ject[5]. Estant à terre pour rendre grâces à Dieu, à son arrivée, il fit faire un amas de tous les prisonniers, en divers endroicts de l'Espagne, pour le faict de la religion, les fit assembler en deux actes (comme ils appellent), le premier desquels fut exploité à Valdolid[6], le Roi non présent, mais à la veuë de sa sœur Jeanne[7], du prince Charles[8],

1. Antoine Perrenot de Granvelle, né à Ornans en 1517, conseiller d'État, évêque d'Arras, cardinal, chancelier de l'empire sous Charles-Quint, négociateur du traité de Cateau-Cambrésis, régent des Pays-Bas, sous les ordres de Marguerite de Parme, mort dans la retraite à Madrid, en 1593. Sa correspondance en douze volumes in-4° a été publiée, les neuf premiers volumes par les soins du gouvernement français, dans la collection des *Documents inédits,* les trois derniers aux frais du gouvernement belge.
2. *Il,* Philippe II.
3. La flotte leva l'ancre le 20 août 1559.
4. Le 29 août 1559, à la hauteur du port de Laredo.
5. Ce qui a fait dire à Gregorio Leti que Philippe II avait appauvri la terre afin d'enrichir l'Océan (*Hist. de Philippe II*).
6. Ce premier autodafé eut lieu en mai 1559. La régente, Jeanne de Portugal, l'infant don Carlos et les grands de la cour assistèrent au spectacle (Prescott, *Hist. de Philippe II,* t. II, p. 62).
7. Jeanne d'Autriche, fille de Charles-Quint, épousa en 1553 le roi Jean de Portugal et fut mère de don Sébastien. Elle mourut en 1578.
8. Don Carlos, fils de Philippe II et de dona Maria de Portugal, né le 8 juillet 1545, mort le 24 juillet 1568. M. Gachard a écrit la vie de ce prince, in-8°, 1867.

son fils, et de la pluspart des grands seigneurs et dames d'Espagne. La pompe de cest acte commença par héraux et trompettes, et le comte de Buendia[1], portant l'espée nue, suivi des Alguazils et de quelques inquisiteurs. On avoit dressé un eschaffaud au grand marché, et sur lui un siège eslevé de dix degrés, un autre eschaffaud vis à vis pour les princes et princesses, avec grandes galeries pour aller de l'un à l'autre, et de là à la maison de ville, sans peine.

Le premier fut rempli de l'archevesque de Séville[2] et des inquisiteurs; l'autre, des princes, aux pieds et sur les degrés duquel on amena le docteur Cacalla, prescheur de l'empereur Charles cinquième en tous ses voyages d'Allemagne et un de ses précepteurs en sa retraicte. Là, il fut dégradé à la fin d'un sermon faict par Melchior Canus[3], grand prescheur, estimé par toute l'Espagne. Le patient baaillonné bien estroictement, plus Jean de Bivero, Blanche et Constance, ses sœurs, et en un cercueil les os de leur mère. Avec eux Alonce Perés, prestre de Valence, Christophle de Campo, Christople de Padilla, Antoine de Huevelo, Catherine Romain, François Hetrem, jurisconsulte, Catherine Hortegua, Isabelle de Strada et Jeanne de Velasque[4]. Ceux-ci, desguisés d'habillements jaunes, peints de croix et de diables (habits qu'ils appellent

---

[1]. Jean de Acuna, comte de Buendia, gentilhomme de la chambre de Philippe II.

[2]. Fernando Valdès, cardinal, archevêque de Séville, grand inquisiteur.

[3]. Melchior Canus, né en 1523, théologien de l'ordre de Saint-Dominique, envoyé au concile de Trente en 1545, mort à Tolède le 30 septembre 1560.

[4]. Ces supplices sont racontés par Crespin, 1582, p. 97.

sanbenit, propos à estourdir la pitié par la risée ou par l'horreur), furent menés, avec plusieurs autres de moindre nom, à leurs attaches et bruslés vifs au mois de mai.

L'acte de Séville, du mois de septembre d'après, eut pour spectateur le Roi même, et, partant, fut augmentée la cérémonie. Là marchèrent, après les enfans du collège, plusieurs prestres vestus de surpelis. Après eux les pénitenciers et moins criminels, qui s'estoyent desdits de peur du feu; ceux-là portoyent des torches esteinctes. Il y en avoit de ceste condition au premier acte, mais non ainsi marqués. Suivoit la bande des condamnés au feu, environnés de gens armés et de jésuites qui les sollicitoyent. Voici, après le sénat, les Alguazils, les jurés, les juges particuliers, le lieutenant du Roi, accompagné de cavaliers, ceux-là suivis d'un grand corps d'ecclésiastiques. Enfin venoit (quelque espace entre deux) le grand estendard rouge de la sacrée inquisition, portant d'un costé en broderie le nom, le portraict et les armes du pape Sixte quatriesme[1], et de l'autre les images et noms de Ferdinand et d'Yzabelle[2], comme à eux appartenant l'honneur de l'Inquisition.

C'est là le rang auquel marchoyent à cheval et sur des mules les inquisiteurs et leurs amis plus privés qui fermoyent la troupe.

A ce second acte furent bruslés Jean Ponce, de Léon, fils de Roderic, comte de Baylen, Jean Gon-

---

1. François de la Rovere, pape sous le nom de Sixte IV, du 9 août 1471 au 13 août 1484.

2. Ferdinand V le Catholique (1452-1516) et sa femme Isabelle (1461-1504).

zalve, théologien de Séville, ses deux sœurs bruslées avec lui, Yzabelle de Wœnia, Marie Viroés, Cornélie, Jeanne et Marie de Borches, toutes trois sœurs, Ferdinand de S. Joüan, Julian Hernandez, Jean de Léon, Jean Ferdinand, Françoise de Clavez, Christophle de Lansade, Christophle de Arelanio, Garfias Ariaz, estimé le plus excellent docteur d'Espagne, Constantin, évesque de Drosse[1], confesseur de l'empereur et encore privé compagnon de sa retraicte, notable pour avoir prédict telles choses. Estant mort ès torments de la prison, avec plusieurs autres que les gehennes et torments empeschèrent d'aller en public, fut porté[2] en effigie composée et vestue en prescheur, et ainsi présenté au spectacle[3].

Ceux donc que nous avons nommez, comme personnes de marque, avec plus de 60 autres, de qui le nom demeure en obscur, après diverses marques de constance et mespris de mort, paroles signalées où les baaillons eschappoyent, servirent de sacrifices de joye rendus en Espagne pour l'arrivée du Roi Philippe et pour un exemplaire aux autres princes de ce qu'ils s'estoyent promis par la paix[4].

J'ai faict quelque difficulté de ceste expresse description. Deux choses me l'ont permise, l'une que c'estoit chose nouvelle à la chrestienté, de laquelle vous verrés les importances puis après, et l'autre que

---

[1]. Drossen, dans la Haute-Saxe.

[2]. Sous-entendu Constantin, évêque de Drossen.

[3]. Ce second autodafé eut lieu le 24 septembre 1559. Voir Crespin, 1582, p. 500.

[4]. Par la paix de Cateau-Cambrésis. Voir ci-dessus, ch. xviii, liv. I.

tels actes, comme les merveilles d'Angrongne et les constances miraculeuses de ce siècle, ont été descrites par les historiens catholiques encores plus expressément.

Il a falu nous amuser à regarder ces tableaux d'Espagne en marchant vers l'Occident, ce qui nous empeschera d'aller plus loin, comme nous l'avons promis dès le commencement; aussi que, nous estans attachés à traicter en ce livre la dispute pour les religions comme thèse et subject de tant de guerres, aussi en ce qui est particulièrement de l'Occident, et qui a donné prétexte à plusieurs guerres terrestres et combats de mer, nous nous contenterons de marquer le partage faict par le pape Alexandre VI des terres neuves et conquestes que chascun des Rois s'efforceroit de faire par la mer, voulant par là se faire paroistre puissant sur les Rois, dispensateur du monde entier, et particulièrement pour favoriser le dessein de l'Espagnol, qui lors estoit puissant au consistoire de Rome. Pour cest effect, il attribua à l'Espagnol ce qu'il pourroit descouvrir en l'Inde occidentale, tirant pour limite une ligne d'un pôle à l'autre, en diamettre cent lieües au delà des Açores et autant de celles du Cap verd. De sorte que tout ce qui se descouvriroit de ceste ligne vers le Ponant ne seroit possédé que par le Roi de Castille, et ce qui restoit de l'autre costé de la ligne pour les Portugais [1].

1. A la suite de cet arbitrage, Alexandre VI fit dresser une carte du Nouveau-Monde qui est encore conservée à Rome, à la Propagande, dans une salle du musée Borgia. Une ligne noire, perpendiculaire du nord au sud, depuis le détroit de Magellan jusqu'à la terre de Baccalaos (Terre-Neuve), partage la carte en

Depuis, en l'accord de l'an 1494, entre dom Jean de Portugal[1] et le Roi de Castille, la ligne fut mise 370 lieües plus loin vers le Ponant.

Quant aux François, ce que les autres ne vouloyent pas leur demeura, c'est-à-dire le septentrional de l'Amérique[2]. Si bien que le fils aisné de l'Église pour la terre pour la mer fut bastard.

Chapitre XXXI.

Des Afaires de Septentrion.

Ayant passé vers l'Occident en la compagnie du Roi Philippe, nous irons avec une Roine vers le Septentrion. Car la vefve de nostre Roi s'en retourne, ou soit qu'elle ne voulust pas dépendre entierement de la Roine sa belle mère, ou soit qu'elle eust affection d'estre première en quelque lieu, ou soit le conseil de ses oncles pour troubler les réformés partout, en suivant les desseins généraux de la paix. Mais ce qui la pouvoit haster d'avantage, c'est que la douairière, sa mère[3], avoit tout gasté, ne pouvant accorder les humeurs du païs, les désirs de la France et son naturel avec cela, les prétentions des Anglois et la mutation de la religion. De là tant de guerres en Escosse,

---

deux parties. Le long de cette ligne, on lit : Linea divisionis Castellan et Portugalen.

1. Joan II, roi de Portugal, né à Lisbonne le 3 mai 1455, mort le 25 octobre 1495.

2. Le Canada.

3. Marie de Lorraine, régente d'Écosse pendant la minorité et l'absence de Marie Stuart.

où les victoires alternatives ne laissoient aucun capable ni de vaincre, ni de céder, ni d'obtenir la paix. Et ceste femme[1], aux Estats de Sterlin[2], 1559, sur des nouvelles receues de quelque secours, déclara ouvertement qu'elle vouloit esteindre la religion réformée, respondant aux députés, qui lui alléguoyent la foi promise au contraire, qu'il ne faloit exiger les promesses et sermens des princes qu'autant qu'ils leur estoyent utiles.

« Or donc, répliquèrent les députés, nous vous annonçons que, n'y ayant point de foi de vous à nous, vous n'en pouvez exiger de nous à vous. Nous vous annonçons encores la nécessité d'obéir et de penser dès ceste heure comment vous vous démeslerez de nostre inimitié. »

Dès ce jour elle sçeut nouvelles de plusieurs villes déclarées pour les réformez. Le lendemain, elle vid maltraicter les prestres, rompre les images, razer à son nez des couvents jusques aux fondements.

Voilà armée d'une part et d'autre; elle a recours à quelque pacification nouvelle et à tresves plusieurs fois rompues, pource que la foi de la régente n'estoit plus, à son regret, qu'une chanson. C'estoit sur le point que le comte de Haran, fils d'Amilton, autresfois régent, se sauva des mains du cardinal, qui désiroit en faire un exemple notable.

Presque aussitost que lui arrivèrent en Escosse La

---

1. Marie de Lorraine, régente d'Écosse pendant la minorité et l'absence de Marie Stuart.
2. Assemblée de Sterling, convoquée par la régente d'Écosse le 10 mai 1558.

Brosse[1] avec deux mille hommes et l'évesque Pelevé[2], l'un pour faire la guerre, l'autre pour disputer. Sur cette joye, la régente despêche un héraut au comte de Haran, pour lui ordonner de la venir trouver et poser les armes, et pour la sauce force injures et menaces. Les principaux de l'armée respondirent en corps que, la cognoissant mal affectionnée au service de Dieu et au bien de l'Escosse, eux, comme conseillers nez de la couronne, lui enjoignoyent trois choses : de quitter le tiltre de régente, toute administration publique, et avec les estrangers sortir du royaume; tout cela secondé d'une ordonnance aux Escossois qui estoyent avec elle, de la quitter dans 24 heures, sur peine d'estre déclarés traistres à leur patrie. Là dessus [elle] despesche en Angleterre et impètre secours, selon l'accord fait à Bervec au commencement de l'an 1560 et la protection d'Escosse prise par la Roine Élizabeth[3].

De France on avoit despesché vers elle, pour la destourner de cette entreprise, l'évesque de Valence[4] et le

---

1. Jacques de la Brosse, lieutenant successivement de la compagnie du duc de Longueville, du duc de Lorraine et du duc de Guise, gentilhomme ordinaire de la chambre du roi, chevalier de l'Ordre le 28 novembre 1557, capitaine d'une compagnie de trente lances en 1562, fut tué à la bataille de Dreux le 19 décembre 1562. Brantôme a écrit son éloge (t. V, p. 47). Secousse lui a consacré une note (*Mémoires de Condé*, t. I, p. 107).

2. Nicolas de Pellevé, né le 18 octobre 1518, évêque d'Amiens en 1552, archevêque de Sens en 1562, cardinal en 1570, devint un fougueux ligueur, fut envoyé à Rome, où il resta vingt ans, et mourut archevêque de Reims, le 26 mars 1594.

3. Le traité de Berwick est du 27 février 1560.

4. L'ambassade de Jean de Monluc, évêque de Valence, en Écosse, eut lieu au mois de mai 1560. Il a raconté lui-même sa

chevalier de Seure[1], et d'autre costé le marquis d'Elbœuf[2] et Martigues avec 1,200 hommes[3], qui n'empeschèrent point les Escossois d'assiéger le Petit Lict[4] où, après une batterie furieuse et la mort de la régente qui intervint[5], la paix se fit, par laquelle les François s'en devoyent retourner bagues sauves, leurs places desmantelées, la nouvelle Roine oublier toutes choses et faire tenir les Estats[6]. Voilà en quel point estoit l'Escosse quand cette princesse se résolut au voyage.

Ayant donc renvoyé son frère bastard pour donner advis de sa venue[7], conduite par les princes ses parens, de Lorraine à Paris et de là à Calais[8] : le mar-

mission dans un mémoire imprimé dans les *Négoc. sous François II*, p. 392.

1. Michel de Seure, chevalier de Malte, négociateur, grand prieur de Champagne, commandeur de l'Ordre, chambellan du roi et capitaine de gens d'armes. Il présenta à la reine d'Angleterre, avec Jean de Monluc, dans le cours de cette mission, des remontrances qui sont imprimées dans le tome I des *Mémoires de Condé*, p. 533.

2. René de Lorraine, quatrième frère du duc de Guise, né le 14 août 1536, marquis d'Elbeuf et général des galères après son frère, mort en 1566. D'Aubigné se trompe. Le marquis d'Elbeuf fut obligé de se réfugier dans le port de Dieppe et ne passa pas en Angleterre.

3. Sébastien de Luxembourg, seigneur de Martigues, débarqua en Écosse au commencement du printemps de 1560.

4. L'assaut de Leith fut donné le 6 mai 1560. Lord Grey avait le commandement de l'armée; l'amiral Winter était à la tête de la flotte. Ce fut à la suite de ce fait d'armes que s'engagèrent les négociations de paix.

5. Le 10 juin 1560.

6. La paix conclue en Écosse peu avant le débarquement de Marie Stuart fut signée à Édimbourg le 6 juillet 1560.

7. Jacques Stuart, fils naturel de Jacques V, créé comte de Murray le 10 février 1562 par Marie Stuart, assassiné en 1571.

8. Le 24 juillet 1561, Marie Stuart partit de Paris pour assister

quis d'Elbœuf et le grand Prieur de France[1] passèrent la mer avec elle.

Élizabeth, Roine d'Angleterre, à son commencement du règne, ayant fait paix entre les Anglois et Écossois, de laquelle le lien estoit de la religion, convia la Roine d'Escosse, avec honnestes offres, de passer par Angleterre, de quoi elle fut refusée[2].

Toute l'Escosse accourut à cette nouvelle Roine, qui n'oublioit aucunes faveurs, avec l'avantage de sa beauté, pour gagner à soi les plus grands et les plus galands de son royaume.

Son premier dessein fut d'apporter mutation à la religion, assistée à cela par les contes de Huntlei[3], Sunderland[4] et autres; contrariée par son frère bastard, les comtes de Haran, de Morton[5] et Duglas[6].

Le comte Bothuel[7] apporta à la confusion de l'Es-

à une fête d'adieux que le roi lui donna à Saint-Germain. Le 10 août, elle arriva à Calais conduite par le duc de Guise. Le 15, elle s'embarqua pour l'Écosse.

1. François de Lorraine, troisième frère du duc de Guise, grand prieur de France et général des galères, né le 18 avril 1534, mort le 6 mars 1563.

2. D'Aubigné ne dit pas que Élisabeth avait pris des mesures pour retenir Marie Stuart en prison, si les hasards de la navigation l'avaient obligée à débarquer en Angleterre (*Calendars*, 1561, p. 150 et 198).

3. Georges Gordon, comte de Huntley, chancelier d'Écosse, le premier des lords catholiques.

4. Georges Gordon, comte de Sutherland, cousin de Huntley.

5. Morton et Duglas sont le même personnage.

6. Jacques Douglas, comte de Morton, se trouvait, en 1557, à la tête de la ligue formée contre Marie de Lorraine. Il passa au service de Marie Stuart. Accusé de trahison par le parti anglican, il eut la tête tranchée en 1581.

7. Jacques Hepburn, comte de Bothwell, amiral héréditaire d'Écosse, épousa, le 15 mai 1567, Marie Stuart, dont il avait fait

cosse ce qu'il put, comme ayant tout fricassé, comme on dit, et n'espérant qu'aux nouveautés. Il esmeut donques les comtes de Hamilton[1] et de Suderland ; et les conjurez estans venus au combat furent deffaicts par les autres seigneurs du païs, les principaux demeurans prisonniers, horsmis Hunltei fugitif[2].

Je ne dirai plus pour ceste fois d'Albion, sinon que les Estats, d'une part et d'autre, ayans souhaité l'entreveue des Roines, cela fut rompu, ayant la Roine Élizabeth à contre cœur de se voir trop souvent sollicitée d'establir son successeur[3], et disant qu'on ne lui apportoit miroir que de son suaire. Nous reprendrons ces affaires quand il faudra, pour mettre le cap au Nort et dire du Dannemarc que Chrestien[4], qui fut prince bien nommé, ayant eu quelques guerres contre un pyrate, nommé Clément[5], fut aussi attaqué par les comtes d'Oldembourg[6] et la république de Lubec[7].

périr le mari, Darnley, trois mois auparavant (10 février). Chassé d'Écosse, après la bataille de Langsyde (13 mai 1568), il se réfugia en Danemark et y mourut en prison. Voyez le liv. IV.

1. Jacques Hamilton, comte d'Aran, duc de Châtellerault, fut nommé régent d'Écosse en 1543, à la mort de Jacques V. Il mourut en 1576.

2. Cette victoire fut remportée par le comte Murray en août 1562.

3. Allusion aux efforts des Anglais pour décider Élisabeth à se marier.

4. Christian III, né en 1503, roi de Danemark en 1533, mort en 1559 à Colding.

5. Ce corsaire, qui désolait le Jutland, fut pris par Christian III et condamné à mort (de Thou, 1740, t. II, p. 632).

6. Christophe, comte d'Oldenbourg, né en 1504, mort en 1566.

7. La république de Lubeck luttait pour garder son indépendance et avait pris pour chef le comte d'Oldenbourg (Geyer, Hist. de Suède, p. 163).

Par la victoire de tous ces partis ayant eu paix, il s'employa à establir sa religion, des collèges, des hospitaux, et, ayant fait traduire la Bible en sa langue, il mourut à Coldingue[1], laissant de sa femme Dorothée de Saxe[2] trois fils et deux filles. L'aisné Frideric[3], heretier du royaume, attaqué par les Thietmarsiens[4], nation belliqueuse, tousjours rebelle aux supérieurs, comme il parut par les grandes guerres supportées contre leurs voisins, et notamment contre le Roi de Dannemarc, signalées par leur victoire contre Christierne premier en l'an 1480.

Frideric, irrité par eux, employa son frère Jean Maurice[5] et le duc de Brunsvich[6] à faire des levées secrettement. Ils reçoivent Adolff, comte de Holdembourg[7], à leur entreprise, à la charge de lui laisser un tiers de la conqueste. Ces associez, après plusieurs difficultés, envoyent déclarer la guerre aux Thietmarsiens, lors assemblez à Hécla[8], par un homme condamné à mort. Il rapporta response plus modeste qu'on attendoit.

Au commencement de juin, l'armée trouva diverses testes vers Meldolphe, Amma et Tilbruge[9], mettant si

---

1. Colding, en Danemark, dans le Jutland.
2. Dorothée de Saxe, fille de Magnus, duc de Saxe.
3. Frédéric II, né en 1534, mort en 1588.
4. Les habitants du Dithmarschen (district du Holstein).
5. Jean Maurice était le troisième fils de Christian III.
6. Henri III, duc de Brunswick et de Wolfenbüttel, né le 10 novembre 1489, mort le 22 juin 1568.
7. Plutôt Antoine, comte d'Oldenbourg, né en 1505, mort en 1573.
8. Heiden, d'après de Thou (1740, t. II, p. 641).
9. Meldorf, Hamma et Tielbruch, villes du Dithmarschen.

bien les deux dernières en jalousie que ceux de Meldolphe, y ayant jetté leurs forces, furent assiégez despourveus, dont advint qu'après s'estre très bien deffendus (car mesmes les femmes se firent tuer à la bresche, où une tua deux soldats de son cousteau), ils furent emportez, demeurans 400 hommes sur la place; le reste se sauva dans le marais[1].

De cest effroi les Thietmarsiens abandonnent Bronse-Butelle et Tiburge[2]. Mais à Hécla, ceux du païs disputèrent la campagne, et puis force retranchements, toutesfois emportez à coups de canon. Ils y perdirent 3,000 hommes. Il falut attaquer Amma, où ils avoyent retiré femmes, enfans et thrésors. Dès le commencement du siège, ils envoyèrent deux prestres avec le baston blanc, et une lettre au bout. La capitulation se fit à la charge qu'ils recognurent les Dannois pour leurs princes[3]. Quatre mille Thietmarsiens demandèrent pardon à genoux la teste nue, rendirent l'artillerie et munitions, et receurent trois citadelles. Ceste paix fut l'année suivante confirmée par l'Empereur.

L'an d'après, qui estoit 1560, Magnus[4], frère de Frideric, transporta son partage à son frère, pour aller secourir les Livoniens, lassez du gouvernement de leurs chevaliers. Lui et son secours furent désirez et aimez au commencement, mais les troubles que l'ar-

1. Meldorf fut pris le 3 juin 1559 (de Thou, 1740, t. II, p. 643).
2. Brunsbüttel fut abandonné par les habitants. Tielbruck fut pris par le général Rantsow (de Thou, 1740, t. II, p. 644).
3. Les Dithmarsiens demandèrent à traiter vers le 17 juin 1559. La paix fut conclue, et il fut convenu que, le 21, les vaincus apporteraient leurs armes (de Thou, 1740, t. II, p. 647).
4. Magnus, duc de Holstein, était le troisième fils de Christian III. Il fut évêque de Hapsal, en Livonie.

chevesque esmeut contre lui, supportez par Christoffle de Mayence[1], donnèrent aux Moscovites le temps, durant l'assemblée de Parnovie[2], de faire leur expédition. Ils battent auprès de Hermes[3] l'armée des Livoniens, conduite par Philippes Chal[4], maistre de l'ordre, prennent de force Wenlin[5]. Retraicte de Guillaume Fustemberg[6], cependant que la garnison s'esbatoit à peser les thrésors du vieillard. Ils tuèrent les pillards et emmenèrent le bon homme prisonnier en Moscovie.

D'un tel succès les Moscovites enflez se mettent en trois; une troupe assiège la forteresse de Wistenting[7] et ne fit pas ses affaires; l'autre va picorer vers Wolmaria[8]; les autres courent vers Resvarie[9] et Parnovie, où commandoit ce Magnus. Les Revariens, désespérez du secours de l'Empereur, vont demander argent au

---

1. Christophe de Mayence, évêque de Mecklembourg.
2. L'assemblée de Parnaw est une conférence négociée par les archevêques de Riga et de Mecklembourg entre Magnus, prince de Danemark, et les Livoniens (1560).
3. Ermès, dans le pays de Letten. La plupart des chefs furent faits prisonniers et conduits à Moscou (1560) (de Thou, 1740, t. II, p. 865).
4. Philippe Schal, maître de l'ordre des Porte-Glaives, en Livonie.
5. Vellin, en Livonie, assiégé par les Russes sur la fin de juillet 1560.
6. Guillaume de Furstemberg, grand maître de l'ordre des Porte-Glaives en 1535, fut fait prisonnier, en août 1560, à Vellin, par les Moscovites, et mourut peu après en captivité.
7. Wistentein, château assiégé par les Moscovites en août 1560.
8. Volmar, en Livonie, pillé par les Moscovites en août 1560 (de Thou, 1740, t. II, p. 865).
9. Revel et Parnaw, en Livonie, pillés par les Russes en août 1560.

Roi de Suède¹, qui n'en avoit point pour les secourir comme estrangers, ouy bien comme siens. En ceste nécessité, avec l'advis de la noblesse du païs, ils retirèrent leur serment du grand maistre de Livonie, pour le bailler à ce Roi ; grande diminution au grand maistre et semblablement aux Polonois protecteurs de leur Estat.

Voilà ce qu'il a falu dire pour se préparer au livre qui suit, auquel nous garderons la distinction des affaires de Flandres, n'ayans rien pour le présent à dire que les persécutions, cottées dans le traicté des Martyrs.

Chapitre XXXII.

De la paix.

Ainsi qu'aux livres à venir nous verrons tous les jours couronner les exploicts de guerre de la France par quelque paix ; et ainsi ce livre, où le royaume n'a point senti de guerres formées, mais quelque trouble seulement, finira par un Édict pacifique, non débatu de parti à parti, mais seulement accordé en la plus célèbre assemblée de grands, qui ait esté en France plusieurs années devant et après. Je l'ay voulu coucher tout du long pour son importance ².

---

1. Eric XIV, roi de Suède, fils de Gustave Wasa et de Catherine, fille de Magnus de Saxe-Lauembourg, déposé en 1568, mort en 1577.

2. L'édit de janvier, accueilli avec empressement par le parti huguenot et repoussé par le parti catholique, devint, contre l'intention de son auteur, le chancelier de l'Hospital, la première cause de la guerre civile. Nous avons réuni sur ce point un cer-

ÉDICT DE JANVIER.

Charles, par la grâce de Dieu Roi de France, à tous ceux qui ces présentes lettres verront, salut. On sçait assez quels troubles et séditions se sont despieçà et de jour en jour suscitées, accreues et augmentées en ce royaume par la malice du temps et de la diversité des opinions qui règnent en la religion, et, quelque remède que nos prédécesseurs ayent tenté pour y pourvoir, tant par la rigueur, sévérité des punitions que par douceur, selon leur accoustumée et naturelle bénignité et clémence, la chose a pénétré si avant en nostredict royaume et dedans les esprits d'une partie de nos subjects, de tous sexes, Estats, qualitez et conditions, que nous nous sommes trouvez bien empeschez, à nostre nouvel advènement à cette couronne, d'adviser et résoudre des moyens que nous aurions à suivre pour y apporter quelque bonne et salutaire provision. Et de faict, après avoir longuement et meurement consulté de cest affaire avec la Roine, nostre très honorée et très amée dame et mère, nostre très cher et très amé oncle, le Roi de Navarre, nostre lieutenant général et représentant nostre personne par tout nostre royaume et païs, et autres princes de nostre sang, et gens de nostre conseil privé, nous aurions fait assembler en nostre cour de Parlement, à Paris, nostredict oncle, princes de nostre sang, pairs de France et autres

---

tain nombre de documents nouveaux dans *Antoine de Bourbon et Jehanne d'Albret,* t. IV, p. 19 et suiv.

princes et seigneurs de nostre conseil privé, lesquels, avec les gens de nostredicte cour, auroyent, par plusieurs conférences et délibérations, résolu l'édict du mois de juillet dernier, par lequel nous aurions, entre autres choses, deffendu, sur peine de confiscation de corps et de biens, tous conventicules et assemblées publiques avec armes ou sans armes, ensemble les privées, où se feroyent presches et administration des sacrements en autre forme que selon l'usage observé en l'Église catholique, dès et puis la foy chrestienne receue par les Rois de France, nos prédécesseurs, et par les évesques, prélats, curez, leurs vicaires et députez, ayans lors estimé que la prohibition desdictes assemblées, estoit le principal moyen, en attendant la détermination d'un concile général, pour rompre le cours à la diversité des opinions, et, en contenant par ce moyen nos subjects en union et concorde, faire cesser tous troubles et séditions ; lesquelles au contraire par la désobéissance, dureté et mauvaise intention des peuples, et pour s'estre trouvée l'exécution dudit édict difficile et périlleuse, se sont beaucoup plus accreues et cruellement exécutées à nostre très grand regret et desplaisir qu'elles n'avoyent faict auparavant ; pour à quoy pourvoir et, attendu que ledict édict n'estoit que provisionnal, nous aurions esté conseillé de faire en ce lieu autre assemblée de nostredit oncle, princes de nostre sang et gens de nostre conseil privé, pour, avec bon nombre de présidents et principaux conseillers de nos cours souveraines, par nous mandez à ceste fin, et qui nous pourroyent rendre fidelle compte de l'estat et nécessitez de leurs provinces pour le regard de ladicte religion, tumultes et séditions, adviser des moyens plus propres, utiles et commodes, d'appaiser et faire cesser toutes les séditions, ce qui a esté faict; et, toutes choses bien et meurement digérées et délibérées en nostre présence, et de nostredicte dame et mère, par une si grande et notable compagnie, nous avons par leur advis et meure delibération, dict et ordonné, disons et ordonnons ce qui s'ensuit :

Asçavoir, que tous ceux de la nouvelle religion ou autres qui se sont emparez des temples seront tenus, après la publication de ces présentes, d'en vuider et s'en despartir, ensemble des maisons, biens et revenus appartenans aux ecclésiastiques, en quelques lieux qu'ils soyent situez et assis; desquels ils leur délaisseront la pleine et entière possession et jouissance, pour en jouir en telle liberté et seureté qu'ils faisoyent auparavant qu'ils en eussent esté dessaisis; rendront et restitueront ce qu'ils ont pris des reliquaires et ornements desdicts temples et églises, sans que ceux de ladicte nouvelle religion puissent prendre aucun temple ni en édifier dans ni dehors les villes, ni donner ausdicts ecclésiastiques, en la jouissance et perception de leurs dismes et revenus, et autres droicts et biens quelconques, ores ne pour l'advenir, aucun destourbier ou empeschement; ce que nous leur avons inhibé et inhibons par cesdites présentes, et d'abattre et démolir croix ne images, et faire autre acte scandaleux et séditieux, sur peine de la vie et sans espérance d'aucune grâce ou rémission.

Et semblablement de ne s'assembler dans lesdictes villes pour y faire presches et prédications, soit en public, soit en privé, ni jour, ni nuict.

Et néantmoins, pour entretenir nos subjects en paix

et concorde, en attendant que Dieu nous face la grâce de les pouvoir réunir et remettre en une mesme bergerie, qui est tout nostre désir et principale intention, avons, par provision et jusques à la détermination dudict concile général, ou que par nous autrement en ait esté ordonné, sursis, suspendu et supersédé, surséons, suspendons et supersédons les deffenses et peines opposées tant audict édict de juillet qu'autres précédents, pour le regard des assemblées qui se feront de jour hors lesdictes villes, pour faire leurs presches, prières et autres exercices de leur religion.

Deffendant sur lesdictes peines à tous les juges, magistrats et autres personnes, de quelque estat, qualité ou condition qu'ils soyent, que, lorsque ceux de ladicte religion nouvelle iront, viendront et s'assembleront hors lesdites villes, pour le fait de ladicte religion, ils n'ayent à les y empescher, inquiéter, molester, ne leur courir sus en quelque sorte ou manière que ce soit; mais, où quelques uns voudroyent les offenser, ordonnons à nosdicts magistrats et officiers que, pour éviter tous troubles et séditions, ils les empeschent, facent sommairement et séverement punir tous séditieux, de quelque religion qu'ils soyent, selon le contenu de nos précédents édicts et ordonnances, mesmes en celle qui est contre lesdicts séditieux, et pour le port des armes, que nous voulons et entendons, entre toutes autres choses, sortir leur plein et entier effect et demeurer en leur force et vertu. Enjoignons de nouveau, suivant icelles, à tous nosdicts subjects, de quelque qualité et condition qu'ils soyent, qu'ils n'ayent à faire aucunes assemblées à port d'armes, et ne s'entr'injurier ni reprocher pour le faict de la religion, ni faire esmouvoir, procurer ou favoriser aucune sédition, mais vivent et se comportent les uns avec les autres doucement et gratieusement, sans porter aucunes pistoles, pistolets, arquebuses, ni autres armes prohibées et deffendues, soit qu'ils aillent ausdites assemblées ou ailleurs, si ce n'est aux gentilshommes, pour les dagues et espées, qui sont les armes qu'ils portent ordinairement.

Deffendons en outre aux ministres et principaux de ladicte religion nouvelle qu'ils ne reçoivent en leurs assemblées aucunes personnes, sans premièrement s'estre bien informez de leur vie, mœurs et conditions, afin que, si elles sont poursuivies en justice ou condamnées par deffaut et contumaces de crimes méritans punition, ils les mettent et rendent à nos officiers pour en faire la punition.

Et toutes et quantes fois que nosdicts officiers voudront aller à leursdites assemblées pour assister à leurs presches, et voir quelle doctrine y sera annoncée, qu'ils les y reçoivent et respectent selon la dignité de leurs charges et offices; et, si c'est pour prendre et appréhender quelque malfaicteur, qu'ils leur obéissent, prestent et donnent toute faveur et assistance dont ils auront besoin.

Qu'ils ne facent aucun synode ne consistoire, si ce n'est par congé ou présence de l'un de nos officiers, ne semblablement aucune création de magistrats entr'eux, lois, statuts et ordonnances, pour estre chose qui appartient à nous seul. Mais, s'ils estiment estre nécessaire de constituer entr'eux quelques reiglements pour l'exercice de leur religion, qu'ils les monstrent à nos officiers, qui les authoriseront s'ils voyent que ce soit chose qu'ils puissent et doibvent raisonnablement faire, sinon nous en advertiront pour en avoir nostre permission, et autrement en attendre nos vouloir et intention.

Ne pourront ensemble faire aucuns enrollements de gens, soit pour se fortifier et aider les uns les autres, ou pour offenser autrui, ni pareillement aucunes impositions, collectes et levées de deniers sur eux.

Et, quant à leurs charitez et aumosnes, elles se feront non par cottisation ou imposition, mais volontairement.

Seront, ceux-là de ladicte nouvelle religion, tenus garder nos loix politiques, mesmes celles qui sont receues en nostre Église catholique en faict de festes chommables et de mariage pour les degrez de consanguinité et affinité, afin d'obvier aux débats et procès qui s'en pourroyent ensuivre à la ruine de la plus part des bonnes maisons de ce royaume et à la dissolution des liens d'amitié, qui s'acquièrent par mariage et alliance entre nos subjects.

Les ministres seront tenus se retirer par devers nos officiers des lieux pour jurer en leurs mains l'observation de ces présentes et promettre de ne prescher doctrine qui contrevienne à la pure parole de Dieu, selon qu'elle est contenue au symbole de Nicée, et ès livres canoniques du vieil et nouveau Testament, afin de ne remplir nos subjects de nouvelles hérésies, leur deffendant, très expressément et sur les mesmes peines que dessus, de ne procéder en leurs presches par convices contre la messe et les cérémonies receues et gardées en nostredicte Église catholique, et de n'aller de lieu en autre et de village en village pour y prescher contre le gré des seigneurs, curez, vicaires et marguilliers des paroisses; en cas semblable, est deffendu à tous catholiques prescheurs de n'user, en leurs sermons et prédications, d'injures et invectives contre lesdicts ministres et leurs sectateurs, pour estre chose qui a jusques ici beaucoup plus servi à exciter le peuple à sédition qu'à le provoquer à dévotion; et à toutes autres personnes, de quelque estat, qualité ou condition qu'ils soyent, de ne recevoir, recéler ne retirer en leur maison aucun accusé, poursuivi ou condamné pour sédition sur peine du fouet ou de bannissement. Voulons en outre que tous imprimeurs, semeurs ou vendeurs de placards, libelles diffamatoires soyent punis pour la première fois du fouet et pour la seconde de la vie.

Et, pource que tout l'effect et observation de ceste présente ordonnance, qui est faicte pour la conservation du repos général du royaume et pour obvier à tous troubles et séditions, dépend du debvoir, soing et diligence de nos officiers, avons ordonné et ordonnons que les édicts, par nous faicts sur les résidences, seront gardez inviolablement, et les offices de ceux qui n'y satisferont vaquans et impétrables, sans qu'ils puissent estre remis ni conservez, soit par lettres patentes ou autrement.

Que tous baillis, séneschaux, prévosts et autres, nos officiers et magistrats, seront tenus, sans attendre prière ou réquisition, d'aller promptement et incontinent à la part où ils entendront qu'il aura esté commis quelque maléfice, pour informer ou faire informer contre les délinquans et malfaicteurs, et se saisir de leurs personnes et faire et parfaire leur procès, et ce sur peine de privation de leurs estats, sans espérance de restitution, et de tous dommages et intérests envers les parties; et, s'il est question de sédition, puniront les séditieux sans déférer à l'appel; appellé avec eux tel nombre de nos autres officiers ou advocats fameux qu'il est porté par nostre édict de juillet, et tout ainsi que si c'estoit par arrest de l'une de nos cours souveraines. En défendant à nostre très cher et féal chancelier et à nos amez et féaux les maistres des requestes ordinaires de nostre hostel, tenans les sceaux de nostre chancelerie, de ne bailler aucun relief d'appel; et à nos cours de parlement de ne les tenir pour bien relevez, ou autrement empescher la cognoissance de nosdicts officiers inférieurs audict cas de sédition, attendu la périlleuse conséquence, et qu'il est besoing d'y donner prompte provision et exemplaire punition.

Si donnons mandement, par cesdictes présentes, à nos amez et féaux les gens tenans nosdictes cours de parlement, baillifs, séneschaux, prévosts ou leurs lieutenants, et à chacun d'eux, si comme à lui appartiendra, que nos présentes ordonnances, vouloir et intention, ils facent lire, publier et enregistrer, entretenir, garder et observer inviolablement, et par contraincte. Et à ce faire et souffrir contraignent et facent contraindre tous ceux qu'il appartiendra, et qui pour ce seront à contraindre, et procéder contre les transgresseurs par les susdictes peines; et nous advertissent lesdicts baillifs, séneschaux, prévosts et autres nos officiers, dans un mois après la publication de ces présentes, du debvoir qu'ils auront faict en l'exécution et observation d'icelles. Car tel est nostre plaisir, nonobstant quelconques édicts, ordonnances, mandements ou défenses à ce contraires, ausquelles nous avons, pour le regard du contenu en cesdictes présentes, et sans y préjudicier en autres choses, desrogé et desrogeons.

En tesmoing de ce, nous avons fait mettre nostre seel à cesdites présentes.

Donné à Sainct Germain en Laye, le 17e jour de janvier 1561, et de nostre règne le IIe.

Ainsi signé :
Par le Roi en son conseil,
Bourdin.

Et seellé sur double queue de cire jaune.

FIN DU SECOND LIVRE.

APPENDICE.

I.

L'*Histoire de France* de La Popelinière.

(Vid. sup., p. 3, note 2.)

La sévérité, voisine de l'injustice, avec laquelle d'Aubigné traite l'*Histoire de France* de La Popelinière, appelle de notre part quelques rectifications. Il lui reproche ses négligences [1] et enfin sa vénalité. Sur le premier point, d'Aubigné aurait dû être plus indulgent qu'un autre. Sur le second, il ne fournit aucune preuve [2]. L'accusation doit être peu fondée, puisqu'elle n'a pas été relevée dans le procès de l'*Histoire de France*.

La Popelinière s'était imposé une règle toute nouvelle alors, celle de raconter impartialement les événements. « J'ay prati-
« qué, dit-il, un nouveau moyen de représenter les desseins et
« actions d'une part et d'aultre, comme neutre et indifférent
« aux deux partis, tel que doit être l'historiographe [3]. » Cette impartialité parut un déni de justice aux religionnaires. Au

---

1. Il aurait pu, avec plus de justice, lui reprocher ses plagiats. Le livre VII de l'*Histoire de France*, qui embrasse la période écoulée entre la mort de François II et la fin du colloque de Poissy, n'est que la reproduction de l'*Estat de religion et république* du président La Place. A la fin du liv. VII, f. 278, lorsque le récit de La Place lui fait défaut, La Popelinière reprend la parole. Du reste, Théodore de Bèze lui avait donné l'exemple d'un si audacieux plagiat.
2. Voyez le chap. IV du livre V de la première partie de l'*Histoire universelle*.
3. Lettre de La Popelinière à de Bèze du 15 janvier 1581 (Minute orig.; coll. Dupuy, vol. 744, f. 235).

moment où l'*Histoire de France* fut publiée, le parti de la Réforme était conduit à La Rochelle par un ministre ambitieux et jaloux, Odet de Nort. La Popelinière l'avait peut-être offensé en parlant de son « animosité » et en racontant ses démêlés avec le ministre Noël Magnan [1]. Odet de Nort ameuta facilement ses coreligionnaires contre l'auteur, sous prétexte qu'il avait « usé de termes scandaleux, » commis des erreurs de doctrine et publié des faits qui ne faisaient point honneur à la Cause [2]. En vain La Popelinière avait reçu de l'illustre de Bèze, après l'envoi de son livre [3], des félicitations et des éloges [4]. Le 3 juin 1581, le roi de Navarre enjoignit aux magistrats de La Rochelle de traiter le nouvel historien en pamphlétaire.

« Messieurs, j'ay enttendu que, au mespris de l'édict de paci-
« fication fait par le Roy, mon seigneur, ung nommé Popelly-
« nyere, qui demeure pour à présent en vostre ville, a faict ung
« livre contre la religion réformée et aussi contre ceulx de nostre
« maison, lequel il a fait imprimer en vostre ville par vostre
« imprimeur, qui est cause que, d'aultant que je sçay que estes
« désireulx du bien et repost de cest estat et zélateur de la rel-
« ligion, contre laquelle ledict livre est faict, et aussi amatteur
« de nostre maison pour y avoir trouvé faveur et adsistansse
« quand vos affaires l'ont requis, que je vous ay bien voulu
« escripre ces présentes et vous envoyer à ceste fin le s. de Saint-

---

1. *Histoire de France*, t. II, f. 297.
2. Lettre autographe de La Popelinière sans adresse et sans date (coll. Dupuy, vol. 744, f. 263).
3. Lettre autographe de La Popelinière à de Bèze du 15 janvier 1581 (coll. Dupuy, vol. 744, f. 235). Dans cette lettre, La Popelinière parle des emprunts qu'il a souvent faits à l'*Histoire ecclésiastique*. Ainsi se trouve tranchée une question qui a souvent été soulevée : celle de savoir lequel, du livre de La Popelinière ou de celui de de Bèze, fut publié le premier.
4. La réponse de de Bèze à La Popelinière est datée du 29 mars 1581 (Orig.; coll. Dupuy, vol. 744, f. 237). Il ne lui adresse que deux reproches : le premier d'avoir parlé avec trop d'indulgence du docteur François Baudouin (t. I, f. 299) ; le second d'avoir glissé trop légèrement sur les massacres de Vassy et de la Saint-Barthélemy.

APPENDICE.   373

« Mesme, gentilhomme signalé, que bien congnoissez, pour vous
« prier, Messieurs, vouloir faire faire telle et si exemplaire jus-
« tice d'ung Popellyniere et de vostre imprimeur qu'elle donne
« occasion de contenir les aultres en leur debvoir; que, si telles
« choses estoient souffertes, cela feroyt que ung chacung ce
« lissencieroyt à faire le semblable pour l'espérance qu'ilz
« auroyent de demeurer impunys. J'ay donné charge au s. de
« Saint-Mesme de poursuyvre vivemant ce faict jusques à ce
« que la justice desdicts Popellyniere et imprimeur se ensuyve.
« A quoy m'attendant que ne ferez faulte, ne vous diray davant-
« taige pour pryer Dieu vous avoir, Messieurs, en sa très saincte
« et digne garde.

« De Nérac, ce 3ᵉ jour de juing 1581.

« Vostre affectionné amy,
« Henry[1]. »

Le jour même où cette lettre partait de Nérac, La Popelinière protestait auprès du prince « contre les mauvais rapports de « quelques envieux » et demandait un sérieux examen de son livre[2]. Le synode se réunit à La Rochelle le 9 juillet, sous la présidence de Odet de Nort[3], et, après un court examen[4], rendit l'arrêt suivant :

« Le synode nationnal des églises réformées de ce royaume,
« assemblé en ceste ville de la Rochelle sous l'authorité des

1. Copie du temps; coll. Dupuy, vol. 744, f. 248.
2. Lettre de La Popelinière au roi de Navarre du 3 juin (1581), datée de la Rochelle (Minute avec corrections autographes; coll. Dupuy, vol. 744, f. 240). Le même jour, La Popelinière écrivit dans le même sens au prince de Condé (ibid., f. 242) et à Hurozius Berziau, seigneur de la Marsilière, alors secrétaire du roi de Navarre (ibid., f. 244).
3. Le synode avait choisi Odet de Nort comme président. Voir les actes de cette assemblée dans le tome X de la *France protestante* de Haag, p. 178. Arcère se trompe en disant que La Popelinière fut condamné le 28 juin ; la condamnation est du 9 juillet (*Hist. de la Rochelle*, t. II, p. 51).
4. La Popelinière dit que le synode y consacra « une seule après dînée, voire deux heures » (Lettre autographe sans adresse ;

« édicts du Roy, ayant veu un certain livre intitulé l'*Histoire de*
« *France*, imprimé en ceste dicte ville, sur les plainctes que en
« estoyent faictes de plusieurs endroicts de ce royaume, et ayant
« congneu les procédures faictes par le consistoire de ceste
« Église sur ledict livre, a trouvé que en beaucoup d'endroicts
« il parle fort irrévéramment et irreligieusement des choses
« sainctes et qu'il contient plusieurs choses vaines, prophanes,
« pleines de faussetés, mensonges et calomnies au préjudice de
« la vérité de Dieu, désavantage et déshonneur de la saine doc-
« trine et religion réformée et au diffame de plusieurs gens de
« bien, vivans et décédés ; et, partant, a jugé que toutes les
« églises en doivent estre adverties, afin de s'en donner garde
« et de supprimer led. livre autant qu'en elles sera ; et, par
« mesme jugement, a déclaré l'autheur dud. livre, s'il se dict
« des nostres, indigne d'estre recogneu de la communion des
« saincts et d'estre admis à la participation des sacremens,
« jusques à ce qu'il ayt recogneu sa faute et réparé par moyens
« convenables le scandale qu'il a donné aux églises [1]. »

La Popelinière avait été obligé de se rendre à Paris pour suivre un procès en instance devant le parlement. A l'annonce de sa condamnation, il demanda au consistoire de La Rochelle de remettre l'examen de son livre à l'église de Paris, ce qui lui fut refusé. Il proposa alors à ses accusateurs de désigner des docteurs, à nombre égal de part et d'autre, jurant de se soumettre à l'arrêt [2]. Odet de Nort répondit en raillant que La Popelinière « vouloit vider les affaires de l'Église, comme les « marchands, par arbitrages [3]. »

coll. Dupuy, vol. 744, f. 263). Le travail de critique avait probablement été préparé d'avance, car Arcère déclare avoir vu, dans la bibliothèque des prêtres de l'Oratoire, à La Rochelle, le premier volume, corrigé par ordre du consistoire, de l'*Hist. de France* de La Popelinière. Il publie même ces corrections (*Histoire de la Rochelle,* t. II, p. 595). Il n'y a pas une seule rectification de faits.

1. Copie du temps ; coll. Dupuy, vol. 744, f. 254.
2. Lettre de La Popelinière du 10 août (1581) (autog.; coll. Dupuy, vol. 744, f. 256).
3. Lettre de La Popelinière (Minute autog. sans date ni adresse ; coll. Dupuy, vol. 744, f. 263).

Cependant Chassincourt, représentant du roi de Navarre à la cour de France, et Montigny, ministre de l'église de Paris, avaient pris le parti de l'accusé. Celui-ci objectait que tout historien peut tomber dans l'erreur, et que de Bèze lui-même en avait commis 79, d'après l'examen d'un seul docteur [1]. On lui reprochait la divulgation de quelques rapines qu'il attribuait à François de la Noue [2]; il produisit un ordre, signé de ce capitaine, qui justifiait ses critiques [3]. Le 10 août, il présenta sa défense au roi de Navarre [4]. Sa lettre fut vivement appuyée par Duplessis Mornay. Il s'adressa aussi au prince de Condé [5]. Le prince était si vivement irrité que La Popelinière n'avait pas osé revenir à Saint-Jean-d'Angely [6]. Le Béarnais, mieux informé, promit de pardonner à La Popelinière, à la condition de se soumettre à l'arrêt du synode et de faire ressortir, dans une nouvelle édition, l'illégitimité des prétentions de la maison de Guise à la couronne de France et l'atrocité du massacre de la Saint-Barthélemy [7].

L'affaire traîna longtemps, probablement par suite de l'absence de La Popelinière, et le parti huguenot garda ses soupçons sur son premier historien. Simon Goulard écrivit à l'auteur qu'il n'avait pas eu le temps de lire son livre, réponse prudente qui semble cacher une arrière-pensée [8]. D'Aubigné lui conseilla de rectifier lui-même ses récits et l'invita à venir au-devant du roi

---

1. Ibid.
2. Lettre d'un s. de Teilles à La Popelinière du 30 juin 1581 (Orig.; coll. Dupuy, vol. 744, f. 246).
3. Ordre de La Noue à La Popelinière de s'emparer des revenus du château de Lisle (Orig. daté du 2 juillet 1575, s. l.; coll. Dupuy, vol. 744, f. 233).
4. Autographe; coll. Dupuy, vol. 744, f. 268.
5. Lettre de La Popelinière du 12 août 1581 (Orig.; ibid., f. 233).
6. Lettre de La Popelinière (autog. sans date ni adresse; coll. Dupuy, vol. 744, f. 263). Le prince de Condé commandait alors en maître à Saint-Jean-d'Angély.
7. Lettre de Ségur-Pardaillan à La Popelinière, écrite de Nérac le 28 sept. 1581 (Orig.; coll. Dupuy, vol. 744, f. 249).
8. Lettre de Simon Goulard à La Popelinière, datée du 13 novembre 1582 et de Saint-Gervais (Orig.; ibid., f. 250).

de Navarre en Poitou[1]. Enfin, assailli d'injonctions au nom de la discipline par les plus ardents de son parti, La Popelinière se résigna, le 12 février 1585, à subir la censure prononcée contre lui et promit de publier une rétractation[2]. Cet acte d'obéissance fut accepté avec éloges par le roi de Navarre, et Segur-Pardaillan, au nom de son maître, lui adressa une lettre de félicitation[3].

II.

L'*Histoire universelle* DU PRÉSIDENT DE THOU.

(*Vid. sup.*, p. 6, note 3.)

Il ne nous appartient pas de raconter ici la vie de Jacques-Auguste de Thou. L'importance que d'Aubigné attribue justement à ce grand historien, son modèle et son guide, nous autorise seulement à signaler quelques documents nouveaux sur son œuvre.

De Thou était président à mortier au parlement de Paris[4] quand il publia, en 1604, les vingt-quatre premiers livres de son *Histoire universelle*[5]. L'ouvrage fut accueilli avec éloges par un grand nombre de princes et de savants, au jugement desquels l'auteur se hâta de le soumettre, notamment par Jacques II, roi d'Angleterre, Frédéric, électeur palatin, les cardinaux de Joyeuse, Séraphin, Sforza, Borromée, du Perron, d'Ossat, les ambassadeurs Charles de Harlay et Philippe de

---

1. Cette lettre, datée du 1er avril (1583), a été publiée d'après l'autographe par M. Lalanne (*Mémoires de d'Aubigné*, p. 457) et par MM. Réaume et Caussade, t. I, p. 580.
2. Acte dressé à Saint-Jean-d'Angély à la date du 12 février 1585 (Copie du temps signée de La Popelinière; coll. Dupuy, vol. 744, f. 254). La rétractation n'a jamais été publiée.
3. Lettre originale du 16 février 1585, datée de Saint-Jean-d'Angély (coll. Dupuy, vol. 744, f. 260).
4. Les lettres patentes du roi qui lui accordent la survivance de cette charge sont datées du 22 mars 1586 (Orig.; coll. Dupuy, vol. 746, f. 80).
5. Paris, 1604, in-folio, en latin. Cette première partie embrasse la période de 1544 à 1560.

APPENDICE. 377

Fresne-Canaye, les présidents Achille de Harlay et du Vair, le conseiller Gillot, les savants Joseph Scaliger, Juste Lipse, Marc Welser, Pierre Pithou, Nicolas Rapin, Nicolas Peiresc, les historiographes Scévole et Louis de Sainte-Marthe[1]. Plusieurs correspondants lui soumirent leurs critiques, qui sont pour la plupart des corrections de détails, des rectifications plus ou moins autorisées. Nous en signalerons quelques-unes : huit lettres de Daniel Heinsius (coll. Dupuy, vol. 19) ; un mémoire de Charles de Lecluse, naturaliste belge (ibid., vol. 409, f. 12) ; un mémoire de Scaliger (ibid., f. 18) ; un autre de Gaspard Laurent, professeur genevois (ibid., f. 23) ; un autre de Oswald Gabelhofer, docteur en médecine et historiographe du duc de Wurtemberg (ibid., f. 33) ; un autre de Pierre Denaisius, jurisconsulte allemand (ibid., f. 48) ; deux de Nogueyra, savant portugais (ibid., f. 50 à 58) ; un long mémoire non signé (Ve de Colbert, vol. 28, f. 53) ; et enfin une suite de notes de Duplessis Mornay (coll. Dupuy, vol. 409, f. 2).

Le premier volume et surtout les suivants furent vivement attaqués par le parti ligueur, que de Thou avait si rigoureusement traité dans ses récits. Déjà l'auteur s'était aliéné la cour romaine en s'opposant à la réception du concile de Trente. Averti des critiques dirigées contre lui, de Thou proposa des rectifications qui ne désarmèrent pas ses ennemis. Isaac Casaubon atteste qu'il redoutait avant tout une traduction en français faite à son insu, dont la publicité aurait rallumé les passions de la Ligue[2]. En vain les cardinaux de Joyeuse et d'Ossat, membres du Sacré Collège, offrirent leur arbitrage, que de Thou accepta avec empressement[3]. Poursuivi « par la calomnie dont je sens « déjà la pointure, » dit-il dans une lettre au cardinal de

1. Originaux. Plusieurs de ces documents sont en latin (coll. Dupuy, vol. 409, 632, 812 et 819). — Voyez aussi quelques pièces imprimées dans les *Lettres du card. d'Ossat*, in-fol., 1624 ; *Lettres et ambassades de Canaye,* 3 vol. in-fol., 1645 ; *Lettres de Joseph Scaliger,* publiées par M. Tamizey de Larroque, in-8°.

2. Lettre de Casaubon au pasteur Goulard, de Paris, du 27 janvier 1606 (autog.; coll. Dupuy, vol. 409, f. 64).

3. Minute autographe d'une lettre de de Thou au cardinal de Joyeuse, s. d. (coll. Dupuy, vol. 632, f. 23).

Joyeuse[1], il engagea avec les représentants du roi à Rome et surtout avec le protonotaire Christophe Dupuy, son parent, une longue correspondance, dont il serait intéressant de détailler les péripéties[2]. Dans cette campagne contre la congrégation de l'Index, les Jésuites, qu'il craignait de compter au nombre de ses ennemis, se rangèrent au contraire parmi ses défenseurs[3]. Malgré cet appui, le grand historien fut battu, et, le 9 septembre 1609, sur les censures du cardinal Bellarmin et de Antoine Caracciolo[4], l'*Histoire universelle* fut condamnée comme « l'oc- « casione di grandissimo scandalo et di molti mali. » Avec ce grand ouvrage furent proscrits les pamphlets *De potestate papæ*, de Barclay, *Vindiciæ contra tyrannos*, de Languet, *De principatu papæ*, de Burlaam, *De principum origine seu institutione*, de Simon Schard, et quelques autres ouvrages dont les titres même sont oubliés. Peu après, le 30 janvier 1610, la mise à l'index fut ratifiée, mais du moins l'*Histoire universelle* figure en compagnie des *Commentarii de statu religionis et reipublicæ* de Jean de Serres, et des *Discours politiques et militaires* de La Noue[5].

1. Minute autographe d'une lettre de de Thou au cardinal de Joyeuse, s. d. (coll. Dupuy, vol. 632, f. 23).

2. Le vol. 409 de la coll. Dupuy contient vingt-quatre lettres autographes de de Thou à Dupuy, écrites de 1604 à 1607. — Le vol. 709 en contient trente-quatre, la plupart à Dupuy et relatives au même sujet. — Le vol. 812 contient quatre lettres du card. d'Ossat, deux du card. Borromée, une du card. du Perron, huit du card. de la Rochefoucauld, trente du card. de Joyeuse, trente-six du card. des Ursins, quatre-vingt-deux de Jacques de Savary de Lancosme de Brève, ambassadeur de France à Rome, toutes originales et relatives aux négociations de de Thou. — Le vol. 819 contient un certain nombre de lettres de Ribere et de Guillaume Catel, adressées de Rome à de Thou pendant la même période. Quelques-unes de ces pièces ont été imprimées à la suite des traductions de l'*Histoire universelle* de 1736 et de 1740.

3. Voyez trois lettres du P. Richeome à de Thou, de 1610 et 1611 (autog.; coll. Dupuy, vol. 632, f. 51, 53 et 55).

4. Un extrait de ces censures est conservé dans la coll. Dupuy, vol. 409, f. 66.

5. Ces actes sont conservés dans le vol. 409 de la coll. Dupuy,

APPENDICE. 379

Cette condamnation découragea l'illustre historien. Il cessa d'écrire et laissa à Nicolas Rigault, garde de la bibliothèque du roi, le soin de poursuivre son œuvre jusqu'à la mort de Henri IV [1]. Il ne reprit la plume que pour publier sa justification et consacra ses *Mémoires* à prouver que l'impartialité avait été son unique règle [2]. Dans les dernières années de sa vie, appelé au conseil des finances, il prit une part importante aux traités de Sainte-Ménehould et de Loudun (1614 et 1616) [3]. Il mourut à Paris le 7 mai 1617 [4].

III.

Date de la naissance de Henri IV.

(*Vid. sup.*, p. 24, note 2.)

La date de la naissance de Henri IV, malgré le grand nombre de généalogies et de biographies publiées, est restée incertaine jusqu'à ces dernières années.

f. 68. Le premier a été traduit et publié à la suite de l'*Histoire universelle*, 1740, t. X, p. 360.

1. Cette continuation, dont le manuscrit est conservé dans la coll. Dupuy, vol. 408, a été publiée dans l'édition en 7 vol. in-folio de 1733 et reproduite dans les traductions de 1736 et de 1740.

2. Les *Mémoires*, publiés pour la première fois en 1621, ont été traduits et reproduits dans les grandes collections sur l'histoire de France.

3. Le vol. 707 de la coll. Dupuy contient vingt-huit lettres autographes de de Thou à Casaubon, de 1611 à 1614. — Le vol. 709 de la même collection contient trente-quatre lettres aut. du même à divers savants, principalement à Dupuy, relatives à ces négociations. — Le vol. 801 contient plus de cent lettres adressées à de Thou par les grands personnages du temps pendant cette même période. — Nous n'indiquons pas de documents imprimés, si ce n'est le recueil de lettres de de Thou publié pour la Société des bibliophiles par M. Paulin Paris.

4. Voir, sur la mort de de Thou, une longue consultation en latin du médecin P. Reveul : « Quæ causa fuerit mortis illustrissimi domini Thuani » (coll. Dupuy, vol. 630, f. 145).

D'Aubigné, bien placé pour être informé sûrement, indique la date du 12 décembre (*supra*, p. 24) ; Bordenave, historiographe officiel de la maison d'Albret, adopte la même date[1]. Cette mention est confirmée par une note trouvée par feu M. Raymond, archiviste des Basses-Pyrénées, aux archives de Pau, dans le manuscrit des *Establissements de Béarn*, 5e volume, f. 220[2]. Toutefois, la confirmation n'est pas absolue, car le secrétaire, chargé d'écrire sur le registre des *Establissements*, avait d'abord mis le *quatorze*. Plus tard, un autre secrétaire remplaça le mot *quatorze* par le mot *dolce* (douze) et ajouta *velhe de Saincte Lucie*[3].

Olhagaray, historiographe non moins officiel que Bordenave, et Palma Cayet, ancien sous-précepteur du prince, disent que le Béarnais naquit le 13 décembre[4]. Ces deux historiens, fort répandus au xviie et au xviiie siècle, ont fait école, et Favyn, Pérefixe, de Bury, Désormeaux, le Père Anselme, etc., ont suivi la même version.

Nous croyons que ces témoignages ne peuvent prévaloir contre celui de Claude Regin, évêque d'Oloron, qui tenait au jour le jour le registre des actes de naissance et de décès des princes de la maison d'Albret. « Le 14e décembre 1553, dit-il, Mad.
« dame Jehanne, princesse de Navarre, acoucha de son second
« fils à Pau, en Béarn, entre une heure ou deux après
« minuit[5]..... » Ce témoignage est si précis et en même temps

---

1. Bordenave, *Histoire de Béarn et Navarre*, p. 45.

2. Les *Establissements de Béarn* sont une sorte de répertoire où tous les événements et les ordonnances relatifs au Béarn sont consignés. Ce sont des sources historiques fort importantes, malheureusement encore inédites, qui sont conservées aux archives de Pau, C. 679 à 685.

3. Cette note a été publiée intégralement par M. Bascle de Lagreze dans le *Château de Pau*, 1862, p. 149, et par M. Halphen, *Enquête sur le baptême du roi Henri IV*, plaquette, 1878, p. vi.

4. Olhagaray, *Histoire des comptes de Foix, de Béarn et de Navarre*, 1629, p. 507. — Palma Cayet, *Chronologie novenaire*, édit. Buchon, p. 173.

5. *Lettres d'Antoine de Bourbon et de Jehanne d'Albret*, publiées par le marquis de Rochambeau, p. 397.

si autorisé qu'il tranche la question[1]. Ajoutons qu'il est confirmé par la rédaction primitive de la note des *Establissements de Béarn*, que nous avons citée plus haut[2].

IV.

Henri d'Albret, roi de Navarre.

(*Vid. sup.*, p. 54, note 3.)

Bien que d'Aubigné mentionne à peine le nom de Henri d'Albret, il est juste, dans l'annotation d'un ouvrage consacré à la glorification de Henri IV, de donner une place à ce roi de Navarre, le grand-père du héros du livre. Nous nous contenterons cependant de préciser deux points de sa vie.

1. Henri d'Albret, fait prisonnier à la bataille de Pavie, aux côtés de François Ier, s'échappa du château de cette ville. La date de son évasion est longtemps restée inconnue. M. Génin, d'après un document mal interprété, l'avait fixée à la veille de Pâques (16 avril 1525[3]). Mais M. Champollion-Figeac a établi qu'elle avait eu lieu en décembre[4], et M. Bascle de Lagreze, précisant le jour, a prouvé que le prince s'était enfui, d'après

---

1. On a essayé d'infirmer l'autorité de Claude Regin en lui attribuant une lourde bévue dans le même acte. L'évêque, à la suite du paragraphe où il fixe la naissance de Henri IV au 14 décembre 1553, écrit : « L'an 1554, à 5 heures 1/4 du matin, « le 19 février, naquit au château de Gaillon le 3e fils dud. sei- « gneur et dame. » Un troisième fils, deux mois et cinq jours après la naissance du second ! Les railleurs n'ont pas remarqué que, l'année commençant alors à Pâques, le 19 février 1554 répondait exactement au 19 février 1555.

2. M. Bascle de Lagreze (*le Château de Pau*, 1862, p. 149) a, le premier, démontré l'exactitude de la date du 14 décembre.

3. *Lettres de Marguerite d'Angoulême*, Introd., p. 33, et *Pièces justificatives*, p. 438.

4. Champollion-Figeac, *Captivité de François Ier*, p. 86, note.

une lettre de lui du 27 décembre, « la nuit de Saincte Luce, » c'est-à-dire le 13 de ce mois[1].

II. Tous les historiens, même les historiographes officiels de la maison d'Albret, fixent la mort du roi de Navarre au 25 mai 1555[2]. Cette date est erronée. Henri d'Albret ne mourut que le 29 mai. La rectification est certifiée par un mémoire de Claude Regin, évêque d'Oloron[3], et par une lettre, datée du 29 mai, de Nicolas Dangu, évêque de Mende, témoin oculaire, qui atteste « qu'il a pleu à nostre bon Dieu appeler à soy le roy de Navarre, « nostre bon maistre, cejourd'huy entre deux et troys heures « du matin[4]. »

III. On conserve à Paris des lettres de Henri d'Albret dans les manuscrits suivants :

F. fr., vol. 2929, 2965, 2973, 2975, 2977, 2979, 2980, 2982, 3005, 3007, 3013, 3015, 3019, 3029, 3037, 3042, 3132, 3147, 3897, 4796, 6616, 6622, 6635, 20384, 20468, 20469, 20525, 20640, 20856.

Coll. de Périgord, vol. 6.

Coll. Anjou et Touraine, vol. 9 et 10.

Coll. Doat, vol. 10, 120, 145, 235, 236, 237.

Archives nationales, K. 1485, 1486, 1487.

1. Bascle de Lagreze, *la Navarre française*, 1881, t. I, p. 288.
2. Bordenave, *Histoire de Béarn et Navarre*, p. 40. — Olhagaray, *Hist. des comptes de Foix, Béarn et Navarre*, 1629, p. 508.
3. *Lettres d'Antoine de Bourbon et de Jehanne d'Albret*, publiées par le marquis de Rochambeau, p. 398.
4. Cette lettre, adressée au s. d'Hautefort, gouverneur du Limousin, a été publiée dans les *Registres consulaires de Limoges*, t. I, 1869, p. 72. La date du 29 mai est répétée dans la délibération du conseil.

TABLE DES CHAPITRES

	Pages
Préface	1
L'imprimeur au lecteur	16

Livre Premier.

Chapitres		
I.	De l'an nommé jubilé 1550 et de la naissance d'Henri le Grand	23
II.	Estat des Allemagnes	25
III.	La face de l'Italie	30
IV.	Des affaires de l'Espagne	33
V.	Des affaires de l'Angleterre	36
VI.	Abrégé des premières guerres entre le roy Henri II et l'empereur Charles-Quint	41
VII.	Bataille de Renti et ravitaillement de Mariembourg	49
VIII.	Seconde assemblée d'Augsbourg. Paix d'Allemagne et retraite de l'empereur	53
IX.	Guerres d'Italie, premièrement entre le roi et l'empereur, et puis entre l'empereur et le pape, secours des Français	55
X.	Siège et bataille de Saint-Quentin, sa prise et autres exploits	65
XI.	Guerre avec l'Anglais, siège et prise de Calais	72
XII.	Siège de Guynes, sa prise, celle de Theonville, et victoire du duc de Guise	75
XIII.	Des affaires des voisins. Toutes les guerres se terminent en paix	79
XIV.	L'estat d'Orient	90
XV.	Estat du Midi	100
XVI.	Des affaires d'Occident	114
XVII.	Du Septentrion	119
XVIII.	Articles de la paix d'Espagne	125

Livre Second.

I.	Proposition du second livre	131
II.	De la confession de Bordeaux	133
III.	Confession de foi faicte d'un commun accord par les églises réformées du royaume de France	146
IV.	Abrégé du dire des catholiques	162
V.	Abrégé du dire des réformés	164

TABLE DES CHAPITRES.

Chapitres		Pages
VI.	Des Vaudois	167
VII.	Des Albigeois.	173
VIII.	Que devint la dispersion des Albigeois	191
IX.	Suite d'une bande des Albigeois et abrégé de l'histoire d'Angrongne.	196
X.	De plusieurs martyrs jusques à l'an 1560	202
XI.	Jugements et punitions notables. Recueil fait par les réformés des morts étranges de leurs persécuteurs	228
XII.	De la Mercuriale et ce qui s'en suivit	231
XIII.	Persécutions du Bourg. Mort du Roy Henri	235
XIV.	Diverses brouilleries de la cour sur la mort du Roi. Authorité de la Roine Mère	239
XV.	Persécutions, massacres, puissance de ceux de Guise	248
XVI.	Persécutions. Mort d'Anne du Bourg.	252
XVII.	Entreprise d'Amboise et ce qui ensuivit.	256
XVIII.	Petits estats assignés à Fontaine-Bleau. Message de la cour.	271
XIX.	Requête présentée par l'admiral. Desseins contre les Bourbons.	278
XX.	Remuement de Lyonnois, Daulphiné et Provence	282
XXI.	Prison du prince de Condé avec plusieurs dépendances.	289
XXII.	Mort du roi François II. Liberté du Prince. Divers mouvements à la cour sur cette mort	296
XXIII.	Jeu de la Roine, et les pactions qu'elle fit sur ceste mort.	300
XXIV.	Commencement de l'assemblée et sommaires d'harangues.	303
XXV.	Concession de l'Assemblée de Poissi.	309
XXVI.	Ce qui se fit en l'Assemblée de Poissi	313
XXVII.	De ce qui touche les quatre voisins	325
XXVIII.	Des parties orientales.	332
XXIX.	Des affaires du Midi	339
XXX.	Des affaires d'Occident.	346
XXXI.	Des affaires du Septentrion	352
XXXII.	De la paix.	361
Edit de janvier.		362
Appendice :	*L'Histoire de France* de La Popelinière	371
—	*L'Histoire universelle* du président de Thou.	376
—	Date de la naissance de Henri IV.	379
—	Henri d'Albret, roi de Navarre.	381

Nogent-le-Rotrou, imprimerie DAUPELEY-GOUVERNEUR.

www.ingramcontent.com/pod-product-compliance
Lightning Source LLC
Chambersburg PA
CBHW060600170426
43201CB00009B/847